~S

D1251548

Der Verfasser mit seinem Vater Anfang 1941

Joachim Fest

ICH NICHT

Erinnerungen an eine Kindheit
und Jugend

Rowohlt

2. Auflage September 2006
Copyright © 2006 by Rowohlt Verlag GmbH,
Reinbek bei Hamburg
Alle Rechte vorbehalten
Alle Fotos aus Privatbesitz, bis auf S. 189
Copyright © Diözesanarchiv Berlin
Satz aus der Stempel Garamond PostScript, InDesign,
bei Pinkuin Satz und Datentechnik, Berlin
Druck und Bindung Clausen & Bosse, Leck
Printed in Germany
ISBN 13: 978 3 498 05305 5
ISBN 10: 3 498 05305 1

MEINEN ELTERN

INHALT

VORWORT

Erinnerungen beginnt man meist zu schreiben, wenn einem aufgeht, daß der größte Teil des Lebens gelebt und das Vorgehabte mehr oder minder gut zu Ende gebracht ist. Unwillkürlich faßt man die zurückgelegte Strecke ins Auge: Man erschrickt, wie vieles ins Dunkel gesunken oder als tote Zeitmasse im Vergangenen verschwunden ist. Das Wichtigere möchte man festhalten oder, während es schon ins Vergessen übergeht, in die Erinnerung retten.

Zugleich begegnet man den Mühen, die das Heraufrufen des Gewesenen macht. Was sagte mein Vater, als meine Mutter ihm seine pessimistischen Stimmungen vorwarf, als sie ihn zu einer gewissen Nachgiebigkeit gegenüber den Machthabern überreden wollte? Wie hieß der Deutschlehrer des Leibniz-Gymnasiums, der meinen Weggang vor der Klasse bedauerte? Wie klangen die Bemerkungen, mit denen Dr. Meyer mich bei meinem letzten Besuch zur Tür geleitete – düster oder bloß resigniert-ironisch? Erlebnisse, Worte, Namen: alles verloren oder im Abgang befindlich. Nur manche Gesichter noch gewärtig, mit denen sich, sofern man lange genug herumfragte, eine Äußerung, ein Bild oder eine Situation verknüpfte. Anderes wiederum gab die familiäre Überlieferung her. Aber nicht selten riß der Faden einfach ab. Das hatte auch damit zu tun, daß während der Aussiedlung der Familie aus Karlshorst sämtliche Erinnerungsstücke, Aufzeichnungen und Briefe verlorengegangen sind. Ebenso die Familienfotos; die Bilder in diesem Buch sind uns überwiegend nach dem Krieg von Freunden zurückgegeben worden, die sie sich irgendwann erbeten hatten

9

und ihre Habe durch das Drunter und Drüber der Zeiten retten konnten.

Ich hätte die frühesten Erinnerungen nicht schreiben können, wenn mir nicht Anfang der fünfziger Jahre vom Rundfunk der Auftrag erteilt worden wäre, eine Darstellung der jüngsten deutschen Geschichte zu verfassen. Ich ergänzte das zu jener Zeit noch keineswegs reichhaltige historische Buchwissen, wo immer möglich, durch Gespräche mit Zeitzeugen, von Johann Baptist Gradl über Heinrich Krone bis zu Ernst Niekisch. Am häufigsten freilich, und auch am ausgiebigsten, zog ich meinen Vater zu Rate, der als politisch engagierter Bürger die Kämpfe und Leiden der Zeit mehr als aus dem bloßen Augenschein erlebt hatte. Natürlich erweiterten sich diese Gespräche bald ins Persönliche und machten familiäre Bedrängnisse offenbar, die ich erlebt und zugleich kaum wahrgenommen hatte.

Im allgemeinen notierte ich die Äußerungen meines Vaters nur in Stichworten, und das hat mir manche Schwierigkeit bereitet. Denn sofern ich die Hintergründe einer Bemerkung nach fast fünfzig Jahren nicht wiederherstellen konnte, mußten sie umrißhaft bleiben und häufig weggelassen werden. Manche seiner Stellungnahmen hielten meinen inzwischen erworbenen Kenntnissen nicht stand. Doch statt sie zu korrigieren, habe ich sie in der ursprünglichen Fassung wiedergegeben, weil sie mir als Meinung eines Miterlebenden mitsamt den unvermeidlichen Blickverengungen wichtig erschienen: sie spiegeln stellenweise nicht die heute erlangte historische Sicht, sondern die Wahrnehmungen, Kümmernisse und fehlgeschlagenen Hoffnungen eines Zeitgenossen.

Aus Gründen der besseren Lesbarkeit habe ich mir überdies die Freiheit genommen, manche der Kurznotizen, die auf meinen Zetteln festgehalten waren, in direkter Rede wiederzugeben. Dem Historiker wäre ein solches Verfahren strikt untersagt. Doch dem Verfasser von Erinnerungen mag das erlaubt sein. Unnötig zu sagen bleibt, daß die dialogischen Erweiterungen sich nicht nur an den Inhalt, sondern womöglich auch an den Ton des Gesagten halten. Wo einzelne Bemerkungen in Anführungszeichen gesetzt sind, geben sie eine Äußerung, dem Gedächtnis entsprechend, wortgetreu wieder.

Meine Wahrnehmungen erheben, wie im Falle biographischer Aufzeichnungen immer, keineswegs den Anspruch unwiderlegbarer Gültigkeit. Was ich über die Freunde meiner Eltern, über Lehrer und Vorgesetzte äußere, gibt nur meine eigene Sicht wieder. Ich stelle die Hausdorf und Wittenbrink, die Gans, Kiefer, Donner und andere lediglich dar, wie ich sie in der Erinnerung habe. Das mag nicht in jedem Wesenszug treffend oder gar gerecht sein. Doch leitete mich kein Vorurteil.

Mit den Jahren, von denen auf den folgenden Seiten die Rede ist, habe ich mich analytisch auch in mehreren historischen Darstellungen befaßt. Aus diesem Grunde konnte ich mir in dem vorliegenden Buch abstrakt ergründende Überlegungen weitgehend ersparen. Sie bleiben dem Leser überlassen. Jedenfalls habe ich keine Geschichte der Hitlerzeit, sondern nur deren Widerspiegelung in einer familiären Umgebung verfaßt. Vorherrschend ist daher das Erlebte, häufig Beiläufige, mitunter lediglich Anekdotische, das zum Leben gehört. Als ich zu Beginn der vierziger Jahre als Halbwüchsiger das Grimassieren eines nervös kranken Freundes meiner Eltern beschrieb, mahnte mich mein Vater: «Sieh nicht so genau hin!» Meine Erwiderung war, daß ich meine Augen weder schließen könne noch wolle. Das ist mir, angesichts der insgesamt wohlwollenden Umgebung, in der ich aufwuchs, niemals schwergefallen oder übel vermerkt worden. Für dieses Buch war es sogar notwendig. Weit größer war die Versuchung, die Grimassen der Jugendjahre zu verdrängen oder gar in verklärtem Licht zu sehen.

Ich habe für das Zustandekommen dieses Buches manchen Dank zu leisten: an die vielen hilfreichen Auskunftgeber hier und da. Genannt seien aus längeren Namensfolgen lediglich Frau Ursel Hanschmann, Irmgard Sandmayr und der Freund Christian Her-

11

rendoerfer; die Mitgefangenen Wolfgang Münkel und Klaus Jürgen Meise, der schon geraume Zeit vor mir dem Gefangenenlager erfolgreich entkam. Ein besonderer Dank gebührt der Lektorin Barbara Hoffmeister für ihre zahlreichen wichtigen Hinweise. Zu nennen sind zum Beschluß die vielen Freunde aus Jugendtagen, die mir mit Abläufen, Daten und Namen geholfen haben.

Kronberg, im Mai 2006   Der Verfasser

1. KAPITEL

Wie alles zusammenkam

Die Aufgabe, die ich mir gestellt habe, lautet Erinnerung. Die Mehrzahl der Erlebnisse und Erfahrungen meines Daseins sind, wie bei jedem, ins Vergessen zurückgefallen. Denn das Gedächtnis ist unausgesetzt dabei, das eine auszusondern, anderes an dessen Stelle zu rücken oder durch neue Einsichten zu überlagern. Der Prozeß hat kein Ende; blicke ich die lange Strecke zurück, drängt eine Flut von Bildern heran, alle wirr und zufällig. Im Augenblick des Geschehens verband sich kein Gedanke damit, und erst nach Jahren gelangte ich dazu, die verborgenen Wasserzeichen in den Lebenspapieren zu entdecken und womöglich zu lesen.

Aber selbst dann noch schieben die Bilder sich, zumal für die frühen Jahre, nach vorn: das Haus mit dem wildnishaften, später vom Ordnungssinn der Eltern zu unserem Kummer entfernten Gestrüpp an den Seiten; das Krebsefangen in der Havel; das geliebte Kindermädchen Franziska, das eines Tages in seine Lausitzer Heimat zurückmußte; die Lastwagen, die mit einer knallenden Fahne durch die Straßen jagten und von grölenden Uniformleuten besetzt waren; die Ausflüge nach Sanssouci oder Gransee, wo mein Vater uns von einer preußischen Königin erzählte, bis es uns zu langweilen begann. Unvergessen alles. Und wer von uns Kindern zehn Jahre alt war, wurde jeweils an einem Sonntag im Sommer, wenn die Musikkapelle spielte und vor dem «Kaiserpavillon» die meist zweirädrigen Adelsgespanne herumstanden, zur Rennbahn mitgenommen. Sie war, wie Karlshorst im ganzen, aus dem abgelegenen Treskowschen Vorwerk von meinem Großvater weiterentwickelt worden und später zum Ruf der größten Hindernisbahn des Landes gelangt. Wie gestern sehe ich das Defilee der riesigen Pferde mit den kleinen, seidenbunten Männern im Jockeydreß sowie die feierlich stolzierenden Herren im mausgrauen Cut mit Schleifen am Hals und gewölbten Steifbrüsten. Die Damen hingegen blieben meist unter sich und betrachteten einander lauernd im Schatten rädergroßer Hüte: ob irgendeine Rivalin zu entdecken und mit einer vernichtenden Bemerkung zu erledigen sei.

Es war eine fremdartige, vornehme Welt, die mein Großvater nach Karlshorst gebracht hat. Er stammte aus der angesehenen Aachener Tuchhändlerfamilie Straeter, die am Niederrhein verbreitet und so wohlhabend war, daß sie sich alle zwei Jahre einen Zug für eine Pilgerfahrt nach Rom mieten konnte und vom Papst zur Privataudienz empfangen wurde. Die Umstände hatten ihn frühzeitig mit dem Hochadel in Verbindung gebracht, mit Anfang Zwanzig war er bereits «Reisemarschall» des Herzogs von Sagan und ging wenig später als «Fürst Fürstenbergischer Inspektor» nach Donaueschingen. Seine frühen Jahre verbrachte er vornehmlich auf den Adelssitzen Frankreichs, und auf Schloß Valençay, dem einstigen Besitz Talleyrands, hatte er meine Großmutter kennengelernt, die aus einer Donaueschinger Familie stammte und bei den Fürstenbergs als Hofdame tätig war. Es war eine große Liebe; sie hielt bis in das Philemon-und-Baucis-Alter, ehe der Krieg alles zersprengte. Lange Zeit noch wurde in der Familie vorwiegend Französisch gesprochen, und französisch war auch die Küche des Hauses mit Zwiebelsuppe, Entenpastete und Crème caramel. In der Bibliothek des Großvaters standen in ehrfurchtgebietenden Lederausgaben die meisten Klassiker des Nachbarlandes. Ich habe ihn manchmal im Auf und Ab vor seinem Schreibtisch Racine deklamieren gehört, doch seine Lieblingsautoren waren Balzac und Flaubert.

Nach Berlin war der Großvater gelangt, als 1890 der aufsehener-

14

regende Mord des Ehepaars Heinze an einem vermögenden Hausbesitzer, nach einer anderen Version allerdings an einem Fräulein von der Inneren Mission oder, nach der wahrscheinlichsten Überlieferung, an einer Prostituierten verübt worden war. Da die Heinzes, deren Untat von meinem Großvater und vielen anderen oft mit den Morden Jack the Rippers verglichen wurde, im anschließenden Prozeß aussagten, sie hätten den Mord vor allem begangen, um auf die schreiende Wohnungsnot in Berlin aufmerksam zu machen, hatten sich zwei und später drei Gruppen wohlhabender Familien zu philanthropischen Siedlungsgesellschaften zusammengetan, die größte auf Anregung des Kammerpräsidenten Dr. Otto Hentig und unter der Federführung des Fürsten Karl Egon zu Fürstenberg. Ihr gehörten die Treskows an, die seit 1816 im nahen Friedrichsfelde residierten, sowie August von Dönhoff, die Lehndorffs und ähnlich angesehene Familien. Auch der weithin bekannte Architekt Oscar Gregorovius zählte in der Gründungszeit dazu, desgleichen etwas später der berühmte Baumeister Peter Behrens.

Mein Großvater hat den Heinzes die Berufung auf das Elend der Slums oder die Hinterhofschrecken im Wedding nie abgenommen. Denn er glaubte, daß das barmherzige Motiv erlogen war, weil seine Lebenskenntnis ihm sagte, daß die Robin Hoods dieser Welt durchweg der Literatur, fast niemals der Wirklichkeit entstammen. Infolgedessen war er bemüht, alles über Gotthilf Heinze, den er öfters «Gotthilf den Schlitzer» nannte, zu erfahren, und forschte sogar nach Hintermännern, Geheimbünden sowie vor allem nach jener wüsten, womöglich rothaarigen Schönheit, von der in manchen, wenn auch windigen Quellen die Rede war: dem «Engel aus dem Gully», wie er sie einmal, Jahre später, mir gegenüber genannt hat. Nie ist mir ganz klargeworden, ob sie das prostituierte Opfer oder eine Komplizin der Mörder gewesen war. Er glaube an die Komplizin, sagte mein Großvater und knurrte: «Bezeichnend! Die Ehefrau zieht er in den Mord hinein, die Geliebte bleibt im Hintergrund und hält sich fürs Vergnügen bereit.»

Im Mai 1895 unterzeichnete der zuständige Landrat den sogenannten Siedlungskonsens über das 600 000 Quadratmeter große
Vorwerk Carlshorst, und unmittelbar darauf setzte eine Art Wett-
lauf um möglichst ansehnliche Parzellenstücke ein. Die philan-
thropische Gesellschaft des Fürsten zu Fürstenberg erwies sich
als allen Konkurrenten überlegen und berief meinen damals sie-
benundzwanzig Jahre alten Großvater zum Geschäftsführer. Seine
Aufgabe bestand darin, das erworbene Gelände in Zusammenarbeit mit Oscar Gregorovius und den Behörden als Vorort herzurichten, die Straßenverläufe festzulegen, die Grundstücke zu par-
zellieren und zu erschwinglichen Preisen zu verkaufen. Mit jedem
Zuwachs kam ein neues Viertel hinzu: Es gab die Adelsstraßen, das
Rheinische, das Sagen- sowie das Wagnerquartier und so Schritt
für Schritt weiter.

Mein Großvater bewältigte seine Aufgabe mit großem Geschick,
erkannte aber frühzeitig, daß der Ort über die beschaulichen
Wohnverhältnisse hinaus, die Karlshorst bis in meine Jugendjahre
besaß, einige Anziehungspunkte aufweisen müsse. So kamen ein
Krankenhaus, eine protestantische sowie eine katholische Kirche
und ein kleiner Park mit einem Seestück dazu, der über einem ehe-
mals sumpfigen Gelände angelegt wurde und bald Spaziergänger
von weit her anlockte. Auch die Treskowsche Rennstrecke wurde mit Umsicht zum Zentrum eines gesellschaftlichen Ereignisses
ausgebaut. In späteren Jahren und eigentlich schon nach der Zeit
meines Großvaters gelangte sogar eine Militärschule nach Karlshorst. Am Ende zählte das «Kümmernest», wie er gern sagte, oder
die «öde Sandheide», wie es in einem amtlichen Papier hieß, die bei
seiner Ankunft aus acht Häusern oder eigentlich Höfen mit nicht
einmal einhundert Ansässigen bestanden hatte, weit über 30 000
Bewohner.

In den Jahren, in denen ich ihn bewußt wahrnahm, war der
Großvater ein verschlossener, gebieterisch strenger Mann, der
während der vielköpfigen Familientreffen das mitunter ausbre-

chende Durcheinandergerede mit einem trockenen Einwurf ins Nüchterne zurückholte. Auf der Straße sah man ihn meist im Gehrock mit Stock und Melone, was ihm schon zu jener Zeit die altmodische Aura gab, die er gern und mit störrischem Vorsatz herauskehrte. Anders als meine drei jüngeren Geschwister, die ihm nach Möglichkeit aus dem Weg gingen, suchten mein älterer Bruder Wolfgang und ich das Gespräch mit ihm, wie einsilbig es oftmals auch verlief. Denn er war ein aufmerksamer Zuhörer, der stets die weiterführenden Fragen zu stellen wußte. Eine meiner Schwestern hatte später an ihm auszusetzen, er habe ein allzu mürrisches Gesicht und «scheußlich tief herabgezogene Mundwinkel». Aber selbst sein Schweigen, fanden Wolfgang und ich, hatte Gewicht. Sein Taschentuch war immer mit ein paar Tropfen Eau de Cologne besprüht. Die Vorübergehenden grüßten ihn respektvoll und zogen mit einer tiefen, fast bis zum Knie reichenden Geste den Hut, was uns nicht selten zum Lachen brachte. Die Älteren erinnerten sich noch, daß Karlshorst zu einem Teil sein Werk war.

Die Frau an seiner Seite, meine Großmutter, war von einer zierlichen Ergebenheit und wußte mit jedem ihrer Enkelkinder auf andere, der kleinen Person angemessene Weise zu reden. Ihr Leben war nicht immer einfach verlaufen, und obwohl die vielen Kümmernisse ihre Miene gezeichnet hatten, ließ sie sich keine Unzufriedenheit anmerken; statt dessen war sie heiter und von praktischem Sinn. Sie habe Freude daran, sich nützlich zu machen, dieses Empfinden entschädige sie für alle Lasten, hörte ich sie so oder ähnlich häufig sagen. Der Ehe entstammten fünf Töchter; zu beider nie verwundenem Schmerz besaßen sie keinen Sohn. Zwei der Töchter waren in einen kirchlichen Orden eingetreten, die eine, um in einer Mission in Afrika zu arbeiten, die andere wurde, unter dem schönen Namen S. Alcantara, von ihren Oberen einem Kloster in Meran zugewiesen. Hochgewachsen, besaß sie eine Gestalt von äbtissinnenhafter Würde, wirkte dabei aber seltsam zerbrechlich. Sie hatte es «auf der Brust» und zog sich in den «kalten Klostergewöl-

17

ben», wie meine Mutter gelegentlich klagte, mit noch nicht dreißig Jahren eine Lungenentzündung zu, an der sie bald verstarb.

Die jüngste Tochter erkrankte 1917, mit vierzehn Jahren, während der Kriegszeit an einer Diphtherie, die zu einer entsetzlichen Verkrüppelung mit vollkommener Körpersteife führte. Die Großeltern gaben ein Vermögen bei angesehenen Fachärzten aus und suchten selbst Quacksalber für die Genesung ihrer Tochter auf, ohne je Abhilfe zu erlangen. Den lieben langen Tag lag «Tante Agnes» auf der Chaiselongue im Eßzimmer, und da sie den Kopf nicht bewegen konnte, sah sie bei jedem Eintreten aus weit zur Seite aufgerissenen Augen, über denen ein Widerschein verlorener Lebensmühe lag, reglos zur Tür hinüber. An den Abenden mußte sie von meinem Großvater, der dabei, wie ich einmal beobachtete, allen Altherrenstolz ablegte, in ihren Schlafraum hinübergetragen werden. Sprach man sie andeutungsweise auf ihr Leiden an, erwiderte sie nur: «Bitte! Ich komme zurecht!»

Die Elegante unter den Töchtern meines Großvaters war Dorothea, die wir «Tante Dolly» nannten. Sie war eine auffallende Erscheinung von schlanker Figur und wie meine Mutter in einem schlesischen Internat für höhere Töchter erzogen worden. Ihre Garderobe verriet eine Vorliebe für großflächige, bis nahe vor die Grenze des guten Geschmacks reichende Farbmuster. Sie trat zumeist mit den neuesten Hutmodellen und einem Fuchs um die Schultern auf, dessen versilberte Krallen in der Sonne blinkten. Um den Hals trug sie diskreten Goldschmuck, kannte sich im gebildeten Konversationston aus und mahnte uns häufig, nicht zu «berlinern». Mein Vater meinte, sie habe sich im kleinstädtischen Internat von Liebenthal den Sinn für die große Welt erworben, während meine Mutter Poesie und Verstand von dort zurückgebracht habe.

In der Tat galt meine Mutter, die Elisabeth hieß und von der Familie «Tetta» genannt wurde, als die Strenge unter den Schwestern. Im Widerspruch zu ihrem Auftreten aber, das selbstbewußt und nicht ohne Stolz war, besaß sie eine liebenswürdige Seite und wuß-

Emma Straeter, die Großmutter, aufgenommen
während ihrer Jahre in Valençay

te ihrem Umgang eine gewinnende Wärme zu geben. Wie mehrbödig ihr Charakter war, wurde auch daran offenbar, daß sie alle «sanfte Musik» liebte, und dem entsprachen ihre lyrischen Vorlieben. Vor allem Eichendorff und Mörike hatten es ihr angetan, dazu Heinrich Heine, nur ließ sie beim Hersagen von dessen Gedichten gern die letzten zwei Zeilen weg: «Der steht nicht zu seinen Gefühlen», meinte sie, «der schämt sich dafür. Wenn ihr älter seid und die nötige Begabung habt», wandte sie sich an meine beiden Brüder und mich, «müßt ihr zu Heines Gedichten neue Schlüsse verfassen. Dann werde ich ihn endlich ganz und gar lieben können.»

Etwas war an dem im ganzen ungerechten Urteil meines Vaters über Dolly zutreffend. Sie suchte den Auftritt. Meine Mutter setzte sich, sobald ihre herumlärmenden Kinder aus dem Haus waren, ans Klavier, improvisierte ein wenig herum und leitete dann zu ihren Lieblingsstücken über: Beethovens «Für Elise», die eine oder andere Mozart-Variation und viele Czerny-Etüden. Am Ende sang sie mit angenehmer Stimme ein paar Lieder von Schubert oder Schumann und am liebsten einige Stücke von Carl Loewe wie das über den «Herrn Heinrich am Vogelherd» oder «Die Uhr». «Warum tust du das?» fragte Tante Dolly verwundert. «Wer hat was davon? Veranstalte doch Hauskonzerte mit Gästen!» Aber dafür war «Tetta», meine Mutter, nicht zu gewinnen.

In jungen Jahren war meine Mutter durch irgendwelche elterlichen Verbindungen mehrfach zu einem der Bälle im kaiserlichen Marstall eingeladen gewesen und schwärmte bis in ihre hohen Tage von den befrackten, mit farbigen Schulterbändern ausstaffierten Kavalieren, die ihr reihum den Hof gemacht oder, verbesserte sie sich einmal, «die Cour geschnitten» hatten. Auch von breiten Ordensbrüsten war die Rede und wie man es anstellte, ein Monokel bei einem derben Scherz oder in gespielter Überraschung, vielsagend und doch jedem Eingeweihten aufschlußgebend, aus dem Auge fallen zu lassen. Und dann die Leutnants, die, wie sie ihren Gedanken nachhängend sagte, «nun mal schneidig waren – ich weiß, wieviel törichtes Rosarot aus einem Mädchenkopf ihr darin seht». Sie wußte nicht mehr, ob das Personal, das überall beflissen herumstand und die suchenden Blicke auffing, Escarpins mit Schnallen trug. «Aber die Bediensteten hatten eine unnachahmliche Art, ins Leere zu sehen, wenn mir einer der Kavaliere aus dem Mantel half. Schön, glanzvoll und oberflächlich, wie manche Barockmusik», meinte sie, nun ihrerseits mit einem Blick ins Leere, «aber vorbei, vorbei!» Doch sie weine der Zeit nicht nach; denn wer weine schon um ein zu Ende gegangenes Märchen?

Für Tante Dolly hingegen, die so gern von den «höheren Dingen» sprach und sie um ihrer Unnachahmlichkeit willen liebte, wurden das Theater und mehr noch die Musik erst im gesellschaftlichen Rahmen bedeutsam und zu Herzen gehend. Sie lebte auf beim Geraune im allmählich sich füllenden Parkett sowie beim Stimmen der Instrumente, doch genoß sie auch das Flanieren auf den Wandelgängen und vor allem wohl die soignierten Herren, die ihr mit einer leichten Körperneigung scheue oder manchmal unverfrorene Blicke zuwarfen. Darauf kam sie bisweilen mit mädchenhaftem Kichern zurück, obwohl sie schon an die dreißig Jahre alt war. Damals begann ich zu ahnen, daß es zwischen Männern und Frauen rätselhafte Einverständnisse gab, denen man später auf die Spur kommen mußte.

Alle Welt fragte sich, warum Tante Dolly, der von einem bestimmten Typ erfahrener oder, wie meine Mutter zu sagen liebte, «fatal herumgekommener» Herren überall der Hof gemacht wurde, nie einen Mann fand. Die spät ermittelte Antwort lautete, daß sie seit Jahren einer großen, sie um allen Verstand bringenden Liebe zu einem verheirateten Marineoffizier aus Kiel buchstäblich verfallen war. Sie führte um ihn ein unendliches Verstellungstheater auf. Nur meine Eltern wußten andeutungsweise davon, und wir waren nach ein paar Hinweisen, die sie uns zusteckten, gehalten, niemals auch nur ein Sterbenswort darüber zu verlieren. Als Dolly mich einmal in den Gloria-Palast am Bahnhof Karlshorst mitnahm, wo wir einen Liebesfilm mit tragischem Ausgang sahen, schneuzte sie zunächst verstohlen in ihr Taschentuch und weinte dann während der gesamten Vorstellung still, mit immer wieder tiefen Atemzügen vor sich hin. Am Ausgang bat sie mich mit angestrengt lächelndem, aber tränenzerstörtem Gesicht, sie allein zu lassen, ich würde auch ohne sie den Weg nach Hause finden.

Ein paar Tage später tauchte sie zu ungewohnter Stunde in der Hentigstraße auf und redete verlegen herum. Bei meinem Hinzukommen zog sie mich in den Salon und entschuldigte sich für ihre «Entgleisung». Als ich abwehrte, entgegnete sie, auch in ihrem Alter müsse man Fassung bewahren und, wichtiger noch, Manieren haben. «Meine Heulerei war nicht manierlich.» – «Die stolze Tante Dolly!» dachte ich. Aus jedem ihrer Worte meinte ich mit meinen vierzehn Jahren herauszuhören, wie sehr sie meine Mutter beneidete. Die war Ende 1919 als Assistentin in das Bankhaus Bleichröder eingetreten und jeden Tag in die Innenstadt gefahren. Dort hatte sie Menschen kennengelernt, auch Erfahrungen gesammelt und war sogar eine Karrierestufe weitergekommen.

Tante Dolly dagegen hatte ihrem Ehrgeiz von frühauf Grenzen gezogen und war Bibliothekarin geworden, weil sie dem Werben jenes unseligen Marineoffiziers erlegen war, mit dem sie sich eine gemeinsame Zukunft versprach. «Tetta» wiederum war eine untheatralische Natur, sie brauchte in ihrer Zurückhaltung weder die emotionalen noch die gesellschaftlichen Auftritte. Sie sei keine Diva, hörte ich sie einmal zu einem der Freunde meines Vaters sagen, der ihr vorhielt, zu wenig von ihren Gefühlen herzumachen, und eine Zeitlang wurde die Äußerung zu einem geflügelten Wort: «Mama ist keine Diva!» Kaum zwei Jahre nach ihrem Eintritt in das Bankhaus hatte sie meinen Vater kennengelernt, sich, wie sie gern erzählte, «mädchenhaft in ihn verguckt», dann «ein bißchen in ihn verliebt», anschließend sogar «groß in ihn verliebt» und ihn bald darauf geheiratet. Alles «ganz überraschungslos», alles ganz «normal», meinte Tante Dolly manchmal, und vielleicht sogar etwas langweilig; aber wie viel glückversprechender als ihr eigenes Dasein.

Auf der väterlichen Seite waren die Verhältnisse ungleich ferner und komplexer. Soweit die Daten sich verfolgen lassen, das heißt bis ins 17. Jahrhundert, stammten die Vorfahren aus dem Marktflecken Liebenau in der Neumark; die nach den Zerstörungen des Dreißigjährigen Krieges 1654 neu angelegten Kirchenbücher nennen in den siebziger Jahren erstmals ihren Namen. Sie hatten sich meist als Handwerker oder Gewerbetreibende und in einem Zweig der Familie auch als Brauereibesitzer ihren Lebensunterhalt verdient. Viele von ihnen waren die Generationen hindurch als «Ratsbeflissene», Kirchenvorsteher oder «Dorfschulzen» tätig gewesen. Auch die in der Familie geläufigen Vornamen deuten auf höhere Ansprüche hin. In jeder Geschlechterfolge gab es eine Rosina, viele der weiblichen Vorfahren hießen Cäcilia oder Justina, und mein Großvater trug die nach barocker Tradition latinisierten Vornamen Robertus Tiburtius. Er war ein lebenslustiger, ausgelassener Mann, der, wie es einmal hieß, jeden «Tanzboden in Unruhe versetzte». Als jung Verehelichter war er, getrieben von zeitgenössischem Siedlerehrgeiz, in die Provinz Posen gezogen und hatte dort eine größere Landwirtschaft erworben. Schon im Jahr nach seiner Ankunft war er, obwohl erst Mitte Zwanzig, Bürgermeister geworden und bei Deutschen wie bei Polen gleichermaßen angesehen. Indessen kam seine Frau mit den polnischen Verhältnissen nicht zurecht, und folglich zog die Familie um 1895 mit ihren inzwischen sieben Kindern nach Liebenau zurück. Dort erwarb mein Großvater in der Nähe des Dorfes eine Getreidemühle.

Er starb, noch ehe wir ihn annähernd kannten, Anfang der dreißiger Jahre, und deshalb bleibt die Erinnerung an ihn eine unentwirrbare Mischung aus Erzähltem und Erlebtem. Sooft wir ihn zu Gesicht bekamen, lief er wie ein Schatten durch die Räume, stumm und geisterhaft auf seinen Gehstock gestützt, unsere Streitereien mit einem im Vorübergehen beiläufig dahingesprochenen «Na, na!» bedenkend. Zu einer Äußerung ließ er sich nur bewegen, wenn mein Vater ihn bat, eines der Märchen aus der Sammlung der Brüder Grimm, die er in Kindertagen gelernt hatte, wortgetreu vorzutragen oder am Sonntagabend das Evangelium aus der Morgenmesse aufzusagen. Dann schloß er kurz die Augen und begann: «Zu der Zeit, da wieder viel Volk da war und sie nichts zu essen hatten ...» Als wir zur Beerdigung in Liebenau eintrafen, lag er im Hof seines Hauses aufgebahrt, ein uralter, im Tod zusammengeschrumpfter, fremd und brüchig wirkender Mann.

Der Sarg war für die Aussegnung noch einmal geöffnet worden, und die tiefgekrümmte, auf einen Stock gestützte Großmutter machte sich in einer letzten dienstbaren Geste an einigen überhängenden Zipfeln und Stoffenden zu schaffen. Wir Kinder sahen von dem Toten, der mit leicht geöffnetem Mund in den spitzenbesetzten Leichentüchern versank, nur die obere knochige Gesichtspartie. Nach dem feierlichen Räuspern in der Runde, das solchen Ritualen vorangeht, sprach der Priester die Exequien und lief die Trauergemeinde mit seinem Weihwassergerät ab, während unbeteiligt hantierende Bauernburschen den Sarg schlossen und durch die Hoftür auf die Straße zu dem wartenden Pferdefahrzeug schafften. Fast fünfzig Jahre später erinnerte sich mein jüngerer Bruder Winfried, daß ihn weit mehr als die vor sich hin weinende Großmutter oder die im Halbkreis um den Sarg und die Blumenberge versammelte psalmodierende Verwandtschaft eine Fliege gefangennahm, die auf dem wächsernen Gesicht des Toten hin und her eilte und mehrfach in der dunklen Mundhöhle verschwand. Auch mir war die Beobachtung unvergeßlich geblieben.

Der Großvater war ein nüchterner, im Leben bewährter Mann gewesen, wie mir später des öfteren erzählt wurde, eine unter seinesgleichen hochgeachtete Person, von der in den Ratsversammlungen häufig das endgültige Wort erwartet und auch gesprochen wurde. Mein Vater liebte es, eine Geschichte aus seinen Jugendjahren zu erzählen, die den rauhen Wirklichkeitssinn des Großvaters veranschaulichte. Sie hätten, fünf oder sechs der schließlich elf Kinder, zusammen mit dem Großvater um den Küchentisch gesessen, als einer der Brüder die Frage aufwarf, was jeder von ihnen mit dem riesigen Geldbetrag anfangen wolle, der ihnen durch Gott, Engelsmacht oder Zufall demnächst in den Schoß fallen werde. «Das große Los!» rief er. «Es wird uns beschert! Es wird Geld regnen! Denkt an meine Worte!» Der zwölfjährige Franz erklärte der fassungslosen Runde auch gleich, was er mit dem Geld vorhabe: In die Stadt werde er gehen und sich im Gasthof von Linkes Kurt, umgeben von schönen Frauen, die besten Weine und Liköre leisten; der ältere August bekannte, er werde der lustigen Maria Zietsch aus dem Nachbarort das teuerste Kleid kaufen und dann hoffentlich wagen, sie erstmals anzusprechen; Cäcilie meinte, sie werde sich eine Schneiderei mit modernen Maschinen anschaffen und mindestens fünf Nähmädchen einstellen. Und so einer nach dem anderen, bis der schmächtige, immer etwas verhungert wirkende Roni sich meldete: «Und ich werde mir», erklärte er unter vielfachem Schlucken, «für das ganze Geld Schlackwurst kaufen, siebzig Schlackwürste oder sogar hundert, solange das Geld reicht. Den lieben Tag lang, einen Monat, ach was, ein ganzes Jahr sogar, werd ich Schlackwurst in mich reinstopfen. Eine nach der anderen!»

Das war wie eine Parole. Alle sprangen auf und stimmten begeistert zu: Schlackwurst – ja! Das sei kolossal! Immerzu Schlaraffenland! riefen sie durcheinander. Bis der Großvater, der die ganze Zeit geschwiegen hatte, zum Kachelofen hinüberging, seinen Stock von der Kante nahm und das Geschrei mit einem gewaltigen Hieb auf den Tisch zum Verstummen brachte. Ohne die anwesende Tochter zu beachten, schrie er die übermütige Bande an: «Werdet ihr verdammten Bengels mal Brot zur Wurst essen! Man ißt die Wurst nicht ohne Brot!»

Die Deutung der Geschichte gewann mein Vater aus seinen eigenen Erfahrungen. Man dürfe Träume haben, Luftschlösser bauen –

alles erlaubt! Aber man müsse immer auf dem Boden bleiben! Als hochbegabter Schüler hatte er mit fünfzehn Jahren «etwas mit Religion oder Mathematik» studieren wollen. Danach schwankte er lange, ob er seiner Naturliebe folgen und Fischer oder Förster werden solle. Als er sich schließlich auf Drängen seines Vaters zum Lehrberuf entschloß, meinte der etwas ältere Nachbarssohn, es sei doch ewig schade, daß ein Junge mit seiner praktischen Begabung einen typischen «Faulenzerberuf» wähle. Angesichts seiner Befähigungen wurden ihm beim Eintritt in die höhere Schule zwei Klassen und später, beim Abschluß, die mündlichen Prüfungen erlassen; nach einigen Lehramtsstationen erlitt er gleich zu Beginn des Ersten Weltkriegs in Frankreich eine mittelschwere Verwundung, kehrte in den Lehrberuf zurück und fand sich alsbald in Berlin wieder. Politisch von frühauf engagiert, hatte er 1919 in den südlichen Bezirken der Hauptstadt mehrere Ortsverbände der katholischen Zentrumspartei gegründet und war hier, wie später in der militanten Organisation zum Schutz der Republik, dem «Reichsbanner», in führende Positionen gelangt.

Er war ein hochgewachsener Mann mit starkem Ausdruck, und das «Fotografiergesicht», wie Wolfgang, mein älterer Bruder, und ich spotteten, das er auf den meisten Bildern zeigt, verrät nur Strenge und Entschiedenheit, läßt aber nichts von dem heiteren Wesen und sogar der Vergnügtheit ahnen, die aus der Übereinstimmung mit sich selbst kommt. Einer seiner Freunde sagte einmal, er sei die seltene Mischung von Energie, Selbstbewußtsein und Heiterkeit. Sein scharfsinniger Witz konnte bis zur Ausgelassenheit reichen. Jugendfreunde, die ich im Rückblick nach dem Eindruck fragte, den sie von ihm bewahrt hatten, sagten mir oft, sie seien als Kind mit kaum einem Erwachsenen so gern zusammengewesen wie mit ihm, weil er so verrückte Geschichten erzählen und alberne Lieder vortragen konnte. Fast alle sprachen, in diesen oder ähnlichen Begriffen, von seinen unterhaltsamen Eigenschaften und seiner Lust am Schabernack. Freilich litt er manchmal unter seinem zornigen Temperament, und das mag den Grund gehabt haben, daß seine Gutgelauntheit nicht allein aus der inneren Ausgeglichenheit kam, sondern auch etwas mit der Gewißheit zu tun hatte, mit allen Schicksalsnöten fertig zu werden.

Zu sagen ist auch, daß mein Vater ohne jeden sozialen Dünkel war und mit der Bäckermamsell so unbefangen plaudern wie mit dem Ministerialbeamten ernste Staatsdinge bereden konnte, daß er mit dem Universitätslehrer so aufgeräumt umging wie mit den Kindern an unseren Geburtstagen. Er sang gern und hatte vom «Prinzen Eugen» bis zum vergessenen, nur in der akademischen Festouvertüre von Johannes Brahms melodisch überlebenden «Ich hab' mich ergeben ...» ungezählte Lieder im Kopf. Zum Ende einer Gesangsrunde präsentierte er mit Vorliebe Kurfürstendamm-Chansons, die etwa, wie ich mich erinnern kann, die Behauptung unvergeßlich machten, daß «mein Papagei keine harten Eier frißt», ein andermal die Frage stellten, was, um Himmels willen, der Mayer am Himalaya treibe oder, noch ein andermal, eine Freundin namens Titine besangen, von der ihr Liebhaber, wohl nicht zuletzt des Reimes wegen, kühn behauptete, daß sie in seinem «Lebens-kuchen» nichts Geringeres als die «Rosine» sei. Er lachte gern und konnte einen Tisch abendelang mit geistvollen oder, wenn es sein sollte, auch schlichten Anekdoten erheitern.

Herkunft, Lebensweg und Überzeugungsstärke hatten meinem Vater vier Bestimmungen vermacht, von denen keine zu den anderen zu passen schien und jede gegenüber den drei übrigen ihre Unduldsamkeiten ausgebildet hatte. In seinem Falle jedoch wurden alle Widersprüche durch die Kraft der Persönlichkeit zusammengehalten, und jede einzelne dieser Denklinien hat einen Teil zu seiner Unnachgiebigkeit gegenüber dem NS-Regime beigetragen. Trotz der Unzulänglichkeiten der Gründung von Weimar, die ihm deutlich vor Augen standen, war er ein überzeugter Republikaner. Die Nöte des Augenblicks dürften niemals das Prinzip in Frage stellen, hörten wir ihn verschiedentlich sagen, und jedes von uns

Geschwistern hat später seine Empörung erlebt, als nach dem Ende der Hitlerdiktatur das weitverbreitete Rechtfertigungsargument auftauchte, man habe 1932/33 nur die Wahl zwischen NSDAP oder KPD gehabt und sich mit Hitler für das geringere Übel entschieden. Hätte man sich nicht klüger und vor allem verantwortungsbewußter für die Republik entscheiden können, widersprach er dann, ob nun für die SPD, das Zentrum oder für die Liberalen? In Wirklichkeit habe es damals allen, die später von einer Situation ohne Ausweg sprachen, an Verstand und an Staatstreue gefehlt. Außerdem an kämpferischer Entschiedenheit. Denn mein Vater war in seinem Republikanismus immer militant gewesen; er wollte sich gegen die Sturmtrupps der SA nicht nur mit Worten, sondern auch mit der Faust zur Wehr setzen. Nach den Wahlgewinnen der NSDAP vom 14. September 1930 hat er deshalb mit seinem Freund Hubertus zu Löwenstein über die Bildung einer republikanischen Jugendbewegung beraten, aus der kurz darauf, in sichtlich staatssymbolischer Namengebung, der «Vortrupp Schwarz-Rot-Gold» hervorgegangen ist.

Daneben war er ein überzeugter Preuße, wenn auch ohne viele Worte darüber zu machen. Die zahlreichen Altpreußen, die es zumindest in den einstigen Herrschaftsländern der Friedrichs und der Wilhelms gab, waren überwiegend königlich gesinnt und taten sich schwer mit der Republik. «Doch ich bin kein Stockpreuße», höhnte mein Vater, «und nicht sentimental genug, um dem ‹Ausreißer› Wilhelm Zwo nachzutrauern.» Der Begriff, den er vom Preußischen habe, sagte er gelegentlich, sei von ziemlich unzeitgemäßer Art. Neben dem bekannten Pflichtenkatalog gehöre die freiwillige Anspruchsbeschränkung dazu, der Verzicht auf Wehleidigkeit und die Fähigkeit zur Lebensbewältigung durch eine «Prise» Ironie. «Vergeßt mir bloß die Ironie nicht!» ermahnte er uns des öfteren. «Sie ist das Eintrittsbillett ins Menschliche. Nach außen zeigt man den Ernst, den die Lage verlangt, doch im Innern schnippt man den Verdruß mit dem Finger weg.»

Zwar war er kritisch genug zu wissen, daß Preußen mit seinem vielgepriesenen Ethos für nichts als sich selbst stand, daß es ohne menschheitliche Idee war. Nicht selten belustigte er sich über die verschiedentlich angestellten Versuche, ihm eine «Seele» oder gar eine «Mission» zu geben. Als zivilisierende Mächte ließ er nur das antike Griechenland und Rom gelten. Was hätten denn, fragte er einmal bei Tisch, Spanien, England oder Frankreich der Welt außer dem kleinen Offiziersstöckchen, dem Fünfuhrtee, dem Inka-Gold und ein paar schönen Phrasen gegeben? Alles in allem sei es bei jeder dieser Weltmächte um Ausbeutung mit ein bißchen humaner Dekoration gegangen, da sei ihm der ungeschönte Überlebenswille, der Preußens ganze Staatsidee war, immer noch lieber. Sie raubten auch, aber sie logen wenigstens nicht. «Einen Knicks für Preußen», schloß er bei Gelegenheit und mit einem Lachen; es stehe, aufs Ganze gesehen, in der Welt gar nicht so schlecht da.

Als ich ihn Jahre später noch einmal auf seine Vorliebe für ironische Pointen ansprach, erwiderte er, Ironie mache fast alles im Leben erträglicher, sogar die im Grunde «erkältende Staatsluft» in Preußen. Unvergeßlich blieb uns Geschwistern, wie der Zug auf der jährlichen Fahrt zu den Verwandten in der Neumark an einem kleinen, vom Horizont fast verschluckten Dorf vorüberkam und mein Vater uns ans Abteilfenster rief: «Was ihr dahinten seht», bemerkte er, «ist die Silhouette von Kunersdorf, wo Friedrich der Große die schrecklichste Niederlage des gesamten Siebenjährigen Krieges erlitt. Die Preußen», fuhr er fort, «zu denen ich in diesem Ausnahmefall nicht zähle, behaupten immer, daß nach jedem Kunersdorf ein Leuthen kommt, mit Triumph, Fanfarenton und dem Choral ‹Nun danket alle Gott›!» Das klinge erhebend und erfülle das Stockpreußenherz mit Stolz. «Leider», setzte mein Vater nach einer wohlbedachten Pause hinzu, «stimmt die schöne Geschichte nicht. Denn die Schlacht von Leuthen fand 1757 statt, während Friedrich die fürchterliche Niederlage von Kunersdorf, deren desaströse Folgen nur durch den Thronwechsel in Rußland vermieden wurden, erst zwei Jahre später ereilte. Aber», schloß er dann, «ein wenig Mogelei muß schon dabeisein, wenn die Preußen dem Mirakel des Hauses Brandenburg immer noch ein weiteres hinzuerfinden.»

Vertrugen sich Preußentum und Republikanismus bereits nur unter Schwierigkeiten, wurde der Widerspruch noch durch den strengen Katholizismus meines Vaters verschärft. Er war ein frommer Mann, der dem «Herrgott», wie er in diesem Zusammenhang meist sagte, für jede seiner privaten oder politischen Entscheidungen Rechenschaft schuldete. Schon aufgrund seiner zahlreichen Ämter pflegte er enge Beziehungen zu den Bistumsoberen und traf mehrfach mit dem Nuntius Kardinal Pacelli zusammen. Dem Zentrumskanzler Brüning hielt er zugute, typologisch wie politisch die Versöhnung von Preußentum und Katholizismus zu betreiben; wäre ihm das gelungen, hat er im Rückblick gemeint, wäre vieles anders gekommen. Er war befreundet mit dem Dompropst Lichtenberg, der in frühen Jahren als Kuratus in Karlshorst gelebt hatte und 1941 wegen seines Protests gegen die Euthanasie und seiner öffentlich veranstalteten Gebete für die verfolgten Juden in ein Konzentrationslager geschafft worden war, bevor er zwei Jahre später während eines Häftlingstransports nach Dachau auf ungeklärte Weise umkam. Ohne seine sonstige Gelassenheit, mitunter sogar wie erfaßt von der Wagenburg-Mentalität der Diasporakatholiken, vertrat mein Vater das katholische Interesse. Bezeichnenderweise hat er, der fast alle menschlichen Schwächen hinnahm, niemals die schmähliche Rolle verwunden, zu der sich die Führungsfiguren seiner Partei, Franz von Papen und der Prälat Ludwig Kaas, aus Ehrgeiz und Opportunismus im Verlauf der sogenannten Machtergreifung überreden ließen.

Und schließlich war er ein bekennender Bildungsbürger, die folgenden Seiten werden manchen Beleg dafür beibringen. Zwar stand der Begriff zu jener Zeit noch nicht in dem Verruf, der ihm inzwischen anhaftet. Aber ein altmodisches Wesen meinte das

Wort damals schon. Nach den Nazijahren ist das Bildungsbürgertum zu einer der hauptschuldigen Gesellschaftsmächte für den Aufstieg Hitlers gemacht worden; dem genaueren Blick allerdings spiegelt die Anklage lediglich das Ressentiment verwöhnter Kinder, die darauf aus waren, sich moralisch über ihre Eltern zu erheben und alle Bildung als unnütze Anstrengung zu verleumden. Die Sozialwissenschaft hat unterdessen herausgefunden, daß nicht einmal ein Prozent der Bevölkerung dem Bildungsbürgertum zuzurechnen war. Doch bei der ersten, noch halbwegs freien Wahl vom 5. März 1933 wurde die Hitlerpartei von weit über vierzig Prozent der Stimmberechtigten gewählt.

Mein Vater liebte die Bücher. Sein Stolz war die chronologische Goethe-Ausgabe des Propyläen Verlages, die er mit seinem ersten Gehalt erworben hatte, sowie eine kleinere Werkausgabe von zehn oder zwölf Bänden. Daneben standen die Schriften von Lessing bis Heine, natürlich Shakespeare und vieles andere bis hin zu dem bewunderten Fontane in seinen nicht einmal weiträumigen, lediglich knapp drei Wände seines Arbeitszimmers deckenden Bücherschränken. «Der ist von der Familie», sagte er gern, wenn auf Fontane die Rede kam, und deutete auf den Sessel am Balkon, «da sitzt er dann und wann.» In der wissenschaftlichen Abteilung gab es zwei oder drei Regale theologischer Literatur, ihn beschäftigten Fragen des Gottesbeweises, die Anstöße Luthers für die Entwicklung der deutschen Sprache, im Nebenschrank stand die Literatur über die preußische Geschichte, zumal die Zeit der Reformer, ferner Werke über das christliche Menschenbild oder die Ausbreitung des Glaubens in den entferntesten Weltgegenden.

Die deckenhohen Bücherwände spiegelten erkennbar die Interessen meines Vaters. Nur über dem Schreibtisch gab es eine Lücke, in der neben einigen Familienfotos und dem Schattenriß Goethes mit dem erhobenen Zeigefinger vor dem jungen Fritz von Stein ein Stich nach Raffaels «Schule von Athen» hing: mit Pythagoras und Sokrates, Platon und Aristoteles, der eine auf den Himmel, der andere auf die Erde deutend, wie mein Vater fast jedem Gast zu unserer Belustigung erläuterte, und am rechten Bildrand hatte sich Raffael selbst porträtiert, wie uns ebenso regelmäßig hergesagt wurde. Vor dem Görresgemälde auf der Gegenseite, über dem auf einem Wandpodest eine Dante-Bronze stand, pflegte mein Vater zu versichern, wie Görres habe er sein Leben lang sein wollen: aufsässig in den frühen Jahren, antreibend während der Mitte des Lebens und bewahrend ab vierzig. Dabei müsse aber auch die Zeit mitmachen. Bei ihm habe sie sich allzuoft quergestellt.

Mein Vater hat oft über die Zeit nach dem Ersten Weltkrieg gesprochen, als er, früh verwundet, aus dem Lazarett zurückgekehrt war. Damals habe er sich in den Umständen am besten zurechtgefunden. Er sei voller Hoffnungen gewesen, und seiner Auffassung zufolge habe zu jener Zeit, trotz der schmerzenden Niederlage, eine starke Zuwendung zur Republik bestanden. Er habe das in der Hauptsache auf drei Ursachen zurückgeführt, die er mit der Lakonie seiner neuen Heimatstadt Berlin auf die Kurzformel gebracht habe: Der Krieg war aus, der Kaiser weg und das Unwesen der Soldatenräte zu Ende. Dazu sei eine Verfassung beraten worden, und alles zusammen habe eine weitreichende, Bürgertum wie Arbeiterschaft erfassende und einende Aufbruchstimmung erzeugt.

«Doch noch ehe die Verfassung verabschiedet war, dunkelte der Himmel ein», wie er sagte. Der erste schockartige Stoß kam durch den Friedensvertrag von Versailles, und es waren nicht so sehr die drakonischen Bedingungen, die schwer wogen. Größere Empörung lösten die «demütigenden Umstände» aus, die der deutschen Delegation zugemutet wurden, von dem Dienstboteneingang, durch den sie das Verhandlungsgebäude betreten mußte, bis hin zu den schwer Gesichtsverletzten, die in einem Akt berechnender Kränkung am Zugang zum Sitzungsraum postiert waren. Diese und ähnliche Inszenierungen sollten den mit dem «widerwärtigen Hochmut des schlechten Siegers» formulierten Artikel 231 des

Versailler Vertrags rechtfertigen, meinte er: die Behauptung, daß Deutschland die Alleinschuld am Krieg trage. In Wahrheit belegten die Mächte mit alledem nur, daß «sie ihrem Sieg nicht gewachsen» waren. Die Republik komme «mit einer Narrenkappe» aus Versailles zurück, lautete ein alsbald geflügeltes, mit Hohn und Erbitterung verbreitetes Wort.

Von diesen Rückschlägen hat mein Vater viel erzählt. Schon im Sommer 1919 brachen, wie er meinte, die Schwächen auf. Überdies hatte am Beginn der Republik kein großer, in der Erinnerung haftender Gründungsakt gestanden, sondern, wie einer wachsenden Menge alsbald zu Bewußtsein kam, eine schmähliche, auch noch durch Verrat zustande gekommene Niederlage. Viele ließen sich nur allzu bereitwillig überreden, daß sie die gutmütigen Opfer von Betrug und Rachsucht seien. Während der Anfangsphase des neuen Staatswesens, erzählte mein Vater, als er Abend für Abend in den Ortsverbänden unterwegs war, habe er gegen die Agitation der Rechten immer wieder darauf hingewiesen, daß die im Entstehen begriffene Republik zwei Dolchstöße versetzt bekommen habe: den einen durch den «Hindenburgschwindel», den anderen durch die Siegermächte, Frankreich zumal, für das er keine Nachsicht kenne. Denn damit habe man Hitler erst die Möglichkeit verschafft, als Anwalt der sogenannten deutschen Ehre aufzutreten.

«Es gab noch einmal eine große Stunde», fuhr er, wann immer die Rede darauf kam, in seinen Erinnerungen fort. Das sei beim Ausbruch des Kapp-Putsches im März 1920 gewesen, und damals sei der jungen Republik sogar ein Sieg beschert gewesen. Der Staatsstreich der alten «Schnauzbärte» sei nicht nur am Generalstreik der Arbeiter, sondern auch am mehr oder minder geschlossenen Widerstand der breiten Menge gescheitert. Da sei der Republik der lange vermißte Gründungsakt doch noch gelungen, habe er in seinen Reden wieder und wieder erklärt, und die Zuhörer hätten sich dabei manchmal sogar beifallklatschend von den Stühlen erhoben. Aber die Republik habe nichts mit dem Geschenk anzufangen gewußt. Immerhin hätten er und seine Freunde in den Festsälen und größeren Kneipen von Neukölln, Kreuzberg und Charlottenburg den Sieg gefeiert. Endlich, hätten sie alle geglaubt, sei ihre Sache gesichert. Die Bewährungsprobe schien bestanden.

Zum ersten Mal, habe er um diese Zeit gedacht, könne er sich nach einem Leben, das so lange ausgefüllt war mit Versammlungen und endlosen Abendterminen, seinem privaten Weiterkommen widmen. Ende 1921 zog er vom kleinbürgerlichen Stadtteil Neukölln nach Karlshorst und erwarb in der Hentigstraße ein Mietshaus, in dem er, schon im Blick auf die künftige Familie, ein ganzes Stockwerk bezog. Er habe damals in dem Bewußtsein gelebt, das erste Stück seines Weges erfolgreich zurückgelegt zu haben. Beruflich wie politisch sagten ihm alle eine vielversprechende Zukunft voraus. Er hatte überdies eine anziehende, wohlerzogene junge Frau aus besseren Verhältnissen kennengelernt und dachte erstmals an eine eheliche Verbindung.

Er nahm alles ungemein ernst. Nachdem er sich über die junge Frau, ihre Familie und deren Lebensumstände vergewissert hatte, begann er eines Tages, sich eine ohne alles Stottern ablaufende Wendigkeit in der französischen Konversation anzueignen, und bevorzugte eine Zeitlang unterhaltende Literatur mit ausgedehnten Dialogpartien: Er habe sich auf diese Weise, behauptete mein Vater später im Scherz, auf das herkömmliche «Schwiegereltern-Mißtrauen» vorbereitet. Denn nicht auszuschließen schien ihm, daß die strengen Straeters ihn in Verlegenheit versetzten, indem sie wie unabsichtlich plötzlich ins Französische hinüberwechselten und sich erst nach längerem Reden für den kleinen Mißgriff entschuldigten. Dem habe er sich nicht aussetzen wollen, fügte er lachend hinzu.

Und lachend berichtete er auch, daß seine Bildung bis dahin allzusehr auf die gewichtigen Themen ausgerichtet war; folglich fing er an, die großen «Gerüste», wie er sie nannte, mit «Girlanden» zu behängen, den hübschen Zutaten, die, wenn auch nur gesellschaftlich, zur Bildung hinzugehörten. Dann lief er die Fachgeschäfte ab, um geschmackliche Sicherheit zu erlangen, denn er kam vom Lande und, wie man im großen Berlin sagte, aus «geringen Verhältnissen». Er hatte schon bei Freunden und Parteibekannten ansehnliche Möbel und überaus gefälliges Kunstgewerbe entdeckt und sich eine Vorstellung davon gemacht, wie er wohnen wollte. Als er sich einigermaßen gewappnet glaubte, suchte er die Antiquitätenläden im Hansaviertel auf, um auch in Möbeln, Bildern, Teppichen oder was sonst zu einer Einrichtung gehörte, zu einem Urteil zu kommen, das seinen Möglichkeiten entsprach. Einiges, vorwiegend Altberliner Mobiliar, erstand er sogar. Zwischendurch sandte er das ein oder andere Zeichen seiner Absichten an das Fräulein in der Riastraße.

Das waren die vielberedeten Liebesbriefe, die meine Mutter in einer Schatulle zusammen mit anderen Erinnerungsstücken verwahrte und 1945, wenige Tage vor dem Einmarsch der Russen, im Garten vergrub. Der kurzzeitig angesetzte Räumungsbefehl verhinderte, daß das Kästchen geborgen werden konnte; zum lebenslangen Kummer meiner Mutter blieb es verloren. Es sollen sogar einige Liebesgedichte darin gewesen sein.

Eines Tages sagte sich mein Vater überraschend bei den Straeters an. Anders als er erwartet hatte, war der Salon mit hellen Möbeln eingerichtet. Dekoriert mit Blumenvasen und bunten Porzellanfiguren von Liebespaaren, Harlekins und Schäferinnen, schien die Einrichtung in ihrer Leichtigkeit kaum zum strengen Bild meines Großvaters zu passen. Zwar war der Besuch, wie mein Vater fand, voller Verlegenheitsfallen, dennoch verlief die Begegnung einfacher als befürchtet. Die künftigen Schwiegereltern besaßen französische Courtoisie, und da sie sich ausrechnen konnten, warum der junge Mann bei ihnen vorsprach, boten sie ihm zunächst einen leichten Likör an und halfen ihm auf alle denkbare Weise, die Lage zu bestehen. Als er sich, unvermittelt und plötzlich ins Förmliche wechselnd, aus seinem Sessel erhob, baten sie ihn, Platz zu behalten. Der

Gast indessen erwiderte, was er vorzubringen habe, sage er besser im Stehen, während sie gut daran täten, um ihres Wohlbefindens willen sitzen zu bleiben. Die Stimmung lockerte sich daraufhin, so daß mein Vater alle Steifheit abtun und die Worte, mit denen er um die Hand der Tochter Elisabeth bat, ohne Umstände loswerden konnte.

Einige Wochen später wurde der Hochzeitstermin auf Mitte 1923 festgesetzt. Wenn mein Vater zurückblickte, mochte er einige Genugtuung empfinden. Er war erfolgreicher gewesen, als er je vermutet hatte; neueren Andeutungen zufolge hatte er Aussichten, ins Preußische Kultusministerium berufen zu werden. Und dann würde es weitergehen. Was sollte schon dazwischenkommen?

2. KAPITEL

Die Welt zerbricht

Karlshort war ein überschaubarer, im Osten der Hauptstadt gelegener Vorort, überwiegend bewohnt von mittlerem Bürgertum. Die Entstehung vom Reißbrett war seinen wohlgeordneten Straßenverläufen noch immer anzumerken, und wer, wie einer der Freunde meiner Eltern, die Dinge gern auf die Spitze trieb, mochte behaupten, das Architektenbüro sei insoweit an die Stelle der Fürstenlaune getreten. Denn zur Eigenart Berlins gehörte, daß es fremd, aber entschlossen von den preußischen Herrschern gegen die märkische Ödnis errichtet worden war. Die Stadt besaß deshalb an ihren Rändern nicht nur eine liebenswürdige Dörflichkeit, sondern eine melancholisch anziehende, von Wasserläufen und Luch durchsetzte Umgebung. An manchen Werktagen konnte man mit öffentlichen Verkehrsmitteln nach Gransee oder nach Nauen fahren, ohne mehr als einem Dutzend Marktweibern zu begegnen. Es gab die Paradeallen wie die «Linden» und nebenan die Dorfstraßen von Potsdam oder Köpenick.

In meiner Erinnerung ist Berlin immer noch eine lichte, begrünte Stadt, nicht mit London zu vergleichen oder dem imperial zugemauerten Paris. Und zu sagen bleibt, daß es neben der schönsten Umgebung den dürftigsten Charme besaß. Es hatte eine einnehmende Bescheidenheit. Dafür war es wach, geistreich und von schnellem Witz. Den Mangel an Eleganz machte es durch urbane Ironie wett. Immer auf dem Quivive sein galt mehr als Förmlichkeit. Berlin war keine Stadt, die man ins Herz schloß, doch fühlte man sich in ihr rasch zu Hause. Und Karlshorst war eine Art kleinstädtische Variante der gewaltigen Metropole.

Das Haus in der Hentigstraße, das mein Vater vor Jahren erworben hatte, lag nicht in einem der Villenquartiere des Ortes, sondern mitten im Mietshausviertel. Die Bewohner waren Facharbeiter, Beamte, Werkzeugmacher und einige Witwen. Jedes der Häuser besaß an den Seiten und im hinteren Teil des Grundstücks ein Grüngelände, meist mit einem Gewürzgarten unter ein paar Obstbäumen. Fast durchweg gab es neben der Teppichstange einen Geräteschuppen, und als Besonderheit wies unser Garten unter den Kastanienbäumen ein Turnreck sowie ein kleines, gestuftes Schwimmbecken auf, in dem wir im Sommer badeten und im Winter mit unseren Nagelschuhen die vereisten Absätze hinuntersprangen.

Vor allem die verwilderten Ecken und Ränder des Grundstücks hatten es uns angetan. Unter den Beerensträuchern schlichen wir, einen Papp-Tomahawk oder ein Messer im Mund, als edle Sioux-Indianer gegen die Comanchen herum oder dachten uns andere Kampfspiele aus. Mit meinem zwei Jahre älteren Bruder Wolfgang und dem ein oder anderen Freund hielten wir gegen alle Nachbarskinder zusammen. Wir schickten Hansi Streblow zur dicken Bäckersfrau mit dem Auftrag, «für 'n Sechser Kotzekuchen» zu kaufen, wie wir die zusammengebackenen Teigreste nannten, spannten am Hauseingang schräg gegenüber, wo der ewig säuerliche Lehrer Müllenberg zur Untermiete wohnte, eine Schnur, über die er prompt ins Stolpern geriet, oder kletterten über den Zaun auf das benachbarte Pfarrgrundstück und legten einen abgetragenen, verschwitzten Büstenhalter von Werweißwoher auf den Gartenweg. Im Gebüsch versteckt beobachteten wir mit unterdrücktem Lachen, wie der alte Pfarrer Surma beim Breviergebet das Kleidungsstück entdeckte, es nach kurzem Stutzen kopfschüttelnd aufhob und schließlich, nicht ohne einen besorgt prüfenden Blick rundherum, in seiner Soutane verbarg. Da war ich fünf Jahre alt und begann gerade eine wenn auch vage Vorstellung von der Ungehörigkeit unseres Einfalls zu entwickeln.

Wir waren fünf Geschwister, alle im Abstand von zwei Jahren zur Welt gekommen: Wolfgang, 1924 geboren, war unter uns Kindern die Autorität. Auf meinen jüngeren Bruder Winfried, der lebhaft, witzig und zugleich in sich gekehrt war, folgte die anschmiegsame, von allen geliebte Hannih und darauf die oft bis zur Tollheit lebhafte Christa.

Wolfgang, wie ältere Brüder meist, war mein unbestrittenes Vorbild, und seinetwegen habe ich mich oft, aufgrund irgendwelcher ungerechter Nachreden, mit anderen angelegt. Er war mutig, schlagfertig, von einer manchmal fast hochmütig wirkenden Nachlässigkeit und hatte, als wir in die Schule kamen, nicht nur die besseren Zeugnisse, sondern auch die einfallsreicheren Ausreden. Zudem hörte ich ihn von den Müttern mancher Freunde für Eigenschaften loben, deren Sinn ich nicht verstand. «Kluger Bengel», kann sich «gut ausdrücken» und weiß sich «manierlich zu benehmen» begriff ich wohl, aber besitzt «Charme» oder «weiß den Müttern seiner Freunde den Hof zu machen» kam mir reichlich rätselhaft vor, und anders als mir wurde ihm niemals eine «freche Klappe» vorgehalten.

Meine ganze Bewunderung gewann Wolfgang im Frühjahr 1932. Damals kehrte die Do X, ein dampfergroßes, wassertaugliches Flugboot mit zwölf Propellermotoren und einem auf drei Stockwerke verteilten Fassungsvermögen von mehr als 160 Personen, nach einer Atlantiküberquerung von New York zurück und wasserte auf dem Müggelsee, ein paar S-Bahn-Stationen von Karlshorst entfernt. Schon Wochen im voraus hatte Wolfgang meinen Eltern in den Ohren gelegen, zur Landung des Flugzeugs mit ihnen nach Friedrichshagen zu fahren. Als ihm die Bitte ein ums andere Mal abgeschlagen wurde, machte er sich am Nachmittag des 24. Mai mit zwanzig Pfennigen unbemerkt auf den Weg.

Als er abends um sechs Uhr nicht zum Essen erschien, began-

Am ersten Schultag im April 1933
im Garten der Hentigstraße

nen meine Eltern sich zu beunruhigen. Nach ergebnislosem Suchen bei den Nachbarn fingen sie an herumzutelefonieren, und um acht benachrichtigte mein Vater die Polizei, während meine Mutter stille Stoßgebete von sich gab. Kurz nach neun Uhr verließ sie in höchster Sorge das Haus, um die Umgebung abzusuchen, als ihr Wolfgang in der Dorotheenstraße, «bumsfidel» und mit ausgebreiteten Armen, entgegenkam. Sofort sprudelte er heraus, was er am Müggelsee erlebt hatte und wie er schon auf der Hinfahrt, noch am Bahnhof Karlshorst, ein Ehepaar kennengelernt, sich mit beiden «wie erwachsen» unterhalten, am Müggelsee einen guten Platz erobert und dann die Landung der Do X im aufspritzenden Wasser beobachtet habe. Die Leute hätten ihm sogar zwei Eiswaffeln und die Rückfahrt spendiert, so daß er noch Geld übrig habe. Am Ende seien sie bis zum Milchgeschäft Birkholz mitgekommen.

Meine Mutter war in Tränen erleichtert, aber zugleich außer sich, und nachdem sie Wolfgang vor meinen strengblickenden Vater geführt hatte, machten ihm beide die ernstesten Vorhaltungen. Wolfgang setzte neuerlich an, von seinem großen Tag mit Ehepaar, Flugboot und Eiswaffeln zu erzählen. Doch meine Mutter ließ ihn kaum zu Wort kommen. Sie ereiferte sich schließlich bis zu der Drohung, ihn bei einem nächsten derartigen Vorkommnis in den Kohlenkeller zu sperren. «Das macht mir überhaupt nichts», erwiderte der Siebenjährige mit einer bewundernswürdigen Ruhe, «denn hinterm Verschlag sind ja die Hähne für Wasser und Licht. Da komme ich leicht ran und stelle euch alles ab.» Meine Mutter hat später zugegeben, daß sie über die Unverfrorenheit dieser Äußerung sprachlos gewesen sei. Aber auch ein wenig stolz. Zunehmend sogar stolz. Ich hingegen, der die Szene durch die angelehnte Tür verfolgt hatte, war nur stolz.

Das geschah 1932. Aus etwa der gleichen Zeit rührt ein dramatisches Bild, das beim Schütteln des Kaleidoskops meiner Kindertage immer wieder auftaucht. Es stammt aus den Monaten, als der Bürgerkrieg in der zu Ende gehenden Weimarer Republik auf die Vororte Berlins übergriff. Eines Abends, nach Einbruch der Dunkelheit, polterten Schritte die Treppe herauf, und kurz danach hämmerte es ungeduldig an der Wohnungstür. Als ich aus dem Bett sprang und öffnete, stand mein Vater mit aufgerissener Jacke in der Tür. Um den Kopf trug er einen breiten, mit Heftpflaster befestigten Mullverband, auf dem sich ein verklebter schwarzer Fleck von Faustgröße abzeichnete. Er hatte zwei Begleiter bei sich, die ihn behutsam auf das Sofa betteten und so etwas sagten wie «Komm wieder auf die Beine, Junge!». Und während ich noch über den vertraulichen Ton staunte, den die beiden sich meinem Vater gegenüber herausnahmen, murmelte der einen Dank, erhob sich erstaunlich behende und verschwand, ohne mich wahrzunehmen, in einem der hinteren Räume. Verblüffenderweise hatte meine Mutter den Vorgang gar nicht bemerkt. Jetzt hörte ich nach der Entfernung des Verbandes und einer kleinen Schrecksekunde ihren Ausruf «Himmel, erbarm dich!» und wie sie zum Telefon lief, um einen Arzt herbeizurufen. Später erfuhren wir, daß eine Truppe des Rotfrontkämpferbundes in eine SPD-Veranstaltung mit dem Berliner Polizeipräsidenten Grzesinki eingedrungen war und mit Holzknüppeln auf die Saalwache des Reichsbanners eingeprügelt hatte, bis die Versammlung gesprengt war.

In den folgenden Monaten herrschte in unserem Haus ein ständiges Kommen und Gehen. Fremde Gesichter tauchten auf und verschwanden grußlos wieder. Aus dem verrauchten Herrenzimmer, wie der Arbeitsraum meines Vaters hieß, drangen Stimmen, die zwischen Kampfentschlossenheit, Sorge und Resignation hin und her schwankten. Worum es ging, war für Wolfgang und mich, deren Hauptthema natürlich die Schlägereien bildeten, ganz und gar rätselhaft. Es war von Straßenschlachten am Nollendorfplatz und im Wedding die Rede, von blutigen Auseinandersetzungen an nie gehörten Orten wie Altona oder Leipzig, und jede dieser Erzählungen lieferte uns für den Abend im Bett schauerliche Geschichten von Aufruhr, Autozusammenstößen, verlorengegangenen Kindern und schließlich, weil solche Beschreibungen nach Steigerung verlangen, von eingeschlagenen oder sogar abgehackten Köpfen. Wie wenig wir auch von alledem verstanden, erfaßten wir doch die Atmosphäre erbitterter Leidenschaft, die sich nicht nur auf den Straßen, sondern auch mit jedem Besucher in der Wohnung ausbreitete.

Ich muß an dieser Stelle einen Hinweis einschalten, der für das Verständnis der folgenden Seiten hilfreich sein kann. In diesen Passagen ist nicht selten vom klaglosen Untergang der Weimarer Republik die Rede. Es kann sich dabei nur um bruchstückhafte Erinnerungen des Sechs- bis Achtjährigen handeln, der einige naturgemäß umrißarme, erst später zusammenwachsende Bilder bewahrt hat. Das meiste ist mir aus Überlieferungen, wie sie in jeder Familie im Umlauf sind, gewärtig. Und nahezu alles hatte ein politisches Vorzeichen. Doch muß, was damals den Ereignishintergrund bildete, zumindest andeutungsweise berichtet werden, weil es im Lauf der Jahre lebensbestimmendes Gewicht gewann.

Ähnlich verhält es sich mit der Figur meines Vaters. Auch sein Bild ist überlagert von familiär Herumerzähltem, das an vielen Abenden um den Eßtisch unter dem mit Seidenstoff bespannten und mit Troddeln behängten Leuchter weitergegeben wurde. Hochgewachsen, mit Brille und knapp gescheiteltem Haar, warf er einen übergroßen Schatten, der uns Kindern so viel Furcht wie Sicherheit vermittelte. Er verstand das Leben als eine Folge von Aufgaben, die man ohne Getue, mit festen Überzeugungen und möglichst gutgelaunt abzuleisten hatte. Gerade deshalb besaß er eine niemals angefochtene oder gar in Frage gestellte Autorität. Innerhalb der Familie setzten sich denn auch schon frühzeitig Fragmente dieses hochgestellten Bildes gegen zunächst alles kindliche, später alles halbwüchsige Sträuben mehr und mehr durch.

Auch das Wesen meiner Mutter mit den damals noch eher milden, häufig etwas erstaunt aufgetanen Augen unterschied sich wohl von der Erscheinung, die ich in der Erinnerung habe. Sie war in jenen Jahren, trotz der fünf Kinder, die sie geboren hatte, in offenbar weit stärkerem Maße, als mir bewußt wurde, der Typus der höheren Tochter: verliebt in die schönen Gefühle, mit großer Familie als Ziel und verläßlichem Stück festen Lebensgrundes sowie erfüllt von der Gewißheit eines Anspruchs auf das Glück. «Ich hatte alles», sagte sie später, «und manchmal dachte ich sogar, mehr, als mir zusteht.» Aber dann brachen ihre Träume und Erwartungen unversehens weg, und anders als irgendwer vorausgesehen hatte, zeigte sie eine Entschiedenheit, die bis zur Härte reichen konnte. Im Rückblick scheint mir, daß jeder von uns in den ungezählten Unbilden der Kindheit bei ihr, mehr als bei meinem Vater, Verständnis und Halt finden konnte.

Lasse ich mich auf einige Marginalien zu den politischen Verhältnissen und ihren familiären Verknüpfungen ein, bleibt zu sagen, daß die Kalamitäten der späten zwanziger Jahre, zumal der unaufhaltsame Aufstieg Hitlers, die Nerven bis zum Reißpunkt gespannt hatten. Gleichzeitig tauchten, wie immer in Krisenzeiten, allenthalben die absonderlichsten Propheten auf, Doktoren okkulter Weltheilungsrezepte, Sektenprediger und Edengärtner, die mit salbungsvoll verdrehten Augen darlegten, daß die Menschheit dem Untergang geweiht sei. Eine Hoffnung bestehe nur, sofern die durch sie verkündete Botschaft Anhang sowie einen Führer finde, der entschlossen auf dem Schicksalsweg voranschreite und der Welt neue Weisungen erteile. Sie kannten sich in den skurrilsten Schriftwerken vergangener Zeiten aus, abseitigen Prophezeiungen, die auf oftmals verblüffende Weise mit ihren Narreteien übereinstimmten. Schon bald begann mein Vater, Literatur zu diesem Thema zu sammeln.

Denn bedenklich an diesen bizarren Vorhersagen war, daß sie der Republik unmerklich den Boden entzogen. Angesichts ihrer offenkundigen Ohnmacht nach innen wie nach außen erschien die neue staatliche Ordnung einer wachsenden Zahl als Synonym für Schande, Unehre und machtpolitischen Jammer. Mehr und mehr ergaben sich die Menschen der Auffassung, daß das romantische, gedankentiefe, im Spirituellen beheimatete Deutschland mit der Republik einen Akt des metaphysischen Verrats an sich selbst begangen habe. Die deutsche Kultur sei den Tausch gegen die seichte Zivilisation des Westens niemals wert.

Hinzu kam, daß mit dem Ernst der Krise das Bedürfnis nach Abwechslung und billigem Zeitvertreib immer ungehemmter hervortrat. «Vorne die Armenküchen und auf der Rückseite Charleston und Bubikopf, La Jana und das Parkettgehopse», wie mein Vater spottete. Die traditionellen Werte, die dem Leben der Menschen bis dahin Halt und Richtung gegeben hatten, begannen nun vor aller Augen zu bröckeln. Und viele wirkten beim Zerstörungswerk mit, ermutigt durch die Stichworte der Zeit, die sämtlich auf Absturz und Ruin zielten: Menschheitsdämmerung, Stahlgewitter, Apokalypse oder Untergang des Abendlandes. «Die Verfallsprozesse», sagte einer der Freunde meiner Eltern, der Zentrumsabgeordnete Richard Schönborn, «kündigen sich zuerst in der Welt der Begriffe an.» Ein Land und eine Gesellschaft, die solche Vokabeln als Modeworte verwendeten, könnten nicht überdauern.

Verband man solche Symptome mit den gewichtigen Ereignissen jener Jahre, konnte einem Zeitgenossen, wie mein Vater später bemerkte, schon die Überlegung durch den Kopf gehen, nicht gegen die radikalen Formationen der Politik zu stehen, sondern «gegen den Geist der Epoche». Heute wisse er, meinte er einmal lange nach dem Krieg, daß man mit der bloßen Anwandlung dieses Gedankens schon verloren gewesen sei. Den einzigen Ausgleich habe er in der Überlegung gefunden, auf der richtigen Seite zu stehen. Wer untergeht, möchte wenigstens die Gewißheit haben, im Bund mit der besseren Sache zu sein.

Mit Papens Preußenputsch vom 20. Juli 1932 sei die Republik von Weimar zugrunde gegangen, hat mein Vater oft gesagt, darüber sei man sich in der politischen Freundesrunde mit den Riesebrodts, Mielitz oder Fechners einig gewesen. Als ihn ein Abteilungsleiter im Innenministerium, der ebenfalls dem Reichsbanner angehörte, um Verständnis dafür bat, daß man sich nun einmal schwertue, den Boden der Verfassung zu verlassen, habe er einen Augenblick lang die Beherrschung verloren und halb im Abgehen noch erwidert: «So verblendete, feige Gegner wie uns habe ich der Republik zeit ihres Bestehens gewünscht. Denn dann hätte sie überdauert. Jetzt wissen alle, daß dieser Staat nicht gewillt ist, sich gegen seine geschworenen Feinde zu behaupten.» Er solle abwarten, sei ihm daraufhin von vielen erwidert worden, der Defätismus helfe auch nicht weiter. Aber er sei nicht defätistisch gewesen, sondern habe nur die Augen aufgemacht.

So gingen die Wochen in der zeitlosen Offenheit der Kindertage dahin. Den Sommer des Jahres verbrachten wir überwiegend im Garten, den Winter mit Schlitten und Nagelschuhen in der nahe gelegenen Wuhlheide oder dann wiederum in den angrenzenden Sandbergen und setzten gegen die Sorgen meiner Mutter stetig steiler gewählte Abfahrtshänge in «Schußfahrt» hinunter. Dicht hinter dem Bahnhof lag die Eisbahn, auf der wir mit den Schlittschuhen die ersten, wackeligen Schritte versuchten, stürzten, wieder zu neuem Ausgleiten hochkamen, endlich drei und dann zehn Schritte sowie schließlich ganze Schrittfolgen standen, bis wir zu den «Flitzerschrecken» zählten. Draußen, auf den Wiesen der Randgebiete von Karlshorst, kickten wir anfangs planlos herum; dann taten sich sechs bis acht Freunde zu einer Mannschaft zusammen, die zunächst gegen eine andere Straße und bald darauf gegen einen anderen Ortsteil antrat, wobei eingegrabene Äste als Tor dienten. In der Hentigstraße trugen wir, das Pflaster hinauf und hinunter, unter «Motte» Böhms Schiedsrichterblick erbitterte Völkerballschlachten aus. Und wer einmal wegen eines allzu hart geworfenen Balls klagte oder, wie Helmut Sternekieker, von dem zu sagen ist, daß er tatsächlich Helmut Sternekieker hieß, sogar vor Schmerzen heulte, wurde für ein bis drei Spiele gesperrt.

Unser Garten lag an der Rückfront des Hauses. Durch den kurzen, eingezäunten Hof gelangte man über einen mit Blumenrabatten bestückten Weg auf einen etwa dreißig Meter langen, baumüberdachten Gang. In seiner Mitte stand der große Gartentisch, und nach rechts hin, in einiger Entfernung, eine auf tiefere Beine gestellte Tischtennisplatte. Links davon, etwa fünf Meter abseits, stieß man auf das Turnreck, und in etwas größerem Abstand dahinter auf den brüchigen Geräteschuppen, den mein Vater 1935 abriß und mit unserer Hilfe durch ein einfaches, aus Brettern errichtetes Gartenhäuschen ersetzte. Nahe davor lag das mehrstufige, mit einer kleinen Fontäne ausgestattete Bassin, an dessen Springbrunnenrohr ich mir einmal bei einem gewagten Schlittersprung über mehrere Absätze ein nahezu pfenniggroßes Loch neben dem linken Mundwinkel schlug und einen Zahn einbüßte. Das übrige Gelände war in sorgfältig von Gartensteinen abgegrenzte Blumenbeete und Gewürzfelder unterteilt.

Im Rückblick erscheint mir der Garten mitsamt seinen Gewächsen durchweg riesenhaft, die Rosen blühten den ganzen Sommer, die Beerensträucher trugen pralle Früchte, nicht anders als die drei oder vier Obstbäume inmitten der schlichten Pracht. An einem Herbsttag jedenfalls, es war wohl in meinem siebten Lebensjahr, sagte mein Vater, jeder habe bei uns seine Pflichten, ich sei davon nicht ausgenommen. Wolfgang habe für die Rosenstöcke zu sorgen und den Boden locker und feucht zu halten, ich sei von nun an für die soeben abgeernteten Erdbeerbeete zuständig. «Hätt'ste mir früher sagen können», soll ich geantwortet haben; für dieses Jahr seien die Erdbeeren alle weg. Aufgefuttert! Er jedoch habe erwidert, der Erfolg fange immer mit dem Anfang an.

An den 30. Januar 1933 habe ich lediglich aufgrund späterer Erzählungen im Familienkreis eine Erinnerung, aber das tage- oder wochenlange Erschrecken, das in unserem Hause spürbar war, hat sich mir tief ins Bewußtsein eingefressen. Mein Vater hatte, wie ich später erfuhr, auf die Nachricht von der Ernennung Hitlers zum Reichskanzler das Schulbüro in Lichtenberg unverzüglich verlassen und war zu einem Treffen in die Innenstadt gefahren. Erst gegen Mitternacht sei er zurückgekommen und habe bis in die frühen Morgenstunden mit meiner Mutter gesprochen. Er gab sich keiner der Täuschungen hin, der damals so viele politisch bewanderte Köpfe zum Opfer fielen: daß Hitler Vernunft annehmen, vom Erfolg milder gestimmt oder auch als der Scharlatan, der er nun einmal war, scheitern werde.

Für immer eingeprägt hat sich mir inmitten von soviel Verblaßtem hingegen der 28. Februar. An diesem Tag kam mein Vater gegen Mittag in den Garten herunter, wo Wolfgang und ich Tischtennis spielten. «Wir fahren jetzt in die Stadt», sagte er. Die Aufforderung klang so streng wie verschwörerisch, und schon auf dem Weg zum Bahnhof versuchten wir herauszufinden, was es mit der ungewöhnlichen Fahrt auf sich habe. Doch mein Vater blieb zunächst einsilbig, und erst als wir in der S-Bahn im leeren «Viehwagen», dem Abteil 3. Klasse, Platz genommen hatten, sprach er von einer niedergebrannten Ruine, die wir besichtigen würden. Wir fragten, ob der Brand schon gelöscht, die Feuerwehr gekommen sei, ob Tote zu sehen sein würden und anderes in dieser Art. Mein Vater sagte nichts. Statt dessen bedeutete er uns am Bahnhof Ostkreuz, als erstmals einige Fahrgäste zustiegen, weniger auffällig herumzureden. Und wir meinten später, er habe auf der Fahrt häufig von Dingen gesprochen, von denen wir kein Wort verstanden.

Zu unserer Enttäuschung suchten wir dann aber nicht das ausgebrannte Reichstagsgebäude auf, dessen Bedeutung uns mein Vater inzwischen auf dem Perron des Bahnhofs Bellevue zu erklären versucht hatte. Von mir erzählte er später, ich hätte ihn zu seinen Worten zwar gelehrig angesehen, aber sichtlich nichts verstanden. Das sei ihm indessen auch nicht wichtig gewesen. Denn er habe uns vor allem den «Ernst der Stunde» zu Bewußtsein bringen wollen.

Statt auszusteigen und zu dem Gebäude hinüberzugehen, aus dessen Trümmern noch ein paar blasse Rauchfahnen hochstiegen, fuhren wir mehrfach den S-Bahn-Bogen zwischen Friedrichstraße und Bellevue hin und her, und ich beobachtete wohl aufmerksamer das ernste Gesicht meines Vaters als die am Zugfenster vorbeifliegende Häuserlandschaft. Wiederholt hörte ich ihn das umwitterte Wort «Krieg» aussprechen, ohne daß ich mir einen Reim darauf zu machen wußte. Als ich ihn Jahre später fragte, ob er mit der Bemerkung auf den 1939 ausgebrochenen Zweiten Weltkrieg verweisen wollte, verneinte er lächelnd: Nein, so weitsichtig sei er nicht gewesen. Er habe vielmehr den Bürgerkrieg gemeint, mit dem er gerechnet habe. Der Brand des Reichstags sollte, wie er damals dachte, offenkundig das Signal für die Abrechnung mit den inzwischen wehrlosen Gegnern von gestern sein. Und gehofft habe er, der Brand werde doch noch den Aufstand in letzter Stunde auslösen, zu dem er mit anderen aus der Reichsbannerführung unentwegt, aber vergeblich gedrängt habe.

In der Tat leiteten die Machthaber den neuartigen Bürgerkrieg, jetzt im Besitz aller staatlichen Gewaltmittel, noch am selben 28. Februar ein. Auch mein Vater geriet in Schwierigkeiten. Einen Monat nach dem Reichstagsbrand häuften sich die Hinweise, daß das Regime ihn im Verdacht «staatsfeindlicher Umtriebe» habe. Zweimal wurde er im Lauf der folgenden Tage zunächst ins Schulamt sowie später ins Ministerium bestellt und nach seiner Auffassung über die Regierung befragt. Er habe kein Wort abgeschwächt, hat er nach der Rückkehr versichert, er sehe keinen Grund, sein Urteil über die ganze «Package» zu ändern. Meine Mutter, die während seines Berichts die Hände flach vors Gesicht gezogen hatte, erhob sich am Ende und sagte mit einem ungewohnten Vorwurf in der Stimme: «Du weißt, ich habe immer alles mitgemacht, was du für richtig hieltest. Das bleibt auch so. Doch an die Kinder und was dein Starrsinn für sie bedeuten kann, hast du gewiß gedacht?» Als mein Vater schwieg, verließ sie wortlos das Zimmer.

Die Entscheidung kam wenige Tage später. Am 20. April 1933 wurde mein Vater nach Lichtenberg ins Rathaus bestellt und von dem «Staatskommissar zur Wahrnehmung der Geschäfte des Bezirksbürgermeisters» Volz informiert, daß er mit sofortiger Wirkung aus dem Staatsdienst beurlaubt sei. Auf die Frage, was gegen ihn vorliege, antwortete der Behördenchef in einer Art Feldwebelton: «Das wird Ihnen rechtzeitig mitgeteilt!» Er sei aber Beamter, wandte mein Vater ein, worauf Volz entgegnete: «Das sagen Sie doch mal unserem Führer. Der wird sehr beeindruckt sein.» Und dann in spöttischem Ton: «Betrachten Sie die Beurlaubung als Geschenk! Dem Führer machen Sie damit eine kleine Freude! Denn der Führer hat, wie Sie bestimmt wissen, heute Geburtstag.» Nach dem Bericht meines Vaters hatte er darauf erwidert, er sei da nicht dabei, und Volz entgegnete auffordernd: «Sie können gehen. Ich ersuche Sie sogar darum! Heil Hitler!»

Schon auf dem Weg zum Ausgang kam meinem Vater das vertraute Gebäude mit einem Schlag fremd vor. Ebenso verhielt es sich mit den Beamten, die er zum Teil seit Jahren kannte und die nun plötzlich, einer wie der andere, die Augen ins Nirgendwo auf irgendeinen entfernten Punkt richteten, den sie offenbar nicht fanden. In der Schule, die er unmittelbar darauf aufsuchte, erging es ihm nicht anders, sogar sein Büro mitsamt den Schränken und bis hin zu den Stempeln erschien ihm bereits ausgetauscht. Als erster lief ihm der Kollege Markwitz über den Weg, der sichtlich eingeweiht war: «Mensch, Fest!» sagte er nach ein paar informierenden Worten. «Mußte das sein?» Und als mein Vater antwortete: «Ja, es mußte!», wandte Markwitz ein: «Nee, das reden Sie mir nicht ein! Das hab ich früh jelernt: Dummheit muß nicht sein!»

Am 22. April, gut zwei Wochen nach der Verabschiedung des Gesetzes zur Wiederherstellung des Berufsbeamtentums, wurde mein Vater aufs neue einbestellt. Vom Bürgermeisterstuhl aus und ohne dem Besucher einen Platz anzubieten, wurde ihm vom Chef der Behörde noch einmal förmlich und anhand eines vorbereiteten Schriftstücks eröffnet, daß er von der Leitung der 20. Schule entbunden und bis auf weiteres außer Dienst gestellt sei. Als Grund der Suspendierung wurden ihm seine führende Zugehörigkeit zur

Der Bürgermeister.   Berlin-Lichtenberg, den 18. April 1933,
   Schv.II.

                  Herrn

                      Rektor   Johannes F e s t,

Mit Zust.-Urk.!   20.   Volksschule.
                              ==============================

                  Als Staatskommissar zur Wahrnehmung der
          Geschäfte des Bezirksbürgermeisters des Verwaltungs-
          bezirks Lichtenberg, zu dem ich durch den Herrn
          Oberpräsidenten der Provinz Brandenburg und von
          Berlin bestellt worden bin, beurlaube ich Sie vorbe-
          haltlich der Zustimmung des Herrn Oberpräsidenten ab
          sofort bis auf weiteres.
                  Mit der kommissarischen Leitung der Schule ist
          Herr Lehrer   M a r k w i t z   beauftragt.
                  Ich ersuche Sie, sich am Donnerstag, dem
          20.4.33 um 12 Uhr in dem Amtszimmer der Schule ein-
          zufinden und dem kommissarischen Schulleiter die Amts-
          geschäfte zu übergeben.

                          Staatskommissar zur Wahrnehmung der
                          Geschäfte des Bezirksbürgermeisters.

Beurlaubungsschreiben des von den Nationalsozialisten
eingesetzten kommissarischen Bezirksbürgermeisters Volz an den
Vater Johannes Fest vom 18. April 1933

Zentrumspartei und zum Reichsbanner vorgehalten sowie seine «öffentlich herabsetzenden Reden gegen den Führer» und weitere hochrangige Nationalsozialisten, insonderheit gegen den «Märtyrer der Bewegung», Horst Wessel. Mit alledem biete er nicht mehr die Gewähr, wie es im Gesetz heiße, «jederzeit rückhaltlos für den nationalen Staat» einzutreten. «Ist dem Amt bewußt, daß dies ein Rechtsbruch ist?» fragte mein Vater, doch Volz erwiderte, er könne nicht mit jedermann von der Straße Rechtsfragen erörtern. «Denn nicht viel mehr sind Sie von nun an, Herr Fest, wie ich Sie schon mal nenne: nicht mehr Kollege Fest!» Während er bei diesen barschen Worten weiterhin in den Personalpapieren blätterte, fiel ihm – gewiß nicht unabsichtlich, wie mein Vater meinte – eine der Seiten zu Boden, und die unwirsch-herrische Geste des Mannes verriet, daß er von dem Vorgeladenen erwartete, das Papier aufzuheben. Mein Vater aber verharrte reglos auf seinem «Stehplatz», wie er später berichtete; er habe nicht daran gedacht, vor dem Bürgermeister, wie offenbar gewünscht, auf die Knie zu gehen.

Der Staatskommissar fuhr dann auch in merklich verschärftem Ton fort, mit der fristlosen Beurlaubung sei mein Vater gehalten, seinem Nachfolger Markwitz innerhalb von zwei Tagen die Leitung der Schule «amtsgerecht» zu übergeben. Einzelheiten würden ihm schriftlich mitgeteilt. Mit einer halb verabschiedenden, halb wegscheuchenden Bewegung zur Tür hatte der kommissarische Bürgermeister noch hinzugefügt, daß dem Betroffenen vorerst jede berufliche Tätigkeit untersagt sei. Alles lief ab wie nach einem Plan, ergänzte mein Vater, wenn er auf den Vorgang zu sprechen kam.

Für uns Kinder war der Eingriff anfangs kaum bemerkbar, obwohl er, wie ich zu Wolfgang später fragend bemerkt haben soll, den Albtraum eines Jungen wahrmachte: Der Vater ist Lehrer und den ganzen gar nicht mehr lieben langen Tag zu Hause. Immerhin gab die Änderung der schönen Regellosigkeit des Kinderlebens durch die bloße Anwesenheit meines Vaters einen Mittelpunkt und einen, wie ich fand, ärgerlich festen Rahmen. Ungewöhnlicherweise war er sogar mit meiner Mutter dabei, als ich kurze Zeit später mit Ranzen, Schiefertafel und baumelndem Schwamm zur Einschulung ging, und überreichte mir nach der Verabschiedung die grell glitzernde Schultüte. Darüber hinaus verlangte er, wie es sich im Ablauf der Zeit ergab, Auskunft auf nie gestellte Fragen: über Schulaufgaben, Freunde, Zeitvertreib. Auch über unverschämte Antworten zu irgendeinem Nachbarn, die mir längst entfallen waren, und einmal über eine eingeworfene Fensterscheibe.

Ende April verließ uns das Kindermädchen Franziska, das nach der Mutter unser aller große Liebe war. Mein jüngerer Bruder Winfried hatte ihr, um ihren Weggang zu verhindern, sogar einen Heiratsantrag gemacht, nachdem die ältere der beiden Schwestern, Hannih, sich bereit erklärt hatte, als Brautjungfer dabeizusein, und die Pfarramtsgehilfin, Fräulein Schieb, die kleine Seitenkapelle der Kirche zur Verfügung gestellt hatte. Auch die Zugehfrau blieb wenige Tage später aus. Von Beginn an hatte mein Vater, der erwarteten Kinderzahl entsprechend, auch die beiden Nachbarwohnungen bezogen, so daß die gesamte zweite Etage von uns belegt war. Jetzt gab er die beiden anstoßenden Wohnungen, eine nach der anderen, wieder auf. Handwerker rückten an und trennten sie durch Vermauerung ab. Ein Spielzimmer, wie wir es bis dahin gehabt hatten, und den Kinderflur mit den vier Einzelzimmern gab es von nun an nicht mehr. Statt dessen schliefen wir drei Jungen in einem der größeren Räume, in dem neben den drei Betten zwei Bücherschränke und, zum Balkonfenster hin, noch ein Schreibtisch standen. Meinen Schwestern war die Kammer zugeteilt worden, die früher unserem Kindermädchen Franziska gehört hatte.

Einen Vorzug hatte das neue Zimmer. Es grenzte an den Salon, in dem die Gäste empfangen wurden oder die Eltern abends zusammensaßen. Wenn wir die Ohren dicht genug gegen die Wand preßten, konnten wir jedes Wort hören, das im Nebenraum gesprochen wurde. Natürlich viel Politisches. Aber weit mehr beschäftigte uns, daß die kleine Lena mit dem unaussprechlichen polnischen Namen, die in der Siedlung hinter der Rennbahn wohnte, drei Nächte lang nicht nach Hause gekommen war. Dabei zählte sie erst vierzehn Jahre, wie meine Mutter sagte, und galt als der hübscheste «Fratz» weit und breit. «Ebendrum!» warf mein Vater trocken ein, aber meine Mutter war schon bei dem immer vorlauten Rudi Hardegen, der sich unlängst mit der «unmöglichen» Behauptung aufgespielt hatte, man müsse «die Weiber» jeden Tag einmal verprügeln, dann liefen alle Ehen glücklich. Etwas später hörten wir, daß Herr Patzek, der ein paar Häuser weiter wohnte und schon sechs Kinder besaß, sich bei unserem Vater gleichsam dafür entschuldigt hatte, daß seine Frau soeben zum siebten Mal schwanger geworden sei; er könne ja nicht verheimlichen, daß er bereits fünfzig Jahre auf dem Buckel habe, sagte er. Da gehöre es sich nicht, die eigene Wollust so herumzuzeigen, schon wegen des Ansehens seiner geliebten Magda nicht. In der Frühpubertät, in der wir uns damals befanden, schlugen wir uns bei dieser Geschichte so auf die Schultern, daß ich gegen die Wand fiel und wir meine Mutter sagen hörten: «War da was?» Wie auf einen Schlag vergruben wir uns in den Kissen, und Wolfgang gelangen sogar, als meine Mutter in das Zimmer sah, ein paar im vermeintlichen Tiefschlaf hervorgeseufzte Schnarcher.

Dergleichen Klatsch fesselte und belustigte uns mehr als alle Haushaltssorgen, alle Politik und alle Nachbarsstreitereien. Irgendwann während des Sommers traf das Schreiben ein, das die Beurlaubung meines Vaters zur Entlassung verschärfte, weil er keine Gesinnungsänderung erkennen lasse. Als Datum für seine Entfernung aus dem Staatsdienst war, wie das Gesetz es vorsah, der 1. Oktober 1933 genannt. Die Behörde billigte ihm, nach den unerklärten Ratschlüssen der Amtsgewalt, eine Pension von nicht einmal zweihundert Mark sowie das Kindergeld zu. Es war der Absturz in die «Povertät», wie man in Berlin sagte, und obwohl meine Mutter oft darüber bekümmert war, hat sie alles darangesetzt, uns sowenig wie möglich davon spüren zu lassen. Denn über Geldmangel durfte nicht geredet werden. Sie rief, sobald einer dagegen verstieß, zurechtweisend seinen Namen über den Tisch. Zuweilen versuchte sie sogar, den Umständen eine Hoffnung abzugewinnen. «Einen Vorzug hat die Lage», bemerkte sie dann zu uns: «Ihr könnt niemals verwöhnt werden!»

Aber natürlich wurden die Mahlzeiten bescheidener. Spielzeug gab es nicht mehr, und Wolfgang bekam sowenig seinen ferngelenkten Silberpfeil von Märklin wie ich den Fußball, der, was ich nie vergessen habe, 3,75 Reichsmark gekostet hätte. Für die elektrische Eisenbahn fehlte es schon lange an Schranken, Brücken, Weichen, und um überhaupt weiterzukommen, bauten wir aus Pappmaché Hügel, die wir mit gebastelten Häusern, Kirchen und Türmen bestückten. An Weihnachten erhielt Wolfgang statt des Märklin-Rennautos eine Jacke, ich eine lederähnlich aussehende Hose und beide die demütigend langen braunen Strümpfe, die wir «weibisch» fanden und bei jedem Verlassen des Hauses, noch im Eingang, auf Kniestrumpflänge herunterrollten. Als er mich enttäuscht sah, sagte mein Vater tröstend: «Es wird wieder besser! Irgendwann!» Meine Mutter schwieg zu den kindlichen Kümmernissen, die ihr wieder und wieder vorgetragen wurden, und machte allenfalls die Lippen schmal. Wolfgang sagte einmal abends im Bett, sie habe verweinte Augen; er kenne sich da aus.

Allmählich jedoch verwischte der Weitergang des Gewohnten die Empfindung des Bruchs. An den Nachmittagen, sobald die Witterung es erlaubte, versammelte sich die Familie noch immer am Gartentisch, oft kamen die Freunde aus der engeren und weiteren Umgebung, die Lensches, die Schönborns sowie Hans Hausdorf mit seiner Pastete und seinen Kalauern, die Körners und andere. Bisweilen zeigte sich auch der dicke Sohn von Frau Dölle am Fenster des Erdgeschosses mit simulierten Freiübungen, während vom ersten Stock her die über siebzig Jahre alte Frau Bikking zu hören war, wie sie mit tremolierender Greisinnenstimme ihre Lieblingstitel sang: «Steht ein Soldat am Wolgastrand …» oder «Gib dem Marmor ein fühlendes Herz …» – und immer wieder, nach drei oder vier Nummern, das modulierend gejammerte «Lang, lang ist's her». Sie lebte seit Jahren allein mit einer alten Katze und warf uns vor, alle Tiere nur als «Sonntagsfraß» zu schätzen, «am liebsten mit Rotkohl und fetter Sauce». Wenn sie uns Kindern wegen des Lärms Vorhaltungen machte, drehte sie die knochigen Hände gegeneinander und gab einen knirschenden Kehllaut von sich, der für das Halsumdrehen stand. Wie eh und je kamen aber auch die SA-Trupps durch die Marksburgstraße und sangen ihre Kampflieder: «Als die goldene Abendsonne» oder «Es zittern die morschen Knochen» und unterbrachen jedes Stück durch ein zu den Fenstern hinaufgeschrienes «Deutschland erwache!».

Eine Zeitlang begegnete man überall uniformierten Streifen, obwohl es weder Unruhen noch Saalschlachten gab. An ihrer Statt wurden die mehr oder minder erklärten Gegner des Regimes verschleppt und nicht selten totgeprügelt. Viele der begründungslos Verhafteten kamen auch in die sogenannten wilden Konzentrationslager, die von der SA zumeist in abgelegenen Kellern errichtet worden waren. Zu den Bildern jener Monate gehört ein Betrunkener, der sich in der Nähe des Karlshorster Bahnhofs vor meine Eltern und mich hingestellt und mit heiserer Stimme sowie gleich doppelt hochgereckten Armen «Heil Hitler!» gebrüllt hatte. Merkwürdigerweise vernehme ich in der Erinnerung immer wieder entfernte Hilferufe, doch weiß ich nicht zu sagen, was sie auslöste und woher sie kamen. Mag sein, daß sie ein Echo der Angst gewesen sind, die uns trotz aller Unkenntnis dessen erfaßt hatte, was draußen vor sich ging, und die Luft seltsam dick machte.

Für die Angst gab es durchaus Gründe: Allein die Männer, die von Zeit zu Zeit in ledrigen Gurtmänteln kamen und mit dem Hitlergruß unaufgefordert die Wohnung betraten, verbreiteten eine bedrohliche Atmosphäre. Mit meinem Vater zogen sie sich ohne ein weiteres Wort ins Herrenzimmer zurück, während meine Mutter mit erstarrtem Gesicht vor der Garderobennische stand. Bei Tisch wurden die Namen von Freunden erwähnt, die plötzlich verschwunden waren, indessen andere aus den Gesprächen verschwanden, weil sie keine Freunde mehr waren. Zu den erhalten gebliebenen engen Verbindungen gehörte eine Runde von zehn oder zwölf Reichsbannerleuten sowie der später mit einigem Aufsehen auf die Nachkriegsszene wirkende Hubertus zu Löwenstein, der uns während eines Abendessens in äußerster Erregung anrief und den Rat meines Vaters erbat: Die SA randaliere vor seiner Wohnungstür: «Hören Sie den Lärm?» fragte er und dann, wie er sich verhalten solle. Vielleicht doch öffnen? «Nein!» rief mein Vater so laut, daß wir um den Tisch herum erschrocken verstummten. «Unter keinen Umständen! Nicht hereinlassen! Sondern ab über die Feuertreppe! Nur über die Feuertreppe, wenn ihr eine am Hause habt.» Löwenstein öffnete nicht und entkam seinen Häschern; kurz darauf floh er aus Berlin und ging später auf abenteuerlichen Wegen in die Vereinigten Staaten.

Anfangs sorgten die ungezählten Rechtsverstöße der neuen Machthaber noch für einige Unruhe. Doch zu den Unbegreiflichkeiten jener Monate rechnete mein Vater lange Zeit, daß bald alles weiterging, als seien derartige Staatsverbrechen das Selbstverständlichste auf der Welt. Obwohl ich wenig von dem Geschehen um uns herum begriff, gab er mir auf meine Fragen nie eine Antwort; davon verstünde ich noch nichts, meinte er, in zwei oder drei Jahren werde er es mir erklären. Wolfgang, an den ich mich anschließend wandte, erwiderte geheimnistuerisch, es gehe um Politisches. Die Familienfabel will wissen, ich hätte ihm, damals sieben Jahre alt, geantwortet: «Aber ich bin doch auch politisch!»

Bei vielen Aufgeregtheiten ging es, wie ich später erfuhr, tatsächlich um die staatlichen Übergriffe und wie wenig sich die Leute davon behelligen ließen. Zur Genugtuung meiner Eltern wohnte im Haus nur ein Hitleranhänger, Herr Schimmelpfennig, seine Frau aber sagte meinem Vater einmal «im Vertrauen», er solle ihren Mann bloß nicht zu ernst nehmen. Das mit den Nazis sei nur «dummes Zeug», meinte sie und setzte lachend hinzu, sie habe ihren Mann vor Jahren, beim Jawort, zu ihrem lebenslangen Leidwesen dummerweise auch zu ernst genommen.

Aber selbst Mieter, die dem Regime ablehnend gegenüberstanden, äußerten sich beschwichtigend. «Was wollen Sie denn?» fragte Herr Deecke aus dem Erdgeschoß, der Vater des hübschen «Trautchens»: «Sie übertreiben!» Jeder begreife doch, daß die Dinge täglich besser liefen. Ebenso redete Frau Dölle, die sich gern als Hausmeisterin aufspielte und keine Gelegenheit ausließ, von ihrem dickbäuchigen, immer zu Schweinigeleien aufgelegten Sohn zu schwärmen. Herr Patzeck wiederum mit der tiefen, offenen Stimme, dessen Frau inzwischen niedergekommen war, sprach vom bloßen «Budenzauber» der Nazis, der noch lange nicht das Abendland bedrohe; mit solchen Überdrehungen arbeite man der «Hitlerbande» nur in die Hände. Und der für seinen derben Zynismus bekannte Herr Leopold aus irgendeinem Ministerium meinte, die ganze Nazidiktatur laufe doch, von den üblichen Kinderkrankheiten abgesehen, auf eine Einschränkung der Meinungsfreiheit hinaus. Das tue ihm nicht einmal «auf der linken Arschbacke weh», so drückte er sich aus. Denn man müsse sich bloß anhören, was die berühmten «Leute von der Straße» an Unfug alles daherredeten; da sollte man den neuen Herrschaften eigentlich dankbar sein, daß sie dem elenden «Politgequatsche» ein Ende machten. Mein Vater antwortete auf solche Einwürfe zumeist, wie er uns später erzählte, daß es überhaupt nicht um die Arbeitslosen gehe. Und um die Meinungsfreiheit schon gar nicht. In Wirklichkeit suche jeder nur nach einer Rechtfertigung fürs Wegsehen von den Verbrechen ringsum.

Sogar auf seiten erklärter Hitlergegner machte sich bald eine zunehmende Gleichgültigkeit breit. Zu einem nicht geringen Teil war sie auf das verharmlosende Vokabular des Regimes zurückzuführen. Mein Vater war «abgebaut», wie die Bezeichnung lautete, andere waren «vorläufig» pensioniert, Verhaftungen hießen «Sicherheitsverwahrungen», was war so schrecklich daran? Mit dem SPD-Freund Max Fechner unternahm mein Vater Ende 1933 einen Spaziergang durch die Kiefernwaldungen bei Erkner, die er aus Sicherheitsgründen gern aufsuchte, wenn er politische Gespräche führen wollte. «Also lassen wir uns mal eine Zeitlang von Rüpeln regieren», sagte Fechner, die machten es nicht lange. Mein Vater führte auf, was diesem Urteil widersprach, und wies auf die «Schmach» der Machtergreifung hin. Die republikanischen Verbände hätten nach Millionen gezählt, aber nicht einmal einen Generalstreik zustande gebracht. Sondern sich binnen weniger Tage auf bloße Regierungsanordnung hin widerstandslos in Luft aufgelöst und es sich bei den Aufmärschen unter den Fahnen der Nazis gemütlich gemacht. Jetzt fielen allen ständig neue Gründe für ihr Mitlaufen ein.

Es habe sich anschließend, hat mein Vater von dem Waldgang berichtet, eine längere Auseinandersetzung ergeben. Fechner habe darauf hingewiesen, daß die Schlauheit der Nazis ihnen das ganze Konzept verdorben habe: Er und seine Freunde hätten stets mit einem Staatsstreich gerechnet, sämtliche Aktionspläne seien davon ausgegangen. Doch der Staatsstreich sei ausgeblieben, und daß Hitler halbwegs legal zur Macht gekommen sei, habe sie «bis ins Mark» getroffen. Der Vorstand seiner Partei sei nie darüber hinweggekommen, daß das Gesetz gegen sie war. Infolgedessen habe er jede Form des Widerstands verboten. Mein Vater habe ihm, wie mir Max Fechner nach dem Krieg bei einem Besuch meiner Eltern bestätigte, zur Antwort gegeben, daß er schon verstehe: Als richtigen Deutschen sei ihnen das Gesetz wichtiger als das Recht.

Karlshorst war, wie es sich inzwischen entwickelt hatte, ein kleinstädtisches Nest, in dem jeder jeden kannte, die Vorlieben, Unarten, Ticks und Eitelkeiten der Leute. Auch ihre Affären, die kleinen Ehekrisen oder die Schulzeugnisse der Kinder. Und seit dem Frühjahr 1933 wußte jeder auch, wem er vertrauen durfte und bei wem Vorsicht geboten war. Ein Beamter aus Nummer 12 ließ sich plötzlich den Schädel rasieren und lief in der NSKK-Uniform nicht nur herum, wenn er zum Fahrtendienst ging; der Onkel der Jungvermählten vom Eckhaus war ein hohes Tier in der Partei und kam jeden zweiten Sonntag im goldbraunen Tuch vorgefahren; Harry Kehl, mit dem wir auf der Straße Fußball spielten, war zum Jungenschaftsführer avanciert und trug, um jedermann von seiner neuen Wichtigkeit zu überzeugen, die rot-weiße Kordel sogar noch am Matrosenanzug. Einmal hörte ich ihn auf der Straße laut das HJ-«Lagergebet» zu den Hauswänden hinaufsprechen: «Du Volk aus der Tiefe/Du Volk in der Nacht/vergiß nicht das Feuer/bleib' auf der Wacht», während die etwas ältere Lissy aus der Parallelstraße meinen Bruder einige Zeit später an der Wohnungstür mit den Worten abfertigte, hier würde nur eingelassen, wer «Mein Kampf» gelesen habe.

Aber die meisten waren, wie das Kennwort lautete, «ordentliche Leute». Denunziationen kamen zu dieser Zeit kaum vor. Nie jedenfalls haben wir uns ausgeschlossen gefühlt, und die bald ein dutzendmal geflickte Kleidung erlaubte uns auch, in den ärmeren Vierteln herumzustrolchen, während wir in den Bürgerquartieren ohnehin zu Hause waren. Auch die Freunde, die ich in der Schule gewann, stammten aus «zuverlässigen» Elternhäusern, Gerd Schülke, Clemens Körner oder Ursel Hanschmann vom Stockwerk tiefer, deren Vater Universitätsbeamter war. Unsere Verbindung war zustande gekommen, seit Herr Hanschmann sich um den Preis beruflicher Zurücksetzungen mehrfach geweigert hatte, in die Partei einzutreten. Die Beziehung ging schließlich so weit, daß Hanschmanns die Wohnungsschlüssel erhielten, wenn die Eltern abends Freunde besuchten, und bei uns Kindern erwarben sie sich hohes Ansehen, weil sie nichts von dem Herumtoben verrieten, das wir an solchen Abenden veranstalteten.

Alles das blieb in der glücklichen Gegenwärtigkeit der Kindheit, wie es immer gewesen war, und bekräftigte den Eindruck des Gewohnten. Wir spielten weiterhin Völkerball auf der baumbestandenen Hentigstraße, sammelten Zigarettenbilder über Kunstwerke, Filmschönheiten und Fußballspieler, turnten um die größere Anzahl von Kniewellen am Gartenreck oder veralberten den dicken Dölle. Wenn der Milchwagen von «Bimmelbolle» durch die Straßen rappelte, erbaten wir uns vom Kutscher ein Stück Eis oder schlugen es zur Not auch in einem unbewachten Augenblick von der großen Stange ab. «Ihr klaut!» warf uns «Fetti Dölle» dann vor. «Ihr lebt von Fremdem!» Ich soll ihm einmal geantwortet haben, wie er denn an das viele Fett auf seinem Bauch gekommen sei, ob ihm das etwa von seiner Mutter angeklebt werde.

Am Abend, wenn wir zu Bett gegangen waren, erzählte uns der Vater aus seinen Schul- und Jugendtagen in der Neumark, wie er mit Frettchen auf Kaninchenjagd gegangen oder im Winter auf dem Eis des Packlitzsees beim Karpfenangeln eingebrochen sei. Später las er uns aus Schwabs Heldensagen vor, auch an Grimms und Hauffs Märchen erinnere ich mich: «Die sieben Schwäne», «Zwerg Nase», «Die Geschichte von der abgeschlagenen Hand» oder «Das kalte Herz» und wie sie unsere Phantasie bis in die Träume mit Rittern und Prinzessinnen belebten, mit Hexen und Zwergen. Als nächstes kamen die Geschichten von Hektor und Achill an die Reihe sowie die Abenteuer des Odysseus, deren Spuren, wie mein Vater meinte, noch heute in Sizilien zu finden seien; die Felsbrocken beispielsweise, die der geblendete Polyphem dem Odysseus und seinen Gefährten nachwarf, habe er bei Syrakus im Wasser liegen gesehen.

Die Lesungen und «Erzählgeschichten», wie wir sagten, wurden schon früh zum festen Bestandteil jedes Abends, und lediglich der Anspruch nahm schrittweise zu. Als wir ein oder zwei Jahre älter waren, las mein Vater uns Stücke von Johann Peter Hebel vor, dann eine Kinderausgabe von Swifts «Gullivers Reisen»; noch später einiges von Wildenbruch oder Christian Morgenstern. Und so die Jahre hindurch bis zu Heinrich von Kleists Novellen oder zu Ricarda Huch, deren Erzählungen, soweit ich sie damals kennenlernte, meist im Italien der Renaissance spielten und womöglich deshalb so häufig vorgelesen wurden, weil das Land die Vorliebe meines Vaters war und unmerklich die unsere wurde. Doch die eindrucksvollste Geschichte der großen Schriftstellerin trug den Titel «Der letzte Sommer» und spielte im vorrevolutionären Rußland von 1906. Es verschlägt mir noch heute den Atem, wenn ich an den Schluß der Erzählung denke: wie die Schreibmaschine buchstäblich mitten im Wort in die Luft fliegt und sowohl die Szene als auch die Geschichte zum abrupten Ende bringt.

Natürlich hatten wir zu allem, was uns vorgelesen wurde, ungezählte Fragen, aber bevor mein Vater irgendwelche Antworten gab, schaltete er das Licht der kleinen Leselampe ab, und es sind diese in Dämmerung oder Dunkelheit verbrachten Erläuterungsstunden, mit denen ich über Jahre hin den Begriff des Zuhauses verband. Anschließend wurde das Nachtgebet gesprochen, danach durfte nicht mehr geredet werden. Von der Straße her kam nur noch die Vorstadtstille, hallende Schritte, die sich näherten, im Vorübergehen mit ein paar Stimmen vermischten und dann unter den Abschiedsrufen einiger Gäste vor der Eckkneipe im Unverständlichen untergingen. Bald entdeckte ich, wie Wolfgang mit einer Taschenlampe unter der Bettdecke das Lesen fortsetzte, er war stets einen Schritt weiter. Als ich «Mozart auf der Reise nach Prag» las, kam er mir mit Wassermanns «Fall Mauritius»; Jahre später, als ich ihm von Stefan Zweig berichtete, lächelte er nur und meinte, man müsse Nietzsche lesen.

Trotz so viel beibehaltener, vom Tagesgeschehen unbehelligter Abläufe war gelegentlich ein Knacken im Gebälk der Gesellschaft zu vernehmen, das auf die Überlastung der tragenden Pfeiler deutete. Seit Ende 1934, einige Monate nach dem sogenannten Röhmputsch, in dessen Folge Hitler sich zum Alleinherrscher erhob, griffen die Machthaber zusehends in den Alltag ein. Schon ein halbes Jahr zuvor waren meinem Vater ein oder zwei Eingaben auf Wiedereinstellung abgelehnt worden. Dann hatte er aus seiner

65

Freundesrunde die Nachricht mitgebracht, daß in den Schulen das Fach «Rassenkunde» eingeführt und die erste kriegsmäßige Luftschutzübung abgehalten werde. Auch das bevorstehende Verbot von «Neudeutschland», der katholischen Linie der Jugendbewegung, brachte er von seinen monatlichen Treffen mit, und bald schon endete das «Auf-Fahrt-Gehen», wo wir auf irgendwelchen Lichtungen, bei heruntergebranntem Lagerfeuer, den Einbruch der Nacht erlebten, während die bündischen Lieder ohne viel Aufhebens, als gehörten sie seit je zu ihr, von der Hitlerjugend übernommen wurden.

Im Sommer wurde mein Vater erneut ins Lichtenberger Rathaus bestellt. Ein Schalterbeamter erklärte ihm über die Barriere hinweg und mit so lauter Stimme, daß es von dem Halbdutzend Wartender verstanden werden konnte, er habe den Auftrag, ihm in Erinnerung zu rufen, daß das über ihn verhängte Arbeitsverbot umfassend sei. Es sei zur Kenntnis der Behörde gelangt, daß er Nachhilfeschüler empfange. Hiermit werde ihm – und mein Vater ahmte bei der Wiedergabe der Episode die mit zerhackter Stimme veranstalteten Pausen des Beamten nach – «letztmalig – mitgeteilt, – daß – ihm – auch – die – Erteilung – von – Nachhilfestunden – untersagt» – sei.

Im Laufe des Herbstes kehrte mein Großvater, inzwischen an die siebzig Jahre alt, noch einmal ins Berufsleben zurück. Er war die längste Zeit ein wohlhabender Mann gewesen, bis die Kriegsanleihen ihm die Hälfte seines Vermögens genommen und die Geldentwertungen der Folgejahre den Rest vernichtet hatten. Er bezog wohl eine Rente, aber die eigene Bedürftigkeit sowie vor allem der Wunsch, meinen Eltern in der eingetretenen Notlage zu helfen, veranlaßten ihn, aufs neue tätig zu werden. Obwohl er als Geschäftsführer einer privaten Gesellschaft keine berufliche Ausbildung aufzuweisen hatte, machte ihm die Köpenicker Bank, einzig aufgrund seines Ansehens, das Angebot, nach einer Kurzunterrichtung für sie zu arbeiten, und schon nach wenigen Monaten

✗ Reg.-Bez. Berlin

Personal-Karte für Lehrer.

Name und Vornamen: Fest, Johannes
(Rufnamen unterstreichen)

Geboren am (Tag, Monat, Jahr) 6. 2. 89 Religionsbekenntnis kath.

Gegenwärtige Dienststellung¹) Rektor in Ottrowo, Kr. Sauter

Anstellungsverhältnis²) endgültig

Im Volksschuldienst endgültig angestellt am 1. 3. 1914

Erste Lehrerprüfung abgelegt wann? 24. 2. 1910 wo? Paradies

Zweite Lehrerprüfung abgelegt wann? 8. 1. 1914 wo? Lindenheim
Kr. Czarnikau

Sonstige Lehramtsprüfungen abgelegt (welche? wann? wo?)

Mittelschullehrerprüfung, 22. 10. 22 in Berlin
1. Eintritt in d. Schuldienst 1. 4. 10
1. " in d. Berlin " 1. 10. 16

An welcher Schule gegenwärtig angestellt oder beschäftigt?³)

Schulort und Kreis		Genaue Bezeichnung der Schule ⁴)	Seit wann an dieser Schule beschäftigt?
Ort	Kreis		
Bln.-Lichtenberg		20. kath. Schule	1. 12. 29
20.4.33 beurlaubt	1.10.33 entlassen	54 L.L.G. (66)	

Unterschrift des Ausfüllenden:
Johannes Fest.

Anmerkungen siehe Rückseite.

Personalkarteikarte für Johannes Fest
mit den Vermerken über die Beurlaubung und spätere
Entlassung im April und Oktober 1933

begann er als Filialleiter der Karlshorster Niederlassung des Bankhauses einen Tagesdienst, den er bis dahin nicht gekannt hatte.

Ein folgenreiches, niemals vergessenes Erlebnis des zu Ende gehenden Jahres steht noch aus, und ich weiß nicht mehr, was alles ich mir nach der Ankündigung einredete. Jedenfalls konnte ich es kaum erwarten, daß Tante Dolly mich, angesichts der vielen geheimnisvollen Andeutungen, die ich mir zusammenzureimen versuchte, erstmals in die Oper führte. Sie wünschte mich, wochenlang im voraus schon, zu sprechen und verlangte für «unseren großen Abend» einen sauberen Kragen sowie blanke Schuhe. Außerdem forderte sie mit Nachdruck, das Textbuch zu lesen, und fragte mich bereits vierzehn Tage vor der Aufführung nach Szenen und Arien ab. Ich bin ihr bis heute dankbar dafür, daß sie für den damals noch nicht Neunjährigen als Einstieg in die musikalische Märchenwelt Mozarts «Zauberflöte» gewählt hatte. Vom Sinn der Sache, Sarastros Priesterorden, der Königin der Nacht oder der Feuer- und Wasserprobe verstand ich trotz meiner Lesemühen und Tante Dollys zusätzlichen Erklärungen kein Wort, und nur Papageno leuchtete mir ein, auch wenn mir niemand sagen konnte, warum Papagena so lange als alte Hexe und erst gegen Ende des Stückes, auf Papagenos Zaubermusik hin, als bezauberndes Mädchen in Erscheinung trat. Aber von der Musik bin ich ein Leben lang nicht losgekommen. «Und bitte noch einmal: nicht berlinern!» wies mich Tante Dolly beim Betreten des Theaters zurecht; Bühnensäle seien «heilige Hallen», und ich wüßte doch hoffentlich, wo das über die ‹Heiligen Hallen› stehe. Dabei war es lediglich das Foyer des Rose-Theaters, wenn ich die Örtlichkeit richtig in Erinnerung habe.

Aber im ganzen war die Aufführung ein überwältigendes Erlebnis, ich soll sogar gefragt haben, ob wir das Stück nicht am kommenden Tag noch einmal sehen könnten. Tante Dolly lachte nur. Als sie jedoch wahrnahm, welchen Erfolg sie mit ihrer Einladung gehabt hatte, besuchten wir schon fünf Wochen später Lortzings «Zar und Zimmermann», dann in einem Gemeindehaus die «Entführung» und später den «Wildschütz». Nach manchen anderen Aufführungen beklatschten wir zuletzt, kurz vor meinem Weggang aus Berlin, die «Hochzeit des Figaro» sowie dessen, wie sie sagte, textliche Vorgeschichte und musikalische Weiterführung im «Barbier von Sevilla». Die frühen Opernbesuche mit der «aufs Höhere versessenen Tante» haben meine Zuneigung zu aller Musik geweckt und dauerhaft begründet.

Anfang 1936 belauschten Wolfgang und ich von unserem Wandplatz her eine der seltenen Auseinandersetzungen zwischen unseren Eltern. Der Streit hatte sich bereits im Verlauf des ganzen, in sonderbar gereizter Stimmung verbrachten Tages angekündigt. Den Anfang machte offenbar meine Mutter, die mit ein paar kurzen Sätzen daran erinnerte, was ihnen in den drei zurückliegenden Jahren politisch wie persönlich widerfahren war. Sie sagte, sie klage nicht. Aber sie habe sich eine derartige Zukunft nicht träumen lassen. Sie stehe von morgens bis abends vor Töpfen, Kesseln oder Waschbrettern, und wenn der Tag vorüber sei, müsse sie sich an die zerrissenen, schon fünfmal geflickten Sachen der Kinder machen. Und dann, nach einer unsicher anmutenden Unterbrechung, fragte sie, ob er sich den Eintritt in die Partei nicht doch noch einmal überlegen wolle. Zweimal seien im Laufe des Jahres die Herren vom Schulamt dagewesen, um ihn zum Nachgeben zu veranlassen, beim letzten Besuch hätten sie ihm sogar die baldige Beförderung in Aussicht gestellt. Sie schaffe das jedenfalls nicht mehr ... Und um das Ende ihres Vorbringens anzudeuten, setzte sie nach längerem Innehalten ein einfaches «Bitte!» hinzu.

Mein Vater antwortete, wie ich in den Jahren darauf bisweilen fand, etwas zu wortreich, offenbarte dadurch aber zugleich, wie ruhelos ihn diese Überlegung seit langem machte. Er sagte etwas über die Umstellungen, zu denen sie, wie viele andere, genötigt seien. Über die Gewohnheit, die nach zumeist schwierigen Anfängen einigen Halt vermittle. Über das Gewissen, das Vertrauen in Gott. Auch daß er selbst, meine Brüder und ich ihr Schritt für Schritt einige der Mühen im Hause abnehmen könnten, und anderes in dieser Art. Aber meine Mutter beharrte auf einer Antwort, indem sie darauf verwies, daß ein Parteieintritt doch nichts ändere: «Wir bleiben schließlich, wer wir sind!» Ohne langes Nachdenken erwiderte mein Vater: «Das gerade nicht! Es würde alles ändern!»

Meine Mutter stutzte offenbar einen Augenblick. Dann erwiderte sie, sie wisse ja, daß das mit der Partei eine Lüge gegenüber «denen da oben» wäre, und eine Lüge solle es auch sein! Tausend Lügen sogar, falls notwendig! Sie hätte da keine Bedenken. Natürlich liefe der Entschluß auf eine Heuchelei hinaus. Aber dazu sei sie bereit. Die Unwahrheit sei immer das Mittel der kleinen Leute gegen die Mächtigen gewesen; nichts anderes habe sie im Sinn. Das Leben, das sie führe, sei so entsetzlich enttäuschend! Nun schien die Überraschung auf seiten meines Vaters. Jedenfalls sagte er einfach: «Wir sind keine kleinen Leute. Nicht in solchen Fragen!»

Wir preßten die Ohren, Kopf an Kopf, gegen die Zimmerwand, um kein Wort zu verpassen. Doch was in den längeren Pausen geschah, unter Räuspern, dem Nachheizen des Kachelofens und den, falls wir es richtig mitbekamen, vereinzelten Schluchzern, haben wir nicht herausgefunden. Meine Mutter sagte noch etwas über die Vorhaltungen vieler Freunde, wonach er zu unnachgiebig sei und nur in Grundsätzen denke. Aber mein Vater entgegnete, er könne bei den Nazis nicht mitmachen, ihnen nicht einmal einen Finger hinhalten. So, genau so sei es. Selbst wenn die Erwartungen, die sie für ihr Leben gehabt hätten, dadurch enttäuscht würden. Das passiere fast jedem, daß seine Träume in die Patsche gerieten. Wiederum entstand eine Pause, bis meine Mutter antwortete: «Die Träume sind nicht in Gefahr. Davon rede ich nicht! Die sind längst zerbrochen! Mach dir nichts vor!» Sie wüßten doch beide, daß sich im Laufe ihrer Lebenszeit nichts ändern werde. Den Hitler werde man nicht mehr los. Und ganz zum Ende, nach wiederum einem dieser langen, undeutbaren Aufschübe: «Es ist bloß so schwer, sich das jeden Tag klarzumachen.»

71

Als ich meine Mutter Jahre nach dem Krieg zu dieser Auseinandersetzung befragte, erinnerte sie sich sofort. Sie habe sich damals jedes Wort geraume Zeit überlegt und um so mehr Mut aufbringen müssen, als sie wußte, wie die Antwort lauten und daß mein Vater im Recht sein werde; sie habe einige Zeit daran schlucken müssen. Die zehn damals zurückliegenden Jahre ihrer Ehe seien ungetrübt gewesen. Dann sei, von einem Tag zum anderen, alles «pechös» geworden. Dabei sei sie gerade erst Anfang Dreißig gewesen. Die Auseinandersetzung, von der ich redete, sei der Beginn einer zweiten Phase in ihrem Auf-der-Welt-Sein gewesen. Nach ihren ewig geliebten Jugendtagen mit Internat, Klavier und Eichendorff-Gedichten sowie den frühen Ehejahren habe sie lernen müssen, daß das Leben keine Rücksicht kenne, sozusagen von einem Tag auf den anderen habe sich alles verkehrt. Für ihren Mädchenkopf sei das eine Katastrophe gewesen. Manchmal habe sie gedacht, der Einbruch werde ihr Leben zerstören. «Aber wir haben es durchgehalten», sagte sie nach einer Pause, die ich nicht unterbrach, «auch wenn ich bis heute nicht weiß, wie es möglich war.»

Wolfgang und mir wurde an jenem Februartag erstmals bewußt, daß es zwischen unseren Eltern eine ernste Meinungsverschiedenheit gab. Es war ein kalter Winterabend, auf dem Balkon vor unserem Zimmer lag Schnee, und an den Fensterrändern hatten sich Eisschichten gebildet. Erst als das Gespräch verebbte und wir vom Schreibtisch hinunterstiegen, merkten wir, wie durchgefroren wir waren. Wolfgang nahm mich zum Aufwärmen in sein Bett und sagte schließlich: «Hoffentlich geht das gut!» Ich erwiderte, es sei doch gutgegangen, was er denn habe?

Als ich wieder im eigenen Bett lag, kamen die Eltern noch einmal ins Zimmer, um nach uns zu sehen. Sie flüsterten etwas, was nicht zu verstehen war. Als sie gegangen waren, sagte ich zu Wolfgang, da habe er sehen können, daß ich recht gehabt hätte. Er entgegnete mit einem, wie mir damals schien, übertriebenen Frageton: «Vielleicht?»

3. KAPITEL

Auch wenn alle mitmachen …

An einem Nachmittag um den Jahreswechsel 1936, als wir neue Schlittersprünge auf unserer Garteneisbahn ausprobierten, forderte mein Vater Wolfgang und mich auf, in sein Arbeitszimmer zu kommen. Der ungewohnte Ton, den er dabei anschlug, verleitete mich zu der vorlauten Frage: «Was denn: Brennt's wieder irgendwo?» Sichtlich unwillig wies mein Vater uns die Plätze am Rauchertisch an. Zunächst sprach er von dem soeben fertiggestellten Gartenhäuschen. Er habe sich entschlossen, die vordere Partie als Wohnraum abzuteilen, eine «Klause» gewissermaßen mit Schreibtisch, Büchern und Getränken, und auf der hinteren Seite mehrere kleine Stallungen einzurichten. Aber, unterbrach er sich mitten im Satz, deshalb habe er uns nicht gerufen.

Er müsse mit uns über ein Thema reden, begann er, das ihm viel Kopfzerbrechen bereitet habe, einige Monate jetzt schon. Den Anstoß hätte die ein und andere Auseinandersetzung mit unserer Mutter gegeben, die sich unendliche Sorgen mache und kaum noch in den Schlaf finde. Sie habe es gewiß auch schwerer als irgendwer sonst in der Familie und nehme überdies alles ernster als er. Natürlich wisse er, daß mit der Machteroberung der Nazis ihr Leben, vorerst jedenfalls, gleichsam abgebrochen sei. Vielleicht sei sein Gottvertrauen stärker, vielleicht sei er auch nur leichtsinniger, obwohl das Wort vom «Husarenkoller», das Tante Dolly ihm in ihren übermütigen Launen vorhalte, ganz und gar unzutreffend sei. Er kenne seine Verantwortung. Aber er habe auch Grundsätze, die er von niemandem in Frage stellen lasse. Schon gar nicht von der regierenden «Verbrecherbande».

Er wiederholte das Wort «Verbrecherbande», und wenn wir etwas älter gewesen wären, hätten wir ihm vermutlich angemerkt, wie zerrissen er war. Er habe, was nun folge, mit der Mutter besprochen, und sie seien sich, wiewohl unter Mühen, einig geworden. Es werde von jetzt an einen doppelten «Abendtisch» geben: einen frühen für die drei Jüngeren und einen anderen, sobald die Kleinen im Bett seien. Wir gehörten zur späteren Runde. Der Grund für diese Aufteilung sei sehr einfach; er müsse einen Platz in der Welt haben, wo er offen reden und seinen Ekel loswerden könne. Sonst würde das Leben nichts wert sein. Ihm zumindest nicht. Bei den Kleinen müsse er sich bereits die Zügel anlegen, die er sich beim Betreten jedes Ladens, vor dem lächerlichsten Schalterbeamten und seit zwei Jahren schon – gesetzlich – bei jedem Abholen seiner Kinder von der Schule abzuverlangen habe. Er könne das nicht, sagte er und schloß etwa mit den Worten: «Ein Staat, der alles zur Lüge macht, soll nicht auch noch über unsere Schwelle kommen. Ich will mich der herrschenden Verlogenheit wenigstens im Familienkreis nicht unterwerfen.» Das klinge natürlich ein bißchen großartig. In Wirklichkeit wolle er uns nur, wie wir da sind, aus der verordneten Heuchelei heraushalten.

Er atmete tief durch, als sei er eine Last los, und ging ein paarmal zwischen Fenster und Rauchertisch hin und her. Er mache uns, begann er von neuem, damit sozusagen zu Erwachsenen. Das schließe die Pflicht zu äußerster Vorsicht ein. Die schmalen, aufeinandergebissenen Lippen seien das Symbol dieses Staates: «Denkt immer daran!» Nichts Politisches, was bei uns gesprochen werde, sei für andere bestimmt. Jeder, mit dem wir ein paar Worte wechselten, könne ein Nazi sein, ein Verräter oder nur unbedacht. Das Mißtrauen sei unter einer Diktatur nicht bloß ein Gebot, sondern fast eine Tugend.

Und ebenso wichtig sei, fuhr er fort, nie unter der Vereinzelung zu leiden, die mit dem Gegensatz zur Meinung der Straße zwangsläufig einhergehe. Er wolle uns dafür einen lateinischen Satz aufgeben, den wir nie vergessen sollten; am besten wäre es, ihn aufzuschreiben, dann ins Gedächtnis sozusagen einzubrennen und die Notiz wegzuwerfen. Ihm jedenfalls habe dieser Satz oft geholfen und sogar manche Fehlentscheidung erspart. Denn am seltensten habe er geirrt, wenn er einzig dem eigenen Urteil gefolgt sei. Er legte jedem von uns einen Zettel hin und diktierte: «Etiam si omnes – ego non! Ist aus ‹Matthäus›», erläuterte er, «Ölbergszene.» Er lachte, als er meine Niederschrift sah. Da stand, wenn ich es annähernd richtig behalten habe: «Essi omniss, ergono.» Mein Vater strich mir über den Kopf und sagte tröstend: «Mach dir nichts draus! Das lernst du noch!» Mein Bruder, der schon aufs Gymnasium ging, hatte den Satz richtig geschrieben.

So ungefähr verlief die Stunde im Arbeitszimmer, die Worte meines Vaters sind begreiflicherweise, wie oft ich mich später ihrer auch erinnert habe, nur sinngemäß wiedergegeben. Nach der Rückkehr in unser Zimmer wiederholte Wolfgang mit dem ganzen Übermut des Älteren, wir seien jetzt Erwachsene, ich wüßte hoffentlich, was das bedeute. Ich nickte wichtig, obwohl ich nicht die geringste Vorstellung damit verband. Dann setzte er hinzu, wir seien nun alle zusammen eine verschworene Gruppe. Er stieß mich stolz vor die Brust: «Wir gegen die Welt!» Ich nickte noch einmal, ohne den blassesten Begriff davon zu haben, was es wohl bedeuten mochte, gegen die Welt zu sein. Ich fühlte mich lediglich von meinem Vater, mit dem es in der gerade zurückliegenden Zeit zunehmend zu Auseinandersetzungen wegen irgendwelcher Flapsigkeiten gekommen war, auf unbestimmte Weise ausgezeichnet. Auch die anerkennende Kopfbewegung, die er seither mitunter im Vorbeigehen zeigte, deutete ich mir als Zuspruch. Meine Mutter kam an jenem Abend nach dem elterlichen «Gute Nacht!» noch einmal in unser Zimmer, setzte sich für einige Minuten an Wolfgangs Bett und später an meines. «Ich sage nur Fröhliches – oder ich schweige lieber», hatte sie uns einmal als eine Liebenthaler Lebensregel bekannt. Daran hielt sie sich jetzt. Aber sie sah bedrückt aus.

Es war ein Abenteuer, wie ich mir oftmals in den folgenden Wochen vor dem Einschlafen beseligt einredete. Wer hatte schon die Möglichkeit, zusammen mit seinem Vater ein solches Wagnis einzugehen! Ich war entschlossen, ihn nicht zu enttäuschen. Womöglich hatte mein Glück auch damit zu tun, daß sich das beherrschende Kindheitsgefühl der Wehrlosigkeit gegenüber den Eltern zwar dann und wann weiterhin einstellte; aber es war nicht alles Ohnmacht, und im ganzen erfüllte mich eher ein Gefühl der Bevorzugung. Und das Vertrauen in andere, auch das zählte zu den Einsichten dieses Nachmittags, war kein Geschenk, das man reihum vergab, sondern eine seltene Vergütung, die sich ein Gegenüber verdienen mußte.

Erst mit den Jahren kam mir die Schrecklichkeit einer Situation zu Bewußtsein, in der das ständige Auf-der-Hut-Sein für Eltern wie Kinder als eine Art Gesetz ausgegeben werden mußte, das Mißtrauen als Überlebensregel, die Vereinzelung als Notwendigkeit – wo bloßes Kinderungeschick buchstäblich zu Tod und Verderben führen konnte. Als ich etwa fünfzehn Jahre später meinen Vater an diese Kehrseite seiner Nachmittagsrede erinnerte, war seiner Miene unvermittelt wieder die Not anzumerken, die ihn damals umgetrieben hatte. Dann faßte er sich und entgegnete, er habe zu jener Zeit durchaus das Risiko empfunden, dem er sich sowie die Familie ausgesetzt habe. Vielleicht sei er zu weit gegangen. Doch habe er zu Gott gehofft, es werde gutgehen. Und tatsächlich sei das Wagnis ja glücklich verlaufen. Jedenfalls hätten weder wir noch der später zum zweiten Abendtisch hinzugezogene jüngere Winfried ihm je Verlegenheiten bereitet. Und die Maxime, die er uns nach seiner Erinnerung damals vermacht habe, sei von keinem von uns, ganz wie es sich gewünscht habe, vergessen worden. Sie gehöre in der Tat zu jedem wirklich freien

Leben hinzu, die schöne lateinische Sentenz: «Auch wenn alle mitmachen – ich nicht!»

Aber sonst blieb alles wie gewohnt. Die kleinen Zankereien zwischen uns fünf Kindern, die großen Versöhnungen. Im Frühjahr blühten die Fliederbüsche auf, und wenn es regnete, neigten sich die violetten und weißen Dolden fast bis zum Boden hinab. Bald nach den Beerensträuchern trug der Pflaumenbaum vor Deeckes Fenster saftige schwarze Früchte, und einmal im Vierteljahr machte meine Mutter sich «per Taille» auf und ging im dunkelblauen Kleid mit dem hellen Kragen und der Perlenkette, die mein Vater ihr zur Hochzeit geschenkt hatte, zum Liebenthaler Club, wo sie, wie wir spotteten, die neuesten «Marktfrauengeschichten» der gehobenen Stände erfuhr, von Erziehungsnöten, fehlgeschlagenen Liebesgeschichten der Töchter und einmal auch, unter vertuschelter Aufregung, von einer vorehelichen Schwangerschaft.

Im Dach unseres Gartenhäuschens hatte ich, zusammen mit meinem Vater, im Frühsommer 1936 einen Taubenstall angelegt. Als wir damit fertig waren, sagte er, daß er mich als Anerkennung von den Erdbeerfeldern befreie und mir statt dessen die größere sowie lehrreichere Sorge für die Tauben übertrage: Futter, Wasser, Stallsauberkeit. Bezeichnenderweise überreichte er mir eine blaßblaue Broschüre mit dem Titel «Alles über die Taube. Für Anfänger und auch Fortgeschrittene», und innerhalb weniger Tage konnte ich die Arten unterscheiden: die gockelnden Kropftauben mit dem mechanischen Kopfnicken, die Tümmler, die sich im Steilflug unvermittelt fallen ließen und wie auf Kommando im Sturz verharrten, die aufgeplusterten Pfauentauben oder die Brieftauben, die ich bald zu Freunden mitnahm und, mit kleinen Botschaften versehen, in die Hentigstraße, Adresse «Küchenfenster», zurückschickte. Dann die Abende, wenn die gierige Balgerei der Spatzen zur Ruhe kam und in unserem Schlafzimmer das Reden verstummte, während von draußen, den Garten herauf, nur noch die schläfrigen Laute der Hühner zu vernehmen waren und in geraumer Entfernung der hart schlagende Takt vorüberfahrender S-Bahn-Züge. Allmählich dunkelte der Tag weg, nur gelegentlich war noch ein Ruf zu hören oder, schon im Hinüberdämmern, das Klingeln eines Radfahrers.

Die schöne Regelmäßigkeit der Tage veränderte sich mit dem Herbst des Jahres 1936. Damals begannen immer mehr Nachbarn und Bekannte nicht nur formal, sondern in zunehmender Überzeugung bei den Machthabern mitzumachen. Jedenfalls in Karlshorst, wo erst jetzt das große Überlaufen einsetzte. Vermutlich sei diese Wendung, meinte mein Vater am zweiten Abendtisch, auf die vielen Vergünstigungen zurückzuführen, die das Regime den Menschen gewährte. Herr Patzek teilte erfreut mit, daß er zum ersten Mal zu einem erschwinglichen Preis Willi Domgraf-Fassbänder oder Elly Ney hören und im Theater den «Faust» sehen könne, natürlich auch Ibsens «Nora» oder eine Opernaufführung unter Arthur Rother. Wenn gesagt werde, Hitlers Aufstieg sei die Geschichte seiner Unterschätzung, so wolle er hinzufügen, ließ uns mein Vater wissen, daß man weit eher von Hitlers Geschichte der «volkstümlichen Beschwichtigung» sprechen müsse. Die ging dann in die wirkungsvoll inszenierte Geschichte seiner Bejubelung über.

Er wurde nicht nur im Inland bejubelt, sondern, womöglich weit verheerender, vom Ausland her. Was hätten ihn alle diese dienernden Delegationen von französischen Frontkämpfern, von Journalisten oder Sportfunktionären verzweifeln lassen, die dem deutschen Diktator Europa geradezu zu Füßen legten. Dazu die Gewerkschaftsleute, die sich so anerkennend über Hitlers Sozialpolitik äußerten, und ein weiterer Anstoß sei das als Versöhnungsfeier ausgestaltete olympische Fest gewesen. Überhaupt müsse man die vielen pseudo-romantischen Ausschmückungen der modernen Welt hinzurechnen, sagte mein Vater, die in der NS-Verkleidung nicht mehr von Jazzkapellen, Kastenarchitekturen und Kubismus bestimmt war, sondern von Folklore, Haarflechten und Altmei-

Das Elternhaus in der Hentigstraße
in Berlin-Karlshorst mit dem ungefähr achtjährigen Verfasser
im Vordergrund

sterkunst. Wer sich von alledem noch nicht beeindrucken ließ, habe sich eingeredet, er mache mit, «um Schlimmeres zu verhüten». In Wahrheit habe keiner von denen, die so redeten, Schlimmeres verhütet, sondern dem Regime Ansehen sowie Sachverstand verschafft und damit das «Schlimme» gerade befördert.

Die Gewinne, die das Regime auf diese Weise verbuchte, waren auch im Alltag wahrzunehmen. Die seit je freundliche Bedienung im Lebensmittelladen Busch verstummte jetzt, sobald mein Vater zur Tür hereinkam, langjährige Bekannte verdrückten sich bei seinem Herannahen in einem Hauseingang oder wechselten das Trottoir. Beim zweiten Abendtisch galten sie seither als «Auf-die-andere-Straßenseite-Geher». Herr Henschel, dessen Garten seitlich an den unseren stieß, erschien statt in der SA-Uniform von nun an im Schwarz der SS auf seinem Balkon; die Fäuste in den stämmigen Speck der Hüften gestemmt, rief er mit einer Art Befehlsstimme herüber, auch den «Festgören» sei das Herumlärmen untersagt; als die ältere meiner beiden Schwestern zu ihrem Geburtstag einen Lampionzug veranstaltete, ließ er die Polizei kommen, um den «Unfug» abzustellen. Ihn störe nicht nur das «Herumgefuchtele» mit dem offenen Licht, sondern auch die Brandgefahr. Wiederum andere benachrichtigten den Blockwart, wenn wir ihren Kindern «Juckpulver» ins Hemd gesteckt oder ihnen die sogenannten Dauerlutscher, kugelförmige Hartbonbons, abgeschwatzt hatten, um sie mit dem Katapult auf Spatzen oder Straßenlaternen zu schießen. Der Herr Fest sei nun mal, sagte die nette Frau Köhler, die ein paar Häuser weiter wohnte, zu meiner Mutter, der Vater von «Kleinverbrechern», sie meine das nicht böse. Aber sie werde den Diebstahl von neulich «höheren Ortes» melden, auch wenn es dabei nur um drei heruntergefallene Äpfel gegangen sei. Jedenfalls habe die Partei gleich erkannt, mit wem sie es zu tun habe, und meinen Vater folgerichtig vor die Tür gesetzt.

Das waren Niederträchtigkeiten, die es bis dahin nicht gegeben hatte und die deutlich machten, daß in die ruhige Welt des Vororts, in der es allenfalls persönliche oder familiär begründete Unverträglichkeiten gegeben hatte, etwas Fremdes eingebrochen war. Es war beängstigend zu bemerken, wie das so lange stabile soziale Gefüge Karlshorsts nach kurzem Innehalten auseinanderfiel. Unversehens ergaben sich Feindschaften, die zwar durchweg ideologische Begründungen erhielten, in Wirklichkeit aber nichts als dem Neid, der Bosheit sowie der natürlichen Gemeinheit Auslauf verschafften.

Mein Vater nahm diese Veränderungen mit Bestürzung wahr. Als ich ihn später fragte, was ihm am meisten zugesetzt habe, meinte er, es sei der «leere Raum» gewesen, der sich damals aufgetan und eine «Mauer aus Schweigen und Weggucken» um ihn errichtet habe. Das habe ihn tiefer getroffen als vermutet. Denn an den Übeltaten derjenigen, die plötzlich eine Uniform trugen und Macht hatten, sei nichts Unerwartetes gewesen; dergleichen habe er vorhergesehen und sich eher darüber verwundert, daß viele sich anständiger verhielten, als er ihnen zugetraut hatte. Aber am Ende seien stets die gemeinen Instinkte zum Vorschein gekommen wie bei der so lange liebenswürdigen Frau Köhler. Auf die Genugtuung, mit seiner Menschenskepsis recht behalten zu haben, hätte er gern verzichtet. Im Laufe eines Zornausbruchs entfuhr ihm einmal, es sei ihm immerzu «zum Kotzen». Aber viel zu wenige Leute kotzten mit.

Einen gewissen Ausgleich fand er in der Runde von Bekannten und Freunden, die sich zusehends enger zusammenfand. Ihre elf Mitglieder trafen sich alle vier Wochen in abgelegenen Lokalen, jeder von ihnen hatte dem einstigen Reichsbanner angehört. Der ehemalige Bürgermeister Paul Mielitz zählte dazu, Max Fechner, der gegen Ende der vierziger Jahre, nach dem Parteitag der Vereinigten Hände, Justizminister der DDR wurde, einige Schulräte und Direktoren, die zumeist inzwischen beschäftigungslos waren, sowie der ehemalige SPD-Vorsitzende von Großberlin, Franz Künstler, der die ersten rund zwanzig Monate der NS-Herrschaft im Konzentrationslager Oranienburg verbracht hatte und dann für einige Jahre freigekommen war. Über seine Erfahrungen allerdings hat er nie berichtet. Er dürfe nicht, hielt er den Fragern entgegen, er habe einen «Schweigezettel» unterschrieben, und bereits ihre Zusammenkünfte machten ihn verdächtig. «Noch die KZs decken wir mit unserem Schweigen zu», erregte sich mein Vater. Bei Kriegsbeginn war Künstler schließlich dienstverpflichtet und dabei zu Tode schikaniert worden. Mein Vater pflegte zu sagen, die Trauerfeier im Herbst 1942, an der nahezu zweitausend Personen teilnahmen, sei die letzte Massendemonstration gegen die Hitlerherrschaft gewesen. Regelmäßig nahm auch der letzte «Gaudirektor» des Reichsbanners, Arthur Neidhardt, an den frühen Zusammenkünften teil, außerdem gelegentlich der spätere Bundesminister Heinrich Krone und einige weitere Freunde aus vergangenen Tagen.

Von den Treffen brachte mein Vater jedesmal Geschichten von Bedrängnissen mit, von Inhaftierungen oder familiären Tragödien, und manches hielt er so geheim, daß er es nicht einmal am zweiten Abendtisch erzählte. Folglich gingen Wolfgang und ich bald dazu über, nach diesen Freundestreffen unseren Lauschplatz einzunehmen. Das ein oder andere Mal, so hörten wir, konnte die Runde Verfolgten helfen, Papiere oder etwas Geld beschaffen. Ferner erfuhr mein Vater jeweils die neuesten, auf Umwegen beschafften Zahlen politischer Häftlinge, bis Kriegsbeginn waren es, wenn ich mich richtig erinnere, weit über zweihunderttausend. Auch tauschten die Freunde in den Anfangsmonaten der Hitlerzeit Informationen über die Folterkeller der SA aus, die ab 1934 von der SS übernommen wurden. Viel war die Rede davon, daß die Himmlertruppe weit kälter und bürokratischer vorgehe als früher die SA, sie habe statt des blutigen «Herummordens» den «Verwaltungstod» erfunden, hörten wir einige Male unseren Vater sagen, was uns gehörigen Eindruck machte, obwohl selbst Wolfgang nicht sagen konnte, was es damit auf sich habe. Dann wieder berichtete er von einem renommierten Juristen, der den Rechtsstaat eine Erfindung von Juden und Kommunisten genannt hatte. Das Urteil über die verächtliche Rolle Papens war ungeteilt, weil er aus Geltungssucht Dutzende von Kniefällen vor dem Diktator abgeleistet hatte. Immer wieder hatte er davon gesprochen, daß er Hitler zähmen werde. Riesebrodt nannte ihn jetzt den «Dompteur, der vor dem Löwen auf dem Bauch liegt».

Beim zweiten Abendtisch kamen, verglichen damit, meist Alltagsdinge zur Sprache, vielleicht, dachte ich später, hatte meine Mutter es doch noch erreicht, meinen Vater zu einiger Zurückhaltung zu bewegen. Dann war die Rede von einem Streit mit Rudi Hardegen, von den gemessenen, mit eindrucksvoller Würde inszenierten Auftritten des neuen Pfarrers oder, als der unbestritten amüsanteste Diskussionspunkt, die Namengebung für die geschlüpften Küken. Wolfgang und ich hatten eine unerschöpfliche Lust an Worterfindungen und gaben jedem unserer Tiere verdreht ausgedachte Bezeichnungen: ein besonders eitler Junghahn hieß der «Volierenstenz», sein schüchterner Bruder «Eckenmimose», eine planschende junge Henne «Tropfenfänger», eine andere zur Bestürzung meiner Mutter «Männertreu», weil sie sich unablässig von jedem Stallgefährten bespringen ließ. Mitunter dachte ich mir mit Wolfgang geradezu Tischthemen aus, um den Fragen nach dem Aufsatz von letzter Woche oder der Entschuldigung bei Frau Weyen wegen des unlängst veranstalteten Lärms zu entgehen. Zum Schluß lieferte mein Vater uns aus einem offenkundig unerschöpflichen Repertoire kurze, witzige Redensarten wie «vergangene tempi passati» oder, wenn von der Gedankenschlichtheit eines Menschen die Rede war, der habe «den tiefen Teller bestimmt nicht erfunden».

Das waren die Stunden des vergnügtesten Einvernehmens, die jedoch unversehens kippen konnten. Lange galt ich als schwer zu bändigender Junge, und alle paar Tage bekamen meine Eltern die Klagen von Freunden, Nachbarn oder Anwohnern zu hören. Die Ungebührlichkeiten wurden mir jahrelang vorgehalten. Eine der Geschichten wollte wissen, daß ich meinem Vater in widerspenstiger Stimmung, als er mit seinem in die Jahre gekommenen Fotoapparat in Schwierigkeiten geriet, das Gerät zerschlagen hatte, ein andermal war von einem Jungkaninchen die Rede, das ich als Sechsjähriger in einen hochgelegenen Vogelkasten gesetzt hatte, damit es die Welt kennenlerne, und dergleichen mehr. Meine jüngere Schwester Christa, die während meiner ungestümsten Zeit drei Jahre alt war, berichtete bis ins hohe Alter, wie sie sich mitunter Tag für Tag an die Hosenbeine meines Vaters klammern mußte, um eine drohende Strafe von mir abzuwenden. Dutzende von sogenannten Katzenköpfen konnte sie mir allerdings nicht ersparen. Sofern andererseits jede Zurechtweisung ausblieb, war ich auch unzufrieden; erst eine Abreibung oder wenigstens eine Schimpferei stellte die Ordnung wieder her.

Den entschiedensten Ärger gab es, wenn ich, wie manches Mal, selbst gegen meine Eltern das letzte Wort haben wollte. Einmal entfuhr mir bei Tisch, daß Frau Vaupel, die zu den engeren Freunden meiner Eltern zählte, eine «blöde Ziege» sei. Als mein Vater zornig aufbrauste, er wolle Derartiges nicht noch einmal von mir hören, sagte ich ohne Zögern, Frau Vaupel sei «eine blöde Ziege, eine blöde Ziege». Von meinem Vater zurechtgewiesen, er habe mir diese Unverschämtheit doch soeben untersagt, erwiderte ich, er habe die Äußerung nicht noch einmal von mir hören wollen; also hätte ich sie zweimal getan und damit bloß seinen Wunsch befolgt. Kopfschüttelnd wechselte mein Vater das Thema, aber meine Mutter sah ich, als sie kurz den Raum verlassen mußte, unterdrückt lachen.

Bisweilen redete mein Vater auch über politische, oder richtiger: fast schon historische Themen, derentwegen der Tisch eigentlich eingerichtet worden war. Nach einem mahnenden Blick erzählte er dann vom mühsamen Entstehen der Republik oder ihrer langen Todesgeschichte, von erbitternd ungerechten Gerichtsurteilen, den Folterkellern der SA im Columbiahaus und an vielen anderen Orten. Einmal hörte ich ihn, wie mir unvergesslich ist, Papen und Kaas Verräter und die SPD-Führung eine Bande von Feiglingen nennen. «Bei der Gründung unseres Vortrupps Schwarz-Rot-Gold lautete unsere Parole: ‹Deutsche Republik, wir alle schwören: Letzter Tropfen Bluts soll dir gehören!› Aber was haben wir gemacht? Wir haben unsere Waffenlager den Nazis übergeben.»

Ein anderes Mal erwähnte er eine Auseinandersetzung mit Dr. Goldschmidt, einem ihm seit Jahren verbundenen Anwalt, den er 1935, nach dem Erlaß der Nürnberger Gesetze, beschworen hatte, baldmöglichst das Land zu verlassen. Aber Dr. Goldschmidt, der sich als Patriot seit je verpflichtet gefühlt hatte, nur deutschen Rotwein statt des weitaus besseren französischen zu trinken und lediglich deutsche Kleidung, deutsche Lebensmittel oder Schuhe zu kaufen, sei unbelehrbar gewesen. Deutschland sei nun einmal, meinte Dr. Goldschmidt, ein Rechtsstaat, das stecke den Menschen gleichsam im Blut. Seine Familie habe schon im 18. Jahrhundert «unter Friedrich Wilhelm» erst bei Teltow, dann in Berlin eine nahezu vorurteilslose Aufnahme gefunden und lebe in der sechsten Generation hier. Natürlich habe es Anfeindungen gegeben, doch seine Vorfahren hätten alles überlebt. Man dürfe nicht in Panik verfallen.

Es gab anhaltende Auseinandersetzungen. Aber weder Dr. Goldschmidt noch andere jüdische Bekannte wie David Jallowitz oder Dr. Meyer zeigten sich einsichtig. Die meisten von ihnen habe ich nur bei gelegentlichen Besuchen gesehen. Vorherrschend war der Typus mit asketischem Gesicht, geistvoll und von jenem überraschenden Witz, den mein Vater so liebte. In der Erinnerung an manche dieser jüdischen Freunde sagte er mir nach dem Krieg, aufgrund ihrer Selbststrenge, ihrer stillen Korrektheit und unsentimentalen Bravour seien sie eigentlich die letzten Preußen gewesen, jedenfalls habe er seine Vorstellung vom Preußischen unter den eingesessenen, oft hochkultivierten Berliner Juden häufiger angetroffen als irgendwo sonst.

Sie hatten, fuhr er einmal fort, nur einen Fehler, der ihnen zum Verhängnis wurde: Dank ihrer überwiegenden Bestimmung vom Kopfe her besaßen sie im toleranten Preußen den Gefahreninstinkt nicht mehr, mit dem sie durch die Zeiten gekommen waren. Wie Dr. Goldschmidt nannten andere die unterschiedlichsten Gründe für ihr Verbleiben in Deutschland. Fast alle versicherten, ihre Familien seien stets «national eingestellt» gewesen, sie sprachen von familiären Einsätzen oder Auszeichnungen im Verlauf des Weltkriegs vor Verdun und am Chemin des Dames, bei Ypern und an der Marnefront. Sie wollten sich, wie viele von ihnen einwandten, von der allgemeinen Hysterie nicht anstecken lassen, und ein Kaufmann vom Spittelmarkt, den mein Vater aus Weimarer Zeiten kannte, versicherte ihm, einer seiner Großonkel habe für die «Kirchenjuste», die Kaiserin Auguste Viktoria mit ihrem «Tempeltick», wie die Berliner sagten, erhebliche Summen gespendet. Das paradoxeste Argument vernahm mein Vater von Harry Hirschberg, einem Anwaltssekretär, der ihm entgegenhielt, die Nazis stellten es doch gerade darauf ab, die jüdischen Bewohner aus dem Lande zu treiben. Schon deshalb solle mein Vater sich nicht mitschuldig machen und ihn zur Flucht überreden. Ungewollt mache er sich auf diese Weise zum «Erfüllungsgehilfen» von Verbrechern. Und mit mahnendem Blick: Das sei, wie fast jeder halbwegs Rechtskundige wisse, gleichfalls strafbar.

Kaum einer, sagte mein Vater noch, habe seine Beschwörungen ernst genommen, und von denen, die er etwas näher kannte, einzig die Rosenthals und der älteste Sohn von Herrn Lausen. Allerdings vermute er, daß auch Aby Lausen weniger der Warnungen vor den Nazis als einer schon im Jahr nach der Machtergreifung ausgewanderten Jugendliebe wegen nach England emigriert sei. Ein ebenfalls häufig vorgebrachtes Argument lautete, wer laufe denn nach den Hetzkampagnen der Stöcker, Fritsch und anderer vor bloßen Rowdys davon? Wolfgang fragte, von wem da die Rede sei, und wir gelangten gesprächsweise vom «Handbuch zur Judenfrage» über die reichhaltige antisemitische Traktatliteratur bis zur Idee der «Volksgemeinschaft».

Er sei ohne jeden sozialen Hochmut, schaltete sich noch einmal mein Vater ein, daran habe ihn schon seine Herkunft gehindert. Aber die Idee der Volksgemeinschaft, die auf der linken wie auf der rechten Seite ihre leidenschaftlichen Anwälte gehabt habe, sei ihm stets als schlechthin beleidigend erschienen. Niemals werde er sich mit dem SS-Mann Henschel von gegenüber, mit dem Kommunistenführer Teddy Thälmann oder gar mit Franz von Papen gemein machen. Ein andermal sprach er über den Krieg, die Vaterlandsliebe oder was das Wort von «Abrahams Schoß» bedeute. Wolfgang und ich fanden diese Unterweisungen nicht weniger spannend als die Fußballspiele des SC Oberschöneweide, die wir oft besuchten, und redeten manchmal noch im Bett weiter darüber – bis es meinem Vater, der sich auf viele dieser Gespräche mindestens kurz vorbereitete, eines Tages zuviel wurde. Infolgedessen schlug er uns Streitgespräche vor: über das beste Buch, das wir gelesen hatten, über den Unterschied zwischen den Orden der Benediktiner und der Jesuiten, über den Ursprung mancher Berliner Redensarten, die Baugeschichte von Schwanenwerder oder andere angemessene Themen.

Zweimal im Sommer fuhr die Familie am Wochenende «in den Westen», womit meist Potsdam gemeint war, oder ins preußische Arkadien, wie mein Vater nicht ohne jenen Ton erklärte, den ich später, kaum daß ich den Begriff von Hans Hausdorf, einem Freund der Eltern, aufgeschnappt hatte, ungeachtet seines Stirnrunzelns seine «fromme Preußen-Ironie» genannt habe. Er liebte alles an der idyllischen Königsstadt, von Friedrichs «Fanfaronade», dem Neuen Palais, bis zum Holländischen Viertel, in dessen Umgebung wir oft zu einer Faßbrause einkehrten. Doch am meisten hatten es ihm die unscheinbaren «Sehnsuchtsplätze» angetan, das Schloß Glienicke, das Belvedere auf dem Pfingstberg oder die in ganz Potsdam anzutreffenden italienischen Turmvillen von Persius.

Und vor allem die Heilandskirche in Sacrow. Unvermeidlicherweise fiel, wenn wir uns auf den gewundenen Uferwegen dem Campanile näherten, das Wort vom finsteren «Ratzenloch», wie man aus Fontanes «Wanderungen» zu wissen hatte. Die in dem Bau verwirklichte Vereinigung von frühchristlicher Schlichtheit und preußischem «Plackertum» fand mein Vater besonders geglückt und meinte, nirgendwo komme anschaulicher zum Ausdruck, daß die Preußenwelt nicht bloß aus Juchten, Stockhieben und Reglement bestanden habe. Vielmehr könne sie sich auch entspannt und sogar liebenswürdig darstellen, sofern das immer etwas ungehobelt daherkommende «Prussische» eine passende Veredelung erhalte.

Nie vergessen habe ich die erst spät, kurz vor meinem Weggang aus Berlin, geäußerte Beobachtung meines Vaters, eigentlich sei die märkische Landschaft rings um Berlin, in alle Himmelsrichtungen, von der gleichen melancholischen Dürftigkeit. Aber um Potsdam herum hätten die kunstverliebten preußischen Herrscher hier und da eine Kirche, einen kleinen Tempel, einmal sogar eine wahrhaftige Moschee oder sonst noch was zwischen Luch, Sand und Kiefern gestellt. Und wo immer das geschehen war, habe sich die bloße «Gegend» wie durch Zauberhand in eine «Landschaft» verwandelt. Eben Arkadien. Für ihn war das, wie er mit seinem Schulmeistertemperament gern darlegte, eine Art Beweis dafür, daß das allezeit etwas abgerissene, keuchend durch die Geschichte staksende Preußen dem Wohlergehen seiner Untertanen nicht nur durch Eroberungen, sondern auch auf menschenfreundliche Weise zu dienen wußte. Und von Sanssouci hörte ich ihn während eines unserer letzten Ausflüge in den Westen, wohl in Anspielung auf ein Wort Friedrichs des Großen, sagen, Preußens Geschichte sei am Ende doch, allen nicht unberechtigten Einwendungen zum Trotz, ein «Rendezvous mit dem Ruhm» gewesen.

An den Lichteffekten der Heilandskirche mit dem Wechsel von rosa und bläulich glasierten Ziegeln konnte er sich nicht satt sehen. Bisweilen gab er deshalb seinem Ärger Ausdruck, wenn wir noch nicht den rechten Sinn dafür aufbrachten und die Frösche, die bei unserer Annäherung von den Uferwegen ins Wasser hüpften, oder die Krebse, von denen wir manchmal ganze Handsäcke aus dem Wasser holten, weit unterhaltsamer fanden. Von Sacrow aus konnte man durch die «Lichtflure», sagte mein Vater, auf das Dampfmaschinenhaus oder Schinkels Babelsberger Schloß sehen: wie sie da in zerrieselnden Sonnenschleiern lagen. Es waren rührende, schon von stilistischer Unsicherheit geprägte Versuche, die sich ankündigende Moderne mit ihren kühlen Häßlichkeiten dem Blick zu verbergen.

Die anderen Sommerausflüge, an die ich mich erinnere, gingen nach Neuruppin, die märkische «Geniestadt», wie mein Vater sie ironisch nannte, weil Schinkel und Fontane aus dem «ewig kümmerlichen Nest» stammten. Oder nach Königin Luises Gransee und zum Stechlin, wo wir vergeblich auf die hochspringende Wasserfontäne warteten; nach Rheinsberg mit dem Freundschaftsobelisken und nach Lehnin. Irgendwo an einem sandigen Waldrand, vor schlanken, in Reih und Glied wie angetreten aufgestellten Kieferspalieren wurde das Tischtuch hervorgeholt und der Picknickkorb geöffnet. Meist gab es Kieler Sprotten aus der Markthalle, die kleine Holzkiste für eine Mark, oder die ebenfalls in einer Holzschachtel verpackte und als «gute deutsche Kamerunbanane» angepriesene getrocknete Tropenfrucht aus einer der ehemaligen Kolonien, die den gleichen Preis kostete. Dazu dickgeschnittenes Brot und hinterher einen Apfel. Ich fand die Mischung unsäglich und habe mich jahrelang gewundert, wie das für meine so feinfühlige Mutter zusammenging.

Einmal fuhr uns Dr. Knessel, der meinen Eltern seinen neuen Horch vorführen wollte, nach Potsdam hinaus. Er hatte seine hübsche, etwa zwei Jahre ältere Tochter Sophie dabei, die nach dem Eindruck meiner Mutter etwas allzu «schäkerig» war und sich ungehalten zeigte, daß Wolfgang auf dem abgeteilten Beifahrersitz neben ihrem Vater Platz nehmen durfte. Denn wir wußten alle, daß sie ein Auge auf ihn geworfen hatte. Auf der langen Chaussee zur Glienicker Brücke, als die Älteren gerade über den Zauber des Marmorpalais sprachen, hatte sie vor lauter Langeweile mehrfach Grimassen gezogen. Als wir kurz vor dem Stadtschloß waren, hatte sie sich dann unvermittelt auf meinen Schoß gesetzt und Anstalten gemacht, mich abzuküssen; die Einsprüche der Erwachsenen, die ihr sofort aufzuhören befahlen, lachte sie einfach weg. Als ich mir auf der Rückfahrt ein Herz nahm und sozusagen zur Vergeltung mich auf ihre Knie setzte, wehrte sie nicht etwa ab, sondern umarmte mich und begann, mich auf eine Weise abzuknutschen, die ich für leidenschaftlich hielt. Dr. Knessel lenkte den Wagen nach einigen vergeblichen Mahnungen an den Straßenrand, riß die Tür auf und sagte streng: «Sophie, ich muß dich zur Ordnung rufen!» Doch das Mädchen war nicht so leicht in Verlegenheit zu bringen. «Die Unordnung, die ich hier anrichte», erwiderte sie eher arglos, «ist doch die gleiche wie morgens in eurem Schlafzimmer.» Mit einem Räuspern setzte sich Dr. Knessel wieder ans Steuer. «Wir werden zu reden haben», wies er seine Tochter zurecht. Mein Vater hatte mit mir erkennbar das gleiche vor.

Die Vorwürfe, die ich zu Hause zu hören bekam, fielen zunächst milder aus als erwartet. Mein Vater rekapitulierte die «Untaten» der jüngsten Zeit und hielt mir vor, daß ich mir zusehends in der Rolle des «Rabauken» gefiele. Dann kamen länger zurückliegende Ungehörigkeiten zur Sprache wie die Entführung von Deekkes Kater in der Schultasche, den ich weit hinter der Rennbahn ausgesetzt hatte, um herauszufinden, ob er so wegkundig sei wie unsere Brieftauben. Auch hätte ich vor Jahr und Tag zusammen mit meinen Freunden Ecki und Hoppi Scholz ein paar unerhörte, auch noch selbstverfaßte Dummejungenverse zu den Fenstern heraufgerufen. Ob das so weitergehen solle? Heute hätte ich mich nun, um das Maß vollzumachen, auf den Schoß von Sophie ... Ich unterbrach ihn mit der ganzen Wut des schlechten Gewissens wegen der vielen längst abgehandelten Vorwürfe: «Heute, das mußte sein! Was Sophie treibt, läßt man sich nicht gefallen! Ich jedenfalls nicht! Man muß einer wie Sophie auch mal zeigen, daß irgendwann Schluß ist!» Als meine Rechtfertigungsrede beendet war und mein Vater nach dem anschließenden Wortwechsel noch mürrisch vor sich hin sah, setzte meine Mutter sich überraschenderweise zu mir aufs Sofa. «Du hast recht, mein Junge!» sagte sie und meinte dann, zu meinem Vater gewandt: «Nimm nicht alles so ernst! Kinder in seinem Alter kabbeln sich manchmal. Außerdem hat Sophie angefangen. Man setzt sich nicht einfach auf den Schoß von Fremden.» Seither hieß der Vorfall im Familienkreis «die Schoßkabbelgeschichte».

Die Ausflüge in den Westen unternahmen wir meist an den Sonntagen, um, wie meine Mutter es ausdrückte, den Schnüffeleien des Blockwarts Fengler zu entgehen. Sie hatte den Eindruck, er überprüfe gerade ihren Haushalt mit Vorliebe, um herauszufinden, ob sie den monatlichen «Sonntagseintopf» auf dem Feuer habe, wie es schon kurz nach der sogenannten Machtergreifung angeordnet worden war. Sie haßte ihn und seine Redensart über den Aufwand, der mit der Suche nach so viel Verdächtigem verbunden sei, zumal er auch den Kassenwart machen und bei jedem Kontrollbesuch zwei Mark fünfzig für die Winterhilfe einsammeln müsse. Als meine Mutter sich einmal ein Herz nahm und ihm bei der «Topfprobe» vorhielt, für die Mühe, über die er so viel klage, wende er aber eine Menge Eifer auf, erwiderte er, jede Aufgabe leiste er mit «rückhaltlosem Einsatz». Da sagte sie nichts mehr, hatte aber einen weiteren Grund für ihren Abscheu vor dem «kleinen Mann mit dem großen Angebertum», wie sie einmal mit ungewohnter Spitzigkeit bemerkte. Der Kerl lasse sie geradezu an Gott zweifeln, so daß sie bei der nächsten Beichte gleich zwei Sünden bekennen müsse: den Haß und die Kleingläubigkeit.

Um die unversehens leeren Jahre nicht zu vertun, begann mein Vater Ende 1933, neben den alten Sprachen das Englische und Französische aufzufrischen, die er während der Studienjahre er-

lernt hatte. Er besuchte dazu die Hartnackschule am Nollendorfplatz, die als damals neues, weithin aufsehenerregend empfunde-
nes Verfahren im Sprachunterricht die Schallplatte verwendete.
Doch bald genügten ihm die vor Jahren erlernten Sprachen nicht
mehr; er begann, italienische und russische Kurse zu belegen. Auf
diese Weise erweiterte er zugleich seinen Bekanntenkreis um einige farbige, bisweilen sogar bizarre Charaktere. Von den Franzosen ist mir Roger Reveille in Erinnerung geblieben, der auf bele-
bende Weise geistreich war und nahezu jede europäische Sprache
zu beherrschen schien. Des weiteren gehörten drei Russen zu den
neuen Gästen, die Anfang der zwanziger Jahre nach Deutschland
emigriert waren, sowie ein italienischer Botschaftsrat, Saverio
Aprea.

In unserer Wohnung oder im Sommer über den Gartentisch
hinweg mischten sich von nun an sonderbare sprachliche Laute.
Von den Russen ist mir vor allem der verloren klingende «Summsang» in Erinnerung geblieben, den sie mit ihren brummelnden
Bässen zu meist vorgerückter Stunde anstimmten. Von Zeit zu
Zeit unterbrachen sie die getragenen Melodien durch Staccatofol-
gen, dies alles aber, zu ihrem Kummer, stets nur mit halber Stimme
vorgetragen, um die Nachbarn und insonderheit Herrn Henschel
nicht aufzubringen, der wiederholt mit drohendem Finger auf dem
Balkon erschienen war. Roger erzählte von Marcel Proust und kam
dann sprunghaft auf Clémenceau, den Krieg und seinen Vater, der
1914 nahe dem Ort gelegen hatte, an dem mein Vater verwundet
worden war.

Die lebhafteste Neigung, fast Anhänglichkeit entwickelten wir
für Signor Aprea, der die einzigartige italienische Verbindung von
Menschenkenntnis, Charme und diktaturerfahrener Durchtrie-
benheit besaß. Was ihn aber unersetzlich machte, waren die Ver-
anstaltungskarten, die er uns durch seine diplomatischen Kontak-
te zustellte. Er beschaffte Wolfgang und mir den Zugang zu zwei
Wettkampftagen der Olympischen Spiele, wo wir uns nicht mehr

aufs bloße «Negergucken» rund um das Brandenburger Tor beschränken mußten, sondern Jesse Owens im unvergeßlichen Weitsprungduell mit Lutz Long erlebten. Auch für einige Revuen im Admiralspalast erlangten wir Einlaß, desgleichen zu den Sechstagerennen im Sportpalast, wo wir, als Ausdruck höchster Kennerschaft, Paul Linckes Schlager «Das ist die Berliner Luft, Luft, Luft» ohne Hilfe der Finger, nur zwischen den gespannten Lippen zu pfeifen lernten, und schließlich gelangten wir durch ihn kostenlos in Opernaufführungen sowie zu «Menschen, Tiere, Sensationen» und andere Arten großen Spektakels.

Ein Faktotum besaßen wir in dem alten Katlewski, unserem «guten Hausgeist». Er war kleinwüchsig, hatte gestutztes graues Haar und eine dicke, aufgestülpte Nase. Der Gram in seinem Gesicht war von Lachfalten durchzogen. Von Beruf war er Maler, nun aber seit Jahren in Rente. Einmal führte er mich durch seine Wohnung, die einige Straßen entfernt lag, und ich erinnere mich an das Schlafzimmer mit dem gewaltigen Ehebett, über dem ein gerahmter Druck hing, auf dem Jesus mit halb belehrend, halb segnend erhobener Hand im Kreis seiner Jünger durch ein Kornfeld schritt, und auf der gegenüberliegenden Seite war der heilige Georg hoch zu Roß zu sehen, wie er einem fauchenden Untier den Speer in die Seite bohrte. «Olle Katt» stand der Familie für jede Hilfsarbeit oder Handreichung zur Verfügung. «Euren Vater bewundre ick aus politischen Gründen», sagte er, «denn ick bin ein alter Sozi; aber», fügte er hinzu, «ein Kavalier bin ick auch, und deshalb verehr ick eure Mutter jewissermaßen als Dame.» Er reparierte unsere Fahrräder und einmal sogar den an einer Naht geplatzten Fußball eines Freundes, stutzte die Fliederbäume, pflückte auf der hohen Holzleiter das Obst oder besorgte aus unerfindlichen Quellen manche Beutel mit Hühnerfutter. Für eine Kirchenfeier flocht er meinen Schwestern Margeritenkränze und war überhaupt, wann immer Hilfe vonnöten war, zur Stelle.

Katlewski belieferte uns außerdem mit den jeweils neuesten

politischen Witzen, deren Ankündigung er regelmäßig zwischen aufeinandergepreßten Lippen hervorquetschte. Sobald er uns hinreichend neugierig gemacht hatte, verwies er auf die «riesigen Breduljen», in die er als «Rumerzähler» geraten könne. Nach etwa einer Viertelstunde war er dann aber zwischen den Johannisbeersträuchern oder den Farbtöpfen, mit denen er gerade zu tun hatte, von Wolfgang und mir so weich geredet, daß er scheinbar ungehalten nachgab. «Aber kein Sterbenswort!» begann er jeden seiner Witze, indem er mit einer Hacke oder einem farbtriefenden Pinsel bis dicht vor unsere Nasen stieß. «Auch zu euern Geschwistern nich. Nich mal zu denen!»

Die meisten der Witze von «olle Katt» habe ich lange vergessen. Aber mit Wolfgang führte ich Gespräche über Katlewskis originelles, auf Göring gemünztes Shakespeare-Zitat, wonach ein Mann lächeln kann und immer lächeln und doch ein Schurke sein. «Das hab ich aus'm Arbeiter-Bildungsverein», sagte er. Einer der wenigen Witze, die mir in der Erinnerung blieben, handelte von der Dummheit der Nazis am Beispiel eines Blockwarts, der mit einem schwarzen und einem braunen Schuh zum Appell erschienen war und vom Kreisleiter zurechtgewiesen wurde. «Mensch, Karsunke!» karikierte Katlewski den Vorgesetzten im reinsten Berlinisch. «Ick hab Se schon ma jesacht, det Se mit die Schuhe uffpassen sollen! Ener braun, ener schwarz – wer sachts bloß!» Karsunke, ging die Geschichte weiter, nahm Haltung an und erwiderte: «Zu Befehl, Kreisleiter! Aba ick vasteh det ooch nich. Ick ha schon reineweg rumjejrübelt, aba wat soll ick machen? Selbst meine Olle weeß nich weiter! Denn zu Hause ha ick noch so 'n Paar rumstehn.»

Im Sommer 1937 kam ich auf die höhere Schule, und da es in Karlshorst kein humanistisches Gymnasium gab, beschlossen meine Eltern, mich, wie schon Wolfgang zwei Jahre zuvor, auf das kirchliche, von Jesuiten geleitete Canisius-Kolleg zu schicken, obwohl es am anderen Ende der Stadt, im Westend, lag. Das Haus war seines vorzüglichen Rufs wegen hoffnungslos überlaufen, und um den jährlichen Andrang in Grenzen zu halten, hatte seine Leitung anspruchsvolle Zulassungsprüfungen eingeführt. Dennoch erklärte das Erziehungsministerium in ebenjenem Jahr, man habe sich entschlossen, das Kolleg aus Gründen des mangelnden Bedarfs zu schließen. Wenige Tage nach der Mitteilung, daß ich die Prüfung bestanden hätte und in die Schule aufgenommen sei, kam denn auch ein Schreiben, das die Zulassung wieder zurücknahm.

Das war die eine Enttäuschung. Die andere bestand darin, daß im selben Jahr die Schülermützen mit dem bunten Band verboten wurden. Diejenige Wolfgangs war, meiner Erinnerung nach, mit weißen und leuchtendgrünen Streifen besetzt. Die Litzen auf den Mützen waren nach Klassen gestuft; jetzt wurden sie im Namen der Volksgemeinschaft abgeschafft. Eine Entschädigung bot die Aktentasche, die mein Großvater mir als Ersatz für den lächerlichen Schulranzen schenkte, den ich zur Volksschule getragen hatte.

So kam ich auf das Leibniz-Gymnasium, einen mächtigen, rötlichen Backsteinbau am Mariannenufer, unweit vom Schlesischen Bahnhof. Die Gegend war seit Generationen das Eingangstor für die Masse der Zuwanderer aus dem Osten gewesen, ähnlich wie das nahe gelegene Scheunenviertel. Das Klassenzimmer roch nach abgestandenem Schweiß, Ledertaschen und Margarinestullen. Auf dem Schulhof spielten wir während der Pausen und nach dem Unterricht Fußball oder übten das Eckenschlagen, komplizierte Pässe und vereinzelt schon die hohe Kunst des Hackentricks. Auch den Lederball zu dreien oder vieren nur mit dem Kopf zu befördern war beliebt, und auf der Hentigstraße vertrieben wir uns mit Hansi Streblow, «Kutti» und Sternekieker oft ganze Nachmittage lang die Zeit mit Völkerball. Die etwas ältere «Motte» Böhm, die immer eine geerbte Straßenbahnertasche mit poliertem Silberbügel umhängen hatte, machte wie eh und je den Schiedsrichter.

Es muß um diese Zeit oder wenig später gewesen sein, daß mein Vater deprimiert von einer seiner Herrenrunden zurückkehrte. Es gebe weiterhin nur Niederlagen, meinte er, Mielitz habe berichtet und Claße aufgrund seiner Verbindungen nach England bestätigt, daß die Fleet Street von der «Times» bis zu Lord Rothermeres «Daily Mail» unverhohlen Sympathien für die Nazis zeige, die «Saturday Review» habe unlängst auf der Titelseite mit großem «Heil Hitler» aufgemacht. Von England sei nahezu nichts zu erhoffen, seien sich alle einig gewesen, das Bekenntnis zur Diktatur sei das «Gebot der Stunde», höre man von der Insel, und eine halbwegs zivilisierte Form der Tyrannei habe einzig die Aussicht, die Dinge voranzubringen.

Er selbst werde nie begreifen, fuhr mein Vater fort, warum jeder, der sich gegen Hitler stelle, über kurz oder lang die Erfahrung machen müsse, im Stich gelassen zu werden. Darüber sei es zu einer langen, zeitweise erregten Auseinandersetzung gekommen. Einig seien sie sich erst wieder angesichts der Feststellung geworden, daß sie ganz und gar unvorbereitet auf die Diktatur gewesen seien. Was in Deutschland nach oben gekommen war, mochte im finsteren Rußland geschehen oder auf dem Balkan, aber nicht im gesetzesstrengen Deutschland. Was habe sich da ereignet? sei von allen Seiten zu hören gewesen, doch habe keiner eine Antwort darauf gehabt. In die aufgebrachte Stimmung hinein habe Krone schließlich gesagt, eine ungelöste Frage sei in kritischen Situationen das beste Mittel, den Zusammenhalt zu wahren. Man müsse sich bloß bewußtmachen, daß es keine einfachen Antworten gebe.

Dem Druck der Verhältnisse waren auch bewährte Verbindungen nicht gewachsen. Kalli Vaupel hatte als einer der engeren Studienfreunde meines Vaters viele Jahre nicht weit von Berlin in der Uckermark verbracht, aber der ersehnte Schritt in die Hauptstadt war ihm nicht gelungen. Er war auf eine Weise glatzköpfig, die wir «poliert» nannten, von drahtiger Statur und einem nie versiegenden, selbst für platte Witze empfänglichen Humor. Er brachte uns bei, daß man in den «feineren Kreisen» das übliche «Denkste!» nach Möglichkeit vermied und, wenn es unumgänglich war, das gewählt klingende englische «Thinkste!» verwandte oder daß man beim Tee den kleinen Finger abspreizte. Später verlor er zusehends seine Fröhlichkeit und begann zu trinken, er finde aus dem Stimmungsloch nicht mehr raus, sagte er, doch müsse er damit zu einem Ende kommen; er wisse nur nicht wie.

Vielleicht war, wie manche Bekannte vermuteten, die Ursache von Karl Vaupels Depression tatsächlich seine auffallend attraktive, überaus sportliche Frau. Zumindest war sie die Ursache dafür, daß sich die Freunde auseinanderlebten, weil sie, im Jargon der Zeit, eine begeisterte «Nazisse» war. Sie konnte in allem Ernst versichern, daß der Führer «von Gott gesandt» sei und der Herr durch ihn Großes mit Deutschland vorhabe. Wieder und wieder kam es ihretwegen zu Streitigkeiten, so daß beide Seiten es irgendwann vorzogen, nur noch selten zusammenzukommen und die jahrzehntealte Freundschaft allmählich einschlafen zu lassen.

Irmi Vaupel war in einer Parteiorganisation tätig sowie, nach dem Ausbruch des Krieges, in einem uniformierten Verband, man munkelte sogar, daß sie, von Bewunderung wie von Ehrgeiz getrieben, Karriere bei der Wachmannschaft eines Frauenlagers gemacht habe. Nach dem Krieg wurde sie denn auch zusammen mit ihrem Mann interniert. Die Stationen ihres weiteren Weges sind mir entfallen, Kalli Vaupel jedoch lernte während der Verhöre in einem Lager im Bayerischen eine jüdische, wiederum höchst anziehende Person der amerikanischen Lagerverwaltung kennen, in die er sich verliebte. Da ihm nichts vorzuwerfen war, wurde er nach wenigen Monaten aus der Internierung entlassen, ließ sich scheiden und heiratete die Amerikanerin. Als Persönlichkeit sei Kalli schwächer und wankelmütiger gewesen, als er gedacht habe, sagte mein Vater. Die Zeit war voll von absurden, in oftmals dramatischer Verrücktheit ablaufenden Lebenswegen. Viele wußten sich des Aberwitzes nicht zu erwehren. Als sie gegen Ende der Hitlerjahre wieder zur Vernunft zurückfanden, war es zu spät.

Einer der Klassenkameraden, mit denen mich mancherlei Interessen und eine Jungenfreundschaft verbanden, Gerd Schülke, wohnte im Siedlungsviertel von Karlshorst, nahe dem Krankenhaus, das kleine Einfamilienhäuser zu einem Ortsteil verband. Er hatte ein aufmerksames, stilles Wesen und lieh mir die Bücher, die ihm Eindruck gemacht hatten. Auf einer in Quadrate aufgeteilten Karte der Weltmeere spielten wir «Schiffeversenken», später stellte er historische Seeschlachten von Salamis über Trafalgar bis zum Skagerrak nach. Jede Flottenbewegung wurde zwischen uns ausgewürfelt. Er erfand auch den bevorstehenden Seekrieg, in dem das Reich stets gegen die britische Flotte auslief. England sei der Gegner, meinte er dazu, kein anderer, weil man einen starken Gegner benötige, wenn der Sieg etwas taugen solle. Doch abweichend von der Vergangenheit oder allem, was kommen mochte, war der Schlachtenverlauf bei ihm dem Würfelglück anheimgestellt, und Gerd meinte, so ähnlich verhalte es sich auch in der Wirklichkeit.

Zu den Höhepunkten, mit denen das Jahr zu Ende ging, gehörte der Weihnachtsmarkt rund um das Schloß, und die Erinnerung an den ebenso majestätischen wie anheimelnden Schlüterbau wird für mich immer mit der seligen Rummelplatzwelt der Vorweihnachtstage verbunden sein, mit bunten Lichtern, Lametta und Lebkuchen. Wir bewunderten den strahlenden Christbaum, die Karussells mit den herumhüpfenden Weihnachtsmännern und genossen den Geruch von Bratäpfeln und gebrannten Mandeln. Nie ging es dabei ohne Erläuterungen zur Entstehungsgeschichte des Schlosses oder einen Besuch des Schlüterhofs ab. Und über allem die etwas quetschige Harmoniummusik mit «O du fröhliche …» und «In dulci jubilo …» An den Buden konnte man Metallpfeile auf Sterne, Gummikerzen oder Weihnachtsballons verschießen, und einmal gewann ich durch einen Glückstreffer fünf Zuckerwatten, mit denen sich so schön die Haare der Schwestern verkleben ließen. Es war eine Welt aus Magie, Jahrmarkt und Vorweihnachtsglück, und jeder dieser Ausflüge endete mit einer Kindertragödie, wenn die

Eltern uns zur Rückfahrt riefen. Von der S-Bahn aus sahen wir den Himmel über dem Schloß noch eine Zeitlang rötlich leuchten, bis das Bild im Halbdunkel der großen Stadt versank.

Manchmal begleitete uns auch der ein oder andere Freund unserer Eltern. Einmal war der stets glatt gescheitelte Felix Ernst dabei und zeigte während des ganzen Abends sein kleines, unergründliches Lächeln. Nicht einmal auf der Geisterbahn, zu der Wolfgang und ich ihn mit Mühe überredet hatten, legte er es ab, ein andermal schloß sich uns Hans Hausdorf an, der während der gesamten drei Stunden, die wir uns zwischen den Buden und den Kerzen herumtreiben ließen, einen Pastetenkarton für meine Mutter am spitz ausgestreckten Finger balancierte, auch Goderskis kamen gelegentlich mit, und einmal waren Patzeks dabei, mit, wie wir uns zuraunten, «Amsel, Drossel, Kinderschar». Aber Tränen gab es beim Abgang immer.

In den Tagen des beginnenden Jahres 1938 kam ein Anruf von Dr. Goldschmidt. Zufällig nahm ich das Gespräch entgegen, er fragte nach den neuen Schulverhältnissen, nach meinen Vorzugsfächern und wie ich mit den Jungen aus dem Berliner «Proletenviertel» zurechtkäme. Anschließend verlangte er meinen Vater zu sprechen, er habe ihm eine interessante Mitteilung zu machen. Ich blieb im Zimmer und beobachtete vom Besucherstuhl aus, wie mein Vater mit zunehmend verdüsterter Miene zuhörte, hin und wieder ein «So!» oder «Wirklich?» vorbrachte und gegen Ende des Gesprächs eine unverständliche Bemerkung machte. Nachdem er den Hörer aufgelegt hatte, verharrte er einige Zeit schweigend an seinem Schreibtisch und sagte dann, Dr. Goldschmidt habe ihm in seinem unverbesserlichen Patriotismus weismachen wollen, man leiste sich ein Fehlurteil mit der ewigen Gereiztheit gegen die Nazis. Heute sei er in der Angelegenheit eines Klienten auf der Behörde gewesen. Der Beamte, mit dem er es zu tun gehabt habe, sei trotz des «dicken» Parteiabzeichens am Revers im Grunde recht entgegenkommend gewesen und habe ihm alles, worum er ersucht

habe, in knappen Sätzen genehmigt, sogar noch die ein und andere Hintertür zumindest angedeutet. Auf seinen Dank hin habe er
lächelnd erwidert: «Aber Herr Doktor! Wir sind doch keine Unmenschen!»
«Bitte sehr!» habe Dr. Goldschmidt hinzugefügt. «Da haben
Sie's: keine Unmenschen! Nur ein bißchen kasernenhofmäßig im
Ton! Zu maulig sozusagen für unsere Zivilistenwelt!» Doch sei
ihm das lieber als unverbindliches Herumgerede; er habe immer
gesagt, daß das Mißtrauen blind mache. Bei dieser Äußerung, sagte
mein Vater, sei ihm die Spucke weggeblieben, so daß er lediglich
eingeworfen habe: «Und das Vertrauen noch häufiger.» Dr. Goldschmidt habe sich nach dieser Bemerkung lachend verabschiedet
und ihn ironisch gemahnt, er solle sich bessern. «Noch eine Unver-
ständlichkeit», fügte mein Vater hinzu, als er beim zweiten Abendtisch auf den Vorgang kam. Und keiner merke, daß er längst am
Boden liegt. «Selbst wenn man's ihm in die Ohren schreit.»

Meine Mutter wiederum hatte, wie meistens, wenn mein Vater
außer sich geriet, ein Zittern um die Mundpartie, und man konnte
denken, sie werde gleich rufen: «Aber bitte, Hans! Nicht vor den
Kindern!» Statt dessen sah sie nur besorgt von einem zum anderen und schwieg. Kaum hatten wir den letzten Bissen gegessen,
begann sie, um jedes weitere Gespräch zu unterbinden, den Tisch
abzuräumen.

4. KAPITEL

Nur kein genre sentimental!

Es war eine ganz und gar politisierte Welt, in der wir aufwuchsen, viele Gespräche und fast alle persönlichen Entscheidungen waren vom Blick auf die herrschenden Verhältnisse bestimmt. Zwar kenne ich Altersgenossen, die ebenfalls um diese Zeit in Berlin groß wurden, aber sie nahmen die Umstände anders wahr. Außer dem «Völkischen Gebet», das in manchen Schulen an NS-Feiertagen gemeinschaftlich aufgesagt wurde, der HJ-Uniform und den bündischen Liedern wie etwa dem von den Wildgänsen, die mit schrillem Schrei durch die Nacht rauschten, kam nichts politisch Gemeintes je an sie heran.

Gleichwohl galten die hergebrachten Erziehungsregeln im einen wie im anderen Fall weiterhin, wenn auch womöglich in unserem Haus etwas mehr. Aber die Rede war nie davon, außer in den paar geronnenen Formeln, die wir immer wieder gehört, doch in ihrem hintergründigen Sinn erst später begriffen haben: «Zieh keinen Flunsch!», «Hab dich nicht so!», «Kinder reden nicht ungefragt!» Und daß man bei Tisch nicht über Geld, Affären oder das aufgetragene Essen sprechen dürfe. Die Grundsätze, die in solchen Regeln zum Ausdruck kamen, wurden nie sonderlich vertieft. Man machte keine Worte darüber, sie verstanden sich sozusagen von selbst und galten als Leitsätze fürs richtige Benehmen. Als meine Mutter einmal über meine Frechheiten klagte, sagte mein Vater: «Laß ihn nur! Frech sein darf er! Hier jedenfalls. Wir müssen ihm nur beibringen, wo die Grenze ist. Draußen wird man ihm diese Grenze, wenn er sie hier nicht begreift, früh genug zeigen.»

Mit alledem war unsere sozusagen stumme Erziehung noch einmal ein Gegenbild zu der von antibürgerlichen Affekten geprägten Welt des Regimes, und heute, im Abstand der Jahre, stellt sie sich mir vor allem als eine Art bürgerlicher Entwicklungsgeschichte in unbürgerlicher Zeit dar. Die Machthaber wüßten nichts vom zivilisierten Umgang, versicherte mein Vater, und deshalb herrschten sie nicht, wie er manchmal hinterdreinhöhnte, über ein tausendjähriges Reich, sondern über eines, das mindestens fünftausend Jahre zurück bis «tief hinein in den Urwald» reiche. In einem pädagogischen Gedankenstück notierte er: «Alle Erziehungslehren gehen auf einen vielstimmigen Chor zurück. Er reicht von den Zehn Geboten über die Moraltraktate der Philosophie und die große Literatur bis zu vielem anderen, wovon ganze Bibliotheken zeugen. Und das alles verfolgt ein eigentlich bescheidenes Ziel: den Menschen ein paar Selbstverständlichkeiten beizubringen.»

Ins Alltägliche übersetzt, lauteten diese Selbstverständlichkeiten: auf «Anstand» zu achten, auf gute «Manieren» und «Rücksicht» zu üben. Außerdem dürfe man Formen, wie Hans Hausdorf, der Elternfreund, einmal mit seiner Vorliebe für Paradoxe sagte, nicht «als bloße Formsache» ansehen. Und meine Mutter beschloß die erzieherischen Episteln gern mit einem Satz, den wir seit frühester Jugend unendlich oft gehört haben: ob einer sich nun das Knie aufgeschlagen hatte und sie mit der Jodflasche kam, ob wir uns über ungerechte Noten beklagten oder über einen Schiedsrichter, der für unser Gefühl stets zum Nachteil unseres Kickerclubs SC Karlshorst gepfiffen hatte: «Nur kein genre sentimental!» – was für sie soviel bedeutete wie: nicht jammern, nicht wehleidig sein, sich keine Träne fürs Unvermeidliche gestatten. Als die wildere meiner beiden Schwestern, Christa, einmal gestürzt war und mit aufgeschlagenem Knie bei ihr Hilfe suchte, hörte ich meine Mutter mit einem begütigenden Streicheln sagen: «Nicht weinen, mein Liebes!

Nicht weinen! Die Heulerei ist fürs Dienstmädchenzimmer!» Ein gewisser sozialer Hochmut war beim Verbot der Wehleidigkeit immer dabei. Aber weit davor stand das Empfinden, selbst einem strengeren Haltungskodex zu unterliegen.

Viel häufiger jedoch gab es die Welt der ungetrübten Tage, in der keine Schulaufgaben zu leisten, keine der mit dem Alter wachsenden Pflichten zu erfüllen und weit und breit keine Jodflaschen zu sehen waren. Die Sommerferien bildeten den Mittelpunkt. Regelmäßig fuhren wir, wenn der Juli kam, auf die Walken, den einsam gelegenen, ein paar Kilometer von dem Dorf Liebenau in der Neumark entfernten Hof meiner Großeltern, den mein Onkel Berthold bei der Heirat mit einer der älteren Schwestern meines Vaters übernommen hatte. Er war ein tüchtiger, schwer arbeitender Mann. Alle fürchteten seine Strenge, und sein zum Kirchgang straff ausgezogener Schnurrbart verstärkte noch den Eindruck seines bäuerisch rabiaten Naturells. Das Anwesen lag in einer Landschaft von karger Anmut, und die sanften Hügel, über die Pflug und Egge gezogen werden mußten, erschwerten die Bewirtschaftung ungemein. Doch der Onkel besaß zwei Söhne und zwei Töchter, die so arbeitsam und von zupackendem Verstand waren wie er selbst und uns fünf bis zehn Jahre voraushatten. Sie kamen, was uns anging, mit der schwierigen Rolle zwischen Aufpassern und Spielgefährten gänzlich mühelos zurecht. Vor allem die lebenslustige Irene hatte es uns Kindern angetan. Sie brachte uns das Schwimmen bei, begleitete uns beim Belauern und meist vergeblichen Jagen auf wilde Kaninchen und lehrte uns das Fangen von bissigen Feldmäusen auf den frisch abgeernteten Feldern. Die Autorität, die Kinder leicht dazu bringt, die Köpfe einzuziehen, war bei ihr ohne jede Spur von Einschüchterung. Wir liebten sie alle.

Das nach vier Seiten gebaute Gehöft mit einem Wohntrakt, zwei Stallflügeln sowie einer Scheune mit Dreschtenne hatte zwei Tore, von denen das eine auf die sandige Straße nach Liebenau ging, das gegenüberliegende auf einen leicht abschüssigen, an einem Kiefernwald vorbeiführenden Feldweg zum nahen Packlitzsee. Die Anlage mit dem weiträumigen Innenhof lag im Mittelpunkt von knapp dreihundert Morgen verstreuten Ackerlandes, das mindestens zehn Monate aufreibender Arbeit verlangte. Wenn wir zur Ferienzeit angekündigt waren, spannte Onkel Berthold an und erwartete uns am zwanzig Kilometer entfernten Bahnhof Schwiebus. Im guten Anzug, mit steifem Hut und «gesalbtem Schnurrbart», wie wir sagten, saß er auf dem «Thronsitz» der lackierten Sonntagskutsche. Mit eckiger Höflichkeit lud er eines von uns Kindern ein, auf dem Bock neben ihm Platz zu nehmen. Wenn es zu heiß war, spannte die Mutter den kleinen Sonnenschirm auf, und wir Kinder spotteten, sie sehe wie eine Prinzessin aus, die aufgrund irgendeiner Laune ihren livrierten Dienern abzusteigen befohlen und zu Fuß zum Schloß zurückzukehren angeordnet hatte. Sie lächelte dann und umarmte dasjenige ihrer Kinder, das in der immer weiter gesponnenen Geschichte den lustigsten Einfall gehabt hatte. Manchmal strich sie ihm auch, wenn es auf dem Kutschplatz weiter entfernt saß, über den Kopf.

Die Strecke von Schwiebus nahm sich endlos aus und dauerte oft an die zwei Stunden oder mehr. Wenn es durch tiefe, holprige Sandwege ging, wurden die Pferdeleiber in der Nachmittagshitze fleckig vom schwitzigen Schaum, und rundherum kreisten aufgeregt summend die Bremsen. Bei der Ankunft auf dem Hof schlugen wir die von der Blutsaugerei erschöpften Insekten, die vornehmlich an Hals und Hinterbeinen der Pferde saßen, mit ein paar Lappen tot, während Onkel Berthold in die Alltagskleider wechselte und mit einem langen Holz, das ihm die Tante zureichte, acht bis zehn Bleche noch dampfender Backwaren aus dem Ofenraum holte: Streuselplatten, Bienenstich und Apfelkuchen, deren Duft sich bis in die hintersten Winkel des Hauses verbreitete.

Als unausgesetzt arbeitender Mann hatte der Onkel nur eine blinde Stelle: Er konnte sich nicht vorstellen, daß es außerhalb der Arbeit und allenfalls des Gebets im Leben noch irgendeine sinnvolle Tätigkeit gab. Also wies er uns meist schon am Abend unserer Ankunft die Aufgaben für den nächsten Tag zu. «Aufstehzeit ist um fünf!» schloß er seine Rede. «Das ist hier üblich, auch für die städtischen Faulenzer!» Im Fortgang der Jahre entspann sich zwischen ihm und uns Jungen ein regelrechter Kleinkrieg, wenn er jeweils zur Dämmerung seine Weisungen für das Ährenlesen, das Heumachen oder Garbenstapeln ausgab. Nur meine Schwestern, die sanfte Hannih und die ausgelassene Christa, blieben verschont. Anfangs baten oder klagten wir um ein paar Badestunden im See oder um Lesezeit. Aber das brummte der Onkel als «Flausen» weg.

Wir dagegen dachten als folgsame Söhne: Nicht jammern! Nur kein genre sentimental! Abend für Abend, wenn wir mit den Kerzenlichtern aus der Küche in eine der winzigen Schlafkammern hinübergegangen waren, entwickelte Wolfgang mit Winfried und mir durchtriebene Strategien, wie wir uns bei der Durchfahrt durch ein Waldstück zum Pilzesuchen oder an einem hügeligen Feld zum Rebhühnerscheuchen verdrücken könnten. Doch schon bald schlugen selbst die schlauesten Ausgedachtheiten fehl, weil der Onkel ein allzu mißtrauisches Auge auf uns hatte. Manchmal versteckten wir auch in einem Haselgebüsch Angelruten, mit denen wir uns am folgenden Morgen zur nahe gelegenen Schleuse davonmachten, wo sich die Fische im sprudelnden Wasser gern aufhielten. Aber weder der Eimer mit Barben, Schleien, Aalen und kümmerlichen Weißfischen, den wir zurückbrachten, oder das ein oder andere Mal der im Zweiteimer beförderte mittelgroße Hecht konnten den Onkel nachsichtig stimmen: Wir hätten seine Anweisungen nicht befolgt, schnauzte er.

Kaum mehr als ein Kopfschütteln hatte der von uns geliebte Onkel auch übrig, als ich ihn einmal fragte, ob er sich im Winter mit nichts anderem beschäftige als mit den notwendigen Reparaturen. Gutmütig erwiderte er: «Warum? Ja, natürlich mit nichts anderem!» Daraufhin entgegnete ich, dann müsse er verstehen, daß

Die drei Brüder 1933
im Berliner Zoo. Von links nach rechts:
Joachim, Winfried, Wolfgang

wir unseren Winter im Sommer hätten; so verhalte es sich nun mal in der Stadt! Die großen Ferien seien sozusagen *unsere* Reparaturzeit. Da sollte er uns nicht ständig zur Arbeit antreiben. Es gab eine lange Pause. Dann zupfte der Onkel sich an den Bartspitzen und murrte, die Arme lang über den Tisch gelegt: «Das geht mir zu weit!»

Meine Eltern blieben meist nur wenige Tage, und ich fragte mich später, ob wir nicht erst nach ihrer Abreise begonnen haben, «hinter die Scheune zu laufen». Mein Vater arbeitete während seines Aufenthaltes auf dem elterlichen Anwesen mit und zeigte, daß er nach wie vor mit Sensen und Ährengabeln umgehen konnte, während meine Mutter sich in der ihr fremden Welt eher verloren vorkam. Unsere größte Kinderliebe galt der Schmiede, in der die Hufeisen für die Pferde geformt wurden. Sobald das Feuer entzündet war, durften wir in die entstehende Glut pusten, bis die Holzkohle inmitten der Esse tiefrot aufglimmte. Dann wurden die Eisen hineingelegt, bis auch sie glühten, und auf dem Amboß Schlag für Schlag dem Pferdefuß angepaßt. Der Onkel stand mit hocherhobenem Hammer vor der Esse, und ein Geruch verbrannten Horns umgab ihn, wenn er den geduldigen Tieren die Eisen aufnagelte. Und einmal im Lauf der Ferien, meist gegen Ende hin, gab es ein Schweineschlachten, dessen Abfolge wir mit einer Mischung aus Schrecken und Hingezogensein verfolgten.

Trotz unseres ständigen Kleinkriegs waren die Walken das unbeschwerte, von uns vielgeliebte Spielzimmer der frühen Jahre. Der Packlitzsee, an dem das Gehöft malerisch und wie von Künstlerhand plaziert lag, war ein überschaubares Gewässer, das sich ein paar hundert Meter in die Länge wie in die Breite dehnte. Da seine Oberfläche sich etwas unterhalb des umgebenden Waldsaums erstreckte, habe ich ihn als dunkles, spiegelglattes, nur an den Rändern gewellt glitzerndes Wasser in Erinnerung. Nie werde ich das bläulich sanfte Licht über seiner Oberfläche vergessen, den Duft der Kiefernwaldungen hinter uns und den feinen weißen Sand an der Badestelle, der noch lange zwischen den Zehen haftete. Dazu die Geräusche in der sommerlichen Nachmittagshitze: das Glucksen der Wellen, der Specht, der irgendwo hämmerte, das Klatschen der springenden Fische sowie, etwas entfernt, die Schreie der Taucher, die bei jedem Ruf kopfüber ins Wasser stippten. Es war, als ob die Zeit stillstehe. Nur die Myriaden von Mücken, die über uns herfielen, störten das Gefühl nie endender Ferientage.

Das hochliegende Grün der Buchen, Birken und Trauerweiden, die das Ufer des Sees säumten und deren Zweige stellenweise im Wasser spielten, hatte lediglich auf der gegenüberliegenden Uferseite eine Einkerbung. Sie zeichnete sich besonders ab, wenn die vorabendliche Sonne einfiel. Dann trat die leuchtendgelbe Frontseite eines doppeltürmigen Barockklosters hervor, das im 13. Jahrhundert vom Zisterzienserorden gegründet und später nach dem von Schlesien herkommenden Barock umgebaut worden war. Mit seinem hellen Zauber verbreitete es eine Atmosphäre von Stille und Festlichkeit, die sich für mich seither mit diesem Stil verbindet. Die kleine, von der Uferbewaldung verdeckte Ortschaft hinter dem Kloster trug den Namen, der für jeden von uns seit dieser Zeit das Zusammenspiel von naturhafter und baulicher Schönheit zur unumstößlichen Anschauung brachte: Sie hieß tatsächlich Paradies. Es war das unsere.

Das andere Eden, das sich mir mit acht oder neun Jahren wie auf ein geheimes «Sesam!» hin zu öffnen begann, war die Welt der Bücher. Noch vor der Schule hatten wir, wie eigentlich jeder, den «Struwwelpeter» vorgelesen bekommen und die moralisch einschüchternden Reime streckenweise auswendig hersagen können. Später kam zu unserem unstillbaren Vergnügen Wilhelm Busch dazu; ich erinnere mich, daß «Die fromme Helene», «Fipps der Affe» sowie vor allem «Max und Moritz» die ersten Texte waren, die ich noch vor dem Schulbeginn mit zunächst begleitendem Finger las. Zwar ahnten wir nichts von Wilhelm Buschs schopenhauerischen Gemütsverdunkelungen, die dem kundigen Leser über kurz oder lang aufgehen, doch Verse wie «Wer in Dorfe oder Stadt, / einen Onkel wohnen hat ...» oder «Ach, wie ist der Mensch so sündig! / Lene, Lene! Gehe in dich!» machen mich heute noch glücklich und gewannen in unserer Familie fast redensartlichen Rang. Unwillkürlich bin ich in jeder Phase meines Lebens ins Lesen geraten, sobald mir eine der mit so meisterhaft bösem, menschenkundigem Witz gedichteten und gezeichneten Parabeln vor Augen kam.

Das war, neben den väterlichen Nachtgeschichten, das andere literarische Vergnügen der frühen Jahre. Kein Dr. Doolittle, keine germanische Heldensage, keine Hütte von Onkel Tom kam den Versen Wilhelm Buschs gleich. Aufwendiger, auch zeitraubender wurde die Lektüre, als Wolfgang mir eines Abends nach Tisch sagte, ich müßte jetzt «Kamai» lesen, er sei inzwischen beim dritten Band, und Hansi Streblow behaupte, er habe schon fünf gelesen. Als ich auf die Frage, wie viele Bücher es denn von diesem Kamai gebe, etwas von sechzig oder siebzig Titeln hörte, war ich drauf und dran, mich überhaupt nicht auf die Sache einzulassen. Aber dann las ich den «Schatz im Silbersee» und wurde mit einemmal so süchtig, daß ich sogleich, mehr als ein Jahr lang, «Winnetou» und rund zwanzig weitere Werke las, nur einmal unterbrochen von Coopers Waldläufermythen in einem der Lederstrumpf-Bände, die ich allerdings trotz der zahlreichen, erläuternden Zeichnungen langweilig oder, in den damaligen Worten, «dusselig» fand.

Es gab noch eine weitere Unterbrechung in den weltenfernen Leseabenteuern mit dem Autor, der inzwischen auch für mich Karl May hieß. Sie ging zurück auf Mark Twains «Tom Sawyer» und «Huckleberry Finn», die nun das andere große Literaturerlebnis jener Jahre wurden, wie wenig beides auch zueinander paßte. Einige Zeit lang hielt ich neben dem von allen Seiten als größtem Dichter der Welt bewunderten Goethe den Autor von Tom Sawyer für mindestens ebenbürtig und meinte, die richtige Reihenfolge müsse eigentlich lauten: Weit vor allen anderen Wilhelm Busch, dann Mark Twain, dicht gefolgt von Goethe.

Später, ich war wohl dreizehn oder vierzehn Jahre alt, las ich «Moby Dick», die Geschichte vom weißen Wal, die mir Wolfgang empfohlen hatte. Ich müsse wegkommen von Vaters «Hausschatz-Literatur», sagte er, und obwohl ich wütend widersprach, begann ich bald den schweren Wälzer zu lesen. Vieles begriff ich kaum, doch die Spannung des rätselhaften Buches ließ mich nicht los. Das Drama von Ismael und dem finsteren, die Weltmeere ruhelos durchquerenden einbeinigen Käpt'n Ahab mit der dunklen, wie vom Blitz geschlagenen Gesichtsnarbe und der Harpune auf den Namen des Teufels ist mir unvergessen. Erstmals nahm ich wahr, daß Vaters Auswahl nicht alles war und es neben den Sagen und Kalendergeschichten, deren Ausgang immer gewiß war, eine fremdartige, unheimliche Welt gab. Melville öffnete weite Tore.

Damals kränkte es mich, daß ich, wie meine Brüder auch, den Verhältnissen angemessen, nur zehn Pfennige Taschengeld die Woche erhielt und die einzige Möglichkeit zum Zuverdienst im Erlernen von Gedichten bestand. Denn mein Vater hatte eine Mark Belohnung für jeweils zehn fehlerfrei aufgesagte Gedichte ausgesetzt. So lernte ich den «Erlkönig», die «Bürgschaft», die «Kraniche des Ibikus» und zahlreiche andere Balladen, ehe ich allmählich, vor allem meiner Mutter zuliebe, auf die Naturlyrik sowie die Gedankengedichte kam und zuletzt zu Rainer Maria Rilke und Stefan George. Als ich, wieder auf die Klassik zurückgreifend, «Das Wasser rauscht …» von Goethe vortragen konnte, empfahl mir mein Vater Gottfried Kellers «Seemärchen», das ich noch heute als ebenso geniale wie ins Dämonische wegtauchende Fortsetzung der besinnlichen, erst ganz am Ende aufs Bedrohliche deutenden Goethe-Verse empfinde. Die Groschenliteratur der Hefte von John Kling bis Tom Shark und was sonst noch bei Freunden und Klassenkameraden Erfolge feierte, ist seltsamerweise an mir vorübergegangen. Eines Tages begann ich ein Buch mit dem Titel «Der Krieg der Miami» zu lesen, langweilte mich aber, machte mich anschließend an einen Roman aus dem Reich der Inka, «Das Gottesopfer», mit dem es nicht besser ging, und kehrte wieder zu Karl May zurück. Ebenso verhielt es sich mit Binding, Steguweit oder Wittek. Anders dagegen mit Hans Dominik, dessen Romane den Blick auf eine hochtechnisierte, mit silbrigen Apparaturen vollgestellte Zukunft öffneten.

Zu Beginn des Jahres 1938 beobachtete ich, wie Herr Hofmeister aus der Nachbarschaft meinen Vater in den Hauseingang zog und ihm mit halb gedämpfter Stimme vorhielt, er sei zu widersetzlich. Er solle endlich die Augen aufmachen! Als ich beim Abendtisch meinen Vater fragte, warum er sich das sagen lasse, räumte er ein, daß Hofmeister im Grunde recht habe. Es gehe tatsächlich besser. Die sieben oder acht Millionen Arbeitslose seien wie durch einen Hokuspokus verschwunden. Aber die zehn oder mehr Millionen Hofmeisters wollten die Mittel nicht sehen, mit denen Hitler seine Erfolge erziele. Sie meinten, er habe Gott auf seiner Seite; wer sich nur einen Rest Vernunft bewahrt habe, sehe ihn allerdings eher im Bund mit dem Teufel.

Wolfgang fragte, ob das mehr als Vermutungen seien und Teufelspakte tatsächlich je zustande kämen? Auch wie die theologische Erklärung dafür laute. Noch mehrmals kamen wir auf dieses Thema zurück, das eine eigentümliche Faszination auf uns ausübte. Natürlich brachte mein Vater das Gespräch alsbald auf den historischen Doktor Faust, die im Mittelalter einsetzende, vielerorts betriebene Laboratoriumssuche nach Gold, Edelsteinen oder dem Stein der Weisen und endete regelmäßig bei Goethes Hauptwerk.

Die Debatten fanden ein abruptes Ende, als im März des Jahres deutsche Truppen unter dem Geschrei der Massenspaliere am Straßenrand, unter sich bauschenden Fahnen und mit Blumen beworfen die Grenze zu Österreich überschritten. Vor dem Radio sitzend, hörten wir die Heilrufe, die Lieder und das Knattern der Panzerfahrzeuge, während der Reporter über die gereckten Hälse jubelnder Frauen berichtete, von denen einige sogar in Ohnmacht fielen.

Es war ein weiterer Schlag für die Gegner des Regimes, obwohl mein Vater, wie die Katholiken überhaupt und die überwältigende Mehrheit der Deutschen und der Österreicher, in großdeutschen Vorstellungen dachte. Lange Zeit saß er mit der Familie vor dem großen Saba-Radio und hing seinen Gedanken nach, während im Hintergrund eine Beethoven-Sinfonie ertönte. «Warum gelingt dem Hitler fast alles?» grübelte er. Doch die Genugtuung überwog, auch wenn er sich aufs neue über die einstigen Siegermächte empörte. Der bereits sichtlich mit dem Tod ringenden Weimarer Republik hätten sie die bloße Zollunion mit Österreich untersagt und Krieg angedroht. Aber Hitler gegenüber vergaßen die Franzosen ihren «Revanche-Puschel», und die Briten knickten in so tiefe Verbeugungen weg, daß man geradezu hoffte, es handle sich wieder einmal um ihre «bekannte Doppelzüngigkeit». Die Republik jedenfalls hätte vermutlich überdauert, wenn ihr ein Erfolg von der Art des «Anschlusses» vergönnt gewesen wäre.

Immerhin, fuhr mein Vater fort, verbinde sich mit der Vereinigung die Hoffnung, daß Deutschland jetzt «katholischer» werde. Doch es dauerte nur Tage, bis er seinem Irrtum auf die Spur kam. Schon beim vorzeitig angesetzten Treffen der Freundesrunde erfuhr er von den Schikanen gegen die Juden, hörte entgeistert, daß sich der verehrte Egon Friedell, dessen «Kulturgeschichte» zu seinen Lieblingsbüchern gehörte, in Todesnot aus dem Fenster gestürzt habe und daß die SS in der bald so genannten Ostmark einen bis dahin nie verzeichneten Zulauf fand. «Warum geht das mit Hitlers leichten Siegen immer so weiter?» fragte er eines Abends nach einer vergrübelten Aufzählung der Ereignisse. Und warum, so ein andermal, komme diese Mischung aus Vorteilsgier und Hochmut gerade in Deutschland zum Ausbruch? Warum breche der Nazischwindel nicht im Gelächter der Gebildeten zusammen? Oder dem der einfachen Leute, die ja meist mehr «Charakter» haben?

Im April 1938 fotografierte Wolfgang die Familie
mit Tante Dolly und Großvater Straeter. Im Vordergrund von links
nach rechts: Hannih, Winfried, Joachim, Christa

Auf diese Weise gab es für das Verschworenheitsgefühl, das uns zusammenband, immer neue Anlässe; jedenfalls wußte mein Vater die Vorgänge so zu deuten. Im Lauf des Sommers besuchten uns einige Mitglieder des väterlichen «Geheimbundes», wie Wolfgang und ich ironisch sagten, Riesebrodt, Claße und Fechner. Auch Hans Hausdorf kam wieder regelmäßig und brachte uns Kindern «Lutschgeschenke» mit sowie meiner Mutter, wie stets, eine Pastete. Er trug einen Mittelscheitel und knapp gestriegeltes, mit Pomade zum Glänzen gebrachtes Haar. Wir liebten seine platten Redensarten, und einmal, nach einem seiner Besuche, forderte Wolfgang mich auf, ans Fenster zu gehen und mir die nackten Kalauer anzusehen, die draußen herumtollten. Ich lief tatsächlich auf den Balkon und hörte auf meine ratlose Frage Wolfgang höhnen: Ich müsse doch wissen, daß immer, wenn Hausdorf da sei, lauter nackte Kalauer durch Karlshorst liefen, weil der keinen «ungeschoren» davonkommen lasse. Als ich ihn wütend anfuhr, meinte er ungerührt: «War auch 'n Kalauer! Besser als Hausdorfs! Aber bei dem lachst du!»

In der Tat schien Hausdorf nichts ernst zu nehmen. Als wir ihn aber später einmal zur Rede stellten, schlug seine Stimmung unerwartet ins Nachdenkliche um. Er sagte, mit dem Jokus fange das Zusammenleben erst an; und daß Ironie für die Nazis des Teufels sei, habe ihm von Beginn an deutlich gemacht, daß die schöne bürgerliche Zivilisiertheit in Nöten sei. Immerhin sprach er im Weitergang von seinem Eindruck, daß sich die Bande lockerten. Einmal hörte ich meinen Vater beim Abschied Hausdorfs klagen, für ihn ändere sich durch die Erleichterungen, die das Regime zuließe, leider auf absehbare Zeit nichts. Er habe immer ein gastfreies Haus geführt; das sei nun vorbei: seine derzeitigen Mittel erlaubten ihm allenfalls eine einzige bescheidene Abendeinladung im Monat. Genaugenommen nicht einmal die. Aus diesem Grund habe er die Teestunden eingeführt, die könne er sich noch leisten.

Auch David, genannt «Sally» Jallowitz, ein Kofferhändler, der dann und wann vorbeikam, erschien jetzt häufiger als früher und sah in der Küche vor den Augen meiner ungehaltenen Mutter die Töpfe durch. Als sie einmal über die Hitze klagte, 30 Grad im Schatten, wie sie seufzte, gab er ihr den «guten Rat», einfach nicht in den Schatten zu gehen, und Jallowitz lachte, als sie den Scherz stupide und unpassend fand. Ferner besuchte uns Walther Rosenthal mit seiner Frau, die nach Wolfgangs Urteil «zart wie ein Backfisch» war, aber stets mit melancholisch ernstem Gesicht zuhörte und widerspenstig gekräuseltes, steif zur Seite stehendes Haar hatte.

Sonja Rosenthal sagte kaum je ein Wort, und deshalb erstaunte es besonders, als sie einmal ausgerechnet ihrem Mann und seiner Behauptung widersprach, die Welt sei niemals so roh und gewalttätig gewesen wie zur Zeit. Er irre, mischte sie sich sanft ein, er irre über alle Maßen. Denn es habe nie eine andere Welt, andere Menschen und friedlichere Umstände gegeben als heute, das Leben sei immer eine Zumutung gewesen, grausam bis zum Exzeß – und hatte kaum geendet, als sie wieder in ihr waches, die Gäste rundum still musterndes Schweigen zurückfiel.

Zu den Freunden, die sich regelmäßig einfanden, gehörte auch August Goderski, den wir eines wulstigen Gewächses am Mund wegen trotz seiner bescheidenen Verschlossenheit den «Mann mit der dicken Lippe» nannten. Anfangs sah er meist mit seinem erwachsenen Sohn Walter herein. Walter war es auch, der bei uns am 6. Dezember als Nikolaus auftrat. Jahr für Jahr hielt er mir die ellenlangen persönlichen Ermahnungen des Christkinds vor und erklärte, eine ganze Engelsgruppe würde nach den Rüpeleien des zurückliegenden Jahres ein strenges Auge auf mich haben. Natürlich versprach ich, die aufgegebenen Bußgebete abzuleisten und von nun an ein Vorbild zu sein, und geleitete den Nikolaus mit gefalteten Händen und vielen frommen Dienern zur Tür. Doch dann erregte ich allgemeine Ungehaltenheit, als ich ihm noch auf dem Treppenabsatz nachrief: «Dann schöne Weihnachten, Herr Goderski! Und kommen Sie bald mal wieder! Wir freuen uns immer über Ihren Besuch.» Damals war ich acht Jahre alt. Meine Eltern warfen mir, kaum daß die Tür geschlossen war, vor, ich würde mit meinen dreisten Schlauheiten den Schwestern Hannih und Christa den Nikolaus-Spaß verderben.

Tatsächlich waren die Besuche vor allem Walter Goderskis stets ein Vergnügen, weil er lustig war und ein großer Witzereißer. So erinnere ich mich bis heute an manche seiner, wie wir fanden, «bestußten» Geschichten, etwa wie ein Halbgebildeter seinen Freund mit der Bemerkung zurechtwies: «Tellijent willste sein, Maxe? Soll ick dir ma sagen, watte wirklich bist: Total in-tellijent biste!» Zu meiner Galerie der beliebten Gäste gehört schließlich auch Dr. Meyer, der, sooft sich eine Gesprächspause ergab, von den Büchern erzählte, die er gerade zum zweiten, dritten oder vierten Mal las. Zu seinen Vorzugsautoren gehörten Grimmelshausen, Lessing sowie Fontane, natürlich Goethe, Heine und, wie er einmal auf meine Frage lächelnd versicherte, «alle anderen auch».

Aber dann schlug ganz unvermutet in die vermeintlich entspannte, auch zunehmend miteinander sich befreundende Runde eine Art Blitz ein. Am 9. November 1938 veranstalteten die Machthaber die sogenannte Reichskristallnacht und zeigten, wie mein Vater sagte, nach soviel Maskerade aller Welt wieder ihr wahres Gesicht. Am Morgen darauf fuhr er in die Stadt und erzählte danach von den Verwüstungen: von ausgebrannten Synagogen und eingeschlagenen Ladenfenstern, den Glassplittern, die überall auf den Trottoiren herumlagen, den Stoffetzen, dem verwehten Papier und dem Unrat. Anschließend rief er einige der Freunde an und riet ihnen, sobald wie möglich das Weite zu suchen. «Besser heute als morgen!» hörte ich ihn einmal in den Hörer rufen. Aber nur die Rosenthals hatten ein Einsehen.

Es war um diese Zeit, daß der einzige jüdische Schüler unserer Klasse ohne Ankündigung wegblieb. Er war still, fast in sich gekehrt, und stand zumeist etwas abseits, aber ich fragte mich manchmal, ob er sich nicht immer deshalb so abweisend gab, weil er fürchtete, von den Mitschülern zurückgewiesen zu werden. Wir rätselten noch über sein grußloses Wegbleiben, als er mir eines Tages in der Nähe des Schlesischen Bahnhofs wie zufällig über den Weg lief und die Gelegenheit nutzte, sich, wie er sagte, persönlich zu verabschieden. Er habe das schon bei wenigen anderen Klassenkameraden getan, die sich «anständig» verhalten hätten; die übrigen seien ihm fremd geblieben oder HJ-Führer, die zwar meist ebenfalls freundlich gewesen seien, vielfach «sehr freundlich sogar», aber er sehe nicht ein, warum er sich von denen verabschieden solle. Er dürfe als Jude ohnehin bald nicht mehr zur Schule gehen. Jetzt habe seine Familie die Möglichkeit, nach England zu emigrieren. Die Gelegenheit wollten sie sich nicht entgehen lassen. «Schade!» sagte er beim Auseinandergehen, schon drei oder vier Schritte entfernt. «Diesmal also leider für immer.»

Bald nach Beginn des neuen Jahres, im März 1939, rief mein Vater Dr. Meyer an, um ihn zu fragen, warum er so lange nicht zum Tee gekommen sei. Dr. Meyer erwiderte, er gehe seit dem Tod seiner Frau kaum noch unter Menschen, und der 9. November habe zudem seine düstersten Ahnungen wahr gemacht. Nie habe er gedacht, wie viel Bösartigkeit schon hinter den benachbarten Wohnungstüren hause. Seine Praxis habe er aufgeben müssen, dann und wann besuche er noch die Veranstaltungen des Kulturbunds, aber selbst das Einkaufen falle ihm schwer, ebenso der Gang zur Bank, zum Briefkasten oder zur Post. Gegen Ende des Gesprächs verabredeten sie eine Teestunde für die folgende Woche.

An einem der Vorfrühlingstage kam Dr. Meyer nach Karlshorst. Da es warm war, schlug er vor, den Tee im Garten einzunehmen; im Mantel sei es im Freien gut auszuhalten. Als er eintraf, war ich im Gartenhäuschen mit dem Reinigen einiger Geräte beschäftigt und brachte, auf einen Wink meines Vaters, das schwere Steingutgeschirr vom Anrichtebrett zum Tisch hinüber, während meine Mutter oben in der Wohnung den Tee zubereitete.

Dr. Meyer war Mitte bis Ende Fünfzig und berichtete, daß seine Frau, wie man wohl sagen müsse, an der «Unlust zum Weiterleben» gestorben sei. Er hauste weiterhin in dem etwas heruntergekommenen, vom Alter schäbig gewordenen altbürgerlichen Haus am Halleschen Tor. Meine Mutter, die mit meinem Vater zum Kondolenzbesuch bei ihm gewesen war, erzählte Schauerliches vom Zustand der Wohnung. Benutzte Teller hätten herumgestanden, halbvolle Tassen mit ölig gewordenem Tee; achtlos hingeworfene Kleidungsstücke überall. Nur die Bibliothek, die im sogenannten Berliner Zimmer lag, war von bemühter Ordnung, die einzig durch zwei oder drei Stapel gerahmter Bilder von deutschen Expressionisten gestört wurde. Nach der Ankunft, berichtete meine Mutter, habe sie augenblicklich begonnen, das herumstehende Geschirr abzuwaschen und die auffälligsten Mißstände zu beseitigen. Doch Dr. Meyer meinte, sie solle sich nicht bemühen, er verbringe den Tag ohnehin fast ausschließlich in der Bibliothek, weil das Fenster zum Hof hinausgehe, wo er keinen Menschen sehen oder hören müsse.

Von Dr. Meyer sagte mein Vater, er trete stets vornübergebeugt auf, als bestimme das ärztliche Abhorchen seine habituelle Haltung. Auch konnte man bei genauerem Hinsehen ein leichtes Frösteln an ihm wahrnehmen. Er sprach mit halb heiserer Stimme und trug selbst die Gedichte, die er gern rezitierte, unter ständigem Hüsteln vor, so daß wir uns fragten, ob eine Kehlkopferkrankung oder die Ehrfurcht ihn dazu veranlaßten. Er habe mit Dr. Meyer niemals ein belangloses Gespräch geführt, versicherte mein Vater und rief mich daher, als ich an jenem Nachmittag mit der Arbeit an den Geräten fertig war, an den Gartentisch. «Hör dir an», sagte er, «was Dr. Meyer zu sagen hat.» Der Angesprochene war gerade bei den deutschen «poetae minores», den Geibel, Rückert, Gellert und Bürger sowie der «wunderbaren Droste-Hülshoff». Ich verband bislang mit keinem dieser Namen eine genauere Vorstellung, Bürger ausgenommen. Aber Dr. Meyer hatte das Thema gewechselt und ließ später einige abfällige, mit unwilligem Räuspern vorgebrachte Bemerkungen über die ehedem zugewanderten Juden in seiner Wohngegend fallen; zu denen gehöre er nicht, sagte er. Er habe sich immer als Deutscher gefühlt, nicht einmal kulturell empfinde er sich als Jude. Schon seine Eltern seien ein paar Schritte aus dieser Welt herausgewesen, erst die Nazis hätten ihn wieder in den ihm eigentlich «fremden Judenstand» zurückgestoßen. Dann war er aufs neue bei seinen Dichtern des zweiten Ranges, bei Matthisson, Hölty, Stolberg. «Merkwürdig», dachte ich, «die beiden Männer da im kühlen Frühlingslicht, vermummt in ihre dicken Mäntel ... sehen aus, als säßen sie in einer Wartehalle.»

Am Abend erzählte mein Vater, er habe Dr. Meyer Vorhaltungen wegen seiner hochmütigen Einstellung gegenüber den Juden um den Schlesischen Bahnhof gemacht. Ohne weiteres habe dieser zugegeben, natürlich sei er hochmütig wie alle Juden. Aber über die eigene Verwandtschaft sei es erlaubt zu spotten. Mein Vater allerdings dürfe nie dergleichen sagen – zumindest wenn ihm an ihrer Freundschaft gelegen sei. Dann erfuhr ich, mein Vater habe verabredet, ich solle Dr. Meyer an jedem Samstag nach der Schule besuchen. Ich hätte ja gehört, wie lästig ihm das Einkaufen sei und jeder Gang zur Post. Er bitte mich, das für ihn zu erledigen. Dr. Meyer habe versichert, er habe Gefallen an mir gefunden, und da er ein hochgebildeter Mann sei, würden mir die Besuche sicherlich nicht schaden. Es sei im übrigen das wenigste, was man für Leute wie ihn tun könne. Nach kurzem Nachdenken fuhr mein Vater fort, er wolle Rosenthals fragen, ob ihnen daran liege, Wolfgang an den Samstagen bei sich zu sehen. Zwar dauerte es dann noch einige Monate, bis die Besuche begannen, da Dr. Meyer unerwarteterweise Einwände erhob, und mein Vater meinte, er scheue sich offenbar, einem Fremden Einblick in seine Wohnverhältnisse zu geben. Doch im Spätsommer 1939 besuchte ich Dr. Meyer zum ersten Mal und fortan für einige Zeit fast jeden Samstag, während Wolfgang nach meiner Erinnerung etwa alle vier Wochen von seiner Schule in der Neuen Kantstraße die zehn Minuten zu den Rosenthals ging.

Für mich war es eine lehrreiche, von immer neuen Entdeckungen erfüllte Zeit. Mittags, gegen zwei Uhr, traf ich meist in dem Altberliner «Moderhaus» ein. Zunächst lief ich mit einem von Dr. Meyer verfaßten Zettel die Läden in der Nachbarschaft ab. Anders als er, ließ er mich auf dem Wohnungsflur wissen, müsse ich ja neben dem Einkaufsbeutel nicht auch noch eine Aktentasche für die andere Hand mitnehmen. Denn er habe stets ein Stück in jeder Hand, um den Hitlergruß zu vermeiden, der gerade ihm, wenn auch nur mit bis zur Schulter angewinkeltem Arm, immer wieder entrichtet werde. «Ich grüße nicht mal mit *einer* freien Hand», erwiderte ich etwas großspurig und setzte hinzu, «mein Vater tut's nicht mal mit *zwei* freien Händen.»

Das Chaos in der Wohnung, das insbesondere meine Mutter so befremdet hatte, störte mich kaum. Natürlich entging mir nicht, daß Dr. Meyer in einer großbürgerlichen Kulisse hauste, die inzwischen arm und heruntergekommen war. Die mit dunklem Schnitzwerk versehenen Bücherwände reichten bis zur Decke, und obwohl der Raum leidlich in Ordnung gehalten war, entschuldigte sich Dr. Meyer für das Durcheinander, er habe immer nur in seinem Arbeitszimmer auf Ordnung gehalten, alles andere sei Aufgabe seiner Frau und, noch länger zurück, des Personals gewesen. Irgendwann begann er von der letzten Reise in die Provence zu erzählen, dem Zusammentreffen mit seinen Söhnen, dem Glück, das sie damals genossen hätten. Vor knapp einem Jahr sei seine Frau eines Morgens einfach im Bett geblieben und habe nach mehrmaligem Drängen erklärt, sie sei für diese Zeit nicht gemacht und wolle einfach nicht mehr. Er habe alles an Beredsamkeit aufgeboten, was ihm möglich war. Zuletzt aber habe sie sich die Ohren zugehalten, stumm mit dem Kopf geschüttelt und keinen Bissen mehr zu sich genommen. Während er dies berichtete, wanderte Dr. Meyer unruhig durch die Bibliothek auf und ab. Dann blieb er abrupt stehen und sagte: «Am elften Tag war Hilde Meyer tot.»

Ich habe mich manchmal gefragt, ob es eher die Erinnerung an die Ferientage in Nizza oder die Weigerung war, den Tod seiner Frau zur Kenntnis zu nehmen, was Dr. Meyer veranlaßte, mich nahezu regelmäßig in einem beigefarbenen Fresko-Anzug mit rotem Halstuch zu empfangen. Neuerlich ging mir auf, wie hastig er sprach, und mein Vater meinte wohl zu Recht, Dr. Meyer treibe beim Reden der Gedanke, nicht mehr viel Zeit zu haben. Bei meiner Rückkehr von den Besorgungen kam er wieder auf seine Frau und die drei schon seit längerem emigrierten Söhne, von denen zwei inzwischen in Südafrika lebten, wo sie aber, seiner Ansicht nach, nicht hingehörten.

Das Leben leiste sich viele Irrtümer, fuhr er nach einer Gedankenpause fort, manchmal allerdings werde es auch von den Menschen auf die falsche Spur gesetzt. Er sei eigentlich ein Versager. Seine Großeltern hätten sich noch als fahrende Händler zwischen Krakau und Łódź herumgetrieben, bis sie aus ihrem galizischen Nest im proletarischen Osten Berlins gestrandet seien. Wäre seine Familiengeschichte annähernd «normal» verlaufen, wären er oder eine seiner Schwestern mindestens bis ins bessere Kreuzberg gelangt, dann seine Söhne nach Charlottenburg und deren Kinder wiederum in eine Villa im Grunewald. Jetzt lebten zwei von ihnen in Johannisburg, einer in Mexiko. «Das Leben hält sich nicht mehr an die Regeln», schloß er. «Aber warum?» Er sagte das in einem Ton, als gebe es keine Antwort darauf.

Wortlos wandte er sich ab und ging mit eingedunkelter Miene einige Reihen und Namen in der Bücherwand durch. Dann bat er mich, Gedichte aus einer Anthologie vorzulesen. Ich erzählte ihm von meinem Vater, der eine Mark für zehn Gedichte aussetzte, und er empfahl mir für das nächste Mal das eine oder andere Gedicht von Heine, Platen und Rilke. «Ich grolle nicht», fällt mir unwillkürlich ein, «Es liegt an eines Menschen Schmerz ...» oder Rilkes «Jardin du Luxembourg». Einmal entdeckte ich, wie Dr. Meyer während meines Vortrags die Augen feucht wurden. Wie heute erinnere ich mich, daß ich gerade das Goethe-Gedicht «Schlafe, was willst du mehr?» las; ich dachte, er empfinde es womöglich als die Erfüllung des letzten Wunsches der geliebten Toten. Später gingen wir zu Prosastücken über, ich las Fontanes «Schach von Wuthenow» und einige Kleist-Novellen. Dr. Meyer versah alles mit literarischen oder historischen Hinweisen, dann trug ich die eine oder andere der seltsam kühlen Erzählungen Conrad Ferdinand Meyers vor, ein andermal «Die Judenbuche» und «Freund Hein» von Emil Strauß. Dr. Meyer war meine Schule.

Daneben gab er mir Lebensregeln auf den Weg, von denen mir einige unvergeßlich blieben. Es sei weniger schlimm für die Welt, wenn die Menschen dumm sind, als wenn sie Vorurteile haben, lautete eine der Maximen, eine andere, man bezahle nichts so teuer wie Geschenktes. Auch mahnte er mich einmal, immer auf Distanz zu achten. «Man umarmt einander nicht», erklärte er, «weil der Umarmte allzuoft ein Messer im Ärmel hat.» Dann: «Man umarmt allenfalls eine Frau.» Und selbst die habe oft ein Messer unterm Nachthemd. Ich muß ihn bei dieser Eröffnung ungläubig angestarrt haben, denn ich hörte ihn nach diesen Worten zum ersten Mal lachen: «Nur ein schlechter Scherz!»

Die Besuche bei Dr. Meyer gewöhnten mich daran, nach Schulschluß nicht umgehend nach Hause zu fahren. Im Frühsommer 1939, ich war mittlerweile fast vierzehn Jahre alt, hatte mir mein Vater empfohlen, es sei nun an der Zeit, die italienische Renaissance ernster zu nehmen und das Studium darüber womöglich gar zu meinem Beruf zu machen. Denn sollte ich mich je der Geschichte widmen, täte ich gut daran, nicht weiter als bis zum 15. Jahrhundert an die Gegenwart heranzurücken; sonst geriete ich unvermeidlicherweise zu nahe an die Epochen, die von den Nazis besetzt seien. Als ich um diese Zeit in seinem Bücherschrank Alfred Hentzens Bildband über das Nationalmuseum entdeckte, fand ich für mein Interesse das ergänzende Anschauungsmaterial und fuhr nach dem Unterricht oft noch stadteinwärts zur Museumsinsel.

Bereits die sowohl weiträumige als auch intime Anlage, die majestätischen Treppenbauten, die Hallen und Säulenspaliere nahmen mich gefangen. Doch malerisch gewannen die Räume der Romantiker meine Vorliebe, die Deutschrömer und Feuerbach, Hans von Marées, Böcklin und alles zwischen dem späten David und Manet. An den italienischen Malern hingegen, von Giotto bis Reni, bewunderte ich vor allem ihr technisches Genie, den fühlbar schweren Brokat auf den Gemälden Tizians oder das schöne Fleisch der nackt ausgestellten Körper, fragte mich aber zugleich, warum das dramatische Getümmel der Zeit sich so wenig in den Bildern spiegele. Ich sprach mehrfach mit meinem Vater darüber. Am Ende kam heraus, daß die italienische Renaissance historisch unendlich viel glanzvoller und düsterer sowie, als Gegenstand wissenschaftlicher oder schriftstellerischer Bemühung, weit reizvoller sei als die Idylle von Olevano oder Barbizon. Dennoch entdecke man unter den Nebeln Caspar David Friedrichs oder im Unterholz sowie den Tümpeln von Monet mehr Leben als in den Bildern von Salvator Rosa oder Guido Reni, wo Heilige mit Drachen und anderem giftig fauchenden Ungetier kämpften. Aber reizvoll sei beides, meinte mein Vater, die Ahnungen der Kunst und ihre Überwindungen der Wirklichkeit.

Mit dem Klassenkameraden Gerd Donner oder wem sonst noch fuhr ich bisweilen noch ein paar Stationen weiter bis zum «Planetarium» am Bahnhof Zoo. Es war im Grunde ein gewöhnliches Kino, nur daß vor der Wochenschau und dem Spielfilm der Sternenhimmel des jeweiligen Tages am Kuppeldach gezeigt und erläutert wurde. Meine insoweit etwas weltfremden Eltern dachten, ein Filmtheater, das ein derart bereicherndes Beiprogramm biete, könne schlechterdings keine minderwertigen Filme zeigen, und folglich sah ich im «Planetarium» in Seelenruhe die Filme mit Heinz Rühmann, Willy Fritsch und Zarah Leander, Heli Finkenzeller und Heinrich George, kurzum alles, wovon gerade die Rede war. Meine Eltern wären einigermaßen verwundert gewe-

126

sen. Nur die Tatsache, daß ich alle Propagandafilme aus Instinkt oder dank Gerd Donners Hinweisen mied, hätte sie halbwegs ruhiggestellt.

In diesem Sommer sagte sich Emil Lengyel bei uns an, ein Freund meines Vaters aus den Weimarer Jahren, der inzwischen als Professor und politischer Schriftsteller in den Vereinigten Staaten zu Ruf und Ansehen gelangt war. Er hatte im Frühsommer 1939 eine längere Reise durch die Hauptstädte Westeuropas angetreten, um die politisch zunehmend bedrohliche Lage zu erkunden. In seinem Ankündigungsbrief hatte er offen über Hitlers Verantwortung für den bevorstehenden Krieg gesprochen und das NS-Regime als eine mit deutscher Gründlichkeit errichtete Version der ungarischen Diktatur bezeichnet, vor der er nach dem Ersten Weltkrieg geflohen war.

Meine Mutter war entsetzt. «Ich mag schon in der Politik das hitzige Csárdás-Temperament nicht. Und dann: ein Amerikaner der nazifeindlichsten Art in unserem Hause», sagte sie beim zweiten Abendtisch zu meinem Vater, «denk doch an die Familie! Sie werden uns einen Strick draus drehen. Warum geht ihr nicht lieber in ein Lokal?» Mein Vater sah unwillig vor sich hin und schien zu denken, er habe den zweiten Abendtisch nicht eingerichtet, um sich vor Wolfgang und mir mit der Mutter zu streiten. Schließlich antwortete er: «Ich denke wie du an uns alle hier. Aber Feigheit ist auch unerlaubt. Das vergißt du.» Meine Mutter stand auf und erwiderte mit auf den Tisch gestützten Händen nicht ohne Schroffheit: «Du denkst nicht an Mut oder Feigheit. Du hast nur deine Grundsätze im Kopf.» Das war in all diesen Jahren die einzige vor uns ausgetragene Meinungsverschiedenheit der Eltern.

Doch mein Vater blieb uneinsichtig. Lengyel kam in die Hentigstraße, und wir verbrachten, wozu unsere Mutter den Anstoß gegeben hatte, einen amüsanten Abend am Gartentisch mit Csárdás-Schritten und In-die-Hände-Klatschen. Als es dunkel wurde, zauberte der Gast fünf Lampions hervor, und wir setzten das Spiel noch eine Weile fort. Dann erschien der unausstehliche Herr Henschel auf seinem Balkon und erbat sich Ruhe. «Zehn Uhr!» brüllte er. Lengyel und mein Vater zogen sich daraufhin ins Herrenzimmer zurück.

Zur gleichen Zeit suchte ich nach wie vor Dr. Meyer auf, und eines Tages kam er auf Thomas Mann, den «unbestreitbar größten deutschen Dichter», wie er mehrfach beteuerte. Ich hatte den Namen bis dahin nur am Rande gehört, doch jetzt sprach Dr. Meyer mit seiner rauhen Stimme vom Rang des Dichters, dem Nobelpreis, dem älteren Bruder Heinrich und den literarisch hochbegabten Kindern. Bei alledem schüttete er so viele Titel und Namen vor mich hin, daß ich bald alles durcheinanderbrachte. Am Ende las er mir einige Seiten aus dem «Tonio Kröger» vor und sagte dazu, das Buch sei die kürzeste Fassung von Thomas Manns lebenslangem Problem. Alle seine Hauptfiguren seien Außenseiter und jedes seiner Bücher eine Variation über dieses Thema. Einmal am Zuge, zitierte er noch einige Wendungen aus der «Königlichen Hoheit» und aus den «Buddenbrooks». Er stieg auf eine klappbare Treppe und holte aus der Bücherwand einige Bände des Schriftstellers. Nach blätterndem Abwägen reichte er mir die «Buddenbrooks» für die «nächsten vierzehn Tage» und mahnte mich eindringlich, das Buch weder mit Eselsohren zu versehen noch sonstwie zu beschädigen oder gar zu verlieren. Denn Thomas Mann sei unter den gegenwärtigen Verhältnissen nicht mehr erwünscht und daher nicht neu zu beschaffen.

Noch in der S-Bahn begann ich die ersten Seiten des Buches zu lesen, erwähnte aber beim Abendtisch nichts, weil ich die Vorbehalte meines Vaters gegen alle Romanliteratur kannte. Als Tante Dolly, die als Bibliothekarin tätig war, für Wolfgang einmal Hermann Hesses «Narziß und Goldmund» mitbrachte, fand er ihr Verhalten unverständig und meinte, Romane seien meistens für beschäftigungslose Hausfrauen oder Dienstmädchen. Nach einer längeren Auseinandersetzung las er selbst zwei oder drei Seiten des

Buches und gab es Wolfgang mit einem belustigten «Na dann, viel Spaß, Frollein Magda!» zurück.

Mit Thomas Mann verhielt es sich anders. Nach einigen Tagen, als ich gerade bei der Schilderung von Onkel Gottholds Tod angelangt war, entdeckte er das Buch und fragte, woher ich das hätte. Als ich ihm von Dr. Meyers Vorliebe für Thomas Mann berichtete, erwiderte er unbeeindruckt: Dr. Meyer wisse das nicht – doch komme ihm Thomas Mann nicht ins Haus. Der sei zwar ein bedeutender Schriftsteller, aber ein politisch verantwortungsloser Mensch. Für ihn, fuhr mein Vater fort, habe Thomas Mann mit den «Betrachtungen eines Unpolitischen» jedes Ansehen verspielt. Gerade weil auch dieses Buch so gut geschrieben sei, habe es mehr für die Entfremdung des Bürgertums von der Republik getan als Hitler. So etwas dürfe man nicht verzeihen. Er forderte mich auf, das Buch umgehend an Dr. Meyer zurückzuschicken, er selber werde ein paar erklärende Zeilen dazulegen.

Als ich am folgenden Tag aus der Schule kam, war das Buch schon auf der Post, meine Mutter bemerkte, sie habe ohnehin in der Nähe zu tun gehabt und die Rücksendung für mich übernommen. Bei meinem Besuch am Samstag empfing mich Dr. Meyer kopfschüttelnd mit den «Buddenbrooks» in der Hand. Mein Vater, sagte er verlegen, wisse sichtlich nicht, daß Literatur nur ein Spiel sei. Er nehme sowohl die Bücher als auch die Verfasser zu ernst. Alle schöne Literatur sei sozusagen im Zirkus zu Hause und habe eine juxhafte Seite. Wie recht er hatte, stellte sich schon ein paar Wochen später heraus, als mein Vater erneut die Rückgabe eines Buches verlangte. Diesmal war es Felix Dahns «Ein Kampf um Rom», das mir Heinz Steinki, der Sohn eines Schneiders aus der Blumenstraße, geliehen hatte. Mein Vater meinte, er trete hier leider wie ein Zensor auf, aber einen politisch so fragwürdigen Autor wie Felix Dahn wolle er ebenfalls nicht im Hause haben: «Man lebt doch mit solchen Leuten zusammen», sagte er, «sie mischen sich sozusagen in die Familie.» Er schüttelte den Kopf: «Felix Dahn wird nie dazugehören!» Jahrelang wußte ich folglich im einzelnen nicht, wie die Goten nach Cosenza gelangt waren und wie es historisch zugegangen war, als sie nächtlich am Busento ihren König samt seinem Goldschatz begraben hatten. Was mir allerdings klar wurde, war die Schwere der Verletzung, die der Untergang der Weimarer Republik ihren Anhängern zugefügt hatte.

Etwa um diese Zeit rückte auch Sally Jallowitz wieder an, den meine Mutter noch immer nicht ausstehen konnte. Ich erzählte ihm von Dr. Meyers Wohnortregel, wonach die erste Generation zugewanderter Juden im Scheunenviertel oder nahebei ansässig werde und die Enkel hundert Jahre später im Grunewald residierten. Das sei leider vorbei, habe Dr. Meyer gesagt, er selber gebe ein Beispiel dafür her, wie lebensuntüchtig selbst die Juden geworden seien. In seiner unverwüstlichen Zuversicht lachte Jallowitz nur. Seine Eltern und er hätten in einem Souterrain am Andreasplatz gehaust; er lebe schon nicht mehr in einer Kellerwohnung hinter aufgehängter Weißwäsche, sondern in einem vornehmen Mietshaus nahe dem Spittelmarkt. Zwar ziehe er noch mit zwei schweren Koffern von Kunde zu Kunde; aber eigentlich sei er darüber schon hinaus. Eine «hübsche Summe» an Erspartem sowie ein bißchen Silber habe er unter einer Dielenbohle in seiner zugegebenermaßen kleinen, aber feinen Zweizimmerwohnung versteckt: «Die Möbel allesamt edelster, modernster Barock!» Und demnächst werde er heiraten. «Aber ich schwöre Ihnen», sagte er und schob seinen Hut ins Genick, um den Schweiß von Stirn und Hals zu wischen, «meine Söhne werden ohne den Umweg über die Seydelstraße in Charlottenburg wohnen, und einer von den drei, vier Jungens, die ich dann habe, vielleicht schon im Grunewald! Ich schwör's!»

Im Frühsommer 1939 erhielt mein Vater vom Gründer und Leiter jener Sprachschule, auf der er Italienisch und Russisch lernte, das Angebot, die Direktion des Berliner Hauses zu übernehmen. Die Erinnerung an den behördlichen Verweis wegen des Nachhilfeschülers tat Dr. Hartnack mit dem Einwand ab, selbst die Nazis seien nach sechs Jahren umgänglicher geworden. Dennoch empfahl er meinem Vater, ein Gesuch an das zuständige Amt zu richten, ihm die erforderliche Erlaubnis zu erteilen, und meine Mutter ging Morgen für Morgen zum «Bittgottesdienst», um für einen glücklichen Ausgang der Angelegenheit zu beten. Nach etwa drei Wochen traf die Antwort ein: Man habe sich, hieß es in dem Schreiben, zu einer Erlaubnis nicht verstehen können, weil im «amtlicherseits bekannten Verhalten» des Antragstellers nichts den Schluß nahelege, daß seine politische Einstellung sich in den zurückliegenden Jahren gewandelt habe. Selbst seine Eingabe habe er nicht, wie seit Jahren angeordnet, mit «deutschem Gruß!» beschlossen. Sobald der Behörde Beweise dafür vorlägen, daß der Antragsteller zu einer positiven Beurteilung der nationalsozialistischen Ordnung sowie des Führers Adolf Hitler gelangt sei, werde man zu einer neuerlichen Prüfung der Angelegenheit bereit sein.

Mein Vater bemerkte, als er das Schriftstück mit einem verärgerten Lachen auf den Tisch warf: «Da können die Dreckskerle lange warten, waren alle mal Kollegen», während meine Mutter nicht verbarg, wie verzweifelt sie war. Aber erkennbar war auch, wie sehr ihr die Unnachgiebigkeit ihres Mannes imponierte. Zuweilen sah ich sie am Abend mit leerem, vom langen Tag erschöpftem Gesicht im Lehnstuhl des Salons, wenn ihr über dem Flickzeug die Augen zugefallen waren und eine Art Ohnmachtsschlaf, so schien es, sie überkommen hatte. Fühlte sie sich beobachtet, schreckte sie hoch und sagte verlegen, sie habe nicht geschlafen, sondern nur nachgedacht. Dann bat sie mich, ihr einige Augenblicke lang Gesellschaft zu leisten, doch scheiterte ich bei dem Bemühen, eine lustige Tratschgeschichte zu finden. Also erzählte ich von den jüngsten Schulaufsätzen, von der mit Wolfgang getroffenen Abmachung, wonach ich nicht mehr auf seiten von Schalke 04, sondern künftig für Rapid Wien zu sein hätte, und zuletzt von meiner Beobachtung, daß man neuerdings so viele Männer mit Schäferhunden sehe. Am Ende sagte meine Mutter: «Sechs oder sieben Jahre – und Welt und Menschen stehen kopf!» Sie werde es nie begreifen.

Um die gleiche Zeit verabschiedete sich Walther Rosenthal und mit ihm seine attraktive Frau. Sie verstünden die Deutschen nicht mehr, meinte er am Telefon, und würden das Land trotz aller Schwierigkeiten, die ihnen die Behörden bereiteten, in drei Tagen verlassen. Dabei hätten sie sich immer zu ihnen gezählt, aber das sei wohl voreilig gewesen. Dann kam Sonja Rosenthal zu «bloß einem Abschiedswort» an den Apparat. Sie wolle nur sagen, bemerkte sie, daß sie das bißchen Zutrauen, das sie noch zu den Menschen habe, vor allem einigen Berliner Freunden verdanke: «Gar nicht so wenigen», fügte sie hinzu, hängte noch ein «Auf Wiedersehen!» an, das fast wie eine Frage klang, und legte auf.

Doch im ganzen gehörte der Sommer 1939 meinem Bruder Winfried. Eines Tages kam er atemlos vor Anstrengung wie vor Glück in die Wohnung gestürmt und rief: «Geschafft! Endlich! Ich hab's raus!» Wir hatten ihn seit zwei oder drei Monaten bei Wind und Wetter beobachtet, wie er mit jungenhafter Verbissenheit am Reck die Riesenwelle übte. Wolfgang, der kein begabter Turner war und lediglich die Kniewelle zustande brachte, hatte bald aufgegeben, und mir war nach zwei Wochen nicht mehr als die wesentlich weniger schwierige kleine Riesenwelle gelungen. Nur Winfried hatte sich weiterhin gequält und schließlich nicht nur eine Umdrehung, sondern zwei Riesenwellen hingelegt. Die gesamte Familie und sogar meine beiden Schwestern, die sich für unsere Jungenwelt nie interessiert hatten, folgten ihm in den Garten. Sie hatten, weil sie noch zu einem Geburtstag gingen, breite, bunte Schleifen im Haar, an denen meine Mutter vor Beginn des Auftritts lange herumzupfte, damit alles «ordentlich» aussehe. Dann sprang Winfried von einem Stuhl ans hohe Reck, nahm einige Male Schwung und warf sich in die Welle. Als er herunter und sogar zum aufrechten Stand kam, war der alte Katlewski so beeindruckt, daß er sich erbot, Winfried im Karlshorster Turnverein, KTV 1900, anzumelden, und mein Vater erregte unseren Neid, indem er Winfried eine Mark schenkte – soviel wie für zehn Gedichte.

Am folgenden Tag sah zufällig Hans Hausdorf vorbei, der als Kaufmann für zahnärztliche Instrumente und Gerätschaften immer wieder einträgliche Geschäfte machte, und ließ sich die Riesenwelle vorführen. Er war so verblüfft, daß er fünf Mark aus der Tasche holte. Aber als er hörte, wieviel Winfried von meinem Vater erhalten hatte, gab er ihm ebenfalls nur eine Mark: «Mehr als dein Vater kann ich dir nicht geben», sagte er, und Winfried erwiderte trocken: «Können Se schon! Woll'n Se nur nicht!» Darauf entschloß sich Herr Hausdorf nach kurzem Zögern, noch siebzig Pfennige draufzulegen. «Dafür mußt du für jeden aus der Familie ein Eis spendieren!»

Um die gleiche Zeit erklärte sich der Organist unserer Kirche bereit, mir und meinen beiden Schwestern kostenlos Klavierunterricht zu erteilen. Meine Brüder hatten sich auf die bloße Frage nach dem Unterricht so abwehrend oder, was Wolfgang betraf, so belustigt geäußert, daß jeder neuerliche Anlauf unterblieb. Herr Tinz war ein temperamentvoller Mann von rheinischer Liebenswürdigkeit mit einer Mittelglatze und krausem, an den Seiten hochgekämmtem Haar. Er lehrte mich den Pianistensitz sowie die unterschiedlichen Anschlagsarten und brachte mir nicht nur Komponisten nahe, von denen ich kaum etwas kannte, wie Händel, Telemann oder Schütz. Vielmehr lehrte sein ewiger, im Gespräch reichlich strapazierender Enthusiasmus, daß zur Musik die starke Empfindung bei Ausführenden wie Zuhörern notwendig sei und «ohne Feuer» nichts von ihr bleibe als «das Herumpusten in einem Aschehaufen»: Die Leidenschaft sei wichtiger als die Technik, ließ er sich mit seiner hohen Stimme vernehmen. Als ich meine Mutter nach einer der selbstbegeisterten Unterrichtsstunden unseres Lehrers, zu deren Abschluß er häufig einen möglichst «presto» überschriebenen Satz aus einer klassischen Sonate hören ließ, einmal fragte, ob sie nach all dem schönen Künstlergedonner das

«Ah, vous dirais-je maman» oder einen der Tänze von Johannes Brahms spielen wolle, sah sie mich von ihrem Herd her fast mitleidig lächelnd an. Ungewohnt knapp sagte sie: «Das ist nicht mehr die Zeit dafür!»

Dann müsse ich mich wohl an meinen neuen Freund halten, erwiderte ich, der mir auch am Klavier um mindestens ein Jahr voraus sei: Wigbert Gans war erst unlängst zu unserer Klasse gestoßen. Er kam aus Halle, und die Umstände wollten es, daß sein Vater, wenn auch erst im Jahr zuvor, als Gymnasialdirektor ebenso «abgebaut» worden war wie mein Vater im April 1933. Sein Gesicht unter der weitgewellten Mähne drückte überlegene Konzentration aus, und Hans Hausdorf, der ihn später einmal bei uns traf, meinte über ihn, er höre mit einer Vehemenz zu, die geradezu Unbehagen bereite. Wie aus dem Nirgendwo tauchte er eines Tages in der Schule auf, und nach fünf Unterrichtsstunden wußte jeder, daß die Klasse einen neuen Primus hatte. Er war nicht nur in sämtlichen naturwissenschaftlichen Fächern uns und, wie sich herausstellte, einigen Lehrern voraus, sondern auch in den Fremdsprachen, und selbst im Turnunterricht zählte er gegen jede Primusregel zu den Besten. Da er ohne Streberehrgeiz und Großtuerei war, gehörte er vom ersten Tag an dazu. Als er mich kurz darauf erstmals in Karlshorst besuchte, stellte er sich meinen Eltern mit den verblüffend offenen Worten vor: «Ich bin Wigbert Gans und komme aus einer Familie, die auch ‹echt› oder ‹anti› ist – ganz wie Sie wollen.»

Wir hatten uns rasch angefreundet und erreicht, auf einer der Zweierbänke zusammenzusitzen. Wir tauschten die unterschiedlichsten Erfahrungen aus, zogen über die Unkenntnisse unseres Klassenlehrers Dr. Appelt her, lasen gemeinsam das «Nibelungenlied», Hölderlins «Hyperion» und Knut Hamsun. Nach Schulschluß fuhren wir dann und wann zum wenige Stationen stadteinwärts gelegenen Alexanderplatz oder zur Friedrichstraße und fanden die hochgetürmten Haare, grellen Blusen oder grünen Netzstrümpfe der paradierenden Damen aufregender als diese selbst. Einige Male bummelten wir auch durch die Gegend zwischen Hackeschem Markt und Mulackstraße und sahen befangen in die Hausflure und Kellerwohnungen dieser muffigen Döblinwelt. Vor den Eingängen hingen armselige Kleidungsstücke, Töpfe oder Weißwaren; aus dem Untergrund stieg ein säuerlicher Armeleutegeruch. Vereinzelt standen Kippenverkäufer herum, die ihre Ware auf einem ausgedienten Tablett nach Länge und Sorte säuberlich ausgelegt hatten; drei Zigarettenstummel kosteten einen Pfennig, eine halbgerauchte Zigarre drei Pfennig. Hier und da kamen wir an Gruppen vertieft redender und kopfnickender Juden vorbei, die selbst an heißen Sommertagen dunkle Mäntel und Hüte trugen. Sie wirkten merkwürdig zurückgelassen und verbreiteten ein schwer erklärliches Gefühl von Anziehung, Schauder und Traurigkeit.

Das Leibniz-Gymnasium war eine Schule ohne Ruf, nicht zu vergleichen mit so legendären Lehrstätten wie dem Fichte-Gymnasium, dem Grauen Kloster oder dem Canisius-Kolleg, deren Namen mit respektvoll hochgezogenen Brauen genannt wurden. Die etwas schlichte Pädagogik der meisten Lehrer lehrte vor allem das Lernen und verband den Kenntnisgewinn mit einem einfachen System der gerechten Bewertung.

Der Direktor der Schule, Wilhelm Weinhold, galt als grobschlächtiger Nazi, ohne es wirklich zu sein. Die stramme Haltung, um die er sich bemühte, und das energisch gegen den Hals gepreßte Kinn gaben seiner Autorität etwas Antrainiertes. Die wässerigen Augen, denen er bei Zurechtweisungen gern einen stechenden Ausdruck verlieh, verrieten auch, wieviel Mühe es ihn kostete, als der «Feldwebel Wilhelm» aufzutreten, wie er von den Schülern genannt wurde. Doch war es wirklich ein Zufall, daß er ausgerechnet den schüchternen Herrn Pfaff, dessen schwäbischer Dialekt bereits alle pathetischen Deklamationen ins Lächerliche zog, mit der Vermittlung weltanschaulicher Themen betraute? In seinen Stunden ließen wir, während er mit ratloser Miene den «Mythus des XX. Jahrhunderts» absatzweise deutete, mit Wasser gefüllte und über

der Klassentür aufgehängte Tüten platzen, bis er unter dem Ge-
johle der Klasse in ein ganz und gar unverständliches Schwäbisch
verfiel. Hilfesuchend pflegte er sich dann, die Hände an den Schlä-
fen, zu Direktor Weinhold aufzumachen, der freilich nichts anderes unternahm, als festen Schrittes und mit zum Hals gepreßten
Kinn die Klasse zu betreten, einige Male «Auf!» und «Setzen!» zu
kommandieren und den Vorfall mit einem Verweis auf den Krieg
und den guten Namen der Anstalt zu beenden. Bei der jährlichen
Weihnachtsfeier in der Aula der Schule ließ er als ehemaliger Theo-
logieschüler nach dem offiziellen Teil mit Nazichorälen und politischen Gedichten die Hakenkreuzfahne aus dem Saal schaffen,
ehe er, zwischen Evangeliums-Lesung und «O du fröhliche», eine
geistliche Ansprache hielt.

Daneben gab es den Geschichtslehrer Dr. Schmidt, einen schweren Glatzkopf, der Tweedanzüge mit Wickelgamaschen trug und
mit Vorliebe Episoden aus seinem Leben erzählte, ferner den fast
zart wirkenden Dr. Hertel, der für den Unterricht in Deutsch und
Latein zuständig war, sowie den Erdkundelehrer Dr. Püschel, einen bärbeißigen Mann, der bei kritischen Fragen gern die Augen
blitzen ließ und mit der geschlossenen Faust den Knebelbart strich.
Wenn die Klasse seine politischen Zweideutigkeiten mit der Auf-
fassungsgabe fixer Großstadtjungen allzugut verstand, korrigierte
er sich polternd, nicht ohne seine Richtigstellung mit neuem Hin-
tersinn zu verknüpfen: ein aufrechter Grobian, der sich in späten
Tagen, gegen seinen Charakter und sein Temperament, als politischer Seiltänzer versuchte.

Und schließlich erschien eines Tages, als wir schon die Quinta
besuchten, Fräulein Schneider, die sich als neue Turnlehrerin vorstellte und ungewöhnlicherweise auf den Namen «Fräulein Doris»
hörte. Sie sah reizvoll aus und hatte eine Figur, an der, wie Gerd
Donner sachverständig urteilte, «alles in den richtigen Kurven an
den richtigen Stellen» saß. Zur Verblüffung der Schüler kam sie
in Hosen zum Unterricht, was die Klasse mit einer Art Begeiste-

rung, das Kollegium hingegen, dem Vernehmen nach, mit unverhohlenem Befremden zur Kenntnis nahm. Fräulein Doris hatte ihr Vergnügen daran, sich neue Übungen an Reitpferd, Reck oder Kletterwand auszudenken, am Bock natürlich auch, alles mit weiten Absprüngen, bei denen sie den Springenden, sozusagen in Hilfestellung, mit einer festen Umarmung auffing. Einige erkannten bald, daß die vollbusige Schöne nicht nur der Körperertüchtigung diente, sondern weit darüber hinausreichende Möglichkeiten bot. Schibischewski war der erste, der die Chance erfaßte. Von einem Längspferdsprung kam er mit der Bemerkung zurück: «Volltreffer!», während Jendralski sich deftiger vernehmen ließ und Gerd Donner nur zwei Finger der rechten Hand hob, was immer er damit meinte. Schon in der folgenden Woche begab er sich mit einer «Delegation» von drei Mitschülern zu Dr. Weinhold und bat darum, die, wie er von «berufener Seite» höre, auch «politisch erwünschte Ertüchtigung» durch zwei zusätzliche Turnstunden voranzubringen. Nach langwierigen Verhandlungen wurde dem «vorbildlichen Wunsch» der Klasse mit einer zusätzlichen Turnstunde entsprochen.

In Gerd Donner hatte die Quarta des Leibniz-Gymnasiums einen geborenen Anführer. Auf der Volksschule hatte er eine Klasse wiederholen müssen und war deshalb nicht nur älter, sondern auch erfahrener als wir. Außerdem besaß er einen auf den Hinterhöfen des Arbeiterviertels SO 36 entwickelten darwinistischen Überlebensinstinkt. Stets etwas stutzerhaft gekleidet, spielte er unablässig mit dem Taschenkamm, den er in jeder Pause hervorzog und mit zurückgelegtem Kopf durch das lange, im «Fassonschnitt» scheitellos gewellte Haar zog. Der proletarische Beau, der er war, ließ sich gern als Kenner geheimnisumwitterter Nachtbars und aufregender Frauengeschichten bestaunen. Seine Devise lautete, man müsse stets durch die Hintertüren gehen, so gelange man am besten zum Ziel. Auf dem Weg zum Bahnhof nahm er mich gelegentlich zu dem ihm aus Volksschulzeiten befreundeten Klassenkameraden

Harry Wolfhart mit, dessen Vater eine Sammlung von mehreren tausend Zinnsoldaten besaß. Klein, dicklich und das Haar zu einer «Bürste» geschnitten, offenbarte der rund fünfzig Jahre alte Mann soviel natürliche Melancholie wie Wehmut über vergangene, endlose Trinkerabende. Bereitwillig führte er uns an den Schränken eines geräumigen Doppelzimmers vorbei und erläuterte uns, was es mit den originalgetreuen Fahnen, den Uniformen und Geschützen auf sich habe.

Dann ließ er uns allein. Harry erklärte, seit Tagen sei er dabei, mit annähernd zweitausend historisch nahezu getreu uniformierten Soldaten die Schlacht von Jena und Auerstedt nachzustellen. Ein aufgeschlagenes Schlachtenbuch zur Seite, wies er auf die genialen Winkelzüge Napoleons hin, ließ Einheiten vorrücken, ausweichen oder in Auflösung übergehen. Auf dem Weg hatte Gerd Donner mich gewarnt: Wenn die Schlacht im Gange sei, überfalle Harry manchmal der Jähzorn, und er wolle Verhängnis spielen. Dann hole er aus einem der Kästen am Fuß der Vitrinen eine alte Lampenkette und beginne, blind auf Reih und Glied einzuschlagen, bis die ganze schöne Schlachtenordnung zum Teufel sei.

Genau so geschah es auch bei unserem Besuch, und Gerd meinte später, das Dreinschlagen sei heute im Grunde zu früh gekommen, doch habe Harry uns imponieren wollen. Auf meine Frage nach dem Grund seiner Verrücktheit erwiderte Gerd, Harry sei nicht verrückt, er spiele bloß das Leben nach. Sein Vater sei ein erfolgreicher Kaufmann gewesen, der eines Tages durch eine Pechsträhne alles verloren habe und aus Dahlem in diese finstere Ecke Berlins verschlagen worden sei. Tatsächlich hatte Harry, während er keuchend und mit hochrotem Kopf auf das Schlachtengelände eindrosch, ganz außer sich geschrien: «Ich bin das Schicksal! Keiner entkommt mir! Ich bin allmächtig!»

Gerd wußte, daß jedem der Ausbrüche seines Freundes achtzig bis hundert Zinnsoldaten zum Opfer fielen. Einige konnten zwar gelötet, geklebt, bemalt und folglich halbwegs wiederhergestellt werden. Aber fast die Hälfte der «Schwerbeschädigten» blieb verloren. Und von den rund zwanzig Häuschen, die bei Auerstedt übers Gelände verteilt waren, alle. Der Vater, fügte Gerd noch hinzu, stehe oft in Tränen dabei, wenn seine Armeen zu Bruch gingen. Aber er lasse es geschehen.

5. KAPITEL

Abschiede

Den Sommer 1939 habe ich in der glücklichsten Erinnerung. Ein strahlender Tag folgte dem vorangegangenen, und es war die längste Zeit so beseligend heiß, daß der Kutscher vom Bolle-Wagen das Eis allenfalls in kleinen Splittern herausrückte. Manchmal kam der Sprengwagen die Straße herauf, immer umlagert von einer Kohorte ausgelassener Kinder, und unvergeßlich ist mir der Geruch geblieben, den das Spritzwasser auf dem hochdampfenden Asphalt machte. Über lange Strecken hin warteten wir einen unbewachten Augenblick ab, um uns unter den gebogenen Strahl zu stellen, bis uns auch hier, wie schon beim Milchwagen, das Kutschpersonal verjagte. Da der schwere Völkerball in der Hitze mühsam zu werfen war, spielten wir meist Treibeball, bei dem es darum ging, die gegnerische Mannschaft mit einer kleinen Lederkugel möglichst weit die Straße hinauf- oder hinunterzuscheuchen.

Trotz aller Sonnenglut kamen wir bisweilen auch auf den Fußball zurück. Ich weiß noch, daß unsere Hentigstraße 1937, als die legendäre Breslauer Elf 8:0 gegen Dänemark gewann (ich kann bis heute die Spielernamen herunterrasseln, die mit Jacob, Janes, Münzenberg begannen und dann mit Kupfer, Goldbrunner und Kitzinger weitergingen), gegen die Marksburgstraße 8:0 verlor – eine Schmach, die über die Jahre hin nach Revanche verlangte, was uns einige Male gelang. Die Obststräucher waren in diesem letzten Friedenssommer schwer von Früchten, und wir hatten den ganzen Tag damit zu tun, Wasser für den Garten und das Hühnervolk heranzuschleppen. Zum Ferienende fuhren wir wie immer auf die Walken, doch kaum waren wir, nach durchtriebenen Onkelraufereien und Badestunden am Packlitzsee, wieder in Berlin, düsterte der Himmel ein.

Es gebe Krieg, brachte mein Vater aus seiner Runde mit, und er stehe unmittelbar bevor. Kaum jemand indessen, dem er die Nachricht weitergab, mochte daran glauben. «Sie mit Ihrer Schwarzmalerei!» wurde ihm selbst von Freunden entgegengehalten. Als der Konflikt dann ausbrach, erlitt er wieder eine Enttäuschung. Mit seinen Gesprächsfreunden war er sich einig gewesen, daß Hitler der Typus des «tollkühnen Jammerlappens» sei; solche Leute gingen oft bis zum Äußersten, doch reiße beim ersten entschlossenen Widerstand plötzlich die Saite, und mit dem Rest an Mutwillen, der ihnen verbleibe, jagten sie sich dann eine Kugel in den Kopf. In diesem Sinne, waren sich alle in seiner Runde einig, sei Hitler der geborene Selbstmörder. Aber nun waren die Engländer wie die Franzosen unnachgiebig geblieben, und Hitler hatte sich dennoch nicht umgebracht. «Er setzt nun mal», sagte mein Vater beim zweiten Abendtisch, «alle Richtigkeiten außer Kraft.»

Am Sonntag, dem 3. September 1939, als das auf zwei Stunden befristete britische Ultimatum abzulaufen begann, gingen wir nach dem Kirchenbesuch zum Frühstück bei den Großeltern. Meine Mutter war überaus bekümmert, und ein paar Tage zuvor hatte ich sie zu meinem Vater sagen hören: «Sie werden uns auch noch die Kinder nehmen!» Sie hätten schon seit Jahren alles drangesetzt, hatte er erwidert, aber wenig erreicht, und jetzt versuchte mein Großvater sie mit dem Hinweis zu beruhigen, daß Wolfgang und ich einfach zu jung für diesen Krieg seien, die Technik werde keine erstarrten Fronten zulassen und die Kämpfe auf höchstens ein oder zwei Jahre beschränken. Als wir uns am frühen Nachmittag durch die Stechlinstraße zum Seepark und an den hohen Rhododendronbüschen und Magnolien vorbei auf den Rückweg machten, wurde mein Vater von auffallend vielen Spaziergängern wieder gegrüßt, und einige der «Auf-die-andere-Straßenseite-Geher» wechselten sogar ein paar Worte mit ihm. Die Mehrheit war zweifellos noch immer «führertreu». Aber einige schien erstmals eine Ahnung zu überkommen, daß sich das Land in ein ungewisses Abenteuer begeben hatte.

Wir merkten den Krieg vor allem daran, daß die Laternen wie auf einen Schlag erloschen. Bei Einbruch der Dämmerung wurden hinter den Fenstern der Wohnhäuser schwarze Rollpappen heruntergezogen, und wo immer es vergessen blieb, ertönte von unten her ein vielstimmiges «Licht aus!». Auf den Straßen begegnete man mehr und mehr Vorübergehenden, die ein phosphoresziertes Leuchtzeichen am Mantel trugen oder sich mit einer blassen Taschenlampe ihren Weg suchten. Statt des Sprengwagens kamen nun Fuhrwerke die Straße entlang, von deren Bock gerufen wurde: «Brennholz für Kartoffelschalen! Los, Leute! Wer hat noch Kartoffelschalen, roh oder jekocht? Von mir jibt's feinstet Brennholz für'n Ofen! Na, Leute!» Dazu klingelte er mit seiner Glocke.

Darüber hinaus machte sich der Krieg allenfalls durch die Beschleunigung des Lebens bemerkbar. Die Passanten, unter denen plötzlich Soldaten oder Krankenschwestern auftauchten, schienen hastiger durch die Straßen zu laufen, die Zugschaffner ihre Kommandos ungeduldiger zu rufen, aus den Radios tönten lauter denn je die Erfolgsmeldungen, unterbrochen vom sogenannten Engelland-Lied im Wechsel mit den Erikas und natürlich den stolzesten Frauen, denen Heinz Rühmann mit seinem nöligen Charme das Herz gebrochen hatte. Die übermannshohe, geflügelte Fliegerbombe, die vor Jahren am Rondeel aufgestellt worden war, stand eines Tages im Blumenschmuck der englischen Farben, und viele rätselten, ob das Gebinde den mutigen deutschen Fliegern oder ihren Opfern zugedacht sei. Dann wieder aus den offenen Fenstern das Volksempfängergebrüll von Reden, Kundgebungen, Heilrufen. Von einer Freundin der Eltern wurde erzählt, sie habe ihre beiden

Dienstmädchen zur Übertragung einer Hitlerrede mit den Worten ins Radiozimmer gesperrt, da sie den Mann gewählt hätten, sollten sie sich auch Satz für Satz anhören, was er zu sagen habe. Mein Vater bemerkte eines Abends, er könne das ewige «Pathosgeheule» nicht mehr hören, pathetisch dürfe man derzeit bloß noch werden, wenn man sich bei Aschinger eine Erbsensuppe bestelle. Ich fand die Äußerung sehr witzig. Aber Wolfgang meinte unbeeindruckt, der Witz sei selber pathetisch gewesen.

Zu Weihnachten 1939 fand ich auf meinem Gabentisch neben einem Pullover, drei Paar Strümpfen und einem Hemd ein Buch über die «Seemacht England», das von einem angesehenen britischen Historiker stammte. Erklärend sagte mein Vater, das sei sozusagen der Ersatz für die «Buddenbrooks», denn Bücher über solche Themen seien nützlicher als alles «Ausgedachte» und ließen den Leser in diesem Fall auch wissen, auf welchen Gegner sich Hitler eingelassen habe. Den Tränen nahe, beharrte ich, als er mich zu trösten versuchte, das Buch verleide mir das ganze Weihnachtsfest. Zunächst dachte mein Vater, er könne mich mit begütigenden Worten umstimmen. Als ich aber zusehends gereizter wurde und fragte, warum es nicht wenigstens ein Buch über die Renaissance hätte sein können, warf er mir Undankbarkeit vor und daß ich allen die Weihnachtsfreude verdürbe. Aufgebracht und nicht ohne kindliche Verwegenheit gab ich zur Antwort, so dürfe er mit mir nicht reden. Wir stünden schließlich gemeinsam «gegen die Welt». Einen Augenblick lang sah mein Vater mich prüfend an, und ich fürchtete einen Zornausbruch. Doch dann zog er mich einfach an sich. Die wortlose Geste drückte soviel Anerkennung wie Selbstkritik aus. Der Vorfall wurde nie mehr erwähnt.

In unserem Bündnis «gegen die Welt» erhielten wir bald Unterstützung. Einige Zeit schon hatten wir auf den Wegen des benachbarten Kirchengrundstücks den neuen Pfarrer Johannes Wittenbrink beim Breviergebet beobachtet. Bald wechselte mein Vater ein paar Worte mit ihm, man stellte gemeinsame Auffassungen fest, und aus dem nahezu täglichen Für und Wider entwickelte sich binnen kurzem eine Freundschaft. Außerhalb der Gottesdienste, die der Pfarrer mit großem liturgischem, am benediktinischen Vorbild orientiertem Ernst verrichtete, erwies er sich als ein gebildeter, zu jeder Art von Gelächter aufgelegter Mann. Hochgewachsen und von natürlicher Würde, hatte er ein Gesicht, das von zahlreichen Lachfalten durchzogen war.

Wittenbrink kam aus Waldenburg mitten im schlesischen Kohlenrevier und war tief in der österreichischen Welt verhaftet. Sein weitgespanntes Interesse an Habsburger Geschichte, an bildender Kunst und Musik sah er als Erbteil seiner Mutter, die aus schlesischem, bis ins 12. Jahrhundert zurückreichendem Uradel stammte und eine geborene Fürstin von Pless war. Seinem Vater wiederum, einem Tierarzt, verdankte er seine komödiantische Begabung. Wann immer sich die Gelegenheit bot, spielte er uns komische Situationen vor. Bis heute erinnere ich mich an die Nachäffung eines Redners am Londoner Hyde Park, der einen Sprachfehler hatte, so daß jedes «s» oder «th» als «sch» herauskam. Oder er imitierte eine Dame im Café de Paris, die sich von einem lästigen Haar in der Nase befreien wollte und zunächst hinter der Getränkekarte Deckung suchte, dann ein Seidentuch und zuletzt die großblütige Blume an ihrem Revers zu Hilfe nahm. Aber noch bevor sie damit zu Ende kam, brachen einige der umsitzenden Gäste in zunächst schluckend unterdrücktes, schließlich jedoch schallendes Lachen aus, was dem Erzähler Gelegenheit bot, das bis zu den hintersten Reihen hochbrandende Gelächter der unterschiedlichsten Stimmlagen nachzuahmen.

Eine gegenseitige Zuwendung ergab sich zunächst aus der Bindung ans Katholische sowie ans Religiöse überhaupt, das sich nach der Auffassung meiner Eltern von selbst verstand. Beide waren, ihrem Wesen wie ihrer Erziehung nach, gläubige Menschen. Die Familie ging jeden Sonntag zur Kirche, und natürlich verrichtete ich, wie Wolfgang und Winfried, Ministrantendienste. Auch hat-

ten wir beim Bau des neuen Gotteshauses 1936 Steine oder Bauma-
terial herangeschafft und uns mit anderen Kindern auf vielfache
Weise nützlich zu machen versucht. Bei alledem war mein Vater
nicht blind gegenüber den verhängnisvollen Fehlentscheidungen
des politischen Katholizismus; doch hielt er sie geraume Zeit für
einen Ausdruck kirchlicher Weltfremdheit. Nie jedenfalls ließ er
von der Überzeugung ab, daß ein Mensch ohne Glaubensbindung
«unvollständig» sei. Nicht die Vernunft und auch nicht der auf-
rechte Gang trennten ihn vom Affen; den Unterschied zwischen
dem einen und dem anderen mache das Bedürfnis nach einem Jenseits.

Zur Freundschaft wurde die anfangs lockere Gesprächsbin-
dung zu Wittenbrink, als beide begannen, unter den Kastanien
am Gartenzaun, unmittelbar neben dem großen Tisch, politische
Ansichten auszutauschen. Als sich herausstellte, daß sie über Hitler als «Fratze des Gegengottes» einer Meinung waren, weiteten
sich das Vertrauen und die Gegenstände. Einmal trat ich bei der
Frage hinzu, ob der Widerstand gegen eine Diktatur theologisch
zu rechtfertigen sei oder ob der Tyrannenmord unter die Sünden
zähle, und hörte erstmals Namen wie Althusius und Begriffe wie
den von den zwei Reichen. Ein andermal erörterten sie die wieder
und wieder aufgeworfene Frage, wie der Schöpfer das Böse in der
Welt zulassen konnte oder ob dem Beichtenden die Absolution
erteilt werden könne, wenn er seine Haßphantasien gegen einen
Nachbarn oder ein politisches Regime zwar bekenne, aber noch
im Beichtstuhl weiterhasse und gar nicht daran denke, die zur Los-
sprechung erforderliche Reue aufzubringen. Von meinem Platz am
Gartentisch aus, an dem ich im Sommer meine Schulaufgaben er-
ledigte, verfolgte ich die bisweilen heftigen Streitgespräche, gerade
in der Absolutionsfrage blieb Wittenbrink unnachgiebig. «Keine
Absolution für den Weiterhassenden!» beharrte er, theologisch
bestehe da nicht der geringste Zweifel. Mein Vater habe zwar mit
seinen Einwänden gegen die strenge Auffassung in gewisser Weise

recht, doch könne die Kirche ihm dieses Recht nicht geben. Mein Vater schwieg eine Weile, suchte nach weiteren Rechtfertigungen und murmelte im Abgehen kopfschüttelnd, Gott werde ein Einsehen haben; jedenfalls traue er ihm mehr als den Theologen.

Daneben kamen auch außertheologische Fragen zur Sprache wie zum Beispiel, ob der Protestantismus nach den Erfahrungen der zurückliegenden Jahre und angesichts der Pastorenreden etwa über die Kirche als SA-Mannschaft Gottes mehr als eine Vergangenheit habe. Immerhin, wandte mein Vater ein, habe ihm die deutsche Sprache durch Martin Luther, die Musik durch Johann Sebastian Bach und die Kultur insgesamt durch das protestantische Pfarrhaus von Lichtenberg bis Nietzsche unendlich viel zu danken. Das sei noch nicht so tot, um bedenkenlos abgeschrieben zu werden. Und die Bekennende Kirche dürfe man auch nicht vergessen.

Mit verschränkten Armen auf die Zaunkrone gestützt, wurden sich beide im weiteren Verlauf des Gesprächs einig, daß auch die katholische Kirche die Bewährungsprobe der Hitlerjahre anfangs nicht vorwurfsfrei bestanden habe. Das ein oder andere Mal verlor sich das Gespräch im Spekulativen wie etwa hinsichtlich der Frage, ob im Jenseits Musik zu hören sei. Die «urheidnischen» Kompositionen Richard Wagners, warf Wittenbrink fast erschrocken ein, bestimmt nicht, aber Mozart, Haydn und Schubert, vor allem Schubert, immer wieder. Solche Überlegungen fand mein Vater gänzlich verfehlt. Was sei denn dann, wandte er ein, mit dem selbstmordverliebten Heinrich von Kleist, mit dem Goethe der «Wahlverwandtschaften» oder mit dem Marquis de Sade und seiner Sündenbesessenheit? Eine Chance auf das Himmelreich gestehe er allen Musikern, Dichtern und bildenden Künstlern zu, weil die Narrheiten, die sie sich einfallen ließen, im Jenseits keine Bedeutung mehr besäßen. Er persönlich hoffe, dort drüben neben Schubert auch Paul Lincke oder Emmerich Kálmán zu hören, und sogar Claire Waldoff bekäme, wenn er bestimmen dürfte, ihren Auftritt.

Es waren, bei allen Schatten, die über den Gesprächen lagen, ungemein vielseitige, oftmals ins Verspielte ausufernde Unterredungen, und mein Vater hat sich noch Jahre später mit Hingebung daran erinnert. Es sei eine Möglichkeit gewesen, versicherte er, sich einen Ausgleich für die Kette umfassender Zumutungen zu beschaffen, mit denen ihn das Hitlerreich bedrängte. Sah er den Pfarrer vom Fenster seines Arbeitszimmers den Gartenweg auf dem Nebengrundstück heraufkommen, eilte er häufig gleich nach unten zu seiner «Akademie», wie er zuweilen sagte, und auch Wittenbrink nahm nur allzugern, so schien es, die Gelegenheit zur Unterbrechung seines Breviergebets wahr. Für mich, an meinem Gartentisch, war es eine Art Hochschule oder jedenfalls der Vorraum dazu. Erstmals erlebte ich die Fülle der Gegenstände, die Ungereimtheiten der Welt und ferner, über wie viele Fragen man gegensätzlicher Auffassung sein konnte. Des weiteren erkannte ich, welches Vergnügen im Widerspruch lag sowie in der Bemühung, Begründungen für die eigene Ansicht zu entwickeln und sie möglichst überzeugend vorzutragen. Die wichtigste Lehre, die ich den Gesprächen entnahm, lautete jedoch, daß es Regeln für den freundschaftlich geführten Streit gab. Mitunter dachte ich, daß die unvergeßliche Wirkung dieser «Gartenzaungespräche» auch daher kam, daß kein Satz belehrend an mich gerichtet war. Zwar warf mal der ein oder andere bei politischen oder erotischen Gegenständen einen besorgten Blick zu mir herüber. Aber niemals wurde ich aufgefordert, wegzuhören oder mich um die Johannisbeersträucher im abgelegenen Teil des Gartens zu kümmern.

An einem dieser Tage, im Frühjahr 1940, als ich gerade von meinem Platz am Gartentisch in die Wohnung zurückkehrte, schrillte das Telefon. Am anderen Ende war ein Anrufer zu vernehmen, der offenbar aus einer öffentlichen Telefonzelle sprach und etwas atemlos und mit hörbar verstellter Stimme sagte: «Sie kriegen Besuch!» Der Anrufer gab keinen Namen an, gebrauchte keine Anrede und verabschiedete sich nicht. Er hängte einfach auf. Vom

Fenster aus rief ich meinen Vater nach oben. «In zehn Minuten!» antwortete er, doch muß ich ziemlich bestimmt erwidert haben: «Nein, sofort! Wichtig!» Mit einem erstaunten Blick warf er den Spaten zur Seite, mit dem er gerade ein Gemüsebeet anlegte, und kam nach oben. Auf die Frage, was es denn Wichtiges gebe, erzählte ich ihm das Vorgefallene und wollte noch hinzufügen, was das wohl zu bedeuten habe, als er schon im Wohnzimmer am Radio war und den Suchanzeiger von Beromünster auf den Deutschlandfunk stellte, sodann in großer Hast ins Arbeitszimmer ging, um den ersten Band von Winston Churchills «Marlborough», den er sich irgendwo beschafft hatte, ins Regal zurückzustellen, und anschließend Zimmer für Zimmer ablief und auf «Verdächtiges» hin überprüfte.

Noch während mein Vater durch die Räume eilte, läutete es an der Eingangstür. Zwei Männer, die trotz ihrer zivilen Kleidung knapp gegürtet wirkten, betraten ohne Vorrede und unter energischem Hitlergruß die Wohnung. Zusammen mit meinem Vater begaben sie sich ins Herrenzimmer, und ich hörte vom gegenüberliegenden Wohnzimmer her ruhige Stimmen, die sich nur selten zu einem heftigeren Wortwechsel steigerten. Nach etwa einer halben Stunde machten sich die Besucher, ohne das Radio zu kontrollieren, davon. Meine Mutter, die seit der Ankunft der Gestapo-Leute auf dem Schlafzimmerbett gesessen und mit den Händen die Augen bedeckt gehalten hatte, stürzte zu meinem Vater. Doch der blieb ziemlich vage, es liege nichts Besonderes vor, sie müsse sich keine Sorgen machen. Vielleicht war es so, vielleicht sagte er es nur zur Beruhigung. Immerhin warnten solche Anrufe die Familie in den folgenden Jahren noch an die fünfzehn Mal. Nicht immer stellte der angekündigte Besuch sich ein. Wer der geheimnisvolle Informant war, kam erst nach dem Krieg durch Zufall ans Licht.

Um die gleiche Zeit gab es den ersten Fliegeralarm. Kaum war das Sirenengeheul vorüber, stieg mein Vater mit meinen Brüdern und mir auf das Dach des Hauses, um den Angriff zu verfolgen.

Nach einer ereignislosen Stunde, in der wir den Himmel nach den uns bekannten Sternzeichen abgesucht hatten, vernahmen wir das anfangs ferne, bald aber näher kommende Motorengebrumm, ohne in den Bahnen der wie ziellos herumsuchenden Scheinwerfer etwas wahrnehmen zu können. Erst als die über den Himmel tastenden Lichtfinger hier und da zusammenfanden, sahen wir im Kreuzungspunkt einzelne silbrige Flugzeuge und kurz darauf feurige Blitze. Doch der Angriff lag weitab, über Britz, Kreuzberg und wohl bis hin nach Rudow. Als schon Entwarnung gegeben war und wir noch auf den Laufbrettern des Daches saßen, zogen unzählige kleine schwarze Kleckse über uns hinweg, und Wolfgang meinte, das seien die sogenannten Schrapnellwolken, die sich bei jedem Schuß bildeten. Am folgenden Morgen begann der Unterricht erst um 10 Uhr. Und so alle paar Tage.

In der Schule wurden die Angriffe zum beherrschenden Thema. Einige wußten von Häusern ganz in der Nähe zu erzählen, die getroffen worden waren, und jeder begann, Granatsplitter zu sammeln. Wenn der Sirenenlärm einmal mehrere Tage lang ausblieb, zeigte Gerd Donner sich zunehmend verärgert; auf die «ollen Tommys» sei auch kein Verlaß mehr, maulte er, er liebe die Luftalarme und gehe in den Keller wie ins Kino. Nicht nur weil die Schule für jede angefangene Alarmstunde nach 22 Uhr eine Stunde später beginne. Vielmehr habe er in seinem Keller hinter einem Stapel Persilkartons eine «Schmuseecke» eingerichtet, wo keiner hinkäme, und da seit zwei Wochen mit der «schönen Inge von fünf Häuser weiter so 'n bißchen rumjemacht». Die schöne Inge sei zwar man gerade an die dreizehneinhalb Jahre, «aber mit allem dran», betonte er mit nachformender Geste. Vor einigen Tagen sei er schon bis zum dritten Blusenknopf gekommen, ausgerechnet da habe es Entwarnung gegeben. «Aber wie ick jestern in meine Ecke komme, is die schöne Inge bereits dajewesen und hat jewartet, und dit mit ne offene Bluse bis zum dritten Knopp, und mich sozusagen einjeladen: ‹Du›, hatse jesagt, ‹kannst gleich weitermachen.›

Und wat soll ick sagen? Ick hab weiterjemacht. Ehrenwort!» Ein anderer aus der Klasse wollte sich damit wichtig tun, daß sein Vater, wenn er sich in sein Schlafzimmer zurückziehe, immer die Tür abschließe, und fragte mit kundiger Ahnungslosigkeit: «Na, da sag ick doch, warum nu det?» Gerd Donner fiel ihm ins Wort: «Hör ma uff, uns zu langweilen. Ick hab ja nicht von meinem Ollen jesprochen, sondern vonne schöne Inge und mir.»

Im Winter brachte mein Vater von seinem Monatstreffen die Nachricht mit, daß die Freundesrunde den Hilfesuchenden künftig nicht mehr falsche Papiere oder Geld beschaffen könne. Sie hätten die wenigen Zettel mit Decknamen, Adressen und den Code vernichtet. Nur in äußerster Gefahr könne man noch Hilfe leisten. Denn die Kontrollen würden sichtlich schärfer, die Strafen härter, und fast jeder habe aus jüngster Zeit Fälle gnadenloser Verfolgung beisteuern können. Das Abhören von «Feindsendern» werde jetzt mit Zuchthaus bestraft, demnächst sicherlich mit dem Tod, desgleichen die bloße Verbreitung politischer Witze. Seinen Bericht mit einer strengen Mahnung an uns schließend, setzte er hinzu, in der langen Debatte sei jedem anzumerken gewesen, wie verzweifelt er war. In Zeiten wie diesen sei das einzige, was einem bleibe, ein paar Freunde in der Nähe zu wissen. Später berichtete er weiter, daß führende Juristen, um das Recht «biegsamer» und für die «völkischen Bedürfnisse» passender zu gestalten, an einem neuen Straftatbestand der «Lebensführungsschuld» arbeiteten, der schon die bloße Absonderung von der Volksgemeinschaft strafrechtlich erfaßbar mache.

Es war etwa die Zeit, als ich mit Wolfgang das zweite 25-Pfennig-Geschäft abschloß. Er bot mir zehn Nacktfotos französischer Herkunft an, die er bei einem Straßenhändler nahe dem Admiralspalast erstanden hatte. Meiner Erinnerung nach zeigten die Abbildungen meist dickliche Damen in halbhohen Schnürstiefeln, die sich, einen Fuß auf einen Hocker gestellt, dem Betrachter mit lüsternem Lächeln und manchmal verlangend ins Bild gereckten

Die Quarta des Berliner Leibniz-Gymnasiums
mit dem Klassenlehrer Dr. Appelt. Gerd Donner (1), Wigbert
Gans (2), Clemens Körner (3), der Autor (4)

Armen entgegenbogen. Für jede Wochenausleihe verlangte Wolfgang 25 Pfennig, so daß ich wieder Gedichte lernen mußte, um
den Betrag zusammenzubekommen. Ich fand die nackten Frauen
keineswegs «verrucht», sondern ziemlich «bekloppt». Angeblich
jedoch gehörten sie zum Erwachsensein, meinten Wolfgang und
von Rudi Hardegen bis Helmut Sternekieker alle Freunde ringsum. Bevor wir jedoch handelseinig wurden, fragte ich ihn, ob wir
mit unserem Geschäft nicht eine «Lebensführungsschuld» auf uns
nähmen. Er erwiderte, wir seien nun mal Gegner der Hitlerleute
und sollten uns durch deren Gesetze nicht einschüchtern lassen.

Seit Pfarrer Wittenbrink gehört hatte, daß ich mit Tante Dolly
Mozarts «Hochzeit des Figaro» besuchen würde, rief er mich an
den Nachmittagen, wenn ich zu den Schulaufgaben an den Gartentisch kam, zunehmend häufiger an den Zaun. Aus manchen
Gesprächen wußte ich, daß er die Kunst liebte, insbesondere die
Musik. Er fragte mich, was ich über Mozart wisse, welche Opern
ich bereits gehört hätte, ob mir der Begriff des «Wunderkindes»
geläufig sei, und erzählte dann die bekannten Episoden über das
frühe Geigenspiel und die Reisen mit Vater und Schwester durch
halb Europa. Er konnte sich nicht genug darüber verwundern, daß
Mozart als Kind bereits eine Sinfonie sowie mit etwas über zehn
Jahren eine Oper komponiert hatte und nicht nur die technische
Fertigkeit dafür besaß, sondern alles über das Leben zu wissen
schien und, wie er manchmal denke, einiges sogar schon über den
Tod.

Auf den «Figaro» kam Wittenbrink ausführlicher zurück. Er
sagte, Mozart richte in dem Stück auf jene unvergleichliche Weise,
die nur er beherrsche, ein fröhliches Verliebtheitsdurcheinander
an – doch am Ende breche der tödliche Ernst ein. Immer betrete bei ihm, wenigstens in den «italienischen» Opern wie im «Don
Giovanni», dessen Handlung er mir andeutungsweise erzählte, ein
Steinerner Gast die Szene und verkünde den erschrockenen Ak-
teuren: «Das Spiel ist aus!» Im «Figaro», fuhr er fort, sei dieser

Augenblick gekommen, wenn die Gräfin den Schleier vom Gesicht nehme und der Graf reumütig auf die Knie sinke: Es sei die ergreifendste Szene der ganzen Operngeschichte. Ich solle, riet er, vor der Aufführung unbedingt das Textbuch lesen, sonst bleibe mir der ganze, nur scheinbar lustige Trubel unbegreiflich. Und nie dürfe ich vergessen, daß die Melodien der Mozart-Opern, die aufgrund ihrer Verbindung von Grazie und Gassenhauertum auf allen Straßen nachgepfiffen worden seien, zwar versöhnlich ausgingen. Aber jeder kundige Zuhörer wisse, daß das Glück, während es noch besungen wird, insgeheim schon das Unglück ankündige.

Am folgenden Tag lud mich Wittenbrink in seine Wohnung ein. Ich erinnere mich, daß an den Wänden des sogenannten Großen Zimmers zwei Ruisdaels mit dem charakteristischen Erkennungszeichen hingen, dem schräg durch den Bildgrund laufenden Baumstamm, ferner ein Jacques d'Arthois sowie ein oder zwei Gemälde der ungezählten Maler des zweiten italienischen und ersten europäischen Glieds, wie er erläuternd hinzufügte. Dann wechselten wir zur Schallplattensammlung hinüber, die mehrere Schränke und Konsolen füllte. Er spielte mir nach längeren Erklärungen den Schluß des «Figaro» vor, und weil er, wenn die Rede auf Mozart kam, kein Ende finden konnte, den von «Così fan tutte» noch dazu. Vom vermeintlich heiteren Finale sagte er, es sei das schwärzeste Ende aller Opern, nur Mozart besitze das Genie, das C-Dur dieser Takte wie lauter Hilfeschreie klingen zu lassen. Ob ich das hörte, fragte er. Ich verneinte, sagte aber, dafür müsse man wahrscheinlich ein Leben lang Mozart und vieles andere gehört haben; statt dessen begegnete ich immer nur Herrn Tinz und seinem von allen Ecken herbeigedonnerten forte prestissimo.

Mitten hinein in die Tage unter dem dichten Blätterdach, als wir in der Schule von der «Anabasis» des Xenophon zu Homers «Odyssee» übergingen und im Geschichtsunterricht von den Türken vor Wien hörten, platzte der fast schon vergessene Krieg: Im Morgengrauen des 10. Mai 1940 begann die mehr als ein halbes

Jahr lang immer wieder verschobene Offensive gegen Frankreich. Anders als im Ersten Weltkrieg war die Auseinandersetzung schon nach wenigen Wochen entschieden, und mein Vater geriet neuerlich in den Konflikt der letzten Jahre. Beim zweiten Abendtisch, an dem inzwischen auch Winfried teilnahm, bemerkte er, daß er den Franzosen die Niederlage von Herzen gönne, doch Hitler nie und nimmer den Triumph. Als er bald danach am Gartenzaun äußerte, kaum jemals habe er sich von der Weltvernunft so verlassen gefühlt wie zu dieser Zeit, erwiderte Wittenbrink, eine «Weltvernunft» existiere nicht. Was wir so nennten, sei nichts als das im nachhinein von uns in den blinden Zufall Hineingedachte; jeder könne ja mit Händen greifen, daß den allenfalls zehn Beispielen für das Wirken der Weltvernunft in der Geschichte einige zehntausend Beispiele für das Walten der Weltunvernunft gegenüberstünden. Es war meinem Vater vom Gesicht zu lesen, wie treffend und deprimierend er diese Äußerung fand.

Womöglich wirkte dieses Gespräch noch nach, als uns kurz darauf Dr. Gans, der Vater meines Schulfreundes, besuchte. Da der Himmel von tiefgrauen Wolken verhangen war, zogen sich beide zunächst ins Herrenzimmer zurück. Mein Vater bot dem Gast eine Boenicke-Zigarre an, während meine Mutter den Kaffee zubereitete. Ich wurde aufgefordert dabeizubleiben und erfuhr, daß Dr. Gans zum wenige Tage zuvor beendeten Krieg gegen Frankreich meinte, Hitler beherrsche nunmehr das halbe Europa, jetzt gelte es, die bislang bloß erkämpfte Macht zu festigen und hegemonial auszubauen. Das müsse Hitler doch begreifen; außerdem sei irgendwann einmal auch der Gefräßigste satt oder brauche mindestens Zeit zur Verdauung. Darum drohe, wie er mit einiger Sicherheit vorhersage, derzeit kein neuer Feldzug. Aber je länger Dr. Gans redete und seine Überlegungen begründete, desto skeptischer hörte mein Vater zu. Nach dem Kaffee gingen beide, weil es inzwischen aufgeklart hatte, in den Garten hinunter und nahmen am Tisch unter den Kastanien Platz.

Was er da vortrage, griff mein Vater das Gespräch wieder auf, klinge alles vernünftig, aber ebendeshalb befinde er sich im Irrtum. Man dürfe die Rechnung nicht ohne Hitlers Widervernunft machen. Stets habe er gegen das Naheliegende gehandelt. Daher könne man nur ein Wort anführen, um die Situation angemessen zu beschreiben, es stamme von Goethe und laute: «Jeder Trost ist niederträchtig, / und Verzweiflung nur ist Pflicht.» Genau das spiegele unsere Lage wider. Nach einigem Herumdenken hellten sich die Züge von Dr. Gans auf, und man konnte geradezu wahrnehmen, wie er umschwenkte: «Schon richtig!» stieß er dann nicht ohne Mühe hervor. «Mag sein, daß ich nicht hinreichend bedacht habe, daß dieser Staat einen Verrückten an der Spitze hat.» Und nach kurzem Innehalten: «Die zitierte Stelle stammt übrigens aus den ‹Paralipomena› zu Faust II. Ich kenne sie auch.» Kopfschüttelnd hörte Dr. Gans anschließend meinen Vater sagen, er kenne als Fundstelle lediglich die «Bruchstücke»; darüber erhob sich alsbald eine Art Philologendisput. Jeder beharrte auf seiner Meinung, und da wir inzwischen am Gartentisch saßen, war es zu umständlich, die Bände zur Prüfung nach unten zu schaffen. Man werde, einigten sich beide, am folgenden Tag telefonieren. Als ich anderntags aus der Schule kam, stellte sich heraus, daß sie denselben Text, wenn auch unter verschiedenen Titeln vermerkt, im Sinn gehabt hatten. Die Szene ist mir immer als Inbegriff eines Meinungsstreits unter Bildungsbürgern im Gedächtnis geblieben.

Ungefähr um diese Zeit schrieb mein Vater an Roger Reveille, wie dieser mir nach dem Krieg mitteilte, er gönne Frankreich die Niederlage, die habe das Land reichlich verdient. Aber er solle sich nicht grämen. In Anlehnung an einen deutschen Dichter, nur mit anderer Betonung, wolle er ihn wissen lassen: «WIR sind auf einem Totenschiff.» Damals befragt, ob es nicht überaus leichtsinnig gewesen sei, einen solchen Brief nach Frankreich zu senden, erwiderte mein Vater, er habe weder Absender noch Unterschrift vermerkt und das Schreiben in Lichterfelde in den Briefkasten geworfen. Sein Freund Roger habe ihn über einen Dritten wissen lassen, daß er den Brief erhalten habe. Ich fragte zurück, ob Roger den Absender im Notfall, das heißt bei drohender Folter, nicht doch der Gestapo verraten hätte? Ohne Wagnis komme man nicht zurecht, meinte daraufhin mein Vater und fügte lächelnd hinzu, einen Reiz habe das Gefährliche auch.

Vielleicht hatte ich diese und andere, ähnlich lautende Bemerkungen allzu wörtlich verstanden. Jedenfalls stellte ich um diese Zeit eine neue Bestleistung im «Perronspringen» auf. Die Aufgabe lautete, vom ankommenden Zug bei der Einfahrt mit aller «Traute» frühzeitig abzuspringen, sich vom mitgeführten Schwung die dreißig Schritte um das Aufseherhäuschen herum und möglichst nahe an die abwärts führende Bahnhofstreppe herantreiben zu lassen. Aber ich geriet bald auf leichtsinnigere, eigentlich törichte Unternehmungen. Irgendwann im Herbst 1940 begann ich, an Zäune, Laternen oder Haustüren eine Hitlerkarikatur zu kritzeln, die aus einem länglichen Kreis, einer zur rechten Seite leicht durchhängenden Linie und einem gestrichelten Fleck bestand: Es war immer die Hitlervisage. Nur Wigbert Gans, der sich einige Male sogar beteiligte, wußte nach meiner Kenntnis davon; später hörte ich, daß andere Mitschüler sich ebenfalls auf solche Leichtsinnigkeiten eingelassen hatten, einige freilich mit einer bluttropfenden Skizze von Hammer und Sichel. Nützlich war dabei, daß der Unterricht seit kurzem bis in die Dämmerung dauerte, weil die Schule, aus Gründen der Energieersparnis, vom Mariannenufer in die Dieffenbachstraße verlegt worden war und die Schulstunden im wochenweisen Wechsel am Morgen oder am Nachmittag stattfanden.

Klassenlehrer war Dr. Appelt, ein schwerblütiger, ewig schwitzender Mann mit großflächigem Gesicht, der selten ohne Parteiabzeichen den Klassenraum betrat. Die dunklen Ränder unter den bebrillten Augen zeugten von der Mühsal ausgedehnter Nachtstunden, in denen er sich den Lehrstoff aneignete, ohne je ganz damit zurechtzukommen. Jedenfalls wies ihm Wigbert Gans mehrmals

Fehler in seinen Berechnungen wie in der Anwendung physikalischer Gesetze nach, worauf die Klasse höhnte und trampelte, während er zum Katheder lief und halbdutzendweise Tadel und Arreststunden verhängte. Aus einem mir unerfindlichen Grund, der denkbarerweise mit meinem Vater zusammenhing, hegte er eine nie verhohlene Abneigung gegen mich, die ich mit der ganzen Dreistigkeit meiner dreizehn Jahre beantwortete. Als er mich einmal vom Katheder verwarnte, entgegnete ich, daß ich ihm dankbar dafür sei, um eine «Standpauke» gerade noch herumgekommen zu sein; denn die werde, wie der Name sage, im Stehen erteilt, während Dr. Appelt seinen Verweis im Sitzen vorgetragen habe.

Das war die Aufsässigkeit eines Halbwüchsigen und brachte mir unter dem Gelächter der Mitschüler eine Vermahnung im Klassenbuch ein. Folgenreicher war die Unbesonnenheit, die mir wenig später unterlief. Eines Morgens war ich aufgrund irgendeines Zufalls eine Viertelstunde vor dem Unterrichtsbeginn in der Schule. Im Klassenzimmer herumsitzend und in den schmuddeligen Wintermorgen starrend, holte ich mein Taschenmesser hervor und kratzte gedankenlos jene Hitlerkarikatur in das Pult, mit der ich seit einiger Zeit Häuserwände und Zäune bekritzelte.

Zu meinem Glück war Gerd Donner der erste, der den Klassenraum betrat. Nach einem Blick auf die Bank zischte er leise und mit dem auf den Hinterhöfen des Berliner Ostens im Dauerkampf gezüchteten Dschungelinstinkt: «Mach das sofort weg!» Ohne meine Reaktion abzuwarten, holte er sein Taschenmesser heraus und begann, kleine Lacksplitter von der Bankplatte zu entfernen. Währenddessen traf die Klasse ein, der Raum füllte sich, einige traten hinzu und konnten in dem verbliebenen Rest gerade noch die Umrisse der bekannten Karikatur ausmachen. In der entstehenden Unruhe drohte Gerd Donner jedem, der etwas melde, gehörigen Ärger an.

Zur Verblüffung aller erhob sich, kaum daß Dr. Appelt den Raum betreten hatte, einer der Schüler und erstattete, wie er es als

HJ-Führer gelernt hatte, «pflichtgemäß» Meldung. Als er fertig war, kam der Lehrer mit einem angewiderten Kopfschütteln zu mir herüber, beugte sich prüfend über die Bank, schüttelte noch einmal fassungslos den Kopf und forderte mich schließlich auf, ihm nach der Unterrichtsstunde zum Direktor zu folgen. Dort wurde ich zunächst einem kurzen Verhör unterzogen und am nächsten Tag von einem eigens herbeigerufenen Beamten vernommen.

Es war tatsächlich, wie meine Eltern mir noch am Abend vorhielten, eine unfaßliche Dummheit, die ich angestellt hatte, und zu Recht fragten sie, ob ich die Folgen nicht bedacht hätte, die der Vorfall gerade für unsere Familie haben könnte. Auch einige Klassenkameraden zogen sich auffällig von mir zurück. Zum ersten Mal streifte mich eine Ahnung des Ausgeschlossenseins. Dr. Appelt stimmte dem Verruf sichtlich zu, in den ich geraten war, und schien von nun an jede Unaufmerksamkeit und jede Störung, die ich mir zuschulden kommen ließ, als Ausdruck eines nichtsnutzigen, politisch wie menschlich unerfreulichen Elements zu betrachten. Bald führte ich die Liste der im Klassenbuch getadelten oder mit Arresteinträgen bedachten Schüler mit uneinholbarem Vorsprung an, und als die Unzuträglichkeiten kein Ende nahmen, wurde mein «unglücklicher Vater», wie Dr. Weinhold mir erklärte, auf die Direktion gebeten. Wieder war ein streng blickender Herr dabei, der offenbar die Schulbehörde vertrat und sogleich das Wort zu einer Art Verhör an sich zog. Ich bestritt jede politische Absicht, gab aber die Sachbeschädigung zu und bat, wie mir von mehreren Seiten geraten worden war, dafür um Nachsicht. Nach langem Hin und Her, in dessen Verlauf ich das Verhandlungsgeschick meines Vaters kennenlernte, einigte man sich, vom zunächst beschlossenen Consilium abeundi abzusehen. Doch die Bedingung lautete, daß ich zum nächstmöglichen Termin, an Ostern 1941, also in ungefähr drei Monaten, freiwillig die Schule verließe. «Ihre beiden anderen Söhne nehmen Sie am besten gleich mit!» riet der Herr von der Behörde meinem Vater.

Nach der Konferenz, die in der letzten Schulstunde stattgefunden hatte, umarmte mich mein Vater mit einer unüblichen Geste vor allen Anwesenden und verließ mit verschlossenem Gesicht den Raum, um nach Karlshorst zurückzufahren, während ich wieder die Klasse aufsuchte. Zu den Freunden, die zu mir hielten, rechneten natürlich Wigbert Gans, Clemens Körner und Gerd Donner. Bei Schulschluß erwartete Gerd mich draußen auf dem Gang, und obwohl ich nur noch kurze Zeit der Klasse angehören würde, begleitete er mich in diesem extrem kalten Winter von nun an häufig auf dem etwa halbstündigen Weg zum Bahnhof. Am ersten Tag ließ er sich den Hergang der Sitzung beim Direktor erzählen und stellte fest: «Also doch: geschaßt!» und nach wenigen weiteren Schritten: «Aber auch Schwein gehabt. Kannste zufrieden sein!» Seit diesem Zeitpunkt zählte ich die Verbindung mit ihm zu den verspäteten Freundschaften, wie sie jeder dann oder wann erlebt. Wir fanden, worüber wir auch redeten, die Übereinstimmungen, die eine Freundschaft benötigt, und die Widersprüche, die sie belebt und erhält, ob wir nun über Fußball oder Filmschönheiten sprachen, über Bücher oder Radiodetektoren, Freunde und manche «schöne Inge».

Wie es geht, habe ich den Inhalt fast aller unserer Gespräche vergessen. Aber eines aus der Zeit kurz vor Weihnachten 1941 ist mir in Erinnerung geblieben, weil wir in seinem Verlauf unseren Weg unterbrachen und trotz der Kälte an der dunklen Spreebrücke ausharrten. Der Schnee fiel schwer und pappig vom naßgrauen Himmel, sammelte sich auf dem Geländer und schmolz dann zu Boden. Die Passanten, die vermummt und oft mit einem Tannenbaum unterm Arm an uns vorbeieilten, wirkten wie geschrumpft. Wir stampften von einem Bein aufs andere. Ein paarmal kam eines der kurzzeitig wieder in Dienst genommenen Fuhrwerke an uns vorbei, deren Pferde sich rutschend und ausschlagend in verwehenden Dampfwolken bewegten.

Was uns festhielt, war ein Gespräch über letzte Fragen. Gerd

Donner meinte, ich könne doch als kluger Mensch nicht glauben, was in den Kirchen so alles erzählt werde. Er habe nichts gegen den Kaplan Lauen, unseren «schneidigen» Religionslehrer; aber die Märchen vom lockenbärtigen lieben Gott mitsamt der Auferstehung und der «Unbefleckten Empfängnis» – darüber könne er nur lachen. Und insgeheim, das wisse er genau, lachte ich mit. Unter dem Brückengeländer trieben Eisschollen vorbei, wir redeten mit dampfendem Atem, und ich antwortete zuletzt, ich glaubte selbst das gern, was er für ein Märchen halte. Vielleicht sei alles erfunden. Aber es handle sich ja um Einkleidungen für schlichte Köpfe, und es überraschte mich einigermaßen zu erfahren, daß er dazugehöre. Was der Glaube mir im Kern verschaffe, sei das Gefühl, eine Art zweites, verläßliches Zuhause zu haben und allem gewachsen zu sein. Da solle er besser mal abwarten! Gerd Donner machte eine wegwerfende Handbewegung und erwiderte, man müsse dergleichen auch nötig haben; er habe seinerseits nicht geahnt, daß ich zu denen zählte. Jedenfalls komme er ohne «den ollen Bartträger da oben» zurecht. Und als wir uns endlich durchgefroren wieder auf den Weg machten, meinte er: «Wer aus meiner Straße kommt, die du ja nicht mal von Ansehen kennst, der hat den lieben Gott der Katholen nicht nötig.» Dem werde das Gefühl, mit der Welt zurechtzukommen, nicht durch den lieben Gott, sondern durch die Muttermilch verabreicht; oder er sei verloren. Als wir am Schlesischen Bahnhof auseinandergingen, waren wir uns keinen Schritt nähergekommen.

An einem Sonntag zu Anfang Februar, kurz nach unserer Rückkehr vom Kirchgang, betraten zwei höhere HJ-Führer mit lautem Türschlagen das Haus und verlangten meinen Vater zu sprechen. Sie hätten jetzt erst herausgefunden, rief der eine ihm schon vom Fuß der Treppe entgegen, daß keiner seiner drei Söhne im Jungvolk gewesen sei noch je der Organisation für die Älteren, der HJ, angehört habe. Das müsse ein Ende haben. «Drückebergerei!» bellte der andere dazwischen. «Unverschämtheit! Was erlauben Sie sich!» Pflichten habe jeder. «Sie auch!» ließ sich der erste wieder vernehmen.

Inzwischen war mein Vater bei den beiden angelangt. «Wer immer Sie sind», erwiderte er mit einer Unmutsfalte auf der Stirn, «ich erlaube Ihnen nicht, mir auch noch am Sonntag mit einer Lüge zu kommen. Denn wir sind schon mehrfach, ebenfalls am Sonntagmorgen, von Ihren Jungens belästigt worden. Also haben Sie nichts erst jetzt herausbekommen.» Und immer lauter werdend, brüllte er schließlich los: «Sie werfen mir Drückebergerei vor und sind selber Feiglinge!» Und nach ein paar weiteren Zurechtweisungen schrie er von der zweiten Treppenstufe über die militärisch geschorenen Köpfe hin: «Und nun fordere ich Sie auf, mein Haus zu verlassen. Raus! Und zwar sofort!» Die beiden schienen sprachlos über den Ton, den sich mein Vater erlaubte, doch ehe sie antworten konnten, trieb er sie sozusagen durch den Eingangsflur vor sich her und zur Tür hinaus. Der Lärm hatte zunächst das ganze Haus aufgescheucht, mehrere Mitbewohner waren auf der Treppe erschienen. Beim Anblick der Uniformierten indessen schlossen sie leise ihre Wohnungstüren.

Kaum war der Hauszugang hinter den beiden HJ-Führern ins Schloß gefallen, eilte mein Vater die Treppe in großer Hast hinauf, um meine Mutter zu beruhigen. Sie stand wie erstarrt in der Tür und sagte nur: «Diesmal bist du zu weit gegangen!» Mein Vater legte seinen Arm um sie und gestand, er habe sich einen Augenblick lang vergessen. Aber erst hätten die Nazis ihm den Beruf und das Auskommen gestohlen, jetzt machten sie sich über den Sonntag und die Söhne her. Man müsse den Leuten wenigstens einmal ihre Grenze zeigen. «Sie kennen keine», sagte meine Mutter mit tonloser Stimme. Um so wichtiger sei es, hielt mein Vater dagegen, sie ihnen deutlich zu machen. Nicht er sei zu weit gegangen, sondern die HJ-Bengels. Es definiere einen Nazi geradezu, daß er stets zu weit gehe.

Zu aller Erstaunen blieb der Vorgang ohne Folgen. Nur der

Blockwart Fengler kam zwei Tage später vorbei und belehrte meinen Vater, während wir gerade bei Tisch saßen, vor der ganzen Familie: «Benehmen Sie sich! Sie sind nicht allein auf der Welt. Merken Sie sich das endlich! Und die Zugehörigkeit zur HJ ist schließlich Gesetz!» Meine Mutter forderte meinen Vater auf, sitzen zu bleiben, und brachte den verhaßten Blockwart zur Wohnungstür: «Mein Mann ist sonst nicht so», sagte sie, um Freundlichkeit bemüht. «Aber am Sonntag gehen wir nun mal zur Kirche. Das lassen wir uns von keinem verbieten!»

Der Besuch Fenglers brachte uns beim Abendtisch noch einmal auf den Vorgang zurück. Mein Vater war grimmig und belustigt zugleich: «Volksgemeinschaft – du meine Güte! Der reine Ekel kommt einem hoch!» Nach den offiziellen Unfaßbarkeiten durch die Gesetze, dem Ausschluß aller Juden von den bürgerlichen Berufen, selbst der Ärzte und Apotheker, der Kündigung der Telefonanschlüsse und dem «Gelben Stern», griffe jetzt, sagte er, mehr und mehr der kleine Mann von der Straße ein und denke sich für die Behörden immer neue Schikanen aus. Juden dürften nicht mehr auf Parkbänken sitzen, nicht «die gute Luft des deutschen Waldes durch Spaziergänge verpesten». Sie dürften keine Zeitungen und Zeitschriften mehr beziehen, und Dr. Meyer, der bis vor kurzem einen «Wanderer» gefahren habe, habe sein Fahrrad und seine Schreibmaschine abliefern müssen – neuerdings dürften Juden auch keine Haustiere wie Hunde, Katzen, Kanarienvögel oder Hamster halten. Als ein jüdischer Freund von Hans Hausdorf Blumen für das Grab seiner gerade verstorbenen Frau kaufen wollte, fuhr der Verkäufer ihn an, Blumen seien ein Schmuck nach deutscher Art, Juden hätten keinen Anspruch darauf; er solle sich davonmachen. Und die Deutschen selber müßten die Frage des Standesbeamten, ob sie bereit seien, sich lebenslang aneinander zu binden, nicht wie seit Generationen üblich mit einem einfachen «Ja» beantworten, sondern mit «Jawohl! Heil Hitler!». Was sei nur aus dem Land geworden?

Ende März begannen meine beiden Brüder und ich unsere Abschiedsbesuche. Mit der Hilfe eines Freundes meiner Eltern war es gelungen, uns in einem katholischen Internat in Freiburg unterzubringen, dessen Zöglinge einem der beiden städtischen Gymnasien zugewiesen waren. Ich suchte die Familie Gans am Treptower Park auf und ging einmal mit Gerd Donner durch sein Revier hinter dem Schlesischen Bahnhof, das lichtlos war, schäbig und Fassaden hatte, von denen der Putz in Fladen abgefallen war. Um uns herum johlten Zillegören, Bollerwagen waren mit Kartoffeln, Holzscheiten oder anderem Kleingut unterwegs, an einigen Hauswänden lehnten, wie abgestellt, plärrende Kinder, und von einem der Flure versuchten Straßenjungen einen störrischen Ziegenbock ins Freie zu zerren. An einem der nächsten Tage verabschiedete ich mich von den Eltern der Karlshorster Klassenkameraden und von Pfarrer Wittenbrink, der mir das Versprechen abnahm, regelmäßig zu schreiben. Ich besuchte Dr. Körner, den Chefarzt des Karlshorster Krankenhauses, der zu den engen Freunden meiner Eltern zählte und dessen Sohn lange Zeit mein Banknachbar in der Schule gewesen war, verabschiedete mich von Gerd Schülke und von meiner Freundin Ursel Hanschmann. Wolfgang fand alles übertrieben und bemerkte: «Was soll denn das! Wir gehen doch nicht in eine Strafkolonie! Oder sind wir Verbannte?» fragte er. «Halbwegs schon!» sagte ich. Am Tag vor der Abreise suchte ich Dr. Meyer auf.

Als er die Wohnungstür öffnete, stand er wie immer im hellen Fresko mit buntem Halstuch vor mir und trug diesmal sogar einen kreisrunden Sommerhut. Aus dem Flur drang ein Geruch von Kohlsuppe, Armut und Alter. Bei der Begrüßung lief ein Lächeln über Dr. Meyers oft wie versteinert wirkende Züge. Er sagte nur: «Kommen Sie!» und ging mir durch den Bibliotheksraum voraus. Der Tee stand, als wir das Berliner Zimmer betraten, bereits auf dem Beistelltisch. Von irgendwoher hatte Dr. Meyer sogar Kekse besorgt. Er holte Erkundigungen über die Eltern, über Geschwister und Freunde ein, bat mich, politische Themen zu vermeiden, und schlug vor, ihm einige seiner Lieblingsgedichte vorzulesen. Während ich das eine vortrug, wählte er schon das nächste aus: Mit «Willkommen und Abschied», so erinnere ich mich bis heute, begann ich, las «Ich denke dein ...» sowie den «Zauberlehrling», fuhr mit «Nänie» fort und las anschließend einige Verse von Heine über Lenau bis Chamisso vor. Als ich mit Stefan George weitermachen wollte, bat Dr. Meyer mich plötzlich aufzuhören; er sei nicht in der richtigen Stimmung. Und nach einigen Schlucken aus der Tasse: Es sei wohl keine gute Idee gewesen, bei ihm vorbeizukommen. Er sei abgelenkt und frage sich unzählige Dinge, auf die er keine Antwort habe.

Ich bemerkte irgend etwas über die Zukunft, auf die keiner eine Antwort habe, aber Dr. Meyer sprach, ohne meine Worte zu beachten, weiter. Am schlimmsten sei, daß die großen Dichter, von denen ich da etwas vorgelesen hätte, an seinem Unglück nicht unschuldig seien: Goethe und Schiller und alle die anderen ... Wie oft habe er, noch mit seiner Frau, Überlegungen zur Auswanderung angestellt und kurz vor dem Entschluß zum Weggang gestanden. Aber dann habe immer wieder das Vertrauen in die Kultiviertheit der Deutschen überhandgenommen ... Ein Volk, hätten sie sich gesagt, das Goethe und Schiller und Lessing, Bach, Mozart und sonst noch wen hervorgebracht habe, werde einfach unfähig zu barbarischen Gemeinheiten sein. Schimpfereien gegen die Juden, Verächtlichkeiten, so glaubten sie, das habe es immer gegeben. Aber keine handgreiflichen Verfolgungen. Man würde uns schon nichts tun ... «Na!» unterbrach er sich. «Sie wissen, wie wir uns getäuscht haben ...»

Dann legte Dr. Meyer eine von vielen Pausen ein. Seine Frau, nahm er den Gedanken neuerlich auf, sei klüger gewesen als er. Anders als sie habe er von den bewunderten Deutschen die Gutgläubigkeit und politische Einfalt angenommen. Männer seien nun mal Tölpel. Aber jetzt sei es zum Jammern zu spät. Wir sollten das Klagen lassen! Also, sagte er mit einem hörbaren Tonwechsel in der Stimme: Er beneide mich. Zum Beispiel, weil ich an einen beliebigen Ort fahren könne; weil mir die Opernhäuser offenstünden, und vor allem, weil ich die Lektüre der «Buddenbrooks» noch vor mir hätte. Ich müsse wissen, daß kaum etwas im Leben dem Vergnügen vergleichbar sei, ein Buch wie dieses zum ersten Mal zu lesen. Wir nippten verlegen an unseren Teetassen. Nach einigen Minuten stand Dr. Meyer entschlossen auf und legte seinen Arm um meine Schultern: «Sie gehen jetzt besser!» Als wir am Ende des Flurs zur Wohnungstür kamen, dachte ich angestrengt nach, was ich ihm sagen könnte, aber ich war wie gelähmt und erinnerte mich unwillkürlich der Worte meines Vaters, daß man in Zeiten wie diesen alles Pathos vermeiden solle.

Zurück in Karlshorst, hörte ich schon vom Hauseingang her Frau Bicking mit heulendem Tremolo singen, daß sie mit irgendwem in den Himmel hineintanzen werde, wo sie's, wie sie fast übergangslos weitersang, den Schwalben nachmachen und sich mit ihrem Liebsten ein Nest bauen wolle. Aber gleich war sie wieder bei ihrem Lieblingslied, wonach alles lang, lang her war. Frau Dölle, die so gern die Aufpasserin spielte, fragte mich, ob «das Gejaule der alten Bicking noch Gesang oder schon Lärmbelästigung» sei. Da sie von mir keine Antwort erwartete, meinte sie, dies eine Mal wolle sie die verrückte Alte noch herumträllern lassen, fügte jedoch, indem sie mit ihrem Besen mehrfach gegen die Dielendecke deutete, hinzu: «Hat aber alles mal ein Ende!» Und anschließend: «Nah, nah ist's bald!», wobei sie das Geheul der alten Bicking nachäffte.

Meine Eltern waren von meinem Bericht über den Besuch bei Dr. Meyer entsetzt, und meine Mutter unterbrach mich mit der Frage, wie da zu helfen sei. Als sie auf einem Beistand der Freundesrunde beharrte, schüttelte mein Vater energisch den Kopf: Er habe bereits nach dem Boykott vom April 1933, dann nach den Nürnberger Gesetzen 1935 und immer wieder bis zur «Kristallnacht», als der halbwegs günstige Zeitpunkt eigentlich bereits verpaßt gewesen sei, zur Auswanderung gedrängt. Aber niemand habe auf ihn hören wollen. Jeder habe zahllose Gründe für sein Verbleiben genannt, und mitunter sei ihm sogar vorgehalten worden, er wolle Deutschland, wie die Nazis auch, «judenfrei» machen. Nachdem er sich beruhigt hatte, versprach er jedoch, das Mögliche zu unternehmen, um dem Freund zu helfen.

Am folgenden Morgen kam Albert Tinz vorbei. Er sprach, während meine Mutter uns rief, ein paar Worte mit ihr und ging dann ins Wohnzimmer, wo das Klavier stand, setzte sich auf den Hocker und leitete nach einer mächtigen Akkordfolge zu einem improvisierten Andantino über, das einige Melodien aus den Schubertschen Vorzugsliedern meiner Mutter anmutig mischte, von «Nacht und Träume» bis zur «Brieftaub' im Sold». Danach spielte er eine der frühen Beethoven-Sonaten, die zu den Lieblingsstücken meiner Mutter zählten, und sagte nach dem letzten, bei geschlossenen Augen verhallten Ton: «Noch einmal, was ich immer sage: Selbst beim Gefühlsseligen nicht schleppen! Sonst wird's bloß ein Rumgepuste im Aschehaufen. Ohne Leidenschaft ist nichts! Nicht mal ein Pianissimo! Überhaupt keine Musik!» Der kleine Mann mit den kunstvoll hochgezwirbelten Haaren stand auf und meinte, er habe bei uns, mich ausgenommen, wirklich keinen dollen Erfolg gehabt. Vielleicht würden wir irgendwann mal begreifen, wo Anfang und Ende aller Musik lägen. Er wäre glücklich darüber und gäbe die Hoffnung nicht auf. Nach diesen Worten schüttelte er die Mähne und ging wie immer eilig davon.

Der letzte, von dem ich mich zusammen mit meinen beiden Brüdern verabschiedete, war der alte Katlewski. Wir trafen ihn am Rande des Gewürzbeets, und als er fragte, ob es heute abend wirklich losgehe, antworteten wir wie aus einem Munde: «Ja, 20.12 Uhr!» Er wolle zum Abschied mal großzügig sein, sagte er, und uns ohne die übliche Drängelei, ganz von sich aus, einen Witz erzählen. «Aber kein Wort zu irgendwem gilt auch diesmal», begann er und setzte dann fort: «Na, wie jeht det nu los: Steht also da

167

so einer vonne Volkswohlfahrt mit'n Klingelbeutel rum und ruft: ‹Los, Leute! Jeder jibt 'n Groschen! 'n Groschen hat doch jeder, Volksjenossen! Nu ziert euch nich! Kann och 'n Sechser sein! Los, los! Dalli, dalli!› Und wie er kassiert, steht da einer mit beide Hände inne Taschen und sagt janz ruhig: ‹Jebe nischt!› Und als der vonne Volkswohlfahrt ihm entgegenhält: ‹Wie nun dette? Jebe nischt! Sowat!›, sagt der andere: ‹Ick bin nämlich keen Volksjenosse!› Da sagt der mit'n Klingelbeutel: ‹Is ja doll! Keen Volksjenosse! Hat man sowat schon jehört? – Und warum, wenn ick fragen darf?› Da grinst der Befragte und sagt: ‹Na, weshalb wohl? Ick bin Jude!› Einen Augenblick lang is der vonne Volkswohlfahrt janz verdattert. Dann meint er: ‹Jude wolln se sein? Also Jude – det kann jeder sagen!›»

Wir lachten los, aber «olle Kat» legte den Zeigefinger auf den Mund und mahnte noch einmal: «Nicht weitersagen! Ihr wißt doch! Det jilt immer!» Und ganz zum Schluß wolle er uns noch ein «Bommot» erzählen, das sozusagen frisch, erst von gestern sei. «Wat der Hitler is», so habe ihm ein alter Sozifreund anvertraut, der lüge so unverschämt, «daß von dem, was er sagt, sogar das Gegenteil unwahr ist». Dann empfahl er sich mit einem «Macht's gut, Jungs! War schön mit euch! Mit jedem von euch!», drehte sich auf dem Absatz um und ging.

In der Schule war der einzige Lehrer, von dem ich mich nicht in einiger Form verabschiedete, Dr. Appelt. Ich schritt nach seiner letzten Unterrichtsstunde, die er mit einem erleichterten Hinweis auf meinen Abgang beschloß, etwa drei Meter auf ihn zu und knickte mit dem Oberkörper leicht nach vorn, was ironisch wirken sollte, aber nur steif gelang. Jedenfalls gab ich ihm nicht die Hand.

Am Abend begleitete uns die Familie zum Anhalter Bahnhof. Der Zug stand schon da. Als das Gepäck verstaut war und wir auf dem Bahnsteig Abschiedsworte wechselten, hatte keiner von uns das Empfinden, daß ein Lebensabschnitt zu Ende war. Nacheinander rief mein Vater jeden seiner Söhne zu sich und ging mit ihm einige fünfzig Meter den Perron entlang bis etwa zum Ende des Glasdachs. Er sei doch ein richtiger Lehrer, meinte Winfried, und könne nicht anders: Wir alle kriegten jetzt noch ein paar aufmöbelnde oder im schlimmsten Fall mahnende Worte mit, eine solche Gelegenheit lasse sich kein Schulmeister entgehen. Tatsächlich bekam jeder von uns eine Art Lebensregel auf den Weg. Zu mir sagte mein Vater, er teile die Menschen oft in Fragensteller und Antwortgeber. Die Nazis beispielsweise seien Leute, die immer schon eine Antwort hätten. Ich solle zusehen, immer ein Fragensteller zu bleiben.

Wenig später setzte sich der Zug mit Dampfstößen, unter Rufen und Taschentuchgeschwenke in Bewegung. Die Zeit mit ihrem Absturz von 1933, den Ungewißheiten und zahllosen Ängsten hatte es meinem Vater wie meiner Mutter auf jeweils eigene Weise schwergemacht. Für uns dagegen waren es glückliche Jahre gewesen. Zum einen, weil die Eltern uns ihre Besorgnisse sowenig wie möglich hatten spüren lassen; zum anderen lag es wohl daran, sagte ich mir später, daß solche Besorgnisse, wenn sie annähernd gut ausgehen, das Leben nicht nur beeinträchtigen, sondern auch dichter und vollständiger machen.

6. KAPITEL

Fremde Welten

Als der Morgen dämmerte, ließ sich vom Abteilfenster aus die Schattenlinie des Schwarzwalds ausmachen und später, als es dörflicher wurde und Freiburg näher rückte, der im Frühlicht aufglänzende Kaiserstuhl. Während wir die Namen der Orte, der Taleinschnitte und Landstriche, die am Fenster vorbeihuschten, herauszufinden versuchten, sagte Wolfgang, der gedanklich noch immer halbwegs in Berlin war, er bedauere, nun niemals an einer der «Geheimbundrunden» teilnehmen zu können, wie mein Vater ihm unlängst versprochen habe. So müsse er sich mit dem «so edlen wie gewissenlosen Raskolnikov» begnügen, mit dem er fast am Ende sei.

Ich war von solchen Vorstellungen weit entfernt und hatte von Dostojewski nur durch meinen Vater und neuerdings durch Wolfgang gehört. Anders als mein Bruder hatte ich mich den längsten Teil der Fahrt mit den Dramen Friedrich Schillers beschäftigt, die nach den Balladen und Gedichten für mich die große Entdeckung dieses Frühjahrs waren. Am Bahnhof in Freiburg wartete der Freund der Eltern, der die Kosten für unseren Aufenthalt übernommen hatte. In zwei Taxis, auf die wir endlos warten mußten, fuhren wir mit unseren Koffern und Kartons zum Internat in der Adolf-Hitler-Straße.

Das langgestreckte, mehrstöckige Gebäude lag mit der Frontseite zur Straße hin; ich ging die breite Mitteltreppe mit gemischten Gefühlen hinauf. Augenblicklich erfaßte ich die fremde Welt, die sich hinter der schweren Doppeltür auftat. Bereits die Ordensschwester, die im Wachzimmer am Ende des Aufgangs saß und unsere Ankunft dreimal sanft und ergeben benickte, wirkte auf mich wie an Strippen gezogen, aber als ich Wolfgang eine Bemerkung darüber zuflüsterte, zischte er ungehalten zurück: «Keine blöden Witze! Ist doch nur ein bißchen hinterwäldlerisch!» Der stille Flur zum Rektorat roch aufdringlich nach Putzmitteln und Bohnerwachs. Der Rektor, Dr. Hugo Hermann, an dessen Tür wir anklopften, war eine eindrucksvolle Erscheinung: ein geistlicher Herr mit scharf geschnittenem Klerikergesicht, groß, schlank und mit gewinnenden Formen. Hinter den Gläsern seiner randlosen Brille sah man in schmale, etwas schräg stehende Augenschlitze.

Als wir den Raum betraten, war er gerade mit einem Buch beschäftigt, doch setzte er die Lektüre, fast ohne aufzublicken, fort. «Ich bin hier der Chef, soll das heißen», flüsterte ich diesmal Winfried zu, der auflachte und damit Dr. Hermann immerhin veranlaßte hochzusehen. Er kam zu uns herüber und unterhielt sich mit unserem Begleiter, wobei auch von den Eltern, ihren politischen Verlegenheiten und den Eigenschaften eines jeden von uns die Rede war. Dann erst wandte sich Dr. Hermann uns zu. Von mir wollte er, wohl in Anspielung auf das nahezu verhängte Consilium abeundi des Leibniz-Gymnasiums, wissen, warum ich so beträchtliche Mühe mit der Disziplin hätte, und ich antwortete mit der Schlagfertigkeit, die mein Berliner Erbteil war: Das hänge immer von der Person ab, die sie von mir verlange; mein Vater habe nie darüber geklagt. Dr. Hermann schüttelte mit ironischem Lächeln den Kopf; er ließ erkennen, daß er meine Antwort als ungewohnt oder sogar ungehörig ansah. Schon bei dieser Begegnung wurde deutlich, daß er klug war, empfindlich und auf natürliche Weise überlegen. Aber zugleich wurde ein Zug von Starrheit spürbar, der sich mit seinem klerikalen Hochmut und seiner asketischen Energie, trotz allen einnehmenden Wesens, zu einem eher befremdlichen Charakterbild vereinte.

Auffallend war, wie wir bald nach dem Vorstellungsgespräch feststellten, seine durchdringende, wenn auch enge Menschenkenntnis. Ich war in späteren Jahren überzeugt, daß Dr. Hermann sofort wußte, wie störend wir norddeutschen, aus einer für seine Begriffe tief heidnischen Welt stammenden Großstädter auf den gemächlichen Gang seines Hauses wirken mußten. Außerdem erfaßte er, daß «die Berliner», wie er uns bald in ausgrenzendem Unverstand nannte, sich in der schwarzwälderischen, kirchlich imprägnierten Welt geradezu umstürzlerisch ausnahmen. «Und keine Politik!» mahnte er uns beim Abschied. «Die kann das ganze Haus in Schwierigkeiten bringen!»

Schon am Abend des ersten Tages, den ich mit Wolfgang und Winfried weitgehend mit der Besichtigung der anmutigen kleinen Stadt zwischen Münster und Martinstor verbracht hatte, rief Dr. Hermann mich zu sich und der Gruppe von Vorzugsschülern, die unter einem der großen Laubbäume auf dem Internatshof im Gespräch zusammenstanden. Nicht seine geringste Absicht war dabei wohl, die Scharte vom Vormittag vor aller Augen auszuwetzen. Er müsse Verständnis verlangen, sagte er mit einem um Milde bemühten, aber künstlichen Lächeln, nicht nur ich hätte einen Anspruch darauf, sondern er ebenso. Aber er sei erst vor wenigen Wochen zum dritten Mal in seinem Leben in Berlin gewesen, auch dies wiederum nur für zwei Tage. Da sei ihm doch sehr merkwürdig geworden, fügte er in falsch aufgeräumtem Ton hinzu, weil er seine halb entschuldigende Einführung offenbar schon übertrieben fand. Jedenfalls habe er sich in diesem Monstrum Berlin so weit im Osten wie in Brest-Litowsk oder Minsk gefühlt, wo er, gottlob!, aber noch nie gewesen sei. Und erst die Menschen! Eine fremde, ihm unheimliche Rasse! Dann rückte er sich unter dem Lachen der Anwesenden und in Erwartung meiner Antwort nicht ohne schmunzelnde Selbstgefälligkeit in seiner Soutane zurecht. Ohne das Ende des unterwürfigen Gelächters abzuwarten, fiel ich ein: Jetzt werde mir klar, daß Freiburg ist, wie es ist! So nah an Afrika!

Denn wo man, wie wir heute nachmittag in der Stadt, geht und steht, laufen einem immerfort «Schwarze über den Weg». Dr. Hermanns Miene vereiste auf einen Schlag, und bis heute genieße ich das blanke Entsetzen, das diese Bemerkung unter den Umstehenden verursachte. Der Rektor drehte mir abrupt den Rükken zu und verschwand mit einem Kopfschütteln durch die nächstgelegene Flügeltür im Gebäude. «So kannst du mit dem Rektor nicht reden», fuhr mich einer der Schüler an, «hast du gar keine Erziehung?» Die hätte ich schon, entgegnete ich, aber eine zu *gegenseitigem* Respekt. Was sage er übrigens, würde ich gern wissen, zu der Bemerkung des Rektors? Sei die in Ordnung gewesen? Während ich mich in der Runde umsah, machte sich einer nach dem anderen davon, und bald stand ich da, allein gegen die Backsteinmauer gelehnt. Als erste kamen Wolfgang und Winfried zu mir. Sie ließen sich den Vorfall erläutern, und Wolfgang faßte zusammen: «Einstand also völlig mißlungen! Du wirst Mühe haben, da wieder rauszukommen. Aber keine Sorge! Wir stehen zu dir, wie richtig dämlich und dämlich-richtig du dich auch benommen hast.»

Ich habe trotz aller Vorwürfe, die mir jetzt und in der Folgezeit wegen meines «Berliner Mundwerks» gemacht wurden, nie versucht, «da wieder rauszukommen». Dazu war ich Autoritäten gegenüber wohl zu gleichgültig und womöglich vom Beispiel meines Vaters beeinflußt. Zudem habe ich aus dem Abstand bereits weniger Jahre vermutet, daß in Dr. Hermanns Zurechtweisungen beim ersten Aufeinandertreffen auch Verletzungsabsicht im Spiel war. Erst später hörte ich von einem, der ihn genauer kannte, daß der Rektor sich geraume Zeit Vorwürfe über seine Ungeschicktheit gemacht habe. Doch sei ihm ein anderes Verhalten nicht möglich gewesen. Denn er habe in uns «Berlinern», trotz der «respektgebietenden Familiengeschichte», eine Abart jenes Zeitgeistes zu erkennen gemeint, den er vor allem in den verhaßten Hitlerleuten verkörpert sah.

Auch bei größerem Verständnis hätte ich mich mit dem Lebensstil des Internats nicht abfinden können. Ich vermißte die Berliner Freiheit an jedem einzelnen Tag. Das Stundenreglement, wonach zum Wecken, Beten, Essen, Schweigen und so den ganzen übrigen Tag hindurch, bis zum Schlafen geläutet wurde, das Gedränge im Refektorium, wie der Essenssaal in Anlehnung an klösterliche Vorbilder genannt wurde, in den Studienzimmern vor den jeweils annähernd zwanzig aufgereihten Klappulten sowie in den kahlen, weißgetünchten Schlafräumen: dieses ganze Reih-und-Glied-Wesen nach Art von Kadettenanstalten war mir zutiefst zuwider. «Ich bin aus dem viel beschimpften Berlin weggegangen», schrieb ich in einem meiner ersten, um Ironie bemühten Brief nach Hause, «und habe preußischen Drill ausgerechnet hier erst richtig kennengelernt. Ich habe es geliebt, jetzt hasse ich es.» Mein Vater schrieb zurück, wie wir uns später erinnerten, ich solle «keine so großen Worte» machen.

Auch zu den Zimmergenossen fand ich keinen Zugang. Überwiegend waren es Bauernsöhne aus dem Schwarzwald oder vom Oberrhein, denen die Anstalt eine Möglichkeit bot, die höhere Schule zu besuchen: die Mehrzahl begabt, ehrgeizig und staunenswert fleißig, aber doch von einer dörflichen Enge, zu der aus der Berliner Welt jeder Weg verbaut war. Abseits und immer etwas gereizt, wie Wolfgang mir vorhielt, verfolgte ich ihre Gespräche in dem schwerverständlichen, so viel penetrante Gemütsfarbe verbreitenden Idiom. Ich sehnte mich nach Berlin, nach dem Revier um den Schlesischen Bahnhof, dem Perronspringen und sogar nach der schönen Verruchtheit der Friedrichstraße. Darüber hinaus waren es die Gespräche am Gartentisch, die mir zunehmend fehlten. Und das Klavierspiel. Denn die Plätze bei den drei oder vier Lehrern für das Internat waren längst vergeben, und ich erreichte nicht mehr, als auf eine der Wartelisten zu kommen. Eine geringe Chance könne ich mir für 1944 ausrechnen, wurde ich beschieden, wenn die Abiturienten jenes Jahrgangs das Internat verließen; vorerst sei nur je ein Platz bei den älteren Damen frei, die Unterricht in

Blockflöte und Laute erteilten. Nach einigen Stunden bei der Lautenlehrerin, die nach meiner Erinnerung Fräulein von Neuenburg oder ähnlich hieß, beschloß ich unter beträchtlichem Kummer, die ausübende Musik aufzugeben.

Anschluß und bald auch Freunde fand ich in der Schule, die ich vom Internat aus besuchte. Schon der Direktor, Dr. Brühler, dem wir uns vor Beginn des ersten Schultages vorzustellen hatten, machte einen weltläufigen Eindruck, und unwillkürlich fragte man sich, welche Umstände ihn wohl an diesen Platz verschlagen haben mochten. In seinem hellgrauen Doppelreiher, oft eine Blume im Knopfloch, wirkte er fast übertrieben elegant. Obwohl erst Mitte Fünfzig, hatte er weißes, straff zurückgekämmtes Haar, das sich im Nacken leicht kräuselte, und dazu ein apoplektisch gerötetes Gesicht, das zum Kavalierstyp seines Schlages gehört. Mit heller, von liebenswürdiger Selbstsicherheit zeugender Stimme eröffnete er uns, es sei sein Ehrgeiz, mit dem Friedrich-Gymnasium die beste Schule Deutschlands zu leiten, und er erhalte diesen Anspruch, allen Zeitumständen zum Trotz, mit Nachdruck aufrecht. Er erwarte Leistung und Disziplin als das Selbstverständliche. Aber ebenso wichtig sei, daß seine Schüler etwas vom humanistischen Geist begriffen, ohne den die ganze Lernerei zur sinnlosen Dressur ausarte. Und als wolle er andeuten, daß er immerhin einiges über die Hintergründe dieses Schulwechsels erfahren habe, fügte er hinzu, alles andere sei ihm ganz und gar gleichgültig. Wir hätten zweifellos Rückstände aufzuholen, wie sie in Berlin infolge der Luftangriffe und der zahlreichen Unterrichtsausfälle unvermeidlich einträten. Nach einem Jahr werde er entscheiden, ob die Schule uns behalten wolle.

Doch bereitete uns der Leistungsabstand zu den Schülern der jeweiligen Klasse die geringste Mühe. Anderes war auffälliger. Vor allem wehte durch das Friedrich-Gymnasium, im Unterschied zu dem pensumversessenen Berliner Lehrbetrieb, ein Hauch von Gelehrtenschule. Auf nahezu jedem Gebiet dienten die erworbenen Kenntnisse zugleich als Material, um Zusammenhänge sichtbar zu machen und den Reiz oder die Schwierigkeit des intelligenten Fragens zu erproben, das heißt, Methoden kennenzulernen, deren Anfangsgründe ich bei den Gartenzaungesprächen erlernt hatte. Ein Beispiel dafür bot unser Griechischlehrer Dr. Breithaupt, ein hochgewachsener, hakennasiger Mann, der seinem Beruf mit enthusiastischem Ernst nachging. Er hatte noch den alten Dörpfeld gekannt, der Troja ausgegraben hatte, Pergamon und andere Stätten der griechischen Welt. Bei Gelegenheit brachte er den einen oder anderen Brief des Gelehrten mit, den er wie eine Reliquie aus der Apostelzeit mit spitzen Fingern in die Höhe hielt, während er mit leuchtenden Augen die Bewunderung einsammelte, die er von den Gesichtern ablas. Dann zitierte er einige in dem Schreiben erwähnte Fragen, mit denen Dörpfeld sich gerade beschäftigte, und wollte unsere Antworten darauf hören. Er kannte auch Karl Reinhardt und andere große Namen der Wissenschaft über die Antike, die er mit raunender Ehrfurcht aussprach, sobald er uns mit den unterschiedlichen Lehrmeinungen über die minoische oder spartanische Kultur, den Verlauf der Irrfahrten des Odysseus oder den Streit über die Anwendbarkeit der Platonschen Vorstellungen vom Staat vertraut machte.

Ein weiterer Unterschied war, daß die politischen Überzeugungen der Lehrer viel freimütiger zum Ausdruck kamen als in Berlin. Das war nicht nur auf die angestammte badische Liberalität zurückzuführen, sondern auch auf den selbstbewußten Katholizismus des Landes, der ein Rückhalt für alle war. Unser Naturkundelehrer mokierte sich unverhohlen über die «arische Physik», Dr. Brühler, der später als FDP-Abgeordneter dem Bundestag angehörte, ahmte im Englischunterricht Otto Gebührs Auftritte in den Fridericus-Filmen nach und stellte durch die bloße Übertragung einzelner Sätze in die andere Sprache das hohle Pathos dieser Darbietungen bloß: «I am so lonely», seufzte er mit säuerlichem Augenaufschlag nach einer der Niederlagen des großen Königs. Wenig später blies er die Backen auf: «But now I am going to victory! Who could hinder me? Me, the one and only Frederic – no, Otto

Gebühr!» Im Religionsunterricht wurde im Anschluß an Bischof von Galens Hirtenbriefe unverblümt von den «Euthanasie-Morden» gesprochen. Eines wie das andere bildeten Vorkommnisse, die in Berlin zwar von vielen Lehrern gedacht, aber schwerlich geäußert wurden.

Nur der Turnlehrer, ein Mann mit prahlerischen Muskeln sowie tiefem Haaransatz, und mehr noch Dr. Malthan, der Deutsch und Geschichte unterrichtete, galten als Anhänger des Regimes. Doch während es der eine auf die verbohrt-pathetische Weise war, die jeden Klimmzug und jede Verbesserung im Hochsprung als Beitrag zum nationalen Ertüchtigungsprogramm verbuchte, verkörperte der andere den Typus des Intellektuellen, der alle Durchgriffe des Staates in einem System zynischer, den Machtgedanken herauskehrender Rechtfertigungen abgefangen hatte. Groß, mit gelichtetem Haar und leicht schielend, dozierte er über Lessings «Philotas», über die deutschen Kaiser und Preußens Friedrich, Kleist und Napoleon, Görres und Metternich bis zum großdeutschen Freiheitskampf, Heldentum und Opfer eingeschlossen. Er liebte es, die Schüler, die seinen Ansprüchen nicht genügten, als «Würstchen» zu bezeichnen, trug anschließend eine «Fünf» in sein Notizbuch ein und höhnte dazu über den Rand der Kladde hinweg: «Mach nicht so ein gramzerfetztes Gesicht!» An den Tagen des NS-Feiertagskalenders sah man ihn bisweilen in der hellbraunen Uniform des politischen Leiters. Er durchquerte die Flure mit kurzen, schnellen Schritten und wirkte dabei, dank der steif nach unten gestreckten Arme, seltsam holzfigurenhaft.

Dr. Malthan war jedoch beileibe keine komische Figur, sondern seiner schulischen wie ideologischen Anforderungen wegen von allen gefürchtet, sowohl unser Religionslehrer als auch ältere Schulkameraden warnten uns wiederholt vor ihm. Als müsse ich seine Gefährlichkeit erproben, stellte ich ihm eines Tages, während er über den Sinn des Rußlandfeldzugs als der Inbesitznahme eines den Deutschen seit Urzeiten verheißenen Lebensraums sprach,

177

eine skeptische Frage. Doch statt des erwarteten «Donnerworts», mit dem er sonst jeden und alle zum Schweigen brachte, des oftmals wie verzweifelt, aber eingeübt klingenden Aufschreis «Was soll das! Was denn nur?», zeigte Dr. Malthan sich bloß auf freundliche Weise geringschätzig und gab mir eine Hausarbeit über «die wirtschaftliche Bedeutung des Donezbeckens für das Reich» auf. «Wenn du das weißt», fügte er hinzu, «wirst du ein für allemal begreifen, wie notwendig der Lebensraum im Osten für uns ist.»

Vielleicht war es lediglich die gedankenlose Verrücktheit, die mich schon in Berlin zuweilen in Nöte gebracht hatte, vielleicht auch die Absicht, mir das Thema etwas unterhaltsamer zu machen: jedenfalls schrieb ich die Arbeit, die alle ergiebigen Rohstoffvorkommen, die Industriekapazitäten sowie die landwirtschaftlichen Nutzflächen des riesigen Gebiets sorgfältig verzeichnete, in einem einzigen, wenngleich streng gegliederten Satz von ungefähr vier Seiten. Während ich mich, von Dr. Malthan aufgerufen, bemühte, den Text zu ordnen und einen Punkt oder doch ein Semikolon zu sprechen, wo nur ein weiteres Komma stand, beobachtete er mißtrauisch die Klasse. Als keine Regung zu bemerken war, sagte er knapp «Ordentlich!» und rang sich sogar ein unscheinbares Lob ab: «Du kannst vortragen! Vielleicht wirst du einmal für einen öffentlichen Auftritt in der Schule gebraucht.» Jedenfalls werde er der Direktion von mir berichten.

Mein Fluchtort aus den Verdrießlichkeiten des Internats blieb Friedrich Schiller. Ich hatte den Band mit den frühen Dramen nach Freiburg mitgenommen und während der Reise «Die Räuber», dann den Beginn von «Kabale und Liebe» gelesen. Doch die Unruhe im Abteil mit dem ständigen Wechsel der Fahrgäste und dem Mal um Mal neu einsetzenden Gerede über die kleinen Wendungen, die ihr Leben aufgrund des großen Schicksals genommen hatte, behinderten die Lektüre. Folglich begann ich bald nach der Ankunft in Freiburg noch einmal von vorn, am häufigsten abends unter dem Bettzeug im Schlafsaal, wenn überall Stille herrschte.

Es waren der hohe Ton und die schöne Exaltation, die mich wie schon während der Reise, von der ersten Zeile an, gefangennahmen. Gegen alle verfinsterten Formeln, die Schiller oftmals dem Niedrigen und Bösartigen zubilligte, drang am Ende das helle Licht oder wenigstens sein Vorschein unwiderstehlich auf die Szene. Manche Passagen kann ich mir noch heute nicht ohne ein Gefühl von Rührung, Glück und Verzauberung in Erinnerung rufen, wie es sonst nur die Musik zustande bringt. Dazu zählen am wenigsten die redensartlichen Wendungen, die damals noch jedermann geläufig waren. Aber die Worte, mit denen Thekla, die sich zur Bestürzung ihrer Mutter in Max Piccolomini verliebt hat, einer Freundin gegenüber ihre Verspätung begründet, sind mir auf Dauer unvergeßlich geblieben, weil sie den ausweglosen Konflikt der Gefühle in zwei Zeilen fassen: «Die Mutter weinte wieder so, ich seh' sie leiden / und kann's nicht ändern, daß ich glücklich bin.» Oder der Ausbruch des alten Miller mit der stetig wiederkehrenden, von unterwürfigem Hohn zeugenden Schranzenformel «Halten zu Gnaden!». Und natürlich der Monolog Wallensteins und jene Textstellen, die mir als Schillersche Lakonie im Gedächtnis blieben – am berühmtesten wohl der Schluß der Räuber, wonach dem armen Teufel, von dem Franz Moor gehört hatte, geholfen werden könne. Oder Lady Milfords schlichte, darum aber um so überwältigender klingende Entgegnung auf Ferdinands herabsetzende Suada: «Das hab' ich nicht verdient, Herr Major!» Und so unendlich vieles noch.

Und dann die hehren und gleichwohl nicht angestrengt wirkenden Bilder des Dichters, wie ich damals fand, sein Freiheitsgedanke oder sein psychologischer Scharfsinn, den unsereins, wie mich der immer einen Schritt vorausgebildete Wolfgang belehrte, unwillkürlich ins Politische übersetzte. Wer denke nicht, meinte er, an den «Fettwanst-Komödianten Göring», wenn er den Satz von den «Affen der Gottheit» höre? An eine Gaunerfigur wie Goebbels, wenn von der «Logis am Galgen» die Rede sei? Und schließlich an sie alle, wenn der Dichter vom Schauspiel der Stärke rede, das nur

Verzweiflung sei? Wo habe er denn das gelesen, entfuhr es mir im halben Ärger darüber, daß er auch das bereits kannte. Wie gerate er immer wieder an Zitate, mit denen er mir voraus sei?

Jedenfalls wurde da und anderswo bei Schiller eine Menschenskepsis hörbar, die fast das gesamte Dramenwerk durchzieht. Der Dichter gilt ja unter Deutschen als etwas naiver Freiheitsphatetiker, man denkt an die IX. Sinfonie und die Weltumarmungen des Schlußchores, an die Grenze aller Tyrannenmacht, gegen die der Mensch in den Himmel greift, um seine «ew'gen Rechte» herunterzuholen, «die droben hangen wie die Sterne selbst». Doch erkannte ich bald, daß Schiller politisch weit weniger naiv war als die Nation insgesamt. Zwar konnte er den «lieben Vater überm Sternenzelt» preisen und die Kleinbürgeridylle der «Glocke» verfassen – aber eben auch einen Essay wie den «Über naive und sentimentalische Dichtung», dessen ausgepichter Scharfsinn im deutschen Sprachraum kaum Vergleichbares hat.

Zumindest ahnungsweise erfaßte ich, daß Schiller aufs Ganze gesehen in den allgemeineren Texten, namentlich in den Gedichten, an seinem Optimismus in den Menschheitsfragen festhielt. In den dramatischen Stücken hingegen, die näher an der Wirklichkeit sind, in «Kabale und Liebe», im «Fiesco» oder gar in der «Jungfrau von Orleans», behalten die düsteren Gegenmächte die Oberhand, der «Wallenstein» ist eine breit ausgelegte Schleppe abgefeimter Intrigen, und Hegel hat sogar, wie ich Jahre später las, einen «Abgrund von Nihilismus» bei seinem schwäbischen Landsmann entdeckt: eine riesige Welt von Verrat, Hinterlist und gebrochenen Schwüren, von Gemeinheit, Tücke und Menschenverachtung. Franz Moor läßt der Dichter ausrufen, daß der Mensch aus Morast entstehe, eine Weile im Morast wate, Morast mache und wieder im Morast zusammengäre: Weiter kann der Pessimismus eines Menschenbildes kaum reichen.

Ich las diese Werke über das Jahr hinweg bis in den frühen Rußlandwinter hinein, so daß sich für mich der Name «Freiburg» ein für allemal mit Schiller und, in absurdem Kontrast dazu, mit den Eisstürmen vor Moskau verbindet. Zwischendurch griff ich auf, was mir unter die Hände kam. In Erinnerung an meinen Vater lieh ich mir aus seiner Bibliothek Jacob Burckhardts «Kultur der Renaissance in Italien», das mich ungemein beeindruckte und zahlreiche Anstöße zu weiterer Lektüre über die Borgias, die Sforzas und das Haus Malatesta gab, über Federigo da Montefeltro, Michelangelo und ungezählte andere. Es war eine Flucht. Nebenher las ich in wirrem Wechsel Rilke, der mir alles andere eine Zeitlang verdrängte; das Sprachwunder des «Cornet» konnte ich damals auswendig hersagen.

In der Schule war es weiterhin die «Odyssee», die sich an die Stelle «dieser Freizeitschriften» setzte, wie meine Brüder spotteten, ferner Vergil und Horaz. Sogar die ungeliebten mathematischen Aufgaben gehörten für eine Weile zum begehrten Stoff, aber bis zu zweimal in der Woche verbrachte ich die Nachmittage mit der Klasse draußen vor den Toren der Stadt im Dreisamstadion. Winfried brillierte wie schon in Berlin auf den Kurzstrecken und schaffte die vierhundert Meter mehrfach unter einer Minute, was mir nie gelang. Und ich entdeckte zu meiner eigenen Verblüffung ein Talent zum Hochsprung, wo ich auf einen Meter sechsundsiebzig kam, während Wolfgang sich in seiner Abneigung gegen die sogenannten Leibesübungen ein ums andere Mal erfolgreich drückte und eine bewundernswerte Phantasie im Erfinden immer neuer Ausflüchte entwickelte. Unser Verbundenheitsgefühl bewährte sich, auch wenn es nicht mehr «gegen die Welt» stand, im Zusammenhalt gegen unsere «Zuchtanstalt». Von Zeit zu Zeit unternahmen wir unsere «Kleinstadtgänge», bestiegen den Münsterturm, von dem aus man an klaren Tagen bis ins Elsaß und in die Vogesen sehen konnte, stahlen uns über die erlaubte Zeit hinaus auf den Schloßberg oder nach Günterstal davon, um ein paar Stunden unter uns oder im Kreis der sich allmählich einstellenden Freunde zu verbringen.

Im Spätherbst las ich Schillers «Geschichte des Dreißigjährigen Krieges» sowie, einmal am Zuge, die «Geschichte des Abfalls der Vereinigten Niederlande». Anders als Goethe war Schiller damals noch eine Art «Kulturheld» der Deutschen, und Daniel Rauch hat ihn als den idealischen Jüngling dargestellt, in dem sich die Nation gern wiedererkannte. Nach den ersten, in Verstimmung endenden Annäherungen im Thüringischen stellte Schiller fest, daß Goethe die eigene Existenz «wohltätig kund mache, aber nur wie ein Gott, ohne sich selbst zu geben». Jemanden wie ihn sollten die Menschen nicht unter sich aufkommen lassen, setzte er in einem aus Scheu, Verehrung und eingestandenermaßen auch aus Eifersucht gemischten Satz noch hinzu.

Aber dann schrieb Schiller, wie ich irgendwo im Kleingedruckten fand, unvermittelt den Bewunderungsbrief an Goethe mit dem, wie ich in meiner Vorliebe für ihn erkannte, grundfalschen Satz: «Sie haben ein Königreich zu regieren, ich nur eine etwas zahlreiche Familie von Begriffen.» Ich war damals tief überzeugt, daß eher das Gegenteil zutraf: Der Regent des poetischen Königreichs war Schiller, während Goethe einer zwar großen, aber bei den ungezählten halbfertigen Lebensvorhaben mit reichlich vielen Bankerts gemischten Familie vorstand. Und er verfügte für mich, wie etwa Heinrich von Kleist im «Prinzen von Homburg», über einen Ton, dem Goethe allenfalls in den frühen Gedichten mit der Verbindung von warmem Naturlaut und Kunstschönheit nahekam: den Akkord von einem immer großen Gedanken mit impulsiver Leidenschaft und unvergleichlicher Schönheit des Ausdrucks. Anfangs hatte ich, als nach wenigen Wochen das Schiller-Fieber wieder bei mir ausbrach, ein schlechtes Gewissen, daß ich sowohl den «Cornet» als auch einige der Rilke-Gedichte nur noch elegant fand. Sie waren gewiß mehr als das, und ich danke bis heute den vielen Umständen, die mir, wenn auch für eher kurze Zeit, ein «Rilke-Fieber» beschert haben, das mir nie gänzlich verlorenging.

Bei Anbruch der großen Ferien fuhren wir nach Berlin. Der

Aufenthalt begann mit einer Art Schauergeschichte. Am späten Abend, zwei Tage nach unserer Ankunft, schrie es von mehreren Seiten her plötzlich «Feuer»!, Löschwagen schossen mit quietschenden Reifen die Straßen herauf, und rundherum begannen Sirenen zu heulen, obwohl kein Fliegeralarm gemeldet war. In der Junker-Jörg-Straße, ein paar Häuser weiter, war ein Brand ausgebrochen und hatte binnen kurzer Zeit das ganze Gebäude in Flammen gesetzt. Als wir, in fliegender Hast aus dem Bett gesprungen, zur Unglücksstelle kamen, stürzte gerade der Dachstuhl durch die vier Stockwerke das Haus hinunter, und die Schaulustigen, die mit offenen Mündern dabeistanden, ließen ein gurgelndes Aufstöhnen hören. Wie aus dem Nichts erschien in diesem Augenblick in einer Fensteröffnung ein altes, haltsuchendes, aber ständig ins Leere greifendes Paar und sprang nach hektischem Geschrei der Menge Hand in Hand in ein bereitgestelltes Sprungtuch, bevor es von Sanitätern weinend und mit schleppenden Gliedern weggeleitet wurde. Wolfgang, nie um einen ironischen Einwurf verlegen, rief beim Blick in die vom Widerschein erhellte Runde: «Warum ruft keiner ‹Licht aus!›? Und wo bleibt der Luftschutzwart, verdammt noch mal!?» Ein Passant neben mir sagte: «Lausejunge! Darf der das?»

Wir blieben, bis trotz aller Anstrengungen das Gebäude beinahe bis auf die Grundmauern abgebrannt war, und zogen erst nach mehrmaliger Aufforderung durch meinen Vater ab. «Kommt nach Hause!» sagte er. «Ihr werdet so was noch öfter sehen!» Auf Winfrieds Frage, was denn das nun wieder heißen solle, antwortete er: «Das war bloß ein Auftakt.» Als wir wenig später in unserer Wohnung angelangt waren, zog er uns Söhne beiseite und meinte: «Das war nicht der Bombenkrieg. Der hat uns bis heute verschont. Aber irgendwann kommt er nach Karlshorst. Dafür war das ein Vorzeichen. Vielleicht will uns ein guter Geist sagen, wir sollten uns schon mal dran gewöhnen.» Als meine Mutter das hörte, stand sie auf und verließ das Zimmer. In der Tür sagte sie mehr für sich:

«Wenn nur die schreckliche Politik nicht wäre! Die zerstört einfach alles!» Und als Wolfgang ihr hinterherging, bemerkte sie zu ihm: Vater könne nur noch in Apokalypsen denken. «Bitte sag ihm, er soll das wenigstens für sich behalten.»

Um uns die Zeit zu einigen Besuchen zu lassen, fuhren wir erst drei Tage später auf die Walken. Wie gewohnt wartete Onkel Berthold mit dem Gespann am Bahnhof, doch unterbrachen wir diesmal die Fahrt in Schwiebus, um Verwandte zu sehen, darunter die «andere Franziska», wie wir sie in Erinnerung an unser Kindermädchen nannten, Tante Cille und weitere Angehörige der väterlichen Verwandtschaft. Danach ging es wie gewohnt über holprige Ortsstraßen und tiefe Sandwege zum Hof am Packlitzsee, und vom Tag der Ankunft an habe ich diesmal bedauert, daß meine Eltern uns, wie immer, nach kurzem Aufenthalt zurückließen. Denn mehr als alles andere hatte ich in Freiburg vermissen gelernt, daß jemand mir verständnisvoll Rede, Antwort und Widerspruch stand. Für die gedankliche Vielseitigkeit selbst bei naiven oder hergeholt wirkenden Fragen hatte ich für meinen Vater keinen Ersatz, und erst jetzt wurde mir dieser Mangel bewußt. Der allzeit ärgerlich kluge Wolfgang bemerkte: «Du kannst nicht immer schlaue Menschen um dich haben.» Unnötigerweise, wie ich fand, sagte er noch: «Du bist jetzt weg von Vaters Gartenschürze – oder, wenn dir das lieber ist, vom zweiten Abendtisch. Find dich damit ab!»

Zurück in Freiburg, erwartete uns eine böse Überraschung. Am Mittwoch, dem ersten sogenannten Heimabendtag nach dem Schulbeginn, entdeckte uns der stellvertretende Rektor des Internats in der Pultnische eines der Studienräume, wo wir bis dahin die HJ-Stunden im gedämpften Gespräch oder lesend verbracht hatten. Mit allen Zeichen des Entsetzens stellte er fest, daß wir einer «Gesetzespflicht» nicht nachkämen, und zeigte sich noch verblüffter, als er hörte, daß wir nicht einmal Mitglieder der NS-Jugendorganisation waren oder je gewesen seien. Er warf uns «verantwortungsloses Verhalten» vor und daß wir damit die «Existenz des ganzen Hauses» in Frage stellten. Noch am Abend wurden «die Berliner» zu Dr. Hermann vorgeladen, und am Ende der Woche erschien ein etwa gleichaltriger Jungenschaftsführer und übergab uns die Mitgliedsausweise zur «Pflicht-HJ» mit dem Satz, es sei keinem «anständigen deutschen Jungen» zuzumuten, in einer Gefolgschaft mit uns Dienst zu leisten. «Daher keine Sorge!» rief er. «Ihr kommt zu euresgleichen! Aber zieht euch warm oder besser kalt an», versuchte er einen Scherz anzufügen. «Die Stenze gehen bei uns barfuß durch die Hölle!»

Ich habe mich, wie Wolfgang und Winfried auch, in der Pflicht-HJ nicht unwohl gefühlt. Während die «Anständigen» im Souterrain des Friedrich-Gymnasiums «Aus grauer Städte Mauern ...» oder «Die Glocken stürmten vom Bernwardsturm ...» sangen und zwischendurch andächtig dem Gewummer der Landsknechtstrommel zuhörten, die nicht nur die Ansprachen und die Lieder, sondern auch die Heldenpointen der vorgelesenen Kriegsgeschichten markierte, mußten wir auf dem Schulhof bei Wind und Wetter im Kreis marschieren, auf dem Boden robben oder in der Hocke mit einem Spaten oder einem Ast in der vorgestreckten Hand über das Gelände krauchen.

Es waren durchweg sympathische, aufsässige Jungen, die unverdrossen zueinanderstanden, den sogenannten Fassonhaarschnitt trugen und die «Swing-Sessions», die sie in den elterlichen Wohnungen veranstalteten, als «Hausmusikabende» bezeichneten, um, wie sie sich belustigten, den Kulturanspruch des Führers auf eigene Weise in die Welt zu tragen. Himmler habe ihnen unlängst zwar mit KZ gedroht, aber der wisse eben nicht, was «deutsch» sei, erklärte mir einer. Nach zwei Stunden «Herumsauen», wie die stumpfsinnige Lauferei im Schulhofdreck unter uns hieß, paßten wir die HJ-Führer ab und zeigten uns demonstrativ in bester Laune; zwei von uns bekamen jeweils den Auftrag, einen Witz bereitzuhalten, den die Herumstehenden mit brüllendem Gelächter zu beantworten hatten. Anders als im Internat oder in der Schulklasse nahm hier keiner Anstoß an den meist albernen Pubertätswitzen aus Berlin, die Wolfgang und ich beisteuerten. Doch mochten die Pointen noch so matt sein: Wenn die HJ-Führer nahten, lachten wir unbändig los und freuten uns über den erstaunten Ärger, mit dem sie an uns vorübergingen.

Zu Weihnachten waren wir wieder in Berlin. Nach dem ersten Austausch der Familiendinge gab es unter dem troddelbehängten Leuchter lange Abende mit endlosen Geschichten aus der nachbarlichen Umgebung. Inzwischen waren die getrennten Abendtische abgeschafft, und meine beiden Schwestern durften bis zu ihrer Bettzeit dabeisein. Wir erfuhren den neuesten Klatsch über «Kalau» Hausdorf, über Goderskis, vom alten Katlewski, der seit unserem Weggang «immer weniger» geworden sei, sowie von den Schönborns, und mein Vater beklagte, daß Dr. Meyer sich trotz aller Aufforderungen nicht mehr blicken lasse. Die Rosenthals hätten über die Freundesrunde ausgerichtet, daß sie halbwegs wohlbehalten, arm, aber immerhin am Leben nach England gelangt seien und beabsichtigten, in die Vereinigten Staaten weiterzuziehen: «Nur weit weg vom schrecklichen Europa!» habe Herr Rosenthal gesagt.

Später kam mein Vater auf Sally Jallowitz. Unlängst hätten sie gemeinsam nach Einbruch der Dunkelheit zwei Koffer mit Silber, Schmuck und Edelstoffen unter dem Gartenhaus vergraben, der Boden sei hart gefroren gewesen und sie hätten schwer zu schaffen gehabt. Es sei noch nicht alles, habe Jallowitz angekündigt, und eine Frau habe er auch noch nicht aufzuweisen. Dann meinte er, ohnehin verlasse er Berlin, wenn es denn sein müsse, nur für ein paar Wochen und werde, sobald der Nazispuk vorbei sei, mit dem ersten Zug zurückkommen. Und das sogar im Erster-Klasse-Abteil, habe er hinzugesetzt, auf «dickem Herrenpolster», einen «edlen Tropfen» vor sich und eine Zigarre im Mund. «Und endlich Frieden!» schloß er. «Und überall nette Leute. Alles, was heute herrscht, ist dann weite Vergangenheit. Ich kann es kaum erwarten!» Er hatte meinem Vater einen Anzugstoff geschenkt, «für gute Dienste», hatte er dazu bemerkt, «dunkelblau mit Nadelstreifen, Weste inklusive». Und am Ende: «Diese Ware können Sie tragen, wenn wir im ‹Esplanade› das Kriegsende feiern, Sie und ich.» Auch Dr. Goldschmidt sei eines Tages erschienen, erzählte mein Vater weiter, der allerdings mit kleinem Gepäck, das sie wiederum nach Einbruch der Dunkelheit unter dem Tennistisch etwa einen Meter tief in den Boden versenkt hätten. Er habe sich nur wertvolle, dafür aber platzsparende Gegenstände angeschafft, habe Dr. Goldschmidt bemerkt. Während seiner Ausführungen, die auf meinen Vater den Eindruck einer abschließenden «Testamentserzählung» machten, drehte er an seinen glatt zurückgekämmten Haaren, so daß der dicke Schädel am Ende reichlich verwüstet aussah. Darüber hätten sie allen Zeitsinn verloren und Dr. Goldschmidt habe sogar in unserer Wohnung übernachten müssen, weil er nach der verordneten Sperrstunde nicht mehr auf die Straße durfte, nun aber besorgt war, einer der Mitbewohner in seinem Charlottenburger Haus könnte sein Ausbleiben bemerkt und, um sich nicht selber schuldig zu machen, gemeldet haben. Zu ihrer Freude sei Dr. Gans unlängst wieder in Karlshorst gewesen, sehr niedergeschlagen, weil Hitler auch bei seinem Rußlandabenteuer vom Glück begünstigt scheine, er jedenfalls werde sich hüten, die offenbar scheiternde Winteroffensive für eine Kriegswende zu halten. Und so die ganze vertraute «tour des personnages» hindurch, wie mein Vater das nannte.

Für das Weihnachtsfest hatte er sich eine kleine Wiedergutmachung ausgedacht. Auf meinem Gabentisch lagen Ernst Jüngers kürzlich erschienene «Marmorklippen». Mein Vater sagte dazu, es handle sich zwar nicht um die «Buddenbrooks» oder den «Zauberberg», aber auch nicht um ein Seemachtsbuch. Sondern immerhin um eine Art von Roman, aber einen mit «viel versteckter Wirklichkeit»; der leere Raum zwischen den Zeilen sei eigentlich, was man lesen müsse, da entdecke man lauter Bekanntes. Er hoffe, er mache mir eine Freude damit. Diesmal war ich es, der eine Umarmung andeutete.

Natürlich meldete ich mich bald nach der Ankunft bei Pfarrer Wittenbrink. Er lud mich für einen der Tage zwischen Weihnachten und Neujahr zum Musikhören in seine Wohnung, es wurden dann drei daraus. Ich berichtete ihm von meinem Widerwillen gegen das Internatswesen, die bornierte, auch durchs Katholische nicht erträglich werdende «Kasernenwelt», und er erwiderte wohl nicht ganz zu Unrecht, daß ich mir durch meine Empfindlichkeit gegen disziplinarische Sperren das Leben nur schwermachte. Sicherlich wäre es sinnreich, nicht nur über unauffindbare Freunde zu klagen, sondern sich auch Schritte einfallen zu lassen, die eine Freundschaft erst ermöglichten.

Ich drängte schnell weg vom Thema, und da wir vor dem Grammophon und vor Bergen von Platten saßen, lenkte ich die Unterhaltung auf Mozart. Vor kurzem hätte ich eine Äußerung Leopold Mozarts gelesen, wonach ihm nie jemand begegnet sei, der von seinem «Wundersohn» nicht als von einer «Unbegreiflichkeit» gesprochen habe, Haydn eingeschlossen. Erstaunlicherweise blieb Wittenbrink nicht bei Mozart, sondern wechselte bald zu Rossini und schwärmte von den einzigartig aufgebauten Ensembleszenen, die sich, wie er ungefähr ausführte, in der Verbindung von Crescendo und Accelerando zu zauberischen Musikpalästen auftürmten. Die Aktschlüsse wie im «Barbier» raubten ihm seit je den Atem, sagte er und spielte mir eine seiner neuen Tauschplatten mit Passagen aus «Cenerentola» vor. Doch wenn man, setzte er, wie plötzlich in die Welt zurückkehrend, hinzu, nach all dem tumultuarischen Glück, das Rossini entfalte, die Hallen dieser Musikpaläste genauer durchwandere, seien sie in aller grandiosen Weite seltsam leer: das herrlichste irdische Vergnügen sozusagen mitten im Nichts. Die Abteilung Spiritualität, Trost und Tiefe sei nebenan zu finden, bei den deutschen Komponisten.

Ich kannte von Rossini bis dahin nur den «Barbier von Sevilla»

Pfarrer Johannes Wittenbrink,
der Nachbar und Freund der Familie, auf einem Foto
aus den fünfziger Jahren

aus jener Aufführung, zu der mich Tante Dolly eingeladen hatte, und wußte zu alldem kaum etwas zu sagen. Aber inzwischen war Wittenbrink bei Beethoven. Goethe habe bemerkt, in der Komödie werde nicht gestorben, ihr Ziel sei immer die Liebe, die Heirat und das Glück. Doch die große Ausnahme sei Beethovens «Fidelio». Diese Oper habe bei allem Vereinigungsjubel am Ende nichts von einer Komödie; da glaube ein vom Weltvertrauen der Aufklärung erfüllter Kopf, daß alle Not und alle Unterdrückung in reine Seligkeit ausgehe. So sei es natürlich nicht. Die Rettung sei das Seltenste in der Welt, sie geschehe nicht einmal im Traum. Nicht ihm jedenfalls. Man sehe sich nur um! Dann war er bei der Politik, dem Krieg und den ungezählten Scheußlichkeiten überall.

Für die Rückfahrt hatte ich Jacob Burckhardts «Cicerone» mitgenommen, aus dessen Kapiteln ich mir trotz aller koloristischen Mühen ein zwangsläufig blasses Bild der Künste Italiens zu verfertigen suchte. Später blätterte ich in der «Griechischen Kulturgeschichte», doch die Störungen durch die Mitreisenden waren so stark, daß ich von Mal zu Mal in einen lustlosen Halbschlaf verfiel. «Ganz Berlin ist auf der Flucht», flüsterte Wolfgang mit einem Blick auf das Gedränge in den Gängen und die hochbeladenen Gepäcknetze, «die Sache mit dem Winter vor Moskau scheint vielen klargemacht zu haben, in welchen Schwierigkeiten wir stecken.» Dann las er, dem die Unruhe offenbar nichts ausmachte, in seinem Dostojewski-Wälzer weiter.

Wenige Wochen nach der Rückkehr traf ich sozusagen meine berufliche Entscheidung. Im Griechischunterricht trug Dr. Breithaupt ein antikisierend verfaßtes Gedicht vor, dessen Titel nach meiner Erinnerung «Die Tränen der Nausikaa» oder so ähnlich lautete. Der Autor heiße Eckart Peterich, setzte der Lehrer hinzu, und zeichne, bildlich gesprochen, das Profil eines zur Seite gewendeten Mädchens, das einem ersehnten oder entschwundenem Glück nachblicke. Als ich wissen wollte, was es mit diesem Autor auf sich habe, erzählte er von Peterichs Veröffentlichungen, von seiner Herkunft aus einer deutsch-italienischen Gelehrtenfamilie in Florenz und von seiner Heirat in ein wohlhabendes Patriziergeschlecht, so daß er in herrschaftlichen Verhältnissen leben könne. Alle diese Umstände erlaubten es ihm, ein Dasein als – ja was, meinte er auf der Suche nach dem angemessenen Begriff, also, sagen wir: als Privatgelehrter zu führen. Das Wort, beiläufig dahergesagt, wirkte auf mich wie eine Erleuchtung, Florenz, den vermögenden Lebenszuschnitt und die begüterte patrizische Frau natürlich eingeschlossen. Schon bei der zweiten Überlegung kam mir außerdem der Gedanke, daß ich als «Privatgelehrter», den Worten meines Vaters zufolge, den elenden Zumutungen der Naziherrschaft entgehen und so frei über mich und die Gegenstände meines Interesses gebieten könnte, wie kein Universitätslehrer weit und breit. Ohnehin wiesen meine Vorlieben durchweg in die entferntere Vergangenheit, sei es Athen oder Florenz. An meine Eltern schrieb ich, woran meine Mutter mich Jahre später oftmals belustigt erinnerte, unter dem Datum des 22. November 1941 mit neunmalklugem Überschwang: «Ich habe einen Beruf.»

Man liest im Leben sicherlich nur einmal wie in den Jahren zwischen fünfzehn und fünfundzwanzig. Verstärkend wirkte aber angesichts der Zeitumstände der Krieg, der sich in unsere Köpfe einfraß und befürchten ließ, man könnte eines der wichtigen Werke verpassen. Noch ausgeprägter war diese Sorge im Blick auf die Musik. Immer wenn ich mit dem Detektor spielte, den mir Wigbert Gans beim letzten Berlinbesuch geschenkt hatte, hörte ich durch alles abrupte Kreischen und die zeitweiligen Tonabbrüche einen Basso continuo, der mir sagte, es könnte gerade diese Aufführung des 4. Beethovenschen Klavierkonzerts mit Edwin Fischer oder jene Haydn-Sinfonie unter Eugen Jochum die einzige oder letzte Gelegenheit sein, das Werk kennenzulernen.

Dieses Empfinden war so stark, daß ich nicht selten Stunde um Stunde am Zapfen des Detektors drehte, ohne mehr als einige entstellte Takte eines nie identifizierten Musikstücks mitzubekommen, oder die Zeit über Büchern verbrachte, von denen ich unter weniger bedrohlichen Umständen höchstens ein paar Dutzend Seiten gelesen hätte. Ich mühte mich durch Ernst Wiecherts «Das einfache Leben», das eine weitverbreitete Zeitstimmung traf und von jedermann gerühmt wurde, durch den Anfang eines Erlebnisromans von Dwinger, dessen Titel ich ebenso vergessen habe wie den eines Kriegsschmökers von Werner Beumelburg, ich begann die Lektüre von Hans Carossas «Arzt Gion», ohne weit zu kommen. Da ich die meisten Bücher nach dem Schlafkommando im Lichtkegel einer Taschenlampe unter der Bettdecke las, mußte ich vorerst auf Dostojewskis «Raskolnikov» verzichten sowie auf den «Idioten», die Wolfgang aus Berlin mitgebracht hatte. Das eine wie das andere war zu schwer und unhandlich für die Lektüre unter der Decke. Mehr aus Verlegenheit griff ich daraufhin zu Robert Ranke-Graves' großem Buch «Ich, Claudius, Kaiser und Gott» und las nach so vielen Umwegen erstmals wieder ein Werk, das nicht nur eines meiner Vorzugsthemen zum Gegenstand hatte, sondern mit seinem literarischen Rang auch hohen sprachlichen Glanz und spannende Belehrung verband.

Die Ärgernisse mit dem Internatsreglement gingen das erste Jahr über unvermindert weiter und führten zu ständig neuen, oftmals lächerlichen Unzuträglichkeiten. Ich habe nie herausgefunden, warum meine beiden Brüder damit zurechtkamen und Wolfgang sich sogar Freiheiten nahezu folgenlos herausnehmen konnte. Aber er hielt schon bald Vorträge vor den drei obersten Klassen des Seminars, über Goethes «Faust» im Lichte moderner Erfahrungen, wie der eine Titel lautete, an den ich mich erinnere, über die «Romantik von Sturm und Drang, die keiner so nennt», sowie über die Schlacht von Tagliacozzo, wo die Macht Konradins von Hohenstaufen endete. Als Dr. Hermann einmal versuchte, Wolfgang mit scheinbar bekümmerten Worten gegen mich aufzubringen, soll er sich, wie das Internatsgeraune wissen wollte, jedes derartige Ansinnen verbeten haben, und das sogar in einem «ungehörigen Berliner Ton». Mir verweigerte er eine genauere Auskunft. «War doch nichts!», meinte er lediglich. «Gab schon Schlimmeres!»

Im Laufe des Winters ging ich mehrmals ins Theater, doch erst im Frühjahr kam ich in die Oper. Auf dem Spielplan standen die «Meistersinger» unter Bruno Vondenhoff, der das Städtische Orchester leitete. Mir hat die Aufführung die liebenswürdige und oftmals mitreißende Seite des Wagnerbildes geprägt. Gleichwohl entdeckte ich, durch Gespräche und Überlegungen angeregt, neben der Alt-Nürnberger Butzenscheiben- und Schindeldachromantik viel Neuschwanstein und pompöse Pappkulisse darin. Verwischt wurde der im ganzen dennoch nachhaltige Eindruck durch meine Rückkehr ins Internat. Da ich aus irgendeinem aberwitzigen Jungenstolz keine Sondererlaubnis erbitten wollte, hatte ich Winfried gebeten, mein Bett für den meist flüchtigen abendlichen Kontrollgang so herzurichten, daß es wie belegt wirkte. Die größere Schwierigkeit boten die Kletterei über den hohen Metallzaun des Seminars und das Vorbeikommen an der Pforte. Aber alles verlief reibungslos, so daß ich bald darauf meinen zweiten Opernausflug auf Einladung eines Klassenfreundes unternahm.

Der Vater Willibalds, wie der Freund hieß, war ein angesehener Freiburger Verleger, der durch ein plötzliches Dazwischenkommen verhindert war, an jenem Abend die Oper zu besuchen. Zwar hätte ich am liebsten eine der mir bekannten Mozart-Opern gehört, doch stand Beethovens «Fidelio» auf den Programmzetteln. Als mich kurz zuvor zufällig Pfarrer Wittenbrink anrief, um einen der «Fragebriefe» zu beantworten, mit denen ich unsere Berliner Unterredungen fortzuführen versuchte, wirkte er auf die Nachricht von meiner Operneinladung wie elektrisiert. «Fidelio!» rief er und fiel in ein Durcheinander von Worten. Er erzählte von Rollen, Steigerungen, dem Finale und zwischendurch immer wieder etwas wie «Der Schluß: Achte darauf! Da kommt das Signal!». Dann fiel er in neues, selbstbegeistertes Reden, bis ich von der Geschichte nichts mehr verstand. Bei einer abseitigen, aber nach seinem überstürzten

194

Letztes gemeinsames Foto der Familie
vor dem Weggang der drei Söhne ins Internat nach Freiburg 1942.
Von links nach rechts: Winfried, die Mutter Elisabeth, Hannih,
Christa, Wolfgang, der Vater, der Verfasser

Reden nur allzu verständlichen Frage forderte er mich auf, das Libretto des «Fidelio» zu lesen.

Mit der Lektüre des Textbuchs mühte ich mich lange herum, und zu dem Klassenfreund sagte ich, es sei ein Jammer, daß nicht Schiller das Buch zum «Fidelio» verfaßt habe, sondern, wie ich gelesen hätte, ein unbekannter Franzose und noch irgendwer. Am Abend vor der Aufführung rief Wittenbrink ein zweites Mal an und drängte, wenn auch diesmal in beherrschtem Ton: «Achte auf die Trompete! Das habe ich dir sagen wollen. Die ist das Signal! Die Trompete ist alles!» Und so einige Zeit weiter, bis er am Ende ohne alle politische Vorsicht hinzufügte: «Den Glauben an das Trompetensignal, den darf man nie, auch heute nicht, verlieren!»

Es war dann merklich nicht Schiller, sondern tatsächlich «ein unbekannter Franzose», mit dem die Vorstellung begann. Nach der Ouvertüre habe ich mich redlich um den Ausdruck interessierter Langeweile bemüht, den ich im Halbdunkel des Parketts überall von den Gesichtern las. Aber spätestens mit dem Gefangenenauftritt, der Kerkerszene und dem Erscheinen des Gefängniswärters in Begleitung Leonores sowie des Kommandanten wuchs nach meinem damaligen Verständnis die Szene zusehends ins Große und bald Übergroße. Nie mehr habe ich aus dem Ohr verloren, wie sich die mir unbekannte Sängerin der Leonorenpartie dem mit dem Dolch herumfuchtelnden Pizarro entgegenstellte und mit einem schrillen «Töt' erst sein Weib!» den Pistol zieht, wie es damals wohl hieß. Dann kam es wirklich von weit her und in die Entsetzensstille hinein: das Trompetensignal. Dergleichen hört und vergißt man nie, oder man hat es nie, in keinem Sinne, je gehört.

So ungefähr war der Eindruck. Natürlich hatte seine Mächtigkeit neben der wahrhaft gewaltigen Musik Beethovens mit den politischen Umständen zu tun, die unser gesamtes Denken und Empfinden beherrschten. Zu Beginn des Jahres war die Nachricht gekommen, daß einer der Söhne Onkel Bertholds im russischen Schnee erfroren war, jetzt erfuhren wir, daß auch den anderen der

Tod ereilt hatte. Unter dem Eindruck solcher Vorgänge kam mir der Gedanke, die Trompetenszene mit «des besten Königs Wink und Wille», dem Befreiungsglück und Vereinigungsjubel am Ende werde nie wieder so verstanden werden wie von uns in den Hitlerjahren. Denn wo gab es das je, daß auf ein bloßes Signal hin die Gefängnistore aufsprangen, die zum Tod Bestimmten freikamen und die Unterdrücker abgeführt wurden? Noch in den Schlußbeifall hinein versicherte ich meinem Klassenfreund Willibald, das müsse im Grunde jeder erkennen. Doch das Publikum unterhielt sich im Hinausgehen über die neuerdings angestrengt klingenden Spitzentöne des Florestan, die jüngsten Frontmeldungen und, gleich darauf wiederum, daß Marzelline mit ihrer Stimme noch nicht ganz fertig sei. Für mich hingegen, sagte ich, sei alles ein Märchen gewesen, ein deutsches Märchen sogar, und eigentlich sei es vom Regime reichlich leichtsinnig, den «Fidelio» zur Aufführung freizugeben. Am Seminar half Willibald mir über den Zaun.

Etwa eine Woche später fuhren wir in die großen Ferien nach Berlin. Wolfgang vertiefte sich, mehrfach aufseufzend, in «Krieg und Frieden», während ich mich aufs neue mit der italienischen Renaissance beschäftigte. Was ich vor mir hatte, war ein Buch über den, wie es in dem reich bebilderten Band hieß, buchstäblich «lichtstrahlenden» und «liebenswürdigsten Tyrannen der Welt», Lorenzo den Prächtigen, das in Form einer bunten, etwas willkürlich geratenen Collage die hohe Zeit von Florenz, ihren Glanz und ihre Finsternisse, beschrieb. Gleich nach der Ankunft in Berlin traf sich am frühen Abend die Familie zum Essen am Gartentisch; bald darauf war der Pfarrer am Zaun, um mich nach dem «Fidelio» zu fragen. Ich weiß bis heute, daß ich ihm antwortete, ich hätte *die* deutsche Märchenoper» gesehen, mehr Märchen als Tante Dollys geliebte «Zauberflöte» oder «Die Entführung». Dann wollte er szenische Einzelheiten wissen, vom Duett am Beginn bis zur «namenlosen Freude» am Ende, ob Don Pizarro so düster und mit «kurz gestutztem Backenbart» hergerichtet gewesen sei, wie es die

Rolle verlange, und ob Rocco, obwohl er mit dem mächtigen Baß eines Gewalthabers singe, den Wicht verkörpert habe, der er sei. Natürlich kam er auch auf das Trompetensignal und hatte Fragen dazu. Ich äußerte Zweifel an Beethovens szenischem Verstand und verwies auf Schiller, nannte einige Vergeßlichkeiten des Textbuchs, die dem Dichter niemals unterlaufen wären, und war schließlich beim Freudenausbruch des Finales. Schiller hätte dem Chor am Schluß sicherlich, schon als Warnung, ein paar schattierende Gegenstimmen beigefügt, weil der Weltgeist, nach allem, was ich bei ihm gelernt hätte, niemals oder nur in politischer Lyrik als Freiheitsverkünder auf der Empore erscheine. Statt die Schurken zu stürzen, verhelfe er ihnen eher zu unverhofften Chancen, bemerkte ich, und Wittenbrink war entsetzt. Aber das hätte er einmal hier am Zaun oder am Telefon gesagt, hielt ich ihm entgegen. Er meinte, ich redete wegwerfend über die große Parabel, wenn ich von einem «Märchen» spräche. In vielen, wohl eher stückweise zusammengesuchten Worten antwortete ich dem Sinne nach: Sicherlich das schönste und zugleich das unwahrscheinlichste Märchen der Welt. «Aber eben doch ein Märchen. So geht das mit der Freiheit nicht! Und deshalb vielleicht sogar ein besonders deutsches Märchen! Eben ein Operneinfall!»

So jedenfalls ist es mir im Fortgang der Zeit immer wieder vorgehalten worden. Bevor wir in diesem Jahr auf die Walken fuhren, habe ich mich, sooft das Gespräch auf den «Fidelio» kam, über die Uneinsichtigkeit meiner Umgebung geärgert, zumal selbst mein Vater auf die Gegenseite überging. Er dürfe das nicht, hielt ich ihm vor, er sei doch, nach Mutters Worten, einer, der sich immer nur apokalyptisch äußere. «Ja, ja!» meinte er unwillig, aber ich würde mit meiner Märchenbemerkung eine große Hoffnung herunterreden. Nach wenigen Tagen unter Onkel Bertholds Regiment allerdings begann ich, unsere Querelen zu vermissen.

7. KAPITEL

Freunde und Feinde

Auf der Rückfahrt nach Freiburg las ich Gobineaus Szenen aus der Renaissance, die mir Schönborns geliehen hatten. Aber diesmal störte mich eine in Kassel zugestiegene, fortwährend plappernde Frau, die angesichts des Krieges von Ehenöten geplagt war, von ihren etwa zehnjährigen Söhnen «Plisch» und «Tunichtgut», dem Nachbarsärger und anderem. In Berlin sei ihr unlängst auf der Pariser Straße ein Passant mit schiefen Absätzen aufgefallen, sagte sie nach kurzem Atemholen, der habe sie an eine Bemerkung ihres Vaters erinnert, wonach es zu den Kennzeichen der Juden gehöre, die Absätze krumm zu treten. Sie habe sich am Übergang Güntzelstraße neben den Mann gedrängt und festgestellt, daß er keinen Judenstern trug. «Aber er war einer», fuhr sie fort. Noch zwei Straßen weiter bis zu dem Haus, in dem er verschwand, sei sie ihm gefolgt und habe die Anschrift der nächsten Polizeidienststelle gemeldet, leider ohne den Namen, doch habe sie eine «sichere Nase» für alles Jüdische. In gedämpftem Ton setzte sie nach einem prüfenden Blick durchs Abteil hinzu: Es heiße ja auch, die Juden würden Geld und Schmuck in den Absätzen verbergen, wer da aufpasse, könne «ganz schön reich» werden.

Keiner der zwei Mitreisenden sagte ein Wort. Winfried schlief. Wolfgang murmelte etwas von «Beine vertreten» und forderte mich auf: «Los, komm! Langes Sitzen tut nicht gut!» Kaum waren wir auf dem Gang, schimpfte er unvorsichtig laut: «Ekelhaft!

Volksgenossin!» Ich bat ihn, leiser zu sprechen, aber er fuhr mich an: «Halt die Klappe! Vater hat wirklich recht: Mit so was will ich nicht zusammengehören. Volksgemeinschaft ist zum Kotzen!» Am Bahnhof Mannheim, der nächsten Station, verließ der ältere der Mitreisenden grußlos das Abteil. Bei Offenburg sah ich ihn im Nebenwaggon auf dem Gang stehen. Er sah durch mich hindurch, obwohl wir uns bis Kassel, wo die geschwätzige Frau zugestiegen war, mehrmals angeregt unterhalten hatten und er mich sichtlich wiedererkannte.

Als ich den Eltern am Telefon unsere wohlbehaltene Ankunft meldete, deutete ich unser Erlebnis an und fragte dann nach Dr. Meyer; denn ich hatte während unseres Aufenthalts in Berlin mehrfach vergeblich versucht, ihn zu besuchen. «Geht wohl nicht mehr an die Tür», bemerkte mein Vater und fügte leichtsinnigerweise hinzu, «um die wohlmeinendste Erklärung abzugeben». Im Hintergrund hörte ich meine Mutter ihr «Himmel, erbarm dich!» rufen. Mein Vater versicherte, er werde an einem der kommenden Tage nochmals zum Halleschen Tor fahren und sozusagen Sturm läuten.

Im Seminar herrschte wieder die «Klosterregel», wie wir sagten, in der Schule waren es weiterhin die «Odyssee» und Vergil, während im Deutschunterricht erstmals Schiller mit «Kabale und Liebe» auftauchte und mein Wissensvorsprung zur Geltung kam. Einige Wochen darauf erhielt die Klasse eine Art Einberufung zur militärischen Grundausbildung für die Flugabwehr, kurz FLAK genannt. Das Lager, in dem wir uns einzufinden hatten, lag um ein ehemaliges Parteihaus herum in einem der südlichen Vororte Freiburgs.

Es war die gleiche Anstaltswelt, wie ich sie schon aus dem Internat kannte, und dennoch fühlte ich mich wie befreit. Später habe ich mich oft gefragt, warum ich das weit starrer ausgerichtete Reglement des Militärs soviel erträglicher fand als die Hausordnung bei Dr. Hermann. Von Bedeutung war wohl, daß ich von nun an nicht mehr ausschließlich unter mir trotz aller Tüchtigkeit fremden Schwarzwälder Bauernjungen lebte, die nachmittags im Studienraum ihre Speckseite aus einer Blechdose holten und mit vollem Munde nach irgendeiner Consecutio temporum fragten. Denn zu dem einberufenen Aufgebot gehörten nicht nur die erfaßten Jahrgänge des Freiburger Friedrich-Gymnasiums, sondern auch die Tertia des Berthold-Gymnasiums und die gleichaltrige Klasse aus dem nahen Emmendingen. Die vielstimmigere Zusammensetzung öffnete manche Zugänge, erweiterte die Themen und machte die Gespräche freier. Und natürlich war jeder so tief in den Reflexen der Zeit gefangen, daß er die Befehle eines herumschnauzenden Unteroffiziers fragloser hinnahm als die von bekümmertem Kopfnicken begleiteten Mahnungen eines Monsignore.

Der Dienst im Haslacher Lager war so stupide wie aller militärische Ausbildungsdrill. Wir mußten die breiten Kieswege zwischen den Baracken herauf- und heruntermarschieren, uns auf Kommando hinwerfen, Griffe klopfen, Fußlappen legen und ein ums andere Mal die nach der Heeresdienstvorschrift HDV vorgeschriebenen Ehrenbezeigungen «mit durchgedrücktem Kreuz» ausführen. Ferner wurde uns Geschützexerzieren und Schießlehre beigebracht, Latrinensäubern, die Spindgegenstände «auf Kante» zu richten oder Kaffee zu holen – der in schweren Henkelkannen aus der Küche herbeigeschafft und vor dem Eßraum einem Verteiler übergeben wurde. Ich kann nicht mehr sagen, wessen Einfall es war, daß ich dabei «Parole?» schrie. Mein Gegenüber Franz Franken jedenfalls, ein bewanderter Musikfreund, stimmte daraufhin eine Arienzeile an: «Nun vergiß leises Flehen», ich antwortete etwa mit «Martern aller Arten, ewig auf Kaffee zu warten» oder, in immer noch leichter Verstümmelung: «Wir sind die Faktoten der schönen Welt …» Im Lauf der Zeit gingen wir auf die Parolenforderung hin zu ständig gröber verballhornten Operntexten über wie «Reich mir den Topf, mein Leben», woraufhin der andere antwortete: «Entwinde mir den Kaffeetrunk …» oder was uns sonst noch an Verbumfiedeleien einfiel.

Nach ungefähr vier Wochen war die Grundausbildung vorüber, doch kam ich zu Weihnachten später als meine Brüder nach Berlin, weil ich auf Einladung Wittenbrinks einen Umweg über Wien eingelegt hatte. Ich wohnte bei einer ihm befreundeten Familie in der Weyringer Gasse und sah jeden Morgen, wenn ich mit Wittenbrink am Belvedere vorbei in die Stadt ging, Wien wie mit dem Silberstift gezeichnet vor mir liegen. Die Freunde meinten, daß die Stadt, anders als Paris, Berlin oder Washington, nicht mit imperialer Majestät auftrumpfe; sogar der Heldenplatz habe für den, der die Sinne aufmache, eine anziehende Häuslichkeit. Der österreichische Charme lasse das Verwinkelte, sogar baulich Kauzige eben bis in die Herrschaftsbezirke hinein, und aus der Verbindung des einen mit dem anderen erschaffe er eine Weltmetropole, die zugleich grandios und menschlich sei. Mir haben sich diese oft schon beim Frühstück erörterten Überlegungen um so stärker eingeprägt, als sie trotz aller unüberhörbaren Selbstanpreisung neu und überzeugend für mich waren.

Doch das nachhaltigere Erlebnis war das musikalische «Rencontre» mit den Freunden des Hauses, die sich an einem der drei Abende meines Aufenthalts einfanden und mir beizubringen versuchten, daß Wien die unbestrittene Welthauptstadt der Musik und niemand anders als Schubert ihr Herrscher sei, noch vor Mozart und Beethoven. Ich hatte Schubert bis dahin nahezu ausschließlich als Liederkomponisten kennengelernt; nun vernahm ich mit wachsendem Erstaunen, daß seine Kammermusik weit höher zu plazieren sei, von den späten Quartetten bis zum unvergleichlichen Oktett. Ihre Inspiriertheit reiche bis ins Todestrunkene, rief der enthusiastische Jüngste unter den Gästen, den alle als «Herr Legationsrat» anredeten, wohl um seinen nahezu unaussprechlichen tschechischen Namen zu vermeiden. Sogar die vielfach spöttischen Scherzi schienen einzig gemacht, den wenige Takte zuvor beschworenen Tod zu verhöhnen, und ließen zugleich mit jeder Note erkennen, wie süchtig sie ihm verfallen waren. Ein korpulenter Herr lief auf spitzen Füßen wiederholt zum Flügel, um eine erwähnte Passage anzuschlagen, machte tänzelnd kehrt, um eines der Motive aus den Liedern nachzutragen, und bat, im einen wie im anderen Falle, auf den «panischen Grundton» zu achten, den Schubert hinter aller melodiöser Liebenswürdigkeit verberge. Was immer er komponiert habe, mischte sich ein anderer ein, sei «pure Todesmusik», und eilte nun seinerseits zum Flügel, um seine Behauptung mit der «Winterreise» zu belegen, sogar mit Tonfolgen des «armen Peter» oder der «launischen Forelle».

Etwa so habe ich den Abend in Erinnerung, und natürlich handelt es sich dabei nur um zwei oder drei größere Bruchstücke aus einer Vielzahl von Themen und Gedanken. Auf der Rückfahrt nach Berlin habe ich mit Wittenbrink das Erlebte noch einmal passieren lassen und dabei auch die Frage gestellt, ob die Erhebung Schuberts auf den Thron damit zu tun habe, daß er, anders als beispielsweise Mozart oder gar Beethoven, ein geborener Wiener gewesen sei. Wittenbrink hielt das für möglich, die Wiener seien nun mal stolz auf ihre Stadt und hegten eine besondere Wien-Eitelkeit. Die aber täte der Einzigartigkeit Schuberts keinen Abbruch.

So weiteten sich für mich die Bilder, wurden vollständiger, auch widersprüchlicher, wie überhaupt, was ich auf diesen Seiten beschreibe, die in der Erinnerung bewahrte, schrittweise Aneignung der Welt ist. Zwischen den Jahren besuchten Wolfgang und ich nach stundenlanger Anstehrei von abends um sieben bis zur Kassenöffnung morgens um neun Uhr das Deutsche Schauspielhaus. Leider war der Botschaftsrat Aprea inzwischen an einen entlegeneren Fleck des Erdballs versetzt worden. Auch weiß ich nicht mehr zu sagen, ob wir diesmal für den «Faust» mit Gustaf Gründgens und Paul Hartmann anstanden, für den «Don Carlos» mit Horst Caspar oder eine Bearbeitung des «Turandot»-Stoffes, die wir uns sämtlich angesehen haben, ohne daß ich noch die Reihenfolge nennen könnte. Mit Tante Dolly gab es die «Zauberflöte», weil ich beim ersten Mal, wie sie sich erinnerte, die Aufführung gleich am folgenden Tag ein zweites Mal hatte sehen wollen.

Im Jahr 1942 blieb die übliche Weihnachtsverstimmung aus. Ich führte sie am Mittag des zweiten Feiertages fast dennoch herbei, als ich mich für den gelungenen Verlauf der Tage bedankte, allerdings die Bemerkung nicht unterdrücken konnte, ich hätte einzig den üblichen Zornausbruch meines Vaters vermißt – und bekam ihn umgehend. Er warf mir eine ungehörige Lust an Mißtönen vor, doch ich erwiderte, ein Mißton zumindest gehöre in unserem Haus an den Feiertagen dazu. Als die ringsum feixenden Geschwister offenbar zustimmten, verließ er wütend den Raum, kehrte aber wenig später zurück und sagte, indem er sich die hingeworfene Serviette wieder in die Weste steckte: «Vergessen! Frechheiten lohnen keinen Ärger!»

Am folgenden Tag, bei klarer, sonniger Kälte, forderte mein Vater Wolfgang und mich zu einem Gang zum Seepark auf. Er sprach von einigen politischen Eindrücken der jüngsten Zeit und kam dann auf Dr. Meyer, den er vergeblich zu erreichen versucht habe. Er werde auch in der kommenden Woche hinter den Kottbusser Platz fahren; sollte er Dr. Meyer wiederum nicht antreffen, müsse man das Schlimmste befürchten. Und «das Schlimmste» bedeute in diesem Falle buchstäblich das Schlimmste.

Nach wenigen Schritten verließen wir den Seepark, weil die Wege allzu vereist waren. Auf dem Rückweg fuhr mein Vater fort, er müsse uns noch erzählen, was er zu seinem Entsetzen unlängst in einer BBC-Sendung gehört habe und zu Hause in Gegenwart der Mutter nicht vorbringen wolle. Einer der Kommentatoren habe ausführlich über eine Unterhausdebatte berichtet, wonach die Nazis die aus Deutschland weggeschafften Juden im Osten nicht etwa, wie hier und da gemunkelt werde, im offenen Gelände ansiedelten, was schrecklich genug wäre, sondern zu Zehntausenden ermordeten. Zwar traue er Hitler und seinen Konsorten alles zu. Aber noch glaube er, in diesem Fall handle es sich um eine der Greuelgeschichten, wie sie die bekannt skrupellose englische Kriegspropaganda schon im Ersten Weltkrieg erfunden habe. Deshalb suche er nach neuen, genauer belegten Hinweisen. Bislang sei niemand von seinen Freunden fündig geworden und das Thema bei der BBC in keiner Sendung wiederaufgetaucht, wie viele Stunden er auch vor dem Radio zugebracht habe.

Er wirkte sehr beunruhigt, und wir versuchten, ihm seine Befürchtungen auszureden. Er bete darum, daß das Gehörte nicht zutreffe, meinte er. So weit gingen die Nazis denn doch nicht, schloß er, als wir in die Hentigstraße einbogen. Vielleicht sage man genauer: Vorerst nicht. Weil ihnen das Wasser noch nicht bis zum Halse stehe. Wenn es mal soweit sei, könne man sich für nichts mehr verbürgen. Dann würden bestimmt die letzten Sicherungen durchschlagen. Ich dachte an Dr. Meyer und Sally Jallowitz. Als ich später meinen Vater ins Herrenzimmer gehen sah, folgte ich ihm und fragte, ob er nicht doch Näheres wisse, er erwiderte, er habe trotz aller Nachforschungen nicht Genaues herausfinden können, vielleicht hätten alle Angst, ihre Kenntnisse zu verraten. Am Ende der Unterredung nahm ich ihm das Versprechen ab, mir Bescheid zu geben, wenn er etwas in Erfahrung bringe.

Wenige Tage nach unserer Rückkehr ins Internat erreichte mich, wie alle Angehörigen meiner Klasse, der Einberufungsbefehl. Unser Zielort war Friedrichshafen am Bodensee, das nicht nur als Produktionsstätte wichtiger Flugbauteile, sondern vor allem aufgrund seiner Zahnradfabrikation von einem weitläufigen Kranz von Luftabwehrbatterien umgeben war. «Ohne Zahnräder kann man keinen Krieg führen», tönte der Feldwebel Grummel beim Aufbruch, um uns auf die Wichtigkeit unseres Einsatzes hinzuweisen. Er war ein gutmütiger norddeutscher Hafenarbeiter mit seltsam zerquetschtem Gesicht und für unser öffentliches Auftreten sowie für die Infanterieausbildung zuständig. Als er uns seine Aufgaben erklärte, schrie er plötzlich: «Ab in den Acker!» und «Volle Deckung!» Dann führte er uns zur Kleiderbaracke, wo wir die blaue

Luftwaffenhelferuniform erhielten, Drillichzeug und die übrigen Ausrüstungsstücke vom Dienstkäppi bis zu den Stiefeln. Natürlich auch Stahlhelm und Kochgeschirr. Wir hatten uns noch kaum mit den Spinden zurechtgefunden, als wir zum Appell vor den sogenannten Spieß, den Hauptfeldwebel Knuppe, gerufen wurden, den wir schon vom folgenden Tag an «den Knüppel» nannten.

Anschließend wurden uns die Funktionen zugewiesen. Der größere Teil der wiederum zusammengeführten drei Klassen hatte künftig den Dienst an den 8,8-Zentimeter-Geschützen zu versehen, die in annähernd zwei Meter hohen, holzverkleideten Erdwällen eingebaut waren. Eine kleinere Gruppe war den sogenannten U-Geräten zugeordnet, die in unterirdischen Bunkern lagen und die Position der fliegenden Ziele zu bestimmen und an die Geschützbedienungen weiterzugeben hatten. Ich kam an ein U-Gerät.

Die Batterie befand sich auf einem Hügel über der Stadt Friedrichshafen in einem blühenden Apfelbaumgelände. Unten schimmerte der Bodensee, und drüben, überm Ufer, stieg inmitten spitziger Bergmassive der schneebedeckte Säntis hoch. Wenn die Dämmerung einbrach, sah man an dem flackrigen, sich im Wasser spiegelnden Lichtersaum die Ortschaften auf der Schweizer Seite, während diesseits, bis nach Konstanz und Lindau, alles in stummer Schwärze lag.

Im Laufe der ersten Wochen waren der Klasse auch einige Lehrer gefolgt, um den Unterricht in den wichtigeren Fächern fortzusetzen. Wir lernten weiterhin Latein, Geschichte und eine Zeitlang wohl auch Mathematik sowie das eine oder andere naturkundliche Fach. Aber die den militärischen Abläufen durchweg nachgeordneten Schulstunden verliefen sich fast notgedrungen im Nebensächlichen, bis Dr. Kiefer auftauchte. In ungewöhnlicher Aufmachung, mit schwarzer Pelerine und weit um den Hals geschwungenem rotem Schal, trat er vor die Klasse, warf seinen Schlapphut aufs Pult und stellte sich mit einem knappen Satz vor, der ungefähr lautete: «Ich habe euch eine Geschichte von deutscher Enge und

Provinzialität zu erzählen. Auch vom Vorsprung der italienischen und französischen Kultur sowie von fahrenden Theaterleuten, die tüchtig, aber hoffnungslos zurück waren und noch im Freien mit ihrem Karren herumzogen, als Paris schon mehrere stolze Theater und Neapel sogar eine Oper hatte. Bis dann mit Lessing der erste deutsche Dichter von Weltgeltung erschien. Sein Genie machte das Land in den folgenden rund einhundert Jahren zu einem Ausstrahlungsort der Künste und der Wissenschaften, wie ihn Europa nur einmal erlebt hat: Jetzt spreche ich von Athen. Und allenfalls vom Florenz Lorenzos des Prächtigen.»

Das Künstlerkostüm, in dem Kiefer auftrat, hatte offenbar damit zu tun, daß er den Lehrberuf nur als eine Art Erwerbsrolle betrachtete und sich im Grunde als Maler verstand. Die unterrichtsfreien Stunden nutzte er, um mit Staffelei, Malbögen und Klappstuhl das Gelände rund um die Batterie zu durchstreifen. Mitunter sah man den zur Korpulenz neigenden Mann zwischen den unterdessen rotgelbe Früchte tragenden Apfelbäumen auf der Suche nach einem geeigneten Motiv an einer Erhebung oder einem Abhang herumklettern; ein paar Stunden später kam er, außer Atem, aber von erkennbar befeuernden Eindrücken erfaßt, mit zwei oder drei im expressionistischen Stil gemalten Arbeiten ins Lager zurück und ließ sich gern in Gespräche mit uns ein. Nicht selten knüpfte er dann an die Schulthemen des Vormittags an.

Er konnte unausgesetzt über Goethe und Schiller, über Kleist, Georg Büchner oder auch die Shakespeare-Übertragungen von Schlegel und Tieck berichten, ohne uns je mit totem Stoff zu quälen. Er erzählte Schillers «Kabale und Liebe» als eine Liebestragödie zwischen Fred, dem Sohn eines hochgestellten Ministerialbeamten, und der Tochter eines Portiers, die nach meiner Erinnerung Irmtraut Schönquell hieß. Lady Milford wiederum, die bei Kiefer wohl den Namen Pamela Grace erhalten hatte, wie ich meiner Mutter schrieb, war in deren Worten eine «fatal herumgekommene» Person. Auch den «Prinzen von Homburg» versetzte Kiefer

208

mit geringfügigen, nicht ganz gefahrlosen Abwandlungen zumal gegen Ende in die Gegenwart, desgleichen Goethes «Faust», ohne die Herkunft der Geschichte kenntlich zu machen. Doch zum Beschluß erklärte Kiefer stets, natürlich habe er den mitgeteilten Vorgang nicht erlebt. Vielmehr sei ihm darum zu tun gewesen, uns auf einigermaßen ungewohnte Weise den Inhalt eines der großen Stoffe der klassischen Literatur zu vermitteln. Er habe damit zugleich beweisen wollen, daß die verbreitete Furcht vor den berühmten Dichterwerken ganz unangebracht sei. Dann begann er mit der literarischen Deutung des beschriebenen Stückes. Worauf es ihm vor allem ankam, war der Zweifel, den er in einer Zeit der «verordneten Gläubigkeiten» zu einer Art Idol gemacht hatte. «Im Zweifel für den Zweifel! müßt ihr euch zur Lebensregel machen», liebte er zu sagen.

Vermutlich sind es die Geschichten über Dr. Kiefer und einige hochmütige Zeilen über das Soldatenleben gewesen, die ich in einem längeren und formal bemühten Brief meinem Großvater nach Berlin schrieb. Jedenfalls antwortete er mir sofort und teilte in ein paar Worten mit, daß ich mich beim nächsten Urlaub «zum Tee in der Riastraße einfinden» möge. Ein Stubennachbar, der die auf dem Hochbett liegende Karte sah, machte sich über den förmlichen Ton lustig und fragte, ob ich «Sie» zu meinem Großvater sagte. Ich erwiderte lediglich: «Nein, kein ‹Sie› und keine Förmlichkeit. Einfach nur großstädtisch!» Er verbreitete daraufhin, ich sei unverträglich und unerzogen.

Ein anderer Zimmernachbar empfahl mir beim Geschützreinigen, als wir auf dem Kasernenhof herumbalancierten, Josef Weinheber, von dem ich bis dahin nichts kannte. Er lieh mir auch einen Gedichtband, und ich las darin mit zunehmender Teilnahme. Der Titel lautete, falls ich nicht irre, «Adel und Untergang». Es war ein großer, für mein Gefühl allenfalls von Schiller überbotener Ton, der mir auf diesen Seiten entgegenschlug, zuweilen hochtrabend heroisch, immer wieder Tod und Leben verschwisternd und erfaßt vom Pathos der Epoche. Da war von «heiligen Irrfahrten» die Rede, auch vom «Weltenfeuer», doch schon im nächsten Vers mit expressionistischem Anklang von «steilen Gluten» oder «ambrosischen Locken»: alles Adel und Untergang, die dann wiederum in eine nie ganz anstrengungslose Klassizität wechselten. Auch beeindruckten mich die Reim- und Zeilenspielereien vor allem der sogenannten Gedichtkränze. Wolfgang, dem ich bei einem Treffen in Frankfurt an der Oder, wo er den Rekrutendienst ableistete, einen der Bände zu lesen gab, konnte sich nicht genug tun im Spott über das «Wortgeschmetter», wie er sagte, und parodierte einzelne Passagen wie ein priesterliches Dies irae. Mir hingegen, der noch geraume Zeit Josef Weinhebers «blütenumkränzte Häupter» und «traumgeschwungene Münder» für immerhin beachtliche Lyrik hielt, wurde später, im Abstand einiger Jahre, durch den Dichter bewußt, wie man dem Zeitgeist verfallen kann, auch wenn man im Widerspruch zu ihm erzogen war.

Gegen Anfang Mai 1943 kam ein Brief meines Vaters, der mancherlei Vorgänge aus Karlshorst mitteilte und in einem Nachsatz berichtete, er sei zweimal am Halleschen Tor gewesen, habe aber unseren Freund «Dr. Müller» nicht erreichen können; er sei vermutlich «abkommandiert»; wir könnten nur hoffen, daß er unbeschadet zurückkehre. Mir kam natürlich ein schrecklicher Verdacht, und in der Erinnerung ging ich noch einmal einige Gedichte und seine Bemerkungen beim Abschied durch, die unsere Verbundenheit hergestellt und bestärkt hatten. In meinem Antwortbrief verlor ich aber kein Wort darüber. Vielmehr verdeckte ich meine Beunruhigung hinter einigen Nebensächlichkeiten und wies darauf hin, daß ich wahrscheinlich Ende Juni Urlaub erhielte, dann hoffte ich, Genaueres von ihm zu hören. Zugleich bestätigte ich die Absprache, zwei meiner Freunde mitzubringen. Alles Weitere sollten wir aufschieben. Und als ein Postskriptum hatte ich hinzugeschrieben: «Was können wir tun?»

Ende Juni reiste ich tatsächlich mit Helmut Weidner und Norbert Steinhardt nach Berlin. Die Eltern erwarteten uns am Anhalter Bahnhof. Mein Vater wirkte wieder reichlich bedrückt, und als ich wenig später mit meiner Mutter hinter den anderen herging, sprach sie von ihrer Hoffnung, daß der Besuch ihn aufmuntere. Dazu müsse man allerdings das Mögliche tun und jede politische Auseinandersetzung vermeiden. Sie mache sich einige, nicht unbegründete Sorge und hoffe auf meine Unterstützung.

Die Gespräche gerieten zwar anfangs mehrfach ins Politische, doch gelang es meiner Mutter und mir immer, die Themen zu wechseln, und als Pfarrer Wittenbrink am Vormittag im Garten auftauchte, konnte ich zuvor einige warnende Worte loswerden. Zwar seien meine Freunde politisch unserer Auffassung, sagte ich, doch könne niemand wissen, wie verschwiegen sie zumal in Bedrängnis seien. Auch hätte ich sie nicht eingeladen, um politische Gespräche zu führen, sondern um sie mit Berlin bekannt zu machen, mit Schloß, Linden, Museen und Alexanderplatz. Wir wollten nichts anderes als Ferien vom Militärdienst, sagte ich, Theater und Konzerte besuchen, die Radrennen im Sportpalast und, wie wir bewußt verharmlosend versicherten, die «bunten Mädels» auf der Friedrichstraße. Etwas wie Besitzerstolz erfüllte mich, während ich sie herumführte, am stärksten, als wir in das seit Kindertagen geliebte, inzwischen ein wenig verödete Potsdam hinausfuhren, nach Sanssouci, zum Marmorpalais und zur Garnisonkirche.

Als wir am folgenden Morgen zum Frühstück in den Garten kamen, ging Wittenbrink schon auf seiner Seite des Zauns brevierbetend auf und ab. Kaum daß wir angelangt waren, begann er in Erinnerung an die voraufgegangenen Mahnungen ein Gespräch über Mozart und wie er gleichsam fertig auf die Welt gekommen sei. Und als er hinzufügte, das sei fast soviel wie das Wunder von Kanaan, nahm ich mir heraus, ihn vor der Sünde der Häresie zu warnen. Wittenbrink lachte nur und entgegnete, zum Glück gebe es heute keine Inquisition mehr. Als sich jedoch weder zum einen noch zum anderen Thema bei meinen Freunden das rechte Echo

211

einstellen wollte, ging er zur Malerei über. Seine große Neigung gehöre den Italienern und Niederländern, versicherte er, dann erzählte er über die verschiedenen Malerschulen, von Siena, Florenz, Rom, und kam von da auf den, wie er sagte, «großen Caravaggio», den er ungeachtet dessen Vorliebe für «allzu nacktes Fleisch» rückhaltlos bewundere. Sein Lebenstraum sei stets ein Bild des «großen Malers» gewesen, doch nehme sich Caravaggios Hinterlassenschaft angesichts der wenigen Jahre, die er zudem noch großenteils in Kneipen, Bordellen und Gefängnissen verbracht habe, zu gering aus. Seine Kunst, mit dem Licht wie mit einer Art von kaltem Feuer umzugehen, sei geradezu sinnbetörend, es wärme und mache den Betrachter zugleich frieren. Wir dürften keineswegs versäumen, des «großen Caravaggios» Werke in der Nationalgalerie aufzusuchen.

Wir fuhren denn auch in die Stadt, doch meine ich, die wenigen Bilder, die mir von früheren Besuchen bekannt waren, seien zu dieser Zeit bereits weggeschafft gewesen. Aber ich zeigte meinen Gästen die Museumsinsel, wir liefen durchs Nicolaiviertel und die Linden hinunter sowie zu meinem einstigen Gymnasium und anderen erfundenen Wichtigkeiten, um den politischen Gesprächen meines Vaters zu entgehen. Denn ich hatte während der gesamten Anwesenheit der Freunde, womöglich bestärkt durch meine besorgte Mutter, die Ahnung, es werde wohl noch zu einem Zornausbruch meines Vaters kommen. Ich nutzte eine Gelegenheit, ihn neuerlich nach dem Verbleib einiger Freunde wie Walter Goderski, Bruno Block und Dr. Meyer zu fragen. Er hatte jedoch nur Allgemeinheiten vorzubringen.

Durch die Erkundigungen meines Vaters nach dem Schulunterricht kam das Gespräch auf Vergil, und Norbert, der gerade ein Buch über den Staatsdichter des Augustus las, führte sich augenblicklich als Kenner auf. «Bitte, kein gebildetes Gespräch!» bat Helmut. Aber Norbert ließ sich, einmal am Zuge, nicht von seinem Thema abbringen und wußte ungezählte Einzelheiten, historisch oder legendär, die den Aufstieg Roms mit dem Untergang Trojas verknüpften. Er erzählte, wie Aeneas, als er das schreckenerregende Bild seiner Heimatstadt entdeckt, die Gewißheit gewinnt, daß in Karthago mitfühlende Menschen wohnen müßten, weil die Fähigkeit, fremdes Unglück zu empfinden, die humane Welt ausmache. Irgendwann schaltete sich dann mein Vater mit dem Hinweis ein, daß Vergil in Deutschland nie den Ruhm wie im übrigen Europa erlangt habe. Es sei wohl bezeichnend, daß die «Odyssee» mit einer Eheidylle ende, die «Aeneis» hingegen mit einer Staatsgründung.

An einem der folgenden Tage ging ich zum Tee in die Riastraße, und zum ersten Mal erlebte ich meinen Großvater als gesprächigen, sogar gewandten Unterhalter. Er wußte nicht nur, wie wir immer behauptet hatten, über Leben und Geschäfte ein paar Sätze zusammenzubrummen, sondern konnte auch über die klassische französische Literatur von Montaigne bis Chateaubriand kenntnisreich reden. Überraschend sprach er von dem «kleinen und ersten Stück Literatur», das ich ihm mit meinem Brief geschickt hätte, wollte Näheres über Dr. Kiefer und die übrigen Lehrer hören, welches Buch mich unlängst beeindruckt habe und wie sich meine literarischen Vorlieben mit dem Stumpfsinn des Militärlebens vertrügen. Auch die Aufmerksamkeiten, die sonst unsere Sache waren, kamen diesmal von seiner Seite: Er goß den Tee nach, reichte das Gebäck herüber und fragte von Zeit zu Zeit nach meinen Wünschen. Zugleich wollte er meine Pläne erfahren; ich antwortete, alles laufe darauf hinaus, durch den Krieg zu kommen. Nichts anderes! Er hatte von dem Brief gehört, wonach ich «Privatgelehrter» werden wollte, und sagte jetzt: «Halt in diesen Zeiten dran fest! Wenn manche lachen, mach dir nichts draus! Mit dem Vernünftigen hat man immer Schwierigkeiten!» Die Großmutter, die sich für eine halbe Stunde zu uns gesetzt hatte, schenkte mir am Ende einen Steinguttopf mit ihrer von allen gerühmten Crème caramel.

Bald darauf gab der Großvater zu verstehen, daß wir aufbrechen müßten. Als ich mich an der Tür verabschieden wollte, schüttelte er den Kopf und sagte: «Heute begleite *ich* dich!» Während der zehn Minuten zur Hentigstraße sprachen wir über die Landschaft um Friedrichshafen und den Bodensee. Ich erzählte ihm, daß einer der Kameraden sie während der Wache auf dem dunklen Geschütz-stand «zärtlich» genannt, mich aber gleich darauf fast erschrocken gebeten habe, das Wort zu vergessen. Nach dem Grund befragt, meinte er, es passe nicht in die Soldatenwelt und würde nur Ge-lächter hervorrufen, was wiederum den Großvater belustigte.

Als wir vor unserem Haus anlangten, sagte ich, jetzt sei es an mir, *ihn* wiederum zurückzubegleiten, so gehöre es sich. Neuerlich ver-neinte der alte Mann und meinte: «Heute gerade nicht! Heute habe *ich* dich nach Hause begleitet.» Und während ich noch darüber nachdachte, warum meine Schwestern den Großvater so fürchte-ten, empfahl er fast mahnend: «Sieh zu, daß du durchkommst!» Dann setzte er hinzu, man könne was dafür tun: «Du weißt, was ich meine!» Ich hatte keine Ahnung, tat aber so, als hätte ich begrif-fen. Durch eine Geste zu meinen Schultern deutete er anschließend eine Akkolade an, machte auf dem Absatz kehrt und ging. Als ich meiner Mutter davon berichtete, sagte sie lächelnd: «Er mag nun mal kein genre sentimental. Ich hab's schließlich von ihm!»

Am Abendtisch des nächsten Tages kam es zu dem befürchteten Zornausbruch meines Vaters. Es begann ziemlich unverfänglich mit seiner Bemerkung, daß jeder Mensch angesichts seines verrin-nenden Daseins eine Schuld abzutragen habe – falls die Umstände es zuließen. Ungeschickterweise fragte ich, ob er mit dem Nachsatz sein eigenes stillgestelltes Leben zu rechtfertigen versuche, und von einer Sekunde zur anderen brach es wie ein lang aufgestauter Groll aus ihm heraus. Er müsse sich das nicht sagen lassen, rief er, das Besteck in Gegenwart meiner Mitschüler vor sich hinwerfend. Seit Jahren leide er an seiner Untätigkeit. Um der Familie willen – ach was!, unterbrach er sich. Aber das Regime am Gartenzaun zu ver-abscheuen, BBC zu hören und für die Notleidenden zu beten: Das sei überhaupt nichts! «Ja!» fuhr er fort. «Ich halte mich draußen. Wie alle! Und ich habe Gründe dafür! Aber ich weiß inzwischen, daß es unter den bestehenden Umständen keine Trennung von Gut und Böse gibt. Die Luft ist vergiftet. Das infiziert uns alle!» Und so noch lange weiter. Ungefähr jedenfalls und nach der Erinnerung, die wir später wiederherzustellen versucht haben.

Meine Mutter stand bei dem niemals zuvor ähnlich zornigen Ausbruch meines Vaters auf, blieb aber an der Zimmertür stehen. Nach kurzem Innehalten ging sie zu seinem Platz und legte ihm die Hände auf die Schultern. «Ich bitte dich, Hans!» sagte sie leise. «Wir haben Gäste!» Meine Schulfreunde saßen wie versteinert da, doch mein Vater war sichtlich noch nicht am Ende. «Niemand kann sich freisprechen», hob er aufs neue an, «nicht mal der gerechteste Haß erteilt Absolution! Was bedeutet das schon! Haß ist zuwenig. Hört endlich auf mit dem Gerede! Es soll euch nur die Schuld vom Hals schaffen!»

Die Szene endete erst, als meine beiden Schwestern, aufgeschreckt von dem Lärm, in ihren Nachthemden weinend in der Tür standen. Mein Vater brachte sie mit beruhigenden Worten in ihr Zimmer und kehrte wenig später mit einer entschuldigenden Formel an den Tisch zurück. Während er sein am Boden liegendes Besteck aufhob, sagte er, er stehe zu jedem seiner Worte. Die Bitte um Entschuldigung beziehe sich lediglich auf das Geschrei, das er verrückterweise veranstaltet habe, und auf den Verlust an Selbstkontrolle.

Die drei Tage, die noch blieben, verbrachte ich mit meinen Freunden meist in der Stadt, die schon von den Luftangriffen gezeichnet war, sowie am Gartentisch. Einmal kam Dr. Hausdorf zu Besuch und verwickelte uns, ausnehmend ernst gestimmt, in ein Gespräch über die Skepsis, die er neben dem Glauben die andere, wahrhaft menschliche Tugend nannte. Wo das eine oder das andere fehle, sei das Zusammenleben erschwert oder gar unmöglich; beide gemeinsam hingegen verbürgten das bißchen Erträglichkeit, das den Menschen erreichbar sei. Über die Frage, wie die zwei Gegensätze zu vereinbaren seien, kam es zu einer längeren Auseinandersetzung, bei der wir ihn in die Enge drängten. Doch als er gegangen war, meinten wir, er habe recht gehabt. Das Leben bestehe nun mal aus Widersprüchen.

Am Tag vor unserer Rückfahrt stießen wir hinzu, als Pfarrer Wittenbrink im Nebengarten gerade seine Runden drehte, und er kam, als er uns am Gartentisch Platz nehmen sah, mit geradezu stürmischen Schritten zu uns herüber. «Ich hab's endlich!» rief er uns schon von weitem zu. «Vergeßt die Scholastiker und Thomas von Aquin, vergeßt Descartes und Leibniz! Ich hab den definitiven Gottesbeweis!» Wittenbrink schien außer sich, und meine Mutter, die uns gerade einen Tee brachte, meinte später, er habe feuchte Augen gehabt. «Die Sache verlangt keine komplizierten Ableitungen», fuhr er fort, «sondern besteht aus einem Wort, wie alle überzeugenden Erkenntnisse. Der überzeugendste Gottesbeweis lautet: Mozart! Jede Seite seiner Biographie lehrt, daß er aus einer anderen Welt kommt und sie zugleich, trotz aller quälenden Verborgenheit, sichtbar macht. Warum hat das bisher keiner gesehen?»

In diesem Ton redete Wittenbrink fast entrückt weiter. «Wo gibt es das noch einmal, daß einer nichts erarbeiten muß, sondern seine Eingebungen einfach hinschreibt, weil er sie immer schon besitzt? Man vergleiche nur Mozarts Notenschriften, die Menge jedenfalls, mit denen Beethovens! Der ringt mit allem, womit Mozart auf die Welt gekommen ist, und schreibt stets Beschwörungsmusik!» Natürlich habe ich von Wittenbrinks Worten das meiste vergessen. Aber die Unbändigkeit seines Ausbruchs ist mir bis heute in Erinnerung. Mancher Gedanke ebenso, wie etwa der, daß einer leicht wie die Luft sein kann und zugleich tief, heiter und traurig im buchstäblich gleichen Ton, groß und niemals banal. Daß er selbst die schreiendsten Widersprüche in vollkommene Harmonie übersetzen kann, ohne ihnen etwas von ihrer Gegensätzlichkeit zu

216

nehmen. «Wer das ‹Ave verum› hört», meinte er, «muß begreifen, daß kein Menschenton Gläubigkeit so ausdrücken kann. Und mit ungezählten anderen Empfindungen verhält es sich ebenso, für die Liebe müßte man die ‹Rosenarie› nennen, für die Träumerei das erste Duett zwischen Fiordiligi und Dorabella aus ‹Così fan tutte›, für anderes viele Sätze aus den Klavierkonzerten oder Passagen der Streichquartette.» So redete er weiter. Einschübe gestattete Wittenbrink sich allenfalls mit dem immer wieder eingeworfenen Begriff «Gottesbeweis». Von dem, was er meinte, haben meine beiden Freunde fast nichts verstanden; ich hatte immerhin eine Art Schule hinter mir. Um so überzeugender wirkte, wie er es sagte. Ich hatte bis zu diesem Tag nicht gewußt, daß der Inhalt so vollständig hinter dem Ton zurücktreten kann.

Kurz vor unserem Aufbruch, als die Koffer schon halbwegs gepackt waren, schlug mir mein Vater einen kurzen Spaziergang vor. An den Sandbergen, als weit und breit niemand zu sehen war, kam er noch einmal auf seinen Ausbruch zurück: Er sei so aufgebracht, weil er schreckliche Nachrichten aus dem Osten habe. Als ich nähere Auskünfte erbat, lehnte er eine Antwort ab und sagte: «Nicht jetzt! Vielleicht ein andermal. Denn es würde dich nur in Gefahr bringen!» Er erwähne das lediglich, ergänzte er, um seine Gereiztheit begreiflich zu machen. Sein Verhalten sei eine Entgleisung gewesen. Ich solle aber wissen, daß er Gründe dafür gehabt habe.

Doch wer sich umtat und einiges Mißtrauen gegen die Machthaber aufbrachte, stieß auf immer neue Hinweise über Massenmorde in Rußland, Polen und anderswo. Zwar klang vieles widersprüchlich und wurde nur als Hörensagen weitergegeben; die Häufung hingegen erhob das Berichtete fast zu Gewißheiten. Die ersten Andeutungen machte mir bei meinem folgenden Berlinbesuch Wigbert Gans, und auch in Freiburg war manches Herumgeflüsterte über wahllose Erschießungen vor Massengräbern zu hören. Im Frühjahr 1944 und dann noch einmal drei Monate später weihte mich

Wittenbrink unter Beschwörungen strengsten Stillschweigens in kaum vorstellbare Greueltaten ein, die er von ratlosen, an der Ostfront eingesetzten Gemeindemitgliedern erfahren hatte. Er sagte auch, daß er mit meinem Vater oftmals bis zur Verzweiflung beredet habe, was gegen solche Verbrechen zu tun sei. Dennoch dürfe ich ihm gegenüber kein Wort über das Vernommene verlauten lassen, er habe meinem Vater das Versprechen geben müssen, uns nichts zu sagen. Im übrigen habe jedes Gespräch in der Erkenntnis geendet, daß sie ihre Ohnmacht noch niederdrückender verspürt hätten. Von Gaskammern hingegen war in allen vertraulichen Mitteilungen, die mir zugingen, nie die Rede. Weit häufiger wurde die Frage gestellt, warum die britischen Radiostationen ihr Wissen über die Menschenausrottung nicht wieder und wieder verbreitet und die Welt damit in Empörung versetzt hätten. Doch London bleibe stumm, sagte mir unser Religionslehrer, den ich beim Heimgang vom Freiburger Münster nach einer der aufsässigen, überfüllten Sonntagspredigten des Erzbischofs Gröber traf.

Als ich in Begleitung meiner Eltern mit meinen beiden Schulfreunden zum Anhalter Bahnhof kam, nahm mein Vater uns beiseite. Er ging wie immer den Bahnsteig bis zum Ende des streckenweise zerstörten Glasdachs und einige Schritte darüber hinaus, während meine Mutter mit der älteren meiner Schwestern an der Waggontür zurückblieb. «Ich habe Vertrauen zu euch», sagte er zu den beiden Freunden, «und weiß, daß ihr kein Wort weitersagen werdet.» Als sie nickten, setzte er hinzu: «Ich erwarte die Russen am Brandenburger Tor. Alle werfen mir Schwarzmalerei vor. Aber das ist es nicht. Ich hätte gern unrecht, denn das Rechthaben ist auf Dauer ein blöder Triumph. Ich habe schon zu viele davon gehabt.» Wieder vor der Waggontür angekommen, sagte er: «Seht zu, sofern ihr's lenken könnt, im Westen zu bleiben.» Als wir uns zum Abschiedwinken schon im Fenster drängten: «Ich erwarte, daß Gott am Ende ein Zeichen gibt. Ich wage nicht zu sagen, wie sein Spruch ausfallen wird.» Dann setzte sich der Zug schwerfällig in Bewe-

gung, und wir hörten noch, wie mein Vater im eiligen Nebenher-
laufen über die puffenden Geräusche hinweg rief: «Ich hoffe, wir
sehen uns wieder!»

In Friedrichshafen gerieten wir in den alten Trott mit Feld-
dienst, Geschützwartung, leeren Stunden am Nachmittag und
dröhnendem Schnarchen bei Nacht. Beim Exerzieren schrie Feldwebel Grummel herum und versuchte, ein bärbeißiges Gesicht
aufzusetzen. In unregelmäßigen Abständen inspizierte der dick-
bauchige und gutmütige Hauptmann Kersting, der ein Ladenge-
schäft in Karlsruhe betrieb, die angetretenen Reihen und mahnte
zu erhöhter Wachsamkeit. Denn seit dem Sturz Mussolinis und der
langsam näher rückenden Front wurden die Einflüge häufiger, und
mitunter verging kaum eine Woche, in der wir nicht mehrfach, bei
Tag wie bei Nacht, an die Geschütze gerufen wurden.

Auch die wenigen Lehrer, die uns in die Stellung begleitet hatten, waren noch da. Auf ein Zeichen der Trillerpfeife liefen wir mit
Büchern und Heften in die Schulungsbaracke. Dr. Kiefer war unterdessen bei Georg Büchners «Woyzeck» und las mit uns im neu-
en Jahr Gerhart Hauptmanns «Vor Sonnenuntergang». Er wandte seinen Vergegenwärtigungstrick zur Enttäuschung der Klasse
nicht länger an, doch als niemand mehr damit rechnete, kam er
mit Hilfe einer weitläufigen Ablenkungsgeschichte beim «Grünen
Heinrich» wieder darauf zurück.

Auch diesmal sprach er angesichts der Kriegslage häufig über
den Zweifel als die erste bürgerliche Tugend, und ich dachte an Dr.
Hausdorf, der mit anderen Worten das gleiche sagte. Eine Anregung Dr. Kiefers aufgreifend, begann ich zu jener Zeit Nietzsche
zu lesen, daneben Stücke Oscar Wildes, dessen Werke Norbert
mitgebracht hatte, was mich um so mehr staunen machte, als er ein
schwerblütiger, etwas umständlicher Charakter war, der zu dem
aphoristischen Witz des Schriftstellers schwerlich passen wollte.
Wie viele meiner Generation beschäftigte ich mich auch mit Speng-
lers «Untergang des Abendlandes» sowie einer kommentierten

Ausgabe der «Apokalypse»: alles durcheinander, halb begriffen, erfaßt von Endzeitgefühlen. Neu waren die sechs, acht russischen Kriegsgefangenen, die inzwischen rund um die Geschütze Dienst taten. Sie schleppten die schweren 8,8-Zentimeter-Granaten heran, säuberten die Batteriestände, die Baracken und verrichteten jede Art von Arbeit. Sie waren durchweg freundlich und hilfsbereit, und manchmal kam aus den kleinen Finnenzelten, in denen sie untergebracht waren, der «Summsang», den ich aus Berlin in Erinnerung hatte. Mit einigen der Russen ergab sich im Lauf der Zeit eine fast herzliche Verbindung. Doch ein Obergefreiter, der ein unnachsichtiger Parteimann war und mich einmal im Gespräch mit Michail und Lew stehen sah, lud mich vor und mahnte, mit «dem Russenpack nicht zu kameradschaftlich» umzugehen. «Die da», sagte er mit einer hindeutenden Geste, seien «sämtlich Revolutionäre. Die bringen uns am liebsten alle um. Einen wie den anderen.» – Dann, mit erhobenem Zeigefinger: «Wenn sie könnten! Du ermutigst sie noch dazu!»

Vor ihm hatten wir uns in acht zu nehmen, insbesondere wenn wir zu später Stunde ausländische Sender hörten. Selbst die Welle, die sich vom Balkan mit «Lili Marleen» meldete, erregte sein Mißtrauen. Als ich die Klassenkameraden warnte, daß das Abhören sogenannter Feindsender streng untersagt sei und mit mindestens zehn Jahren Haft bestraft werde, entschied eine Mehrheit, Gewinn und Vergnügen seien zu gering und die Gefahr für das «Radioverbrechen» demgegenüber zu groß. Trotzdem hörte etwa ein Dutzend der Mitschüler in einer abseits gelegenen Baracke die «Feindsender» von nun an mit gesteigerter Vorsicht und Aufmerksamkeit.

Die andere Neuerung bildeten die Stabshelferinnen, die während der Weihnachtstage zur «Verstärkung der Schreibkräfte», wie es hieß, in der Batterie eingetroffen waren. Sie wohnten in einem gesonderten Gebäude wenige hundert Meter abseits. Gewitzte Kameraden fanden heraus, daß in der «Helferinnenunterkunft» regelmäßig «Versteigerungen» stattfanden, bei denen eines der Mädchen zur Radiomusik auf dem Tisch tanzte, irgendwann wurde die Musik unvermittelt angehalten, während das «Tanzmädchen» in einer fliegenden Drehung erstarrte. Auf den Schrei der Umstehenden: «Leg ab, leg ab das Dingsda – das brauchst du nun nicht mehr!» geriet es wieder in Bewegung und ließ nach einigem Herumnesteln beim folgenden Musikriß mit möglichst nachlässig lasziver Gebärde das nächste Kleidungsstück fallen.

Zu Weihnachten war ich in Berlin, und es traf sich, daß Karlshorst in diesen Tagen den ersten Luftangriff erlebte. Die Bomben richteten keine allzu großen Schäden an, aber Einschläge und Zerstörungen waren unübersehbar. Vielleicht hatte es mit dem Gefühl des unvermeidlich heranrückenden Krieges zu tun, daß die Feiertage in seltsam bedrückter Stimmung verliefen. Winfried und ich versuchten mit eher unbeholfenen Mitteln, die Atmosphäre zu beleben und insbesondere unseren beiden, in die poetische Phase des Mädchenalters geratenen Schwestern als Kavaliere aufzuwarten. Für die sanftmütige Hannih ließen wir uns mehr oder weniger erfundene, von sentimentaler Liebe handelnde Klatschgeschichten einfallen, während die weit unbeschwertere, mit praktischem Verstand begabte Christa die lustigen, nach Möglichkeit ins Launige gehenden Erzählungen bevorzugte.

Etwas unterhaltsamer wurde es, als Wolfgang für anderthalb Tage zu einem Kurzurlaub nach Karlshorst kam. Auf dem Weg zu einem Weihnachtsgottesdienst erzählte er mir, er habe unserer Mutter als Geschenk ein selbstverfaßtes Gedicht überreichen wollen, und zwar eines im Heine-Ton ohne die beiden ironischen Schlußzeilen, die ihr so zuwider seien. Doch sei er mit keinem der Dutzend Versuche, die er angestellt hatte, zu Rande gekommen. Das Gedicht habe aus Mutters Lieblingswort «Sommerwind», ihrer Lieblingsbeschäftigung «Klavier», aus ihrem derzeitigen Hauptbekleidungsstück «schwarze Schürze» bestehen oder jedenfalls ein Spiel mit diesen gegensätzlichen Begriffen enthalten sollen. Er habe lange daran «herumgemurkst», aber zum Dichter sei er «zu dusselig», das zumindest habe er gelernt. Ich erwiderte, er habe das Gedicht offenbar mit der linken Hand «hinklieren» wollen. Er lachte und meinte, Witze über seinen Begabungsmangel könne er selbst machen.

In die Stimmung dieser Tage fügte es sich, daß ich meine Mutter bald nach Heiligabend in offenbar sorgenvollen Gedanken vor ihrer Erinnerungsschatulle sitzen sah. Kurz zuvor hatte sie mir geklagt, alle Voraussagen hätten sich als falsch erwiesen, Wolfgang und ich seien nun doch Soldaten geworden, die Hitlerei wolle kein Ende nehmen. Jetzt ließ sie die geliebten Nichtigkeiten, die neben einigen Briefen und Familienpapieren in dem Kästchen verwahrt waren, durch die Finger gleiten: erste Locken der Kinder, die von ihr verfaßten Tagebuchhefte über jedes von ihnen sowie drei alte Goldstücke, die vermutlich immerwährenden Wohlstand verheißen sollten, und anderes mehr. Auch einige Briefe von Wolfgang und mir. Schweigend, gegen die nahe Wand starrend, saß sie da und schreckte auf, als sie mich plötzlich neben sich stehen sah. «Das solltest du nicht tun!» sagte sie. «Stell dir vor, wenn ich geweint hätte!» Ich setzte mich zu ihr und fragte, ob ihr oft zum Weinen zumute sei, und sie erwiderte: «Zumute jeden Tag.» Dann schloß sie die Schatulle, legte den Schlüssel in ihre Handtasche und sagte wie eine Mahnung an sich selbst: «Aber die Gefühle jeden Tages sind ja nicht, was ein Leben ausmacht.»

Mitte Februar 1944 endete die Flakhelferzeit. Als uns mitgeteilt wurde, daß wir bereits zwei Tage nach der Entlassung zum Arbeitsdienst (RAD) eingezogen würden, handelte ich als einer der Sprecher der Einheit mit Hauptmann Kersting einen «Zwischenurlaub» von vierzehn Tagen bis zum Beginn des Arbeitsdienst-Einsatzes aus. Da mein Freund Helmut Weidner für meinen Internatsärger Verständnis hatte, lud er mich ein, die wenigen freien Tage im Gästezimmer seines Elternhauses zu verbringen.

Zu meiner Überraschung lag im Freiburger Seminar, das ich

am Tag nach meiner Rückkehr aufsuchte, unter den drei oder vier Postsachen, die sich dort eingefunden hatten, ein Einberufungsbefehl zum Arbeitsdienst für den übernächsten Tag. Wie ich herausfand, hatten die anderen Mitschüler, wie es mit Hauptmann Kersting und dem Wehrbezirk wohl vereinbart worden war, ein Schreiben erhalten, das den Dienstantritt erst für Ende Februar anordnete. Nach zahlreichen Beratungen, die den ganzen folgenden Tag einnahmen, entschloß ich mich, zwar auf der Sammelstelle zu erscheinen, aber mit Hilfe einer wirren, schwer begreiflichen Geschichte meinen Urlaubsanspruch doch noch durchzusetzen.

Um acht Uhr morgens fand ich mich auf dem angegebenen Platz unweit des Bahnhofs ein. Ich wandte mich an einen kommandohaft herumschreienden Oberen, dessen schmutzigbraune Uniform mit Silberlitzen besetzt war, und machte mich im stillen einmal mehr über die alberne Robin-Hood-Mütze des Arbeitsdienstes lustig. Auf die Frage, was ich denn wolle, murmelte ich etwas von «Irrtum» und «Bürofehler», doch als sei ich für ihn nur eine nichtswürdige Belästigung, herrschte er mich an: «Haben Sie eine Einberufung?» und befahl, als ich bejahte: «Na also! Ab ins Glied!»

Ich tat so, als ordnete ich mich weiter hinten ein und schlug mich dann in einem zweiten Anlauf zur Schreibbaracke durch. Tags zuvor hatte ich noch über das Telefon versucht, von Hauptmann Kersting eine Bescheinigung zu erlangen, wonach auch ich für vierzehn Tage urlaubsberechtigt sei, war aber lediglich an den Stabsfeldwebel Knuppe geraten, der mich zurechtgewiesen hatte: «Bescheinigungen gibt's hier nicht! Ein Paar Fußlappen können Sie kriegen! Die müssen Sie aber schon selber abholen!» Daraufhin hatte ich mir ein Papier ausgestellt, wonach sämtliche Angehörige des Jahrgangs 1926 der 218. Flakbatterie aufgrund ihres vorbildlichen Einsatzes nach Beendigung ihres Dienstes einen Sonderurlaub für die Zeit vom 12. bis 26. Februar 1944 erhielten. Unterzeichnet war das Schreiben maschinenschriftlich von Dr. Hans

Kersting und handschriftlich von den elf Klassenkameraden, die am Vorabend erreichbar gewesen waren. Dem Diensthabenden am Tresen der Schreibstube hielt ich nach der Schilderung meines Falles das Schriftstück hin. Er sah es ratlos an und fragte mich unter verlegenem Kopfkratzen nach den Einzelheiten. Als ich den Hergang möglichst zusammenhanglos, ja sogar bewußt widersprüchlich darlegte, unterbrach er mich: «Was denn, was denn!» rief er. «Ich verstehe kein Wort! Sind Sie nun einberufen oder nicht?» Ich erwiderte in dem energischen Ton, den jeder in dem drangvollen Raum anschlug: «Natürlich nicht! Hier der Beweis. Es ist ein Mißverständnis!» Während ich weiterredete, um die Angelegenheit noch etwas undurchsichtiger zu machen, rief er: «Mensch, was belästigen Sie mich dann? Ich habe tausend Dinge zu erledigen! Und da soll ich auch noch mit Idioten wie Ihnen rummachen! Los, raus hier!» Ich deutete, trotz meiner Zivilkleidung, ein kurzes Hackenschlagen an und machte mich davon.

Eine halbe Stunde lang verfolgte ich aus gehöriger Entfernung, wie die Einberufenen die vorfahrenden Mannschaftswagen bestiegen und die Kolonne kurz darauf aufbrach. Vierzehn Tage später war ich, nun mit der Klasse, wieder auf dem Sammelplatz und meldete mich auf der Schreibstube. Als niemand meinen Namen finden konnte, wurden meine Personalien aufgenommen und ich anschließend fortgeschickt. Vom RAD hörte ich während der folgenden zwei Wochen nichts.

In diese Zeit fiel ein ungewöhnlich heftiger Streit mit meinem Vater. Fast beiläufig hatte ich in einem meiner Briefe geschrieben, daß ich mich unlängst als Freiwilliger zur Luftwaffe gemeldet hätte, und konnte, kaum daß die Post in Berlin war, am Telefon geradezu hören, wie der Zorn in meinem Vater hochstieg. «Freiwillig!» rief er, nach Luft ringend. «Zu diesem Krieg! Hast du an mich gedacht? An uns?» Als ich bejahte, entgegnete er: «Das werde ich nie verstehen!» Ich sagte, er müsse es aber verstehen, fast die gesamte Klasse habe sich gemeldet und er wisse aus meinen Berichten doch etwas über deren Einstellungen. Er verneinte aufs neue, und am Ende des sich in lauter Wiederholungen erschöpfenden Gegeneinanders entfuhr es mir: die Meldung als Freiwilliger biete den einzigen Weg, nicht zur SS eingezogen zu werden, deren Werber kürzlich in der Klasse gewesen seien. Ich weiß die Worte nicht mehr, mit denen ich meinem Vater den Entschluß einleuchtend zu machen versuchte. Zuletzt hängten wir nach langem Streit und noch längerem Schweigen ein. In dem Brief, der wenige Tage später eintraf, schrieb er in unfaßbarer Offenheit, zu dem «Verbrecherkrieg Hitlers» melde man sich nicht freiwillig, auch nicht um den Preis, der SS zu entgehen. «Diese Entscheidung», schloß er, «mußt du Gott überlassen oder, wenn dir das lieber ist, dem Schicksal. In deiner Hand jedenfalls liegt sie nicht, auch wenn du das annimmst.»

Wir kamen, wie oft wir noch über unsere Auseinandersetzung sprachen oder Briefe wechselten, nicht zusammen. Am Ende kündigte mein Vater an, mich eigens in Freiburg zu besuchen und beim Luftwaffenkommando vorstellig zu werden, um die Meldung rückgängig zu machen, ich schrieb ihm, ein Widerruf sei nicht möglich, außerdem müsse ich jeden Tag damit rechnen, beim Arbeitsdienst anzutreten. Ich hörte ihn irgend etwas sagen und anschließend, ohne eine Antwort abzuwarten, den Hörer auf die Gabel werfen. Selbst Jahre später umgingen wir den Streit. Nur einmal kamen wir kurz darauf zurück, und ich habe die geistreich unterscheidenden Worte meines Vaters nie vergessen: «Du hast», bemerkte er, «bei diesem einzigen ernsten Streit, den wir während der Nazijahre hatten, nicht unrecht gehabt. Aber recht gehabt habe ich!»

Ich hatte, nach dem Abgang der Klasse, noch einmal vierzehn Tage. Da klingelte es morgens kurz vor sechs Uhr bei meinen Gastgebern. Zwei Männer in uniformähnlichen Mänteln mit heruntergeklappten Krempen am Hut standen in der Haustür. Sie fragten nach mir und liefen auf die Auskunft, daß ich oben im Gästezimmer sei, ohne ein weiteres Wort die Treppe hinauf. Oben angekommen, rissen sie zunächst die Tür zum Nebenzimmer auf und holten mich schon durch den Lärm, den sie veranstalteten, aus dem Schlaf: «Sie also sind der Deserteur!» riefen sie. Als ich verneinte und statt dessen meinen Namen nannte, sagten sie im Befehlston: «Fertigmachen!» Sie warteten, mehrfach zur Eile drängend, vor dem Bad und führten mich anschließend aus dem Haus. Unten, vor dem Eingang, erklärten sie wie aus einem Munde, sie wünschten keine Schwierigkeiten. Sonst könnten sie mir die polizeiliche Abführung nicht ersparen. Wir gingen jetzt, schoben sie nach, zur Straßenbahnhaltestelle am Komturplatz, und ich hätte mich jeweils zehn Schritt vor ihnen zu halten. Dann nur noch: «Los! Gehen Sie!»

Der Beamte am Gestaposin in der Dreisamstraße ließ mich nach der Ablieferung etwa eine Stunde warten, während er in einem Konvolut von Akten las. Als ich mir ein Herz faßte und ihn fragte, ob ich nicht besser gehen sollte, da ich zudem nicht gefrühstückt hätte, blickte er lächelnd auf, nahm die Brille von der Nase und meinte, ich würde noch sehr, sehr viel Zeit aufbringen müssen. «Und Frühstück? Na, wenn Sie's so nennen wollen!» Eine halbe Stunde später kam ein weiterer Beamter, erörterte mit dem Kollegen meinen Fall und blätterte anschließend gelangweilt in einem Papierhaufen. Dann brachte einer der beiden einen Tee, und etwas später begann der andere, sich plötzlich aufrichtend, eine Art Verhör.

Die Einvernahme dauerte eine längere Zeit, die Fragen betrafen nur das Naheliegende. Doch wiederholte sich das Verfahren mehrere Male, mittags und abends sowie am Ende auch zu beinahe nächtlicher Stunde. Unterdessen war ich in eine Zelle geschafft worden. Am zweiten Abend kam der Beamte, der mich zuerst so lange hatte warten lassen, und händigte mir schweigend eine Anzahl Papiere aus. Eines betraf die Einberufung zum Arbeitsdienst, ein anderes die Zielbestimmung im Tiroler Stubaital, ein drittes den Reisebefehl. «Morgen früh 7.12 Uhr Abreise Freiburg», ließ er verlauten. «Wenn Sie keinen der Anschlüsse verpassen, müßten

Sie abends gegen sechs Uhr in Innsbruck sein. Dort nehmen Sie die Bahn ins Stubaital hinauf.»

Erleichtert machte ich mich auf den Weg nach Herdern. Ich hatte während aller Verhöre und in den Pausen unablässig an meine Eltern gedacht und in welche Sorgen sie vermutlich gerieten, wenn sie von meiner Verhaftung durch die Gestapo wüßten. Der Kummer meiner Mutter hatte mir dabei mehr zu schaffen gemacht als die Bedenken meines Vaters. Doch der hatte sich gerade selbst Schwierigkeiten aufgehalst.

8. KAPITEL

Vom Soldatenleben und vom Sterben

Anfang April 1944 hatte mein Vater ein amtliches Schreiben erhalten. Es kam von einer Parteistelle und teilte ihm mit, daß er sich am 19. des Monats an der Sammelstelle Rennbahn einzufinden habe, da er einem Aufgebot zum Bau von Panzersperren zugewiesen sei. Umgehend hatte er geantwortet, es sei der zuständigen Stelle gewiß bekannt, daß er nach Paragraph 4 des Gesetzes zur Wiederherstellung des Berufsbeamtentums vom 7. April 1933 entlassen sei; folglich habe er nach dem abgestuften Maßnahmenkatalog des Gesetzes jede Tätigkeit zu vermeiden. Weil er wisse, daß die im Zusammenwirken von Staat und Partei ausgeübte Verwaltung den größten Wert auf die korrekte Anwendung ihrer Anordnungen lege, könne es sich bei seiner Dienstverpflichtung nur um ein Versehen handeln. Er erwarte einen entsprechenden Bescheid «baldmöglichst».

Das Schreiben war der reine Hohn. Diesmal indessen war sogar meine Mutter einverstanden, auch wenn sich noch nach Jahren, sooft die Rede darauf kam, das Zittern um ihre Mundpartie einstellte. Aber die Aufforderung, das Hitlerreich, das ihr ausschließlich «Malheur» gebracht hatte, mit drei Mitgliedern der Familie zu verteidigen, ging ihr denn doch zu weit. Und sie hatte, wie sie später gern sagte, bei diesem Wagnis das «Glück des Mutigen». Die schützende Hand, die wir über mancher zürnenden Unbedachtheit meines Vaters vermuteten, deckte ihn ein weiteres Mal.

Ich kam in diesen Tagen des Bangens gerade nach Neustift, fast tausend Meter hoch am Ende des Stubaitals gelegen, mit Innsbruck und der glitzernden Nordwand im Hintergrund. Dort war in einem Waldstück hinter einigen Anwesen ein Barackenlager errichtet worden. In der Nacht zu Ostern war eines der Gehöfte niedergebrannt; als gegen drei Uhr morgens die Löscharbeiten, zu denen unsere Einheit in höchster Eile abkommandiert war, ein Ende hatten, ging ich mit meinem Freund Franz Franken, dem ich im Lager wiederbegegnet war, durch die sich aufhellende Nacht das Tal nach Innsbruck hinunter. Vielleicht hatte es mit dem einzigartigen Reiz der Landschaft zu tun, daß ich bald alles am Arbeitsdienst haßte: das knittrige Drillichzeug, mit dem uns die sogenannten Vormänner gleich nach dem «Kleiderfassen» in den Dreck jagten, das Kommißbrot mit der widerwärtigen Margarine, die sogenannte Spatenpflege mit dem Herumpolieren an den blitzenden Flächen und das alberne Kommandogeschrei mit «Spaten über!», «Spaten ab!» oder «Spaten – faßt an!». Hinzu kam, daß in dieser späten Phase des Krieges nichts Sinnvolles mehr zu tun war, kein Deichbau, keine Trockenlegung versumpfter Gebiete, keine Straßenanlage, so daß das ewige Exerzieren ebenso auf eine Verlegenheitslösung hinauslief wie das Absingen der schon seit Jahren immer gleichen Liederzöpfe von des Geyers schwarzem Haufen oder den Zelten jenseits des Tales. Stets drängte sich auch der Eindruck auf, die Führer und Unterführer des RAD seien gescheiterte Karrieresoldaten und litten an einem tiefen Minderwertigkeitskomplex.

Nach einigen Wochen wurde die Einheit aus dem Innsbrucker Hochtal nach Hohenems in Vorarlberg verlegt, und einer der Führer erklärte, wir rückten jetzt näher an die demnächst wohl entstehende Front im Westen. Was wir jedoch tatsächlich wahrnahmen, war Ende April drüben, über dem Bodensee, der Untergang des zu unserer Zeit verschonten Friedrichshafen im Feuersturm eines Nachtangriffs. Wir gedachten der jüngeren Klassenkameraden, die wir in der Stadt zurückgelassen hatten. Mit der ersten Post erhielt ich einen Brief meiner Mutter, wonach mein Vater zum Militär eingezogen worden sei. Ganz ohne die Zurückhaltung, die ich sonst an ihr kannte, fügte sie hinzu, irgendwer habe ihn mit Hilfe der Wehrmacht offenbar vor dem Zugriff einer «höheren Stelle» schützen wollen. Denn mit nahezu sechzig Jahren werde niemand mehr zum, wie es wohl heiße, «aktiven Dienst», sondern allenfalls zum Volkssturm befohlen. «Aber was gilt bei uns schon!?»

Beigelegt hatte meine Mutter ihren Zeilen eine Beurteilung von Dr. Hermann oder einem seiner Gehilfen. «Die hat Vater noch gelesen», schrieb sie, «aber er fand, du solltest sie auch kennen.» Das Zeugnis war von einem Oberen der Internatsleitung sozusagen zum Abgang ausgestellt worden. Es ging, wie so vieles, in den Wirren des Kriegsendes verloren, weshalb ich es nicht mehr in seinem ekklesiastischen Bürokratenton zitieren kann. Aber die Sätze trafen mich wie Schläge, gegen die selbst die beißenden Randbemerkungen meines Vaters wenig ausrichteten. Sinngemäß stand da: Joachim F. ist ohne geistiges Interesse und befaßt sich nur mit Themen, die ihm leichtfallen. Ungern gibt er sich Mühe. Seine religiöse Neigung läßt zu wünschen übrig. Ihm ist schwer beizukommen. Er zeigt eine frühreife Neigung für unbekleidete Frauen, was er durch eine Vorliebe für die italienische Malerei verbirgt. Auch ist bei ihm eine bemerkbare Zuwendung zur bequemen Literatur zu erkennen, bei einem Kontrollgang kurz vor seinem Ausscheiden fanden sich auf seinem Arbeitspult Werke von Beumelburg und Wiechert. Daß ein Band mit Schillers Bühnenwerken dabeilag, macht den Befund nicht besser, da die Dramenliteratur weit weniger Anstrengung verlangt als die gedanklichen Stücke. Er ist verschlossen. Alle Versuche der Anstaltsleitung, ihn ins Gespräch zu ziehen, waren vergeblich. Es ist nicht auszuschließen, daß J. noch auf den rechten Weg kommt. Wir wünschen es ihm – und Ihnen auch.

Mein Vater hatte dem Schreiben einen Zettel hinzugefügt. Da stand, entgegen seiner strengen Art, zu lesen: «Damit du was zu lachen hast in diesen ernsten Zeiten.» Die Wendung mit dem fehlenden geistigen Interesse hatte er unterstrichen und an den Rand geschrieben: «Ich habe Mühe. Dr. Hermann und die Leiter des Hauses schienen mir bei der Begegnung, die wir im vergangenen Jahr hatten, vernünftige Leute.» Meine Mutter wiederum hatte angemerkt: «Wolfgang hat zu seinem Abgang eine hervorragende Beurteilung bekommen. So verschieden seid ihr doch nicht! Was macht er anders?» Ich schrieb zurück: «Ich muß hier im RAD durch meine Vorgesetzten immer Vorwürfe hören, weil ich fast jede freie Minute lesend verbringe. Vor ein paar Tagen nannte ein Vormann mich nach einer Ungeschicklichkeit beim Zeltbau: ‹Sie gebildeter Idiot!› Was lernt man daraus? Beurteilungen sind der ‹Seich›, wie man im Alemannischen sagt.»

Anfang Juli ging die Zeit beim Arbeitsdienst zu Ende. Ich wurde zu einer Luftwaffeneinheit nach Landau am Lech eingezogen. Der Zufall fügte es, daß ich gleich am ersten Tag einen Freund gewann. Reinhold Buck stammte aus Radolfzell und hatte ein zwischen Strenge, Bezauberung und Dämonie flackerndes, reichlich genialisches Temperament. Die Stunden, die er über Partituren und Notizheften verbrachte, zeugten von der Anstrengung, die es ihn kostete, sich zur Ruhe zu bringen; er wollte Dirigent werden und war von der Musik besessen. So blieb es nicht aus, daß wir schon beim Bettenbeziehen auf Themen und Komponisten kamen, die seit je seine wie meine Leidenschaft waren. Etwas später, als die Trillerpfeifen zum ersten Appell schrillten, stellten wir uns nebeneinander und störten manches Kommando, indem wir über Beethovens Klaviersonaten sprachen. Der Leutnant, der die Reihen abging und ein paar Brocken von unserem Gespräch mitbekommen hatte, fragte Reinhold, in welcher Dur-Tonart die IX. Sinfonie von Beethoven verfaßt sei, und bekam die Antwort: «In keiner. Sondern in d-Moll. Und, um das auch noch zu sagen, die Opus-Nummer lautet 125.» Der Offizier gab sich anerkennend überrascht. «Dafür haben *Sie* von nichts eine Ahnung?» wandte er sich an mich. «Doch», wider-

sprach ich auf unmilitärische Weise. «Aber mehr von Literatur.»
Der Leutnant dachte einen Augenblick lang nach. «Dann sagen
Sie mir aus dem Stegreif die Schlußzeile des ‹Erlkönigs›.» Ohne
Zögern antwortete ich: «In seinen Armen das Kind war tot!» Von
diesem Tag an nannte er uns «die Professoren», wenn er uns zum
Kaffeeholen oder Latrinenreinigen kommandierte.

Nach dem Dienst, der auch hier aus einer stumpfsinnigen in-
fanteristischen Ausbildung bestand, vertieften wir uns Abend für
Abend in unsere Passion des Disputierens. Wir ereiferten uns über
Mozart und seine von den Türkenkriegen wie von der zeitgenös-
sischen Kaffeeleidenschaft eingegebene Neigung für das «alla tur-
ca», ich erzählte von der Wiener Schubertvergötterung oder von
Beethovens dramatischem Sinn im Musikalischen bei gleichzeiti-
gem literarischem Desinteresse, das ihn so auffällig vom Bühnen-
genie Mozart unterscheide. Irgendwann kamen wir auf Mozarts
vergebliche Suche nach Textbüchern oder Librettisten. Dabei sei
Shakespeare doch schon seit den siebziger Jahren des Jahrhunderts
übersetzt gewesen, und ich hätte mir mit einem Berliner Freund
den Zauber einer Mozartoper über «Romeo und Julia» ausgemalt,
aber selbst beim bloßen Herumgerede nur Stückwerk zustande
gebracht. Als wolle er Beethoven gegen Mozart verteidigen, kam
«Buck», wie ich ihn bald nannte, wenig später auf die grandiosen
Schlußtakte jedes der Beethovenschen Orchesterstücke, die, wie
es auch Brahms vermocht habe, scheinbar dem Höhepunkt zu-
strebten, der zugleich eine Katastrophe sei. «Die Gier nach dem
Abgrund», notierte ich mir auf einem Zettel, «so etwas, sagt B.,
gibt es.»

Wir sprachen auf unseren ausgedehnten Spaziergängen aber
auch über Literarisches. Einmal berichtete ich ihm von meiner
Fontane-Lektüre, von den Schiller-Erlebnissen sowie dem miß-
glückten Versuch mit Thomas Mann; auch von Ernst Kiefer und
seiner ungewöhnlichen Art der Literaturvermittlung. Buck dagegen sprach fast zwangsläufig immer wieder über Musik, vor al-

lem die Romantik. Er nannte «Carmen» ihren Gipfelpunkt auf der Bühne, schlug von dort einen Bogen zu Wagner und weiter zu Richard Strauss. Alles in ziemlich großen Sprüngen, hielt ich ihm gelegentlich vor, das mache ihm die Verknüpfungen so einfach. Aber er lachte und meinte, das sei die Freiheit, die ihm die Halbbildung verschaffe.

Die Gespräche, die wir meist abends im Gelände rund um die Unterkunft führten, zeigten mir aber auch, wie lückenhaft meine musikalischen Kenntnisse waren und daß ich in der stillen Rivalität, die sich in jeder Freundschaft wie der zwischen Buck und mir entwickelt, nur mit literarischen Kenntnissen halbwegs gleichziehen konnte. Oder mit der Renaissance. Mit Lorenzo dem Prächtigen beispielsweise, über den ich gerade eine Biographie gelesen hatte und der die seltene Figur eines Tyrannen war, zu dem sich angeblich selbst die Liebhaber der Freiheit beglückwünschten. Alle Welt wisse, hatte der Autor einen der großen Köpfe am Hof Lorenzos zitiert, daß Plato demnächst aus dem Hades zurückkehren werde, aber nicht nach Athen, sondern ins Florenz des Medici-Fürsten. Staunend ließ Buck sich von den Wundern und Absonderlichkeiten dieser Epoche berichten, ihrer Verbindung aus geistiger Tollkühnheit, Glanz und Schönheitssinn. Manchmal vergaß er mitten im Gespräch seine Umgebung, tat ein paar Schritte zur Seite und begann in nervöser Hast, eine Notiz abzufassen.

An einem dieser viel zu kurzen Tage wurden wir früher als üblich geweckt und zum Appellplatz befohlen. Vor den angetretenen Einheiten standen drei höherrangige Offiziere. Einer von ihnen las von einem Handzettel, daß auf den Führer ein hinterhältiges und ehrwidriges, eines deutschen Offiziers unwürdiges Attentat verübt worden sei. Die beiden anderen Offiziere standen, ins Leere blickend, dabei. Die Tat, fuhr der Vorleser fort, sei um so verwerflicher, als das Reich seit der Invasion in der Normandie auch von Westen her bedroht werde. Dann wurden einige Maßnahmen zur Verbesserung der Verteidigungsbereitschaft verlesen.

Die Vorgesetzten nahmen das Attentat vom 20. Juli zum Anlaß, den Exerzierdienst zu verschärfen und uns ein ums andere Mal selbst bei tiefer Nacht zu einer Übung aus den Betten zu holen. «Wenn Drill und vermehrter Schwachsinn die ganze Folge» seien, sagte einer der mit politischen Äußerungen bisher kaum auffällig gewordenen Kameraden, bedauere er noch mehr, daß das Attentat gescheitert sei. Aber als ebenso ärgerlich empfanden fast alle die Abschaffung des militärischen Grußes, der bei der Befehlsausgabe wenige Tage später durch den Hitlergruß ersetzt wurde. Er komme sich vor wie ein Affe, sagte Buck im Kreis der Kameraden, und ich ergänzte, ich hätte kürzlich das Bild eines historischen Berliner Maskenzuges gesehen, auf dem einige Verkleidete, vermummt unter einem grotesken Schweins- oder Eselskopf, mitliefen. Genau so müßten wir jetzt auf andere wirken, warf Buck ein, nur haben die damals freiwillig getan, was uns befohlen werde. Er müsse noch überlegen, auf welche Weise man lächerlicher aussehe.

Auch im Rückblick bleibt die Unverhohlenheit erstaunlich, mit der dieser von überall her zusammengewürfelte Haufen von Gymnasialschülern, die wir in der Mehrheit waren, seinen Widerspruch gegen die herrschenden Verhältnisse kundtat. Natürlich ging es nicht um Mutproben. Jeder wußte auf den ersten oder zweiten Blick, wem er vertrauen konnte und wann Vorsicht geboten war, und ohne Verständigung hatte, wer über einen halbwegs wachen Kopf verfügte, ein Empfinden dafür, was man vor wem sagen konnte und worüber man besser schwieg. Denn darüber bestand in dieser späten Phase des Krieges kaum ein Zweifel, daß es selbst bei unverfänglich scheinenden Äußerungen um nicht weniger ging als um Leben oder Tod.

So trieben die Tage, die uns eine unverhoffte Freundschaft bescherten, dahin. Aber sie dauerten nicht lange. In der zweiten Septemberhälfte wurde die Einheit zum Appell gerufen und nach einigen aufrüttelnd gemeinten Redensarten in zwei Gruppen geteilt. Dann erfaßte ein Schriftführer die Namen, und der Feldwebel gab uns eine halbe Stunde zum «vorschriftsmäßigen Packen», da die Lastwagen schon auf dem Kasernengelände eingetroffen seien. Zu meinem Erschrecken fanden sich Buck und ich in getrennten Abteilungen. Weil auch dieser Aufbruch unter der gewohnten militärischen Zeitvergeudung vor sich ging, konnten wir zumindest die wenigen Momente herausschlagen, uns voneinander und von einigen Kameraden zu verabschieden. Ich sagte Buck etwas über die musikalischen Einsichten, die er mir verschafft habe, und daß wir in Verbindung bleiben wollten. Er erwiderte, er müsse mir den Dank zurückgeben, denn erst durch mich sei ihm klargeworden, wieviel er im Deutschunterricht und in Geschichte verbummelt habe. Jetzt seien ihm ein paar Lichter aufgegangen, und im ganzen wolle er sagen, daß er sich nie in seinem Leben so frei gefühlt habe wie in unseren Unterhaltungen. «Und das als Schütze Arsch! Wer kann da noch die Welt verstehen?»

Als wir die letzten paar Schritte abseits gingen, erzählte Buck, wie er als Siebenjähriger auf dem Marktplatz von Radolfzell, unmittelbar vor seinem Elternhaus, Pflastersteine ausgegraben und zur Seite geschafft habe. Auf die Frage eines Passanten, wonach er da auf der Suche sei, habe er geantwortet: «Natürlich nach dem Teufel. Einer muß ihn doch finden.» Und wenn es den nicht gebe, wolle er dem Geheimnis auf die Spur kommen, was statt des Teufels unter den Steinen verborgen sei. In einem Brief schrieb er mir etwas später, wir seien dem Marktplatzgeheimnis ein winziges Stück näher gekommen. Wenn dieser «saublöde Krieg» vorüber sei, sollten wir uns bald wieder auf die Suche machen. Es träfe sich gut, daß Freiburg eine so angesehene Musikmetropole sei.

Dann sahen wir in einiger Entfernung die Mannschaftswagen vorfahren, und aus der Menge geschäftig herumeilender Unteroffiziere schrie irgendwer herüber, was uns einfiele, so weit wegzulaufen. Eine Stunde später setzten sich die Kolonnen in Bewegung. Ein Zielort war nicht genannt worden, doch fanden wir bald heraus, daß die Fahrt nach Norden ging. In Aachen trennten sich beide Einheiten, und mit zahlreichen weiteren Unterbrechungen langten wir ungefähr drei Tage darauf, nach einem Zwischenstop in Tilburg, in einem Militärlager nahe dem holländischen Eindhoven an. Schon als wir von den Wagen herunterkletterten, verbreitete sich die Nachricht, daß wir nicht mehr zum Einsatz kämen, weil die wenige Tage zuvor abgesprungenen britischen Luftlandetruppen bereits aufgerieben seien. Die Schlacht von Arnheim und Nijmwegen, mit der Montgomery die Deutschen vom Rücken her angreifen und die Rheinbrücken in Besitz nehmen wollte, hatte keinen Erfolg gehabt. Immerhin blieb Zeit, uns in den militärischen Stumpfsinn einzuüben. Gleich beim Ankunftsappell trat der «Spieß» mit den Worten vor die Kolonne: «Soldaten! Mein Name ist Neuber. Ich bin der Oberfeldwebel. Im Dienst bin ich nach Kräften ein Schwein, außerhalb aber ein netter Kerl. Sie werden beides kennenlernen!» Und dann, plötzlich aus Leibeskräften brüllend: «Alle Mann, volle Deckung!»

Anfang Oktober wurde unsere Einheit in ein Nest am Niederrhein verlegt. Dort wurden wir im Pionierdienst, im Pontonbau und Brückenverlegen ausgebildet. Eine neue Freundschaft ergab sich mit unserem Kompanieführer, Leutnant Walter Kühne, der einige ausgewählte Kameraden zu einem Vorstellungsgespräch kommen ließ. Mich fragte er, nach wenigen Worten über das Elternhaus und die Erziehung, fast übergangslos nach Rilke, und ich sagte ihm die ersten drei oder vier Abschnitte des «Cornet» auf, bis er abwinkte. Andere befragte er, wie ich später erfuhr, zu Kleist, Fontane oder Stefan George und bildete aus den vier oder fünf Jungen, die seinen Ansprüchen genügt hatten, eine Runde von Literaturfreunden. Unter seinesgleichen war er deswegen wohl unbeliebt. Jedenfalls hörte ich zwei Offiziere sagen: «Der verrückte Kühne! Sollte die Leute in den Hintern treten. Statt dessen versucht er, sich mit Bildung interessant zu machen.» Am Abend eines dieser Tage holte ich aus dem Detektor, nicht ohne ungezählte Störgeräusche, «Figaros Hochzeit». Ich bedauerte einmal mehr, Reinhold Buck

Leutnant Walter Kühne, der den Verfasser vor
dem Kriegsgericht bewahrte, in den frühen fünfziger Jahren
vor seinem Haus in Stelle im Lüneburgischen

nicht um mich zu haben. Die Literatur, fand ich, kam am Ende für die Musik schwerlich auf.

In der Neige des Monats trafen von allen Seiten Todesnachrichten ein, an einem einzigen Tag wurden einmal vier Kameraden, die mir nähergestanden hatten, als gefallen gemeldet, und ich atmete jeden Tag auf, der ohne schlimme Neuigkeiten von Verwandten oder Freunden ablief. Kurz darauf kam ein Brief von Wittenbrink, den er einem zur Nachrichteneinheit gehörenden Gemeindemitglied mitgegeben hatte, wonach es «Wolfgang nicht gutgehe». Leutnant Kühne setzte alle Hebel in Bewegung, um Genaueres zu erfahren. Mitte Oktober ließ er mich wissen, er habe erfahren, daß Wolfgang schwerkrank in ein Lazarett bei Beuthen eingeliefert worden sei. Meine Mutter habe daraufhin Berlin Hals über Kopf verlassen und sei Tag und Nacht bei ihm. Auch mein Vater bemühe sich um einen Sonderurlaub. Beide seien in fürchterlichen Ängsten, und vor allem meine Mutter wisse nicht ein noch aus, laute die Mitteilung, die er auf Umwegen von einem Sanitäter bekommen und auf einem Stück Papier festgehalten habe. Blind vor Tränen und haltlos finde sie oft den Weg in der ohnehin fremden Umgebung nicht, las Kühne. «Das hat sie einem Fremden gestanden?» fragte ich; das könne ich nicht glauben. «Sie haben recht», sagte er, «hier auf dem Zettel ist zu lesen, sie komme in der unbekannten Stadt überhaupt nicht zurecht und bete zu Gott, daß er ihren Sohn verschone.» Dann heißt es noch, sie habe vor lauter Heulerei Mühe, die einfachsten Verrichtungen auszuführen. Und zum Ende steht da auch, es sei ihr überaus wichtig, daß mir alles ausgerichtet werde.»

Die Nachricht traf mich wie ein Schock, vermutlich, dachte ich später, weil sie das ganz und gar Unerwartete war, aber die schlimmsten Ahnungen wahr machte. Von den Freunden, die ich gehabt und im Lauf der Jahre verloren hatte, war Wolfgang der vertrauteste. Mit ihm hatte ich nicht nur allezeit reden können, sondern vieles besprochen, was mit einer dauernden Erinnerung verbunden blieb. Wenn es Streit oder Meinungsverschiedenheiten gegeben hatte, waren sie doch vom Bewußtsein unauflösbarer Zusammengehörigkeit getragen gewesen. Frei von der Eifersucht jüngerer Geschwister bewunderte ich seinen Witz, seine Unabhängigkeit und seinen Stolz. Fast zehn Jahre zuvor hatte er mir bei der Einrichtung des zweiten Abendtisches mit einem Stoß vor die Brust gesagt, wir stünden von jetzt an gegen die Welt, und die hochtrabende Formel war mir damals reichlich unverständlich gewesen. Als mir klar wurde, was er gemeint hatte, ging mir auf, warum selbst die Auseinandersetzungen, an denen so viele Freundschaften zerbrechen, zwischen uns keine längeren Kränkungen hinterließen. In gewisser Weise hielt ich ihn für unverwundbar. Jetzt begann ich zu ahnen, daß die Welt stärker war, als wir je sein würden.

Eine endlose Woche, in deren Ablauf ich immer wieder um neue Nachrichten bemüht war und mehrfach vergeblich um einen Kurzurlaub einkam, verging ohne nähere Auskunft. In der Dunkelheit zog ich oft los und bat zur Ablenkung den einen oder anderen Kameraden aus der Kühne-Runde, mich zu begleiten; wir stolperten durch das unebene Gelände. Ich vermied alle Erinnerungsgespräche. Statt dessen sprachen wir über Bücher, Filme oder Schauspieler, und ich entsinne mich eines Kameraden, der Wilhelm Strienz ebenso wie Rosita Serrano und Helmut Zacharias nicht weniger als Zarah Leander bewunderte. Dazu die Entdeckung jener Jahre, Georg Trakl, und wiederum Stefan George. Zuweilen vermutete ich, meine Begleiter wollten mir mit jedem Thema, von dem sie sprachen, eine Zuversicht einreden, die ich selbst nicht mehr aufbrachte.

An einem strahlenden Novembertag, so ist mir unvergeßlich, kam Gewißheit. Demnach war Wolfgang bereits Mitte Oktober, genau eine Woche nach seinem zwanzigsten Geburtstag, in dem oberschlesischen Lazarett gestorben. Allmählich, vor allem durch die oft auf abenteuerlichen Wegen zu mir gelangten Nachrichten meiner Mutter, erfuhr ich Einzelheiten. Bei einem Einsatz nahe Riga hatte er sich eine Lungenentzündung zugezogen, war unter

Aufbietung aller Kräfte von zwei Kameraden zum Stabsquartier gebracht und dort von seinem Bataillonskommandeur erst als «Drückeberger» beschimpft, dann mit der Pistole wieder an die Front getrieben worden. Zwei Stunden nach der Ankunft im behelfsmäßigen Unterstand war er ohnmächtig zusammengebrochen, und man hatte ihn in ein Lazarett gebracht. Wenige Tage darauf hatte ein Verwundetenzug ihn nach Beuthen geschafft. Als meine Mutter eintraf, hatte er die Nacht in glühendem Fieber und schwerer Atemnot verbracht. Am 13. Oktober, seinem Geburtstag, hatte er zu ihr gesagt: «Heute war der Tod bei mir. Wir sind uns einig geworden. Er hat mir noch mal einen Aufschub gegeben.» Nach zwei voraufgegangenen Eingriffen hatte er in den sieben folgenden Tage je eine Operation durchzustehen. «Sie haben hier keine Narkosen und Schmerzmittel mehr», stöhnte er nach dem vierten Eingriff, «lang halte ich das nicht mehr aus.» Am 19. Oktober war mein Vater nach Überwindung unendlicher Schwierigkeiten ans Krankenlager gekommen und hatte Wolfgang noch in zeitweilig lichten Augenblicken angetroffen. Zehn Stunden später hatte ein schwerer Schweißausbruch eingesetzt und das Gesicht mit glasigen Wasserperlen übersät. Aus dem Koma hochfahrend, bat er die Eltern: «Bitte, schreibt nicht: ‹In tiefer Trauer›.» Dann war er in seine Ohnmacht zurückgefallen und mit einer letzten Handbewegung Minuten darauf gestorben. Nach Auskunft meiner Mutter sagte er zu dem frommen Trost, den sie ihm zusprach: «Keine Sorge! Das bißchen Leben, das ich hatte, ließ mir überhaupt keine Zeit, viel anzustellen.» Und nach einer Pause, in der er um Luft rang, die Worte: «Ich habe es gern gehabt.»

Wolfgangs Tod war für die Familie ein unnennbares Unglück. Meine Mutter hatte immer gesagt, solange alle am Leben seien, wolle sie nicht klagen. Dieser Halt brach jetzt weg. Sooft in den annähernd fünfundzwanzig Jahren, die ihr noch blieben, der Name Wolfgang fiel oder eine Episode erwähnt wurde, die von ihm handelte, kam sie von ihrem Platz hoch und verließ den Raum.

241

Einige Male war ich dabei und folgte ihr. Jedesmal traf ich sie in einem der Nebenzimmer, wo sie, den Kopf in die Hände gelegt, um Fassung rang. Als ich Mitte der sechziger Jahre versehentlich von Wolfgang sprach, sah sie mich nur an und verließ mit einem flehentlichen «Bitte!» den Raum. Später meinte sie, Hitler habe ihr, nach allem anderen, auch den Sohn genommen, und sie hoffe, ganz ohne christliche Großmut, daß ihm dafür niemals Vergebung gewährt werde.

Auch bei meinem vermeintlich unnahbaren Großvater brach mit der Nachricht vom Tod Wolfgangs die ganze herrenhafte Attitüde zusammen. Seine Villa unweit des Seeparks war zu dieser Zeit schon durch einen Bombenangriff zerstört, und er war mit meiner Großmutter in die unterdessen halbleere Wohnung meiner Eltern gezogen, da meine Schwestern, um der Kinderlandverschickung zu entgehen, ein Lyzeum in der Neumark besuchten. Dort hatte er sich zwei Tage in sein Zimmer eingeschlossen, niemanden zu sich gelassen und auf alles Bitten nur mit einem abweisenden Schlag gegen die Tür geantwortet. Meine beiden Schwestern, die ihn gern «hartherzig» nannten, verbreiteten später, er habe, als er stumm an den Familientisch zurückkehrte, verweinte Augen gehabt.

Auch für mich bedeutete der Tod meines Bruders einen tiefen Einschnitt. Zu Reinhold Buck hatte ich einmal gesagt, jeder Mensch mache im Leben vier Urerfahrungen: zum einen die Überwältigung durch ein Werk vollendeter Musik, dann die Lektüre eines großen Buches, die erste Liebe und den ersten unwiederbringlichen Verlust. Aber man müsse diesen vier Urerlebnissen die Menge der Widerwärtigkeiten gegenüberstellen, von denen ich die ein oder andere in jenen Tagen kennenlernte.

Zu den Nazis der übleren Art gehörte in unserer Einheit der Sanitätsgefreite Schneider, ein Mann von etwa vierzig Jahren, der, wie er sich oft brüstete, schon 1933 der Partei beigetreten und von Beruf Krankenpfleger war. Manche hatten den Verdacht, er sei der Kompanie aus zumeist bürgerlichen Schulabgängern als Aufpasser

Wolfgang Fest unmittelbar vor seiner Einberufung
zum Militär 1943

zugewiesen. Jedenfalls nannten wir ihn «das Ohr», weil er unablässig herumhorchte und aller Welt mit dem Mißtrauen des geborenen Spions begegnete. Eine der widerwilligen Bemerkungen über den Tod meines Bruders und insonderheit über den Bataillonschef, der ihn an die Front zurückgetrieben hatte, war ihm offenbar zugetragen worden. Ohne Zögern hatte Schneider daraufhin über den «Vorfall» eine Meldung aufgesetzt und zusammen mit dem scharfmacherischen Oberfeldwebel Mahlmann versucht, die Anzeige direkt an das dem Regiment zugeordnete Kriegsgericht zu leiten. Aber Leutnant Kühne hatte auf seiner Erstzuständigkeit als Kompaniechef bestanden und, wie er in einer Szene gespielter Empörung und in Gegenwart des Oberfeldwebels mitteilte, eine vorläufige Entscheidung getroffen. Danach wurde mir eine «letzte Verwarnung» erteilt, ich aber zugleich angesichts der angespannten Kriegslage für derzeit unabkömmlich erklärt. Nach dem absehbaren, auch von mir im Vertrauen auf den Führer ungeduldig erwarteten Endsieg jedoch, fuhr Kühne fort, würde ich um so gewisser vor ein Kriegsgericht gestellt und, sollten die erhobenen Vorwürfe zutreffen, mit der ganzen Härte des Gesetzes bestraft werden.

Am nächsten Tag musste ich auf der Schreibstube erscheinen, und Mahlmann kam gleich auf den Vorgang zurück. Er schnauzte aufgebracht: «Ich durchschaue alles! Immer Kühne, Kühne, Kühne! Das hört jetzt auf! Sonst stehe ich beim Regiment in vollem Wichs vor der Tür!» Leutnant Kühne bemerkte, als ich ihm den Vorgang schilderte: «Früher wäre Mahlmann zu fürchten gewesen. In der heutigen Lage macht er mir kein besonderes Kopfzerbrechen. Unruhe bereitet mir eher dein Verhalten. Zwar verstehe ich dich. Aber mach jetzt keine Dummheiten mehr! Selbst wer die besseren Gründe hat, läßt es die Mahlmanns oder Schneiders dieser Welt nicht merken.» Und mit einem Schlag auf die Schulter: «Schon aus Verachtung nicht.»

Im November 1944 wurde unsere Einheit auf den Truppenübungsplatz Köln-Wahn verlegt. Wir waren kaum eingetroffen, als die Vorbereitungen für das Weihnachtsfest begannen. Überall wurden Tannenzweige angenagelt, mit Lametta oder Äpfeln behängt, und manchmal sogar eine irgendwo aufgetriebene Kerze draufgesteckt. Wie stets hob die Feier mit einer besinnlichen Stunde an, die von einer kühn zusammengestümperten Kommandeursansprache über Heiland, Hingabe und Endsieg eröffnet wurde, dann folgte ein breitgezogenes «O Tannenbaum». Dem Opernfreund aus Flakhelfertagen, Franz Franken, den ich in einer der Bataillonseinheiten wiedergetroffen hatte, war es innerhalb kurzer Zeit gelungen, ein Kammerorchester zu bilden, das Mozarts «Kleine Nachtmusik» und Händels «Feuerwerksmusik» aufführte. Mit einem tränenumflorten «Stille Nacht» kamen die rund dreihundert Beteiligten noch einmal auf Weihnachten zurück; dann forderte der sogenannte lustige Teil sein Recht. Übergangslos lösten sich die Tische ins Ausgelassene auf, und wer immer daran gesessen hatte, schien wie auf ein Stichwort hin in die Wälder zurückzutoben, aus denen seine Vorfahren in Urzeiten hergekommen waren.

Ich floh, sobald es die Umstände erlaubten, zu den Büchern. Am zweiten Feiertag war unvermutet mein Vater am Telefon. Er deutete an, daß er am Rand Westpreußens den Angriff der Russen erwarte. Wir sprachen über familiäre Dinge, kamen auf Wolfgangs Sterben, und ich hatte das Gefühl, er verdecke sein Bedürfnis, alle Rührseligkeit zu vermeiden, hinter etwas abgebrauchten Formeln. Er erwähnte den elenden Zustand der Mutter, den erbärmlichen Abschied, als er selbst wieder an die Front mußte, und daß er nicht mehr viel vorzubringen habe: «Es ist alles gesagt», meinte er, «und auch dieser Anruf soll dir nur mitteilen, was du sowieso weißt. Und was Mutter angeht», setzte er hinzu, «kennst du ihren Kummer und seine Gründe seit langem.»

Dann fragte er nach den Büchern, und ich sagte, daß ich einige aus Berlin oder Freiburg mitgebracht, andere gegen Zigaretten oder sonstiges getauscht hätte. Eines Tages sei ich an eine Offiziers-Kartentasche geraten, in der ich seither meine «Bibliothek» aufbewahrte. Sie enthalte nichts als das Naheliegende: Goethes «Gedichte», ausgewählte Balladen von Schiller, einen Band Hölderlin und ein paar Heftdrucke mit Zitaten von Jean Paul, Schopenhauer und Nietzsche. Dazu jenes Exemplar von Ernst Jüngers «Marmorklippen», das er mir geschenkt habe, und sogar an Josef Weinhebers «Selbstbildnis» sei ich gelangt. «Aber kein Thomas Mann», setzte ich mit einem schwachen Scherz hinzu. Insgesamt befänden sich in der Ledertasche, die ich am Koppel trüge, außer einer Karte des Gebiets zwischen Köln und Düsseldorf dreizehn Bücher oder mindestens Hefte. Danach riß das Gespräch plötzlich ab.

Am nächsten Tag lief mir vor dem Casino unversehens Reinhold Buck über den Weg, und ich war so überrascht, daß ich ihm mit einer gänzlich unüblichen Geste um den Hals fiel. Von da an waren wir, sofern es die Umstände erlaubten, unzertrennlich und verbrachten in irgendeiner leeren Unterkunft ganze Abende miteinander. Wir tauschten die Erlebnisse der vergangenen Wochen aus und stellten fest, daß wir, ohne voneinander zu wissen, die ganze Zeit in der Nähe des anderen gewesen waren. Ich sprach von der Radioübertragung des «Figaro», er von Mozarts ausgemachtem psychologischem Verstand. Als ich von Wittenbrinks «Gottesbeweis» berichtete, meinte er, einmal in der Geschichte seien eben alle Bedingungen des idealen Augenblicks zusammengekommen: Da sei das große Kunstwerk möglich gewesen, und der Fromme möge sagen, Gott habe sich offenbart. Fünfzig Jahre lang. Bei Mozarts Tod sei dieser Augenblick fast schon vorübergewesen. Beethoven und Schubert hätten ihn, nicht ohne großartige Angestrengtheiten, noch einige Zeit verlängert. Das mache ihr Verdienst um so gewaltiger. Bei Wagner sei es endgültig vorbei. Da höre man das Keuchen zuviel und zu laut, sagte er. «Du denkst bestimmt an den Anfang vom ‹Rheingold›», warf ich ironisch ein, doch er antwortete, das «Rheingold» sei eine der Ausnahmen; da vernehme selbst er, dem der Wagner von den Nazis verleidet worden sei, ohne alle Mühe das «Atmen der Welt».

Sooft das Casino leer war, konnten wir sogar Radio hören und suchten in der Folgezeit, wann immer möglich, die Sender ab. Auch über Literatur sprachen wir, in der wir weit seltener übereinstimmten als in der Musik, und ich erinnere mich lediglich, daß Buck die Lyriker «der zweiten Reihe» wie Eichendorff, Geibel oder Kerner als «bloße Textlieferanten» für Schubert und Schumann gelten ließ und Rilke einen «kunstgewerblichen Drechsler» nannte, der mir den Verstand gestohlen habe. Irgendwann erzählte ich von Wolfgangs Tod. Buck meinte, man müsse den Bataillonskommandeur, der ihn an die Front zurückgetrieben habe, nach dem Krieg vor Gericht stellen. Dann tauschten wir uns über die ersten Gefallenen aus, die wir gesehen hatten, und ich berichtete von dem Unteroffizier, der bei Düren über einem zersplitterten Baum gehangen hatte, während er sich der sechs oder sieben Engländer erinnerte, die beim Absturz ihres Flugzeugs in der Nähe von Groningen ihr Leben gelassen hatten.

Mehrere Abende sprach Buck immer wieder vom Tod. «Mach dir nichts vor», sagte er, «es gibt kein Entkommen.» Er hoffe bloß, fügte er bei einem Gang durch das mietshausähnliche Kasernengelände hinzu, daß der Tod auf lauten Sohlen nahe. Auf meine Frage, wie das gemeint sei, antwortete er, er wolle vom Weggehen nicht überrascht werden. Nicht wie vom Dieb in der Nacht, fügte er mit einer am Ende ins Gekicher ausrutschenden Wirrheit hinzu. Den Abgang müsse man bei vollem Bewußtsein erleben! «Aber natürlich ohne Leiden.» Er deutete eine Bekreuzigung an und fuhr in seiner Art, alles zu einem extremen Ausdruck zu treiben, fort: «Ich will nicht verrecken – nicht wie einer von denen, die ich im Feldlazarett als stinkende Menschenklumpen liegen gesehen habe, die da vor sich hin stöhnten.» Er nahm mir das Versprechen ab, ihm beim Tod, so oder so, beizustehen.

Doch schon am folgenden Tag wurden wir wider Erwarten aufs neue getrennt, und Buck sagte beim Auseinandergehen, er hoffe aufs Davonkommen, trotz allem. Mit einem Lächeln meinte er:

Der Freund Reinhold Buck

«Auch für dich gilt: nicht verrecken!» Schon an die zehn Schritte entfernt, blieb er stehen und rief halb zur Seite weg: «Man findet so selten einen Freund.» Danach versuchte ich ein paar Tage lang über Leutnant Kühne seinen Einsatzort zu erfahren, hatte aber keinen Erfolg.

Die Kompanie, der ich angehörte, kam nach Euskirchen, um auf einem halbfertigen Feldflughafen Glasminen zu verlegen. Die neuentwickelten Sprengkörper sahen wie Einweckgläser aus und zerbarsten bei der Explosion in unzählige winzige Splitter, die furchtbare Verletzungen hervorriefen. Tag für Tag, während wir im freien Gelände arbeiteten, tauchten Lightning-Tiefflieger auf und veranstalteten Schießübungen auf uns, die wir wehrlos inmitten der im Sonnenlicht blitzenden Glastöpfe lagen. Das war die nächste Serie von Toten, die ich sah. Nach Einbruch der Dunkelheit holten wir sie vom Feld und trugen sie in eine Aufbahrungshalle; am Ende kam ich mit dem Toten im Baum auf zwanzig Gefallene. Da hörte ich auf zu zählen.

Wieder in Köln-Wahn, übten wir tagsüber und mitunter auch bei Nacht, oft bis zu den Knien im Wasser stehend, in der eisigen Sieg den Pontonbau und versuchten es einige Male sogar im reißenden Rhein. Ungefähr nach vierzehn Tagen wurde uns stubenweise mitgeteilt, daß wir am folgenden Tag nach Mettmann aufbrächen. Als Grund wurde angegeben, daß sich Montgomery, wiewohl mit geraumer Verzögerung, auf den Rhein zubewege. Das nahende Ende des Krieges machte sich vorab an der Konfusion bemerkbar, in der wir hin- und hergeschoben wurden. Denn noch ehe wir in Mettmann Stellung bezogen, wurde der Abbruch des Aufmarschs angeordnet und wir wieder zum Ausgangsort zurückbefohlen.

An jenem Tag standen wir einige Stunden frierend in einem Waldstück aus dünnen, staksigen Bäumen, als unvermittelt ein pfeifendes Geräusch zu hören war und im selben Augenblick dreißig, vierzig Meter über unseren Köpfen zwei Schatten hinweghuschten, die wir für einen neuen amerikanischen Flugzeugtyp hielten, so daß wir uns schutzsuchend zu Boden warfen. Später erfuhren wir, daß es sich um den Jagdbomber Messerschmitt Me 262 handelte, der durch ein soeben zur Serienreife entwickeltes Düsenaggregat bis über die Schallgeschwindigkeit getrieben wurde. Sofort war wieder von einer der kriegsentscheidenden «Wunderwaffen» die Rede. Noch während wir darüber sprachen, mußten wir neuerlich zum Aufbruch antreten und erhielten Anweisung, eine Kolonne gerade vorfahrender Mannschaftswagen zu besteigen.

Das war jedoch noch nicht das Ende der verworrenen Einsatzlage. An die fünfzig Kilometer weiter südlich wurde uns ebenso abrupt das Kommando zum Absitzen und Weitermarschieren erteilt. Bei Leverkusen kamen wir an einem Lazarett vorbei, wo wir zwischen Befehlsfahrzeugen und Sankas (Sanitätskraftwagen) eine kurze Rast einlegten. Aus den anstoßenden Gebäuden drangen erbarmungswürdige Geräusche, Ärzte und Helfer liefen brüllend herum, auf den Gängen entdeckten wir lange Reihen zu Larven verkümmerter Mullgestalten und dazwischen Wannen mit abgesägten Gliedmaßen.

Um Mitternacht überquerten wir die Eisenbahnbrücke am Kölner Dom, wo uns von der Uferseite her ein kalter Brandgeruch anwehte. Die Straßen, durch die wir zogen, bestanden aus «durchgepusteten» Häusern, wie es im Volksmund hieß, dazwischen bahnten wir uns über schwarzgebrannte Schuttberge und Aschehügel den Weg. Ganze Fassaden, beschriftet mit Suchmeldungen, standen geisterhaft ins Leere: «Hannes, wo bist du? Gisela.» Wenn ein Windzug durch die Ruinenfelder ging, spürte man knirschenden Staub zwischen den Zähnen. Manchmal machte jemand eine Luke auf oder nahm die Pappe vom Kellerloch, um zu sehen, wer da die Straße entlangkam, anderswo tauchten weißliche Gesichter in einem Backsteinkarree auf. Sinnloserweise jaulten plötzlich einige Alarmsirenen los. Unwillkürlich erinnerte der pathetisch anschwellende Lärm an Liszts «Les Préludes», das die Siegesmeldungen des Rußlandfeldzugs begleitet hatte und lange verstummt war. Statt dessen war fortwährend von «Frontbegradigungen» die Rede, dem Tarnwort, das die Propagandisten des Regimes für die Rückzüge erfunden hatten.

In der Nacht zum 8. März erreichten wir nach einer erneuten Überquerung des Rheins die Ortschaft Unkel, die unmittelbar gegenüber von Remagen auf der rechten Uferseite lag. Erschöpft von den Fußmärschen und den Eindrücken am Weg, wurde uns «eine Stunde Pause» zugestanden. Dann erhielt jeder zwanzig Schuß Munition, und anschließend krochen wir ein Waldstück bis zu einer angrenzenden Wiese hinauf, an deren Ende, ungefähr zweihundert Meter entfernt, ein einsames, lichtloses Gehöft lag. Am Baumrand bekamen wir den Befehl, uns in Abständen von zehn Metern in Ein- oder Zweimannlöcher einzugraben. Jetzt erfuhren wir auch, daß die 9. amerikanische Panzerdivision nur Stunden zuvor die unbeschädigte Ludendorff-Brücke eingenommen und mit einer gepanzerten Vorhut überquert hatte. Mehrere Versuche von deutscher Seite, die Brücke zu sprengen oder die amerikanischen Einheiten zu zerschlagen, waren gescheitert.

Als alle Anweisungen erteilt waren, rief Mahlmann mich zu sich und trug mir auf, an vorgeschobener Stelle, etwa siebzig Meter vor dem Gehöft, ein Zweimannloch zu graben. Überraschenderweise befahl er, das Loch ein paar Meter diesseits des Waldrandes, auf der freien Wiese, auszuheben, und führte mich im Schutz der Bäume eigens dorthin. Auf meine Frage, warum das Schützenloch, wie alle übrigen auch, nicht im Wald gegraben werden solle, erwiderte er nur, ich hätte hier keine Fragen zu stellen. Außerdem behaupte Leutnant Kühne ja mit so überzeugendem Nachdruck, ich sei ungemein begierig auf den Endsieg, da müßte ich jedem Befehl ohne langes Nachdenken folgen. Dann befahl er mich vom Waldsaum ein Stück weit ins offene Gelände: «Los! Fangen Sie schon an!» Er selbst ging in den Wald zurück, um, wie er sagte, die Arbeit der anderen zu überprüfen. Während ich die Erde aushob, erlebte ich einen Feuerüberfall, der den Boden umpflügte, ohne daß ich

253

ausmachen konnte, woher die Schüsse kamen. Einmal schrie jemand, bis die Stimme ins Wimmern überging, aber auch da war nicht herauszufinden, ob es ein Amerikaner oder einer von den eigenen Leuten war. Zwischendurch tuckerte dann und wann ein Maschinengewehr durch die schwarze, leere Nacht.

Gegen sechs Uhr früh kam Mahlmann zurück, und erst jetzt wurde mir bewußt, daß er das Zweimannloch zusammen mit mir benutzen wollte. Mit seinem stämmigen Leib ließ er sich zu mir herunter, hatte dies und das auszusetzen und beorderte mich schließlich zum Wachdienst, weil er sich «einen kurzen Schlaf gönnen» wolle. Der feine Nieselregen setzte wieder ein, und ich deckte uns mit der Zeltplane ab. Beim Erwachen, in der ersten Morgendämmerung, fragte er nach irgendwelchen Vorkommnissen und ob auf dem Gehöft eine Bewegung zu beobachten gewesen sei. Auf meine verneinende Antwort, die ich ganz unmilitärisch mit vollem Mund gab, weil ich nach dem Verzehr der «Eisernen Ration» gerade auf einem aufbewahrten Brotkanten herumbiß, verlangte er, ich solle noch einmal nachsehen. Als ich erwiderte, ich wolle nach zwei Tagen ohne Nahrung erst dieses Stück Brot essen, schrie er unvermittelt und ohne alle Vorsicht los, ich leistete mir ständig Widerworte. «Und das mit einem Gerichtsverfahren am Hals! Das hört auf!» brüllte er. «Ein für allemal! Das ist ein Befehl!» Als ich weiter an meinem Kanten herumkaute, meinte er kopfschüttelnd, aber doch etwas nachgiebiger, alles müsse er selber tun.

Sich beruhigend, fragte er in fast schon resigniertem Ton: «Wo ist die ganze Disziplin geblieben?» Nach kurzem Berappeln kam er hoch, setzte den Stahlhelm auf und hob den Kopf über die Kante des Erdlochs. «Na, is' was?» fragte ich. «Vielleicht bemühen sich der Herr Gefreite Fest selbst herauf!» bellte er wieder los, und während ich mich, an meinem letzten Bissen würgend, dazu bereitmachte, sah ich seine Knie plötzlich schlaff werden. «Oberfeldwebel, was gibt's?» rief ich und griff ihm an die Schulter. Als keine Antwort kam, wiederholte ich meine Frage. Doch mit einem

Mal, ohne weitere Einwirkung, sackte Mahlmann mit dem Gesicht an der regennassen Wand des Erdlochs nach unten. Ich drehte ihn vorsichtig um und entdeckte in der Mitte seines Stahlhelms eine kleine, scharfrandige Einschußstelle. Als ich ihm die Gasmaske in den Nacken legte und dabei den Kopf anhob, rannen mehrere Blutbahnen in kurzen Stößen über das leblose, vom feuchten Erdreich schmutzige Gesicht.

Oberfeldwebel Mahlmann war tot. Aber sein Ableben berührte mich nicht. Wie leicht, sagte ich mir, wäre es für ihn gewesen, auf das Kriegsgericht gegen mich zu verzichten oder ein einziges kameradschaftliches Wort von sich zu geben. Aber dazu war er nie fähig gewesen. Zu keiner Zeit habe ich vergessen, was mir durch den Kopf ging, als ich ihn reglos und mit offenem Mund, die eindunkelnden Blutbahnen auf dem Gesicht, neben mir liegen sah: Manchmal, wie selten auch immer, trifft es die Richtigen. Ich müßte, hielt ich mir neben dem Toten im Erdloch vor, ein wenig Mitgefühl für ihn haben. Ich brachte nichts dergleichen auf.

Minuten vergingen. Als der zeitweilig verstärkte Gefechtslärm nachließ, warf ich mich mit einem Satz aus dem Loch, war mit fünf Sprüngen am Waldrand und lief, während neben mir die Kugeln einschlugen, ohne Aufenthalt zu einer nahen, baumbestandenen Bodensenke, die auf das Gehöft zuging. Einige fünfzig Schritte davor hatten die Bewohner einen Unterstand angelegt, der derzeit menschenleer war. Angesichts der Übermüdung, unter der ich litt, streckte ich mich zunächst hin, fand jedoch keinen Schlaf. Statt dessen verzehrte ich die «Eiserne Ration», die ich dem Oberfeldwebel Mahlmann vor dem Verlassen der Grube abgenommen hatte. «*Einen* Dienst wenigstens leistest du mir!» hatte ich dabei gedacht. Da wußte ich noch nicht, daß ich in den nächsten sechs Tagen keine Mahlzeit bekommen sollte.

Anschließend kroch ich in geduckter Haltung zu dem Gehöft hinüber, dessen vier Gebäudeflügel einen größeren Innenhof umgrenzten. Das Zimmer hinter dem kleinen Fenster, auf das ich kurz vor der ersten Hausecke stieß, war leer geräumt. Doch als ich wenige Schritte weiter ans Ende der Fassade gelangte und vorsichtig um das Mauerwerk sah, stieß ich fast mit einem amerikanischen GI zusammen, der die Maschinenpistole schußbereit in den Händen hielt und augenblicklich losschrie: «Hands up! Come on! Hands up, boy!» Er nahm mir die Waffe und sämtliche Ausrüstungsgegenstände einschließlich der Kartentasche ab: «What's that?» fragte er, und als ich erwiderte, daß es sich bloß um Bücher handle, meinte er: «We will check that!» Dann führte er mich unter reichlich hysterischen Rufen quer über den Hof. Der gekachelte Raum, dessen Tür er aufstieß, hatte den Besitzern offenbar als Diele gedient. Der GI schob sich den Helm ins Genick und befahl: «Sit down! And don't move!» Ohne den Blick von mir abzuwenden, öffnete er alle drei Türen, hinter denen ich an die zwanzig amerikanische Soldaten ausmachte, und rief etwas Unverständliches in jeden Raum.

Der Leutnant, der kurz darauf hereintrat, sprach ein perfektes, leicht pfälzisch getöntes Deutsch, weshalb ich ihn fragte, ob er aus der Mannheimer Gegend stamme. Aber er sah von meinem Soldbuch kaum auf und entgegnete, er habe den Weg von Milwaukee an den Rhein nicht auf sich genommen, um mit einem Nazi Konversation zu machen. Er kontrollierte die Kartentasche, sah nachdenklich auf die Goethe- und Hölderlin-Gedichte, auf die Zitatenhefte und was sonst noch bei mir gefunden worden war. Nach einem flüchtigen Blick auf die ein oder andere Seite warf er die Bücher auf den nahen Abfallhaufen, wo Wandverputz, Obstreste, entleerte Fleischdosen und anderes Gerümpel aufgehäuft waren. «Alles vorbei!» sagte er. Als ich wissen wollte, was denn genau, erwiderte er: «Alles!» Und: «No conversation, my boys!» Als letztes Stück flog die Kartentasche auf den Müll.

Bevor der Leutnant zu dem offenbar vorgesehenen Verhör ansetzte, nahm ich meinen Mut zusammen und fragte, ob ich nicht einige der Bücher behalten dürfe. «Hier verrotten sie nur!» hielt ich ihm vor. Er sah mich ungehalten, wenngleich mit einem Zögern an. Dann meinte er mit unerwarteter Schärfe: «Ihr Nazilümmels werdet euch daran gewöhnen müssen, daß ihr nichts mehr zu sagen habt. Oder besser noch: daß ihr nicht einmal mehr um etwas bitten dürft.» Einen Augenblick wollte ich widersprechen, ich sei kein Nazilümmel, vielleicht habe er bemerkt, daß kein einziges Nazibuch in meiner Kartentasche gewesen sei. Aber dann unterließ ich den Einwand. Der ist wie Mahlmann, sagte ich mir. «Militärköppe sind so!» Doch als habe er meine Gedanken erraten, ging der Leutnant zu dem Abfallhaufen hinüber und kramte drei der weggeworfenen Bücher aus dem Gerümpel: Goethes «Gedichte», Ernst Jüngers «Marmorklippen» und Josef Weinhebers «Selbstbildnis». Merkwürdige Auswahl, dachte ich, als er die Bücher vor mich hinwarf, und fragte ihn, warum er alles übrige aussortiert habe. Er antwortete, diesmal schon um einiges verbindlicher: «Nicht schon wieder die deutsche Gier. Die übrigen Bücher bleiben, wo sie sind.»

Er befahl mir, ihm in einen Nebenraum zu folgen. An einem kleinen Tisch saß dort, scheinbar unberührt von allem Schlachtentrubel und mit einer Illustrierten in den Händen, ein jungenhafter Captain, und erstmals sah ich eine Person seines Ranges mit den Beinen auf dem Tisch. Er fragte, wer ihm da gebracht werde. Der Leutnant berichtete in knappen Worten, was er über mich, meine Einheit und die Namen der Offiziere herausgefunden habe. Die beiden wechselten einige mehr nach einem Kauderwelsch als nach dem Englischen klingenden Sätze, und der Captain warf das Blatt beiseite, um mir selbst ein paar Fragen zu stellen. Wie der operative Offizier auf deutscher Seite heiße, was ich über Major Scheller wisse und über den Nationalsozialistischen Führungsoffizier (NSFO) sowie anderes dieser Art. Am Ende forderte er mich auf, den rechten Arm frei zu machen, und sagte lediglich, das Gespräch sei beendet. Als ich hinausging, nahm er wieder die Illustrierte in die Hand, warf die Beine auf den Tisch und rief: «Ihre Heimatstadt

Berlin werden wir übrigens den Russen überlassen. Das haben Sie sich schließlich verdient.»

In dem entlegeneren Raum, in den ich daraufhin geführt wurde, stieß ich auf drei weitere Gefangene, von denen jedoch keiner zu meiner Einheit gehört hatte. Kaum hatten wir die ersten Worte gewechselt, kam ein Sergeant und forderte uns auf, ihm zu folgen. Von zwei GIs mit Maschinenpistolen eskortiert und wiederholt vom Granatfeuer zur Deckung gezwungen, liefen wir über einen weiten Acker nach Unkel hinüber. Auf der menschenleeren Straße, unmittelbar bei den ersten Häusern, lagen Gefallene, die meisten in verbogenen Stellungen, manche auch ausgestreckt auf dem Rücken, das augenlose Gesicht zum Himmel gewendet. Die Farben des Todes überall, dachte ich, als wir an einer Häuserfront die Straße hinabliefen. Auch eine Frau befand sich unter den Toten, ihre Schürze war blutbesudelt, und einige Meter neben ihr lag ein Gefallener, der offenbar vom Räderwerk eines Sherman-Panzers zu einer flachen, an den Rändern dunkelroten Platte gewalzt worden war. «Wie im letzten Bild vom ‹Max und Moritz›», sagte der neben mir laufende Unteroffizier, doch fand ich, er habe hier nichts mehr zu sagen, und hielt ihm entgegen: «Halt's Maul! Keine Witze über Tote!»

Den Abend verbrachten wir auf der Kellertreppe eines der Häuser am Straßenrand. Im Lauf der Zeit trafen immer neue Gefangenentrupps ein. Bald waren wir an die zwanzig Personen; auf den schräg abfallenden, engen Stufen herrschte ein wüstes Geschiebe. Nach Einbruch der Dunkelheit gab es plötzlich Geschrei und Bewegung, dann wurden wir ortsabwärts und durch den Erpeler Tunnel zum Rheinübergang geführt. Einer der deutschsprechenden Wachsoldaten forderte uns zu äußerster Vorsicht auf, weil die Brücke wegen der zahlreichen Sprengversuche beschädigt sei, und tatsächlich passierten wir beim Übergang eine Anzahl übermannsgroßer Löcher, in deren Tiefe schwarz und sprudelnd der Rhein trieb. An der Zufahrt, schon am anderen Ufer, stauten sich

Fahrzeuge mit schweigend aufgesessenen oder in den Panzerluken wartenden Soldaten. Vereinzelt schlugen Schüsse von deutscher Seite ein. Einige GIs hatten das Radio in Betrieb, aus dem eine fremdartige Musik kam, andere standen mit Kaffeebechern in der Hand herum, wieder andere rauchten vor ihren Offizieren, und alles wirkte überaus entspannt und unsoldatisch. Unsere Gruppe wurde an den Fahrzeugen vorbeigeleitet und nach Remagen hineingeführt. Vor einem schulartigen Gebäude, auf dessen Hof schon an die hundert Gefangene warteten, kam es zum Halt. Anschließend wurden fünf Reihen gebildet und von der Begleitmannschaft mit dem Helm im Nacken und unablässigem «Let's go!» und «Come on!» auf die fünf Stockwerke verteilt. Mir wurde ein Platz im Dachgeschoß zugewiesen.

Unter dem Gebälk und in den Abstellecken herrschte ein fürchterliches Gedränge. Jeder versuchte, einen Schlafplatz zu erobern, obwohl sich später, wie ich verwundert feststellte, niemand zum Schlafen legte, sondern jeder mit jedem Erfahrungen auszutauschen begann: von dramatischen Vorkommnissen, dem Ärger mit Vorgesetzten, kleinen Gefechtserfolgen, die sich kurzerhand zu großen Schlachten auswuchsen, oder dem Tod von Kameraden. Mehrfach erschien ein Sergeant und brüllte «Shut up!» oder ein kaum verständliches «Ruhe!», aber die Gespräche gingen ohne Unterbrechung weiter.

Bis plötzlich gegen Mitternacht ein gewaltiger Blitz und Donnerschlag alles beendete. Für den Bruchteil einer Sekunde, kam es mir später vor, hatte nach dem Höllengedröhn ein unheimliches Schweigen geherrscht. Unmittelbar darauf war jedem bewußt geworden, daß im Dachgeschoß eine Granate eingeschlagen hatte, und sofort war ein unbeschreiblicher Tumult losgebrochen. Der Raum war erfüllt von Schreien, Hilferufen und herumfliegenden Mauerstücken, vom Prasseln herabstürzender Dachteile und anderen, undeutbaren Geräuschen. Gleichzeitig wirbelten Schuhe durch die Luft, Verputz, Uniformstücke, Tascheninhalte. Unversehens bekam ich einen feuchten Schlag ins Gesicht. Später stellte sich heraus, daß er von einem weggerissenen Schulterlappen stammte und meinen Kopf blutig verschmiert hatte. Zu alledem erfüllten Qualm und ein entsetzlicher Gestank die Luft. Wer konnte, raffte sich auf und versuchte, die Treppe zu erreichen. Der Obergefreite, der neben mir hinter dem Dachpfosten gelegen und in den vergangenen zwei Stunden unablässig von seiner Familie erzählt hatte, streckte mir den Arm hin und sagte, er komme hier nicht mehr weg. Ich solle seine Frau grüßen, auch Mausi und Hänschen. Auf die im Lärm fast unverständliche Frage nach seinem Namen und seiner Anschrift zog er nur die Stirn in Falten, suchte nach irgendeinem Wort und gab keine Antwort mehr.

Ich drängte mich ins Gewühl vor der Treppe, gelangte auch einige Stufen abwärts, dann stockte alles. Ein mit der Maschinenpistole herumfuchtelnder Amerikaner boxte sich die Stufen herauf und schrie, diesmal im unverkennbaren Berliner Tonfall: «Jeder bleibt, wo er ist. Das Tor unten ist gesperrt. Ich schieße sonst!» Und dann immer wieder: «Letzte Warnung. Mein Schießeisen ist geladen! Achtung! Ich schieße!» Doch schließlich mußte er nachgeben, weil der Druck von der Treppe her einfach zu stark wurde.

Inzwischen war ein höherer amerikanischer Offizier eingetroffen. Ein Hauptmann von deutscher Seite habe ihm «auf militärisches Ehrenwort» versichert, man könne die Gefangenen selbst bei tiefer Dunkelheit auf den Hof lassen, keiner werde fliehen. Er habe «zuverlässige Leute» als Aufseher ausgewählt, die hätten sich ihm mit Rang und Namen verbürgt. Dann wurde die Versorgung der Verwundeten besprochen und offenbar eine einvernehmliche Lösung gefunden. Auf einen Wink kamen die zweihundert oder mehr Gefangenen aus Türen und Fenstern auf den Hof und verbrachten die Nacht in gefrierender Nässe unter freiem Himmel. Das vereinzelte Geschützfeuer hatte aufgehört. In den frühen Morgenstunden rückten, ungeduldig erwartet, die Lastwagen an.

Als wir die Fahrzeuge bestiegen, antwortete ein gutmütiger

Schwarzamerikaner auf die Frage, wohin die Reise gehe, wir kämen natürlich nach Frankreich. «Nach Paris!» setzte er hinzu. «Aber nicht ins Bordell!» Er brach in lautes Gelächter aus. Er fand kein Ende damit, und selbst als wir etwas später die Stelle passierten, wo er postiert war, zeigte er lachend mit ausgestrecktem Arm auf uns: «No girls! No fun!» Ein Schrecken durchfuhr mich, als wir kurz vor der deutschen Grenze unvermittelt nach Euskirchen abbogen und von dort die Richtung zu jenem Feldflugplatz einschlugen, auf dem wir einige Wochen zuvor die Glasminen verlegt hatten. Nach etwa einer Stunde aufreibenden Herumstehens mußten wir von den Wagen herunter, und ich erwartete jeden Augenblick den Befehl zum Minenräumen.

Ganz in Gedanken verloren, hörte ich plötzlich meinen Namen. Vor mir stand der Sanitätsgefreite Schneider, der mich kürzlich noch vor ein Kriegsgericht hatte bringen wollen, sich jetzt aber nahezu herzlich gab und von seiner Freude über das unverhoffte Wiedersehen sprach. «Wo haben wir uns denn aus den Augen verloren?» fragte er und beteuerte, wieviel Sympathie er jederzeit für mich und meine Unerschrockenheit «vor den Schulterstücken» empfunden habe. Hätte er je geahnt, wie verlogen und unmenschlich die Nazis seien, wäre er mein treuester Freund gewesen, doch sei er sich Gott sei Dank keiner Schuld bewußt.

Man habe, was ihm unbekannt geblieben sei, nicht nur ahnen, sondern sogar wissen können, hielt ich ihm entgegen; vor allem, wenn man schon vor 1933 dazugehört habe. Aber Schneider tat, als überhöre er meinen Einspruch, und erzählte, daß bereits an die zehntausend Amerikaner auf der Ludendorff-Brücke den Rhein überquert hätten. Hitler, meinte er, habe, wie erste Gewährsleute wüßten, in seiner Wut ein fliegendes Standgericht einberufen und beauftragt, die sechs oder sieben für Remagen verantwortlichen Offiziere zum Tode zu verurteilen. Ich tat, als interessierten mich seine Vertraulichkeiten nicht, und sagte nur: «Hör auf, Schneider! Die Zeit ist um, wie du weißt!» Er sah mich verblüfft an, und ich vergesse seine staunend törichten Züge nicht, als ich ihn einfach stehenließ. Nach zwei Stunden wurden wir wieder auf die Lastwagen beordert, und die Kolonne setzte ihre Fahrt fort.

Unser Bestimmungsort war tatsächlich nicht Paris, sondern ein in der Nähe der französischen Hauptstadt gelegenes Nest namens Attichy, das sich in dieser späten Phase des Krieges als Sammellager für alsbald Hunderttausende deutscher Gefangener einen berüchtigten Namen erworben hat. Als wir vor dem Lager von den Wagen stiegen, drängten sich von allen Seiten französische Zivilisten heran. Sie bespuckten uns oder jubelten den Frauen zu, die mit bloßen Fäusten auf uns einschlugen, während die amerikanischen Wachtruppen eine Kette bildeten, um sie an den Übergriffen zu hindern. Das sei der Beginn der «heldenhaften Résistance», sagte einer meiner Nachbarn, der sich, nachdem wir das Lagertor passiert hatten, als Französischlehrer aus Hannover vorstellte.

In Erinnerung bleiben wird mir von Attichy mehr als alles andere Schuberts «Unvollendete», die bei unserer Ankunft aus sämtlichen Lautsprechern dröhnte, und neun Tage später, als wir das Lager verließen, immer noch: alles bei Tag und bei Nacht ohne Unterbrechung und mit einem ärgerlichen Knackser nach dem 64. Takt. Bei jeder Durchsage wurde die Musik unterbrochen, anschließend der Tonarm von einem halbtauben GI wieder auf die krächzende Platte geworfen. Die Rede war auch von einer Einsatzgruppe «Ehemaliger», wie sie sich nannten, die jeden Gefangenen, der sich eine abfällige Äußerung über Hitler und den Krieg erlaubte, ohne große Umstände zur Strecke brachte. Ein Kommando stieß ihn in die riesige, offene Jauchegrube und drückte ihn bei jedem Wiederauftauchen zurück in die Kloake.

Acht Tage später, kurz vor dem Abtransport aus Attichy, kam ich mit einem Gefangenen ins Gespräch, der mir aufgefallen war, weil ich ihn zu kennen glaubte. Tatsächlich stellte sich in einem Gespräch heraus, daß er zu der Gruppe gehört hatte, von der ich in Landau getrennt worden war. Ich erzählte ihm von meiner Gefangennahme, den Einsätzen von Arnheim bis Remagen und fragte ihn, ob er Reinhold Buck gekannt habe. Er meinte, daß sie keine Freunde gewesen seien, doch habe er «den Buck» von weitem bewundert. «Er war ein Genie», sagte er, «ich habe ihn wild und meisterhaft auf der Geige spielen hören.» Auf meine Frage, was die Vergangenheitsform zu bedeuten habe, meinte er: «Ach, der Buck, der ist tot! Und wenn ich richtig rechne, war er im Sterben keine zweihundert Meter von dir entfernt, also ein Stück weit nach Osten von dem Gehöft, wo du gefangen wurdest.» Auf mein Entsetzen hin ergänzte er, der Buck sei in einem Zweimannloch verblutet. So jedenfalls sei gesagt worden. Er habe, keiner wisse wie, einen Schenkeldurchschuß erlitten und offenbar nicht gewußt, wie man den abbinde. In einem Lederbeutel, den er in der Hosentasche trug, habe man eine kleine Beethoven-Plakette gefunden.

Als ich fassungslos schwieg, wollte er etwas Tröstliches vorbringen. «Du kannst beruhigt sein», redete er mir zu, «ich habe es mit eigenen Augen gesehen, der Buck hat ganz friedlich dagelegen.» Meine Antwort ist mir bis heute im Gedächtnis geblieben. «Das wollte ich nicht hören!» sagte ich. «Der Buck wollte nicht verrekken. Und ich wollte vom Tod nicht hören, daß er für einen wie Buck friedlich gewesen sei. Eher schon, wie verzweifelt er sich mit dem Verband abgemüht habe, ohne damit zurechtzukommen.» In den folgenden drei Tagen bin ich dem Mitgefangenen, sooft ich in seine Nähe geriet, nach Möglichkeit aus dem Weg gegangen.

9. KAPITEL

Die Flucht

Gegen Mitternacht kam der Transportzug nach dreistündiger Fahrt mit kreischenden Bremsen zum Stehen. Beim Blick aus den Waggonluken entdeckten wir auf der einen Seite Schuppen und Lagerhäuser, auf der anderen ein weites, von gleißendem Scheinwerferlicht markiertes Feld. Vor dem Zug liefen an die zweihundert Soldaten mit durchgeladenem Schießzeug herum und riefen das schon gewohnte «Come on!», «Let's go!» oder «Hurry up!».

In dreißig Metern Entfernung sahen wir, kaum daß wir aus dem Zug gesprungen waren, ein zweiflügeliges Tor, das den Zugang zu einem weitläufigen, von hohem Stacheldrahtzaun umgebenen Gelände bildete. Eine Pioniereinheit war unter Lampenlicht dabei, im Abstand von hundertfünfzig Metern Wachttürme zu errichten. Dann wurde der ranghöchste Gefangene, ein Oberstleutnant, zu der kurz zuvor eingetroffenen Gruppe amerikanischer Offiziere befohlen und angewiesen, die annähernd zehntausend Gefangenen in das Lager zu führen. «Wo sind die Unterkünfte?» fragte der Stabsoffizier. «Oder haben Sie wenigstens Zeltplanen und Dekken?» Da drängte sich ein junger, drahtiger Offizier nach vorn und stellte mit schneidender Stimme fest: «Wir sind kein Hotel hier! Doch wir haben», und dazu fuchtelte er mit der Maschinenpistole in der Luft herum, «den Schlüssel, um das Tor dichtzumachen. Warnen Sie Ihre Leute vor einem Fluchtversuch! Unsere Soldaten haben Befehl, sofort zu schießen! Haben Sie verstanden?»

Der Oberstleutnant hob die Hand an die Mütze und befahl den Abmarsch zum Stacheldrahttor. Die behelmten amerikanischen Soldaten luden die Maschinenpistolen mit übertriebenem Krachen durch und bildeten ein enges Spalier.

Wir standen rund sechs Stunden auf dem umzäunten Gelände herum, bis es hell zu werden begann. Ringsum lagen tiefe Nebelbänke auf, und als sie sich lichteten, wurde im Westen ein Tafelberg sichtbar, der von einer dreitürmigen Kathedrale beherrscht war. Kaum aber hatte das Bild Umrisse angenommen, verschwand es wieder im einsetzenden Schneeregen. Nach meiner Erinnerung fiel das Geriesel nahezu drei Tage auf uns herab. In dieser Zeit vermaßen wir, hungrig und frierend, den Verlauf der Lagerstraßen und hoben Gräben für die späteren Rohrleitungen aus. Währenddessen wurden wir in Kompanien aufgeteilt. Wer als SS-Angehöriger erkannt worden war, wurde in ein kurzzeitig angelegtes Sonderlager abgeführt; dort gingen die Eintreffenden wie auf Befehl in die Hocke und sahen mit einem Ausdruck trotziger Ergebung vor sich hin. Noch immer näßte der Schnee, und beim morgendlichen Wecken bestand das Lager aus einer Anzahl buckliger Schneehaufen, die sich im aufdämmernden Licht zu rühren und allmählich Menschengestalt anzunehmen begannen.

Am dritten Tag bog eine Kolonne von Lastwagen ins Lagertor ein und warf in berechneten Abständen Bettgestelle, Zelte, Decken, Waschschüsseln und andere Bedarfsgegenstände von den Ladeflächen herab. Schon am folgenden Tag waren die Unterkünfte für die Gefangenen weitgehend aufgestellt und auch die Wachttürme rings um das Lager errichtet. Zugleich wurden wir in unterschiedlich große Arbeitsgruppen eingeteilt, von denen jede ihren Tätigkeitsbereich innerhalb des Depots erhielt. Ich kam in die mit hohen Gerüsten ausgestattete Halle der Büroartikel, die vom Bleistift über alle Sorten von Wandtafeln bis hin zu Schreibmaschinen und Rechengeräten der unterschiedlichsten Typen und Größen weit über dreitausend Angebote aufwies. In anderen Hallen lagerten Uniformen, Autoersatzteile, Lederzeug und, mit Ausnahme von Waffen, alle Gegenstände des militärischen Bedarfs.

Am Nachmittag des ersten Tages in den Zelten wurde das Lager zum Appell gerufen. Auf der breiten Mittelstraße zwischen den Zeltreihen stand der Kommandant, Captain John F. Donaldson, eskortiert von dem drahtigen Offizier mit der schneidenden Stimme, der sich als Leutnant Bernard P. Dillon vorstellte, und einem zweiten Leutnant, Charles W. Powers. In einigem Abstand neben ihnen hatten First Sergeant Don D. Driffel, First Sergeant John S. Walker und Sergeant Paul F. Geary sowie etliche Unteroffiziere und Mannschaftsdienstgrade Aufstellung genommen. Nach einer kurzen, über den Lagerlautsprecher verbreiteten Ansprache, in der Captain Donaldson vornehmlich von Arbeit, Disziplin und Gehorsam sprach, schritt er ein Stückweit die Reihen ab. Alle zwanzig Meter blieb er stehen und richtete das Wort an den ein oder anderen Gefangenen, wobei ein Gefreiter aus seinem Gefolge Notizen machte. Der Zufall wollte es, daß der Captain auch vor meiner Gruppe haltmachte und sich bei mir nach Alter, Rang und Ort der Gefangennahme erkundigte. Vor dem Weitergehen wies er seinen Schriftführer an, alles zu notieren.

Am nächsten Tag wurde ich zum Headquarter in der Baracke vor dem Lagertor gerufen. Bei meinem Eintreffen standen dort drei Gefangene, die ebenfalls von Captain Donaldson einbestellt worden waren. An mich richtete er im Grunde die gleichen Fragen wie während des Appells, nur nahm er sich dabei weit mehr Zeit und erkundigte sich auch nach meiner Familie, meinem Bildungsgang und dem Beruf des Vaters. Mitten im Gespräch unterbrach er sich und rief einen Dolmetscher, weil meine Sprachkenntnisse nach dem lediglich anderthalbjährigen Schulunterricht für kompliziertere Unterhaltungen nicht ausreichten. Als er mich entließ, riet er mir, mein Englisch zu verbessern, er wolle mich gern als Assistenten im Headquarter haben. Er fügte etwas wie «Don't worry!» hinzu, es werde schon alles gutgehen.

266

Der Captain war ein hochgewachsener, eleganter Mann mit kahlem Schädel. Das Gesicht war beherrscht von einem offenbar mit einer Creme gezwirbelten und in nadelspitze Enden auslaufenden Bart, was der Erscheinung einen Zug ins Exzentrische gab. Er legte unverkennbar Wert auf gemessene Bewegungen, und auch seine Rede klang überaus gewählt. Dabei zeugte der tiefe Baß von einer großen, fast zivilistischen Wärme. Niemals jedenfalls spielte er durch barschen Tonfall seine ranghöhere Stellung aus, und die Autorität, über die er gebot, war ganz unangestrengt. Er zeigte bald eine spürbare Vorliebe für mich, und als ich einmal wegen der Bewunderung sowohl der Deutschen als auch zahlreicher Ausländer für Hitler in einen reichlich unsinnigen Streit mit ihm geriet, mahnte mich der immer besorgt brummelnde First Sergeant Driffel, die «väterliche Zuneigung» nicht zu vergessen, die Captain Donaldson für mich empfinde: Sonst könne es mit der Bevorzugung im Handumdrehen ein Ende haben.

In persönlichen Belangen war Donaldson überaus diskret, so daß ich in den fast zwei Jahren, in denen er mein Vorgesetzter war, nie herausbekam, wo er lebte, was es mit seiner Familie auf sich hatte, was er im Zivilberuf tat und was er seinerseits auf jene Fragen geantwortet hätte, die er mir gestellt hatte. Es schien, als ziehe er Themen der Bildung und der Politik im weiten Sinn allen übrigen Gegenständen vor. Kaum hatte er meine Vorliebe für die Musik erkannt, fragte er mich in langen Abendunterhaltungen darüber aus, nicht anders über meine literarischen Vorlieben und wie ich an die Geschichte des alten Rom oder an das Florenz der Renaissance geraten sei, wobei er durchblicken ließ, wie unbegreiflich ein Kopf beschaffen sein müsse, der so abgelegene Neigungen entwickelte. Er war verwundert, daß ich nichts über Dreiser, Faulkner oder Hemingway wußte, deren Namen ich erstmals von ihm hörte, und befand daraufhin, wie erschreckend weit Deutschland sich unter den Nazis von den zivilisierten Völkern entfernt habe. Als wir uns besser kannten, wollte er Einzelheiten über meine Familie wissen, über meinen im Krieg gebliebenen Bruder, meine Geschwister und Freunde. Ich verschwieg ihm allerdings die politischen Schwierigkeiten, in die meine Eltern geraten waren, weil ich deren Darlegung für wichtigtuerisch hielt. Statt dessen berichtete ich ihm über manche aus Deutschland geflohenen Freunde, über Drangsalierungen in der Nachbarschaft und die Nöte eines Lebens unter einer Gewaltherrschaft.

Ich verrichtete meinen Dienst bei Captain Donaldson nicht ungern und beschaffte mir, seine Mahnung wegen meiner Englischkenntnisse im Ohr, als erstes einen Band der Army Pocket Books mit dem Titel «The Loom of Language». Da eine hinreichende Probezeit im Headquarter ausgemacht war, hatte ich anfangs, zumal während des Nachtdienstes, genügend Zeit, mich Seite für Seite voranzuarbeiten. Manchmal sah der Captain mir dabei über die Schulter und erläuterte ungewöhnliche Wendungen mit ein paar Worten über den Ursprung einer Redensart oder Metapher.

Als ich am 11. Mai 1945 zum Lagertor hinunterging, sah ich, wie sich vor dem Schwarzen Brett, wo die Anordnungen des Kommandanten und gelegentlich wichtige Nachrichten aushingen, beunruhigte Gefangene drängten. Die Meldungen, die so ungewöhnliche Aufmerksamkeit erzeugten, stammten aus verschiedenen Zeitungen und besagten, daß die Wehrmacht nach der Kapitulation vor den Westmächten im nahen Reims nun auch in Karlshorst vor sämtlichen Alliierten die Waffen gestreckt habe. Schon von weitem war eine erregte Auseinandersetzung zu erkennen; als ich hinzukam, sagte einer der Gefangenen gerade zu einer Gruppe Herumstehender: «Na, endlich Schluß! Es wurde höchste Zeit!» Die Mehrzahl der Versammelten sah ihn wortlos an.

Wenige Meter entfernt stand ein Feldwebel, der verschiedentlich so herrisch aufgetreten war, daß man annehmen konnte, er halte die Zeit des Herumkommandierens noch nicht für vorbei. Nicht ohne Schärfe fuhr er den Soldaten an: «Was heißt denn ‹endlich›? Daß wir den Krieg verloren haben? Wolltest du das?» Dabei sah er sich beifallsuchend um. Der Angesprochene, der schon im Abgehen war, machte kehrt, rückte nah an das Gesicht des Feldwebels heran und erwiderte in gedämpftem, aber uneingeschüchtertem Ton: «Nein! Sondern daß der verdammte Krieg zu Ende ist!» Ein Gefreiter mischte sich ein und brüllte über die Köpfe hin: «War sowieso ein Idiotenkrieg! Von Anfang an! Wer hat denn an den Sieg geglaubt?» Ein anderer rief in das zunehmende Durcheinander hinein: «Das Genie des Führers! Du lieber Himmel!» Und bald schrie einer gegen den anderen an, vereinzelt kam es zu Handgreiflichkeiten, und immer wieder fiel das Wort vom «Idiotenkrieg» und von der «Größe des Führers». Die Auseinandersetzung offenbarte, wie empfindlich der Gegenstand selbst jetzt noch war.

Jedenfalls ließ sich von den Gesichtern ablesen, daß die eingeübten Reflexe bei vielen weiterhin ihren Dienst taten. In nicht wenigen Mienen spiegelte sich ein ungläubiges Erschrecken über die Offenheit, mit der sich einige über die Hitlerzeit äußerten. Dann zog der Gefreite ab, der das Wort vom «Idiotenkrieg» aufgebracht hatte, sich vor Lachen schüttelnd. Der herrische Feldwebel rief ihm nach: «Verräter! Falscher Fuffziger!» Als beides wirkungslos blieb, folgte ein: «Deserteur!» Doch der Gefreite, ein Mann von annähernd fünfzig Jahren, hob, ohne sich umzudrehen, schlenkernd die Arme und wiederholte hohnlachend: «Ja, ja! Das Genie des Führers!»

Als ich diesem Gefreiten am folgenden Tag auf der Lagerstraße begegnete, kamen wir auf den Vorfall zurück. Er erwies sich als überaus unterhaltsam und lud mich schließlich in sein Einzelzelt ein. Als Maler und Zeichner, sagte er, sei er sozusagen von Berufs wegen immer «ein paar Schritte aus der Welt». Aber die Verrücktheit dieses Krieges wäre ihm niemals eingefallen. Man sage ja von den Deutschen, daß sie kein Verhältnis zur Realität hätten: er halte das zwar für ein ziemlich dummes Klischee, aber Hitler habe das Klischee wahr gemacht. Und die Dummheit gleich dazu. Gegen die Welt: Er werde nie begreifen, was da mit den Deutschen vorgegangen sei. Und die Deutschen selbst hätten es auch nicht begriffen, wie der Streit vom Vortag deutlich gemacht habe.

Seine Ansichten sorgten noch für manches Gespräch. Da er unablässig dabei war, die amerikanischen Bewacher, deren Frauen, Kinder und Geliebte nach fotografischen Vorlagen zu malen oder zu zeichnen, kamen ihm zahlreiche Privilegien zugute. Dazwischen malte er auf kleineren Sperrholzplatten Lageransichten, Landschaften oder Blumen. Er stammte aus dem Bergischen Land und hieß Alfred Sternmann. Zu seinen Vergünstigungen gehörten neben dem Einzelzelt ein richtiger Schrank statt eines metallenen Militärspinds, zwei Sessel sowie eine Teeausrüstung mit Kocher und Wasserbehälter, außerdem ein abgeteiltes Atelier. So verbrachte ich, wann immer es der Dienst erlaubte, die Nachmittage mit ihm beim Tee.

Zur Verbesserung meiner Sprachkenntnisse ließ ich mir von einem GI des Headquarters nach dem «Loom of Language» weitere Bücher aus der Pocket-Bibliothek beschaffen. Zum zweiten Mal las ich die Abenteuer von Tom und Huck und bekam überdies von Leutnant Dillon, der sich in der Literatur einigermaßen auskannte, sein Wissen aber nur widerwillig herausrückte, einige andere Titel, darunter Joseph Conrads «Heart of Darkness». Wenig später machte mich ein Gefreiter aus dem Lagerstab mit dem Autor bekannt, dessen Werke mich dann während der längsten Zeit der Gefangenschaft begleitet haben: W. Somerset Maugham. Vielleicht beeinflußt vom Vorurteil meines Vaters gegen Romane, begann ich überaus skeptisch «The Razor's Edge» zu lesen, die Geschichte eines ruhelos umgetriebenen Menschen, vertiefte mich an dem Tag, an dem ich die Lektüre beendet hatte, sogleich in den Roman «Of Human Bondage», die Geschichte eines ausweglosen Verfallenseins, und konnte mir zuletzt noch, unter Schwierigkeiten, «The Moon and the Sixpence» beschaffen. Mehr Werke des Schriftstellers waren nicht aufzutreiben, ausgenommen eine Reihe von Novellen, die meist scharf beobachtete, dramatisch zur Krise drängen-

Ein Ölbild auf Holz von Alfred Sternmann:
die Stadt Laon, gesehen vom deutschen Kriegsgefangenenlager aus,
in dem der Autor fast zwei Jahre verbracht hat

de Liebesgeschichten enthielten. Verblüffenderweise empfahl mir niemand Steinbeck oder Hemingway, niemand Dos Passos, die zu dieser Zeit längst berühmt waren.

Im Verlauf der Monate, die ich mich mit Somerset Maugham beschäftigte, bin ich auf keine umständliche oder gar langweilige Zeile gestoßen. Die Lektüre machte mir im Anschluß an das erste Gespräch mit Captain Donaldson auch klar, daß meine literarischen Kenntnisse bislang zu einseitig von klassischen deutschen Texten bestimmt waren, daß ich weder Musil noch Heinrich oder Thomas Mann kannte, auch Balzac nicht, Flaubert, Dickens oder die großen Russen: durchweg häufig auftauchende Namen, mit denen ich nicht viel anzufangen wußte. Darüber hinaus lernte ich durch die Zeitschrift «Die Brücke», die eigens für die amerikanischen Gefangenenlager hergestellt wurde, die Namen zeitgenössischer deutscher Autoren kennen. Erstmals hörte ich von Friedrich Reck-Malleczewen, Reinhold Schneider oder Romano Guardini und las beeindruckt die Gedichte von Erich Fried.

Überraschend war und blieb der lockere Umgang der amerikanischen Soldaten untereinander. Zwischen den höheren und den niederen Rängen gab es kein «Stillgestanden!» oder Strammstehen; nur in Befehlssituationen kam es zum Haltungnehmen mit dem straff gewinkelten Arm zum Mützenrand. Selbst höhere Offiziere verkehrten auf unverkrampfte Weise mit den Mannschaftsdienstgraden, und häufig sah man beide bei Besprechungen in einer Art Kniesitz palavern. Auch die Sicherheitsvorkehrungen fanden die nachlässigste Beachtung. Die ein- und ausrückenden Arbeitskolonnen wurden lediglich der Zahl nach erfaßt; infolgedessen bürgerte es sich ein, daß an manchen Abenden vier oder fünf Gefangene in Laon blieben und an ihrer Stelle die gleiche Anzahl in Arbeitskluft verkleidete Huren ins Lager kam. Am Morgen wurden die einen dann gegen die anderen ausgetauscht. First Sergeant Driffel sagte mir einmal, er habe unsere List längst durchschaut: «Ihr Deutschen haltet euch für verdammt clever! Aber wir wissen längst, daß ihr euch in der Stadt in den Bordellen rumtreibt.» Er werde trotzdem nichts dagegen unternehmen. Denn sie würden sich in ähnlicher Lage genauso verhalten. Es dürfe am Ende nur keiner fehlen.

Als die Beziehung zu Captain Donaldson vertrauter wurde, konnte ich mit Unterstützung einiger Mitgefangener die ein oder andere Vergünstigung erreichen. So erweiterten wir die Turniere im Handball und Fußball, die anfangs lediglich als Lagermeisterschaft ausgespielt wurden, auf nahe gelegene Orte wie Reims, Soissons und St. Quentin. Außerdem regten wir an, einem Kreis von Interessierten politischen Unterricht zu erteilen, in dem von den Anfangsgründen der Demokratie die Rede sein sollte. Captain Donaldson wußte auch eine Art Bildungsoffizier ausfindig zu machen, dessen womöglich allzu hochgestimmten Ausführungen die Mehrzahl der Teilnehmer mit abgebrühter Ironie begegnete. Dennoch verfehlten die Lehrstunden des «Commanding Professor», wie Captain Grey spöttisch genannt wurde, ihre Wirkung nicht. Den überraschendsten Eindruck machte, daß er sich den Widerspruch von seinen Zuhörern nicht nur gefallen ließ, sondern sogar verlangte, und ein Oberleutnant aus Hamburg, mit dem mich bald eine Art Gesprächsfreundschaft verband, sagte nach einer dieser Debattierrunden: «Ganz überzeugend, der gute Mann. Aber die Amerikaner sind nun mal arglose Leute. Daß es mit der Freiheit immer schiefgeht – davon weiß einer wie der nichts.»

Vor allem aber gelang es im Verein mit einigen Mitgefangenen, überzählige Lebensmittel in die Festung Laon zu schaffen. Regelmäßig nämlich fuhren die Amerikaner alle nicht verwendeten Eßwaren auf eine nahe Abfallhalde und warfen sie dort auf herumschimmelnden, von Ratten, Mäusen und anderem Getier durchraschelten Müll. Im französischen Lager jedoch wurden an die viertausend deutsche Kriegsgefangene unter erbärmlichen Umständen festgehalten. Nur zu gern, so flüsterte mir einer bei einem Besuch zu, hätten sie die Stapel Kastenbrot, die Ballen Milchpulver, das Trockenei und das Corned beef gehabt, das bei uns täglich übrig-

Die Handballmannschaft des Lagers Laon.
Fünfter von links: der Verfasser. Neben ihm an sechster Stelle
der Mitflüchtling Wolfgang Münkel

blieb. Es bedurfte keiner langen Worte, um Captain Donaldson die Unsinnigkeit dieser Situation zu verdeutlichen. Trotzdem benötigte die Militärbürokratie ein paar Wochen, um dem Verlangen zu entsprechen.

Als ich mit einem der ersten Laster das Tor zur Festung auf dem Berg passierte, traten ausgehungerte Gestalten auf uns zu und begannen schweigend die Säcke und Kisten abzuladen. Zwar war uns strikt verboten worden, mit den Festungsgefangenen zu sprechen, doch gelang es dem ein oder anderen, einige Worte mit ihnen zu wechseln, und wir hörten von Hunger, Dreck und sanitärem Grausen. Die Lieferungen wiederholten sich dann, und zweien oder dreien von uns wurde zugesteckt, daß die französischen Bewacher nur einen geringen Teil der Lebensmittel an die Gefangenen weitergaben, während die Masse der Ladung dem Schwarzen Markt zugeführt wurde.

Im Herbst 1945 versuchte der in die Vereinigten Staaten emigrierte Freund meines Vaters, Hubertus zu Löwenstein, mich mit Hilfe seiner einflußreichen Verbindungen freizubekommen. Aber seine Bemühungen liefen ebenso ins Leere wie die Vorsprachen des Schriftstellers Emil Lengyel, eines anderen Freundes meines Vaters, der die Familie während der Hitlerjahre mehrfach besucht hatte. Immerhin konnten beide mich über das Schicksal meiner Angehörigen unterrichten und mich wissen lassen, daß meine Mutter mitsamt meinen beiden Schwestern irgendwo in Berlin überlebt hatte. Von Winfried hieß es einigermaßen rätselhaft, daß er «seinen Häschern im letzten Augenblick entkommen» sei, während sich die Spuren meines Vaters im Ostpreußischen verloren. Am Ende eines Briefes von Löwenstein war noch zu lesen, er hätte mir gern Lebensmittel geschickt, doch sei das nach den Erkundigungen, die er eingeholt habe, nicht erlaubt. Das gleiche schrieb mir Lengyel.

Damals begann ich Tagebuch zu führen. Eine Welt, dachte ich mir, in der sich nichts ereignete, müsse durch aufgeschriebene Gedanken erlebnisreicher gemacht werden. Ich notierte die Gespräche mit Captain Donaldson, sowenig sie im einzelnen hergaben, oder die Ärgernisse mit Leutnant Dillon, der offenbar der Ansicht war, daß ein gewisses Maß an finsterer Laune zu jeder Uniform gehöre. Aber auch die Streitigkeiten der niederen Wachchargen untereinander oder mit den kürzlich eingetroffenen polnischen Kommandos hielt ich fest sowie die Unterredungen mit der allmählich größer werdenden Freundesgruppe.

Die Mittelpunktfigur der lockeren Runde war Erich Kahnt, ein hochgewachsener, sich seiner Leibesfülle rühmender Saarländer, der sich gern als Koch, Poet und Causeur betätigte; ferner gehörte Wolfgang Münkel dazu, der anhänglich und vernünftig war, sowie Klaus-Jürgen Meise aus Hamburg, der als Mitglied der Swing-Jugend bei den Nazis im Zuchthaus gesessen und seine Zeltecke dicht an dicht mit bunten Pin-ups vollgehängt hatte. Und natürlich dauerte die enge Verbindung zu Alfred Sternmann fort. Fast nichts war in meinen Tagebuchnotizen über Berlin vermerkt; die drei oder vier Postsachen, die ich von zu Hause erhielt, meldeten aus Zensurgründen nichts als Belangloses: «Schön, daß du lebst! Wir sind auch davongekommen. Wie geht es dir? Bekommt ihr zu essen? …» und so fort. Längere und inhaltsreichere Eintragungen galten dem Commanding Professor, der wie eh und je auf die Habeas-Corpus-Akte und die Bill of Rights zurückkam. Als einer der Kursusteilnehmer die ewigen Wiederholungen Greys monierte, hatte unser Lehrer die entwaffnende Erklärung bereit, die beiden Dokumente seien nicht nur von grundlegender Bedeutung, vielmehr habe er sie einfach von Jugend auf geliebt. «Ja!» beharrte er mit Nachdruck. «‹Liebe› ist das richtige Wort.» Und das sollten wir, um unseres Landes willen, möglichst genauso halten.

Auch über die Handballmannschaft des Lagers, der ich bald angehörte, ihre Turnierreisen sowie die Eindrücke, die ich unterwegs gewann, schrieb ich auf, was mir bewahrenswert erschien. Daraus entwickelte sich in kurzer Zeit nicht nur die Neigung, möglichst genaue Landschaftsansichten zu entwerfen, sondern auch jede vermerkte Figur in einem plastischen, spätestens mit dem dritten Satz für Leser erkennbaren Porträt erstehen zu lassen. Mein Vater hatte mir, mehrere Jahre zurück, als ich die beiden Gesichter Hans Hausdorfs beschrieb, das ernste und das kalauernde, Respektlosigkeit vorgeworfen und auf meine Antwort, daß ich ja bloß die Wirklichkeit beschriebe, eingewendet: «Dann sieh nicht so genau hin! Man kann die Menschen auch weicher zeichnen, verständnisvoller, wenn du das Wort erlaubst!» Jetzt allerdings kam es aufs genaue Hinsehen an. Als ich Sternmann die drei Seiten vorlas, auf denen ich ihn darzustellen versucht hatte, nahm er seinen Zeichenblock zur Hand und begann, während ich noch meinen Text vortrug, die ersten Striche einer Zeichnung von mir zu setzen.

Um die gleiche Zeit entschloß ich mich, das in Jahren erworbene Stückwissen über die Renaissance niederzuschreiben. Ich kannte zwar nicht die genauen Daten der Personen und Ereignisse, wohl aber viel Episodisches über Lorenzo den Prächtigen, Verrocchio und Alexander VI., über Pico della Mirandola, Michelangelo und Julius II., Guicciardini, Botticelli oder den unvergessenen «großen Caravaggio». Über Lucrezia Borgia beschaffte mir Driffel einen blutrünstigen, erfindungsreichen Schmöker mit dem Titel «Liebe, Macht und Dolche – alles rot wie Blut» von einem längst aus der Welt und aus meiner Erinnerung gefallenen Autor. Am Ende versuchte ich mit Hilfe des ebenso wirren wie farbigen Materials, das ich während des Nachtdienstes auf meinem Schreibtisch im Headquarter ausbreitete, einen Essay zu verfassen.

Obwohl mir die Lückenhaftigkeit meines Wissens bewußt war, zog ich doch so viel Vergnügen aus dem in jedem Sinne menschlichen und großartigen Gegenstand, daß ich begann, kurz darauf eine biographische Skizze über den Luccheser Söldnerführer Castruccio Castracani zu schreiben. Ich hatte wochenlang nach den biographischen Daten des Zeitgenossen Machiavellis gesucht, aber unter den gegebenen Bedingungen nur wenige zusammenhanglose Hinweise finden können. Infolgedessen wußte ich nicht viel mehr von ihm als seine womöglich aus propagandatechnischen Gründen von Geheimnissen umgebene Herkunft als Findelkind und die beachtlichen Verbindungen, die er sich schon in frühen Jahren mit erstaunlicher Weitsicht geschaffen hatte.

Immerhin fand ich über Castracanis Absichten dennoch einiges heraus, vor allem, daß er mit Anfang Zwanzig die Toskana erobern und sich anschließend Provinz um Provinz unterwerfen wollte, bis ganz Italien in seiner Hand sein würde. Seine Senatoren-Toga trug die Inschrift: «Er ist der, den Gott will.» Darüber hinaus träumte er, meinen damaligen Quellen zufolge, den Herrschertraum aller Mächtigen der Epoche von einer Einigung mit dem Petersstuhl oder, für den Fall eines Scheiterns, dessen Unterwerfung. Als er in seinem unbändigen Ehrgeiz eben dazu ansetzte, schaffte ihn ein jämmerlicher Grippetod aus der Welt. Vierzig Seiten umfaßte mein Stück schließlich, und manchmal dachte ich, es sei wohl dieses «kleine» Ende nach so vielen gewaltigen Vorhaben gewesen, die Thomas-Mann-Pointe sozusagen, die es mir angetan hatte. Auch der Titel war schon gefunden; er ist nahezu alles, was ich von dieser ersten schreibenden Bemühung behalten habe: «Die Stunde des Castruccio». Als mir Werner Schreiber, der von Zeit zu Zeit vorbeisah, um englische Konversation mit mir zu machen, vorhielt: «Kein Titel! Zu blaß!», entgegnete ich, ein erster Titel komme besser «blaß» daher als mit «Donnergrollen».

Im Frühjahr 1946 wurden wir durch Gerüchte aufgeschreckt, wonach das Lager Laon in absehbarer Zeit den Franzosen übergeben werde. Außerdem hörte man von einer schon gegen Kriegsende getroffenen förmlichen Abmachung mit Washington, dem Verbündeten aus Paris eine Million Gefangene zur Zwangsarbeit auszuliefern. Das Gerede sorgte, zumal es sich Tag für Tag um einen Schreckensgrad steigerte, für zunehmende Unruhe. Viele Gefangene waren der Auffassung, die Franzosen, als die großen Verlierer des Krieges, wollten auf diese Weise ein mächtigeres Stück von der Siegerprämie ergattern, als ihnen zustand, und vereinzelte radikale Zirkel im Lager, die es auch gab, erörterten sogar die Möglichkeiten einer gewaltsamen Erhebung. Fast täglich wurden die im Headquarter tätigen Gefangenen bestürmt, ihren Einfluß bei Captain Donaldson geltend zu machen, um diese Absichten zu verhindern. Aber der Lagerkommandant schüttelte, als auch ich ihn bedrängte, nur den Kopf und sagte, derartige Entscheidungen fielen – «Sorry!» – nicht in seine Zuständigkeit. «I would like to help you! But it's impossible.» Wenige Tage darauf entschloß ich mich zur Flucht.

Schon nach den ersten Gerüchten von der Übergabe an die Franzosen hatten sich die Ausbruchsversuche gehäuft. Technisch war ein Entkommen vergleichsweise einfach zu bewerkstelligen, weil die Bewachung eher nachlässig war und jede Woche mindestens ein Güterzug von Laon in die amerikanische Besatzungszone nach Deutschland fuhr. Die Lagerleitung sah sich daher genötigt, die Kontrollen zu verschärfen, wobei Leutnant Dillon im Verein mit dem Führungsstab in Reims als Antreiber wirkte, während Captain Donaldson meinte, man solle die Gefangenen nicht ungebührlich hart behandeln. Von dieser Härte hätten sie sowieso übergenug, er sehe seine Aufgabe eher darin, ihnen das Leben zu erleichtern, bemerkte er mir gegenüber einmal mit seinem Gentlemanschmunzeln. Doch war er machtlos gegen die Anordnung, daß jeder Zug kurz vor dem Auslaufen von einer aus Reims beorderten Spezialeinheit durchsucht und abgehorcht würde.

Um gegen Unvorhersehbarkeiten besser gewappnet zu sein, war es üblich geworden, die Fluchtversuche paarweise zu unternehmen, und ich wandte mich zunächst an Walter Heuser, der als verwegen, abenteuerlustig und hilfsbereit galt. Überraschenderweise lehnte er mit der Begründung ab, er wisse nicht, wohin er fliehen solle, weil seine ganze Familie im Bombenkrieg umgekommen sei. «Na, vom Stacheldraht weg», hielt ich ihm entgegen, «weg von den Franzosen! Reicht das nicht?» Aber Walter war nicht umzustimmen; mir schien, er halte das Risiko eines Ausbruchversuchs, trotz

der Tollkühnheit, die man ihm zuschrieb, für zu groß. Daraufhin fragte ich Wolfgang Münkel, der entschlossen und besonnen
zugleich wirkte. Er stammte aus Mannheim, das zur amerikanischen Besatzungszone gehörte, und sagte nicht nur ohne Zögern
zu, sondern stellte umgehend Überlegungen darüber an, was man
bei einem Fluchtversuch beachten müsse, um nicht, wie die meisten voraufgegangenen Unternehmungen gerade der jüngsten Zeit,
kläglich zu scheitern.

Zunächst legten wir eine Liste der benötigten Gegenstände an.
Sie begann mit einem Proviantkarton, der acht Dosen Corned beef
sowie vier Dosen Meat and Beans für jeden von uns enthielt, einige Packungen Zwieback, drei Bierdosen und je eine Stange Zigaretten. Dazu kamen zwei Kanister mit Trinkwasser, zwei Woll-
decken und, dank der Verbindung zu einem ebenso freundlichen
wie verschwiegenen französischen Offizier oben auf der Festung,
auf unsere Namen ausgestellte, authentische Entlassungspapiere.
Diese Gegenstände trugen wir innerhalb von drei Wochen zusammen. Und natürlich verstaute ich mein Tagebuch sowie die beiden
Renaissancetexte in meiner kleinen Ledertasche, die ich bis jetzt
durch sämtliche Kontrollen gemogelt hatte. Ende April wollte das
Lagergerücht wissen, daß die Übergabe für den 1. Juli geplant sei,
also Eile geboten war. Wenige Tage später gelangten wir in den Besitz eines der geheimen Fahrpläne, in dem vermerkt war, daß am
16. Mai ein Güterzug in die Gegend von Stuttgart auslaufe. Die
Beschreibung des Transportguts führte Uniformteile sowie Gum-
mireifen auf und enthielt den Hinweis, daß die hinteren acht Waggons mit Rohrverkleidungen aus Asbest beladen würden, die in
lange Holzverschalungen gepackt seien. Wir entschieden uns für
einen dieser Asbestwagen, weil sie uns den sichersten Schutz zu
bieten schienen.

Aus Tarnungsgründen bestellten wir in der Lagertischlerei Be-
hältnisse aus dem gleichen Holz, doch war die für uns gefertig-
te Kiste, da sie zwei Personen Platz bieten mußte, zwangsläufig

etwa vierzig Zentimeter länger und fast zwanzig Zentimeter höher als die Asbestverpackungen. Im letzten Augenblick erfuhren wir durch eine unbedachte Äußerung von First Sergeant Driffel, daß die auslaufenden Züge ab Mitte Mai nicht bloß abgehört, sondern mit Tränengas nach Flüchtlingen durchsucht würden. Nach einigen Tagen gelang es uns sogar, eine Gasmaske aufzutreiben, obwohl derartige Ausrüstungsgegenstände nicht zum Depotbestand zählten. Leider blieben unsere Versuche, eine zweite Maske zu beschaffen, erfolglos.

Als alles zusammengetragen und platzsparend verstaut war, informierten wir die Packer, in welchem Waggon sie die Fluchtkiste abstellen sollten. Dann benachrichtigten wir die beiden Kranführer, daß wir im Lagerhaus 7 den Transportkasten besteigen und von einem Gabelstapler zum Kran draußen an den Gleisen gebracht werden wollten; dort seien wir als erstes Stück auf die Ladefläche zu hieven, «oben» und «unten», «links» und «rechts» seien markiert. Danach sollten sie die Asbestballen um unsere Kiste herum und schließlich darüber bauen, bis von unserem Versteck nichts mehr zu sehen sei. Daneben müsse allerdings ein etwa vierzig Zentimeter breiter Fluchtweg für Notfälle frei bleiben. Die Kranführer versprachen, alles wie gewünscht herzurichten.

Nachmittags um drei Uhr krochen wir in den sargähnlichen Kasten, und der Packer Loisl reichte uns die Verschlußklappe, mit der wir die Kiste von innen absperren oder öffnen konnten. Wir wurden zum Kran gefahren, hörten Kommandos, schwebten spürbar in die Höhe und zur Seite weg, bis wir mit einem Ruck, der die ganze Kiste durchschüttelte, auf einer Platte aufsetzten. Wenig später vernahmen wir Schritte und gedämpfte Stimmen. «Habt ihr noch was?» fragte einer, und gleich darauf ein anderer: «Wir laden jetzt die Asbestballen zu. Damit endet die Verständigung.» Nachdem wir gedankt hatten, hörten wir ein mehrfaches «Gute Fahrt!» und «Grüßt die Heimat!». Dann rumpelten die Kisten heran, und unser Gehäuse erzitterte, als sie auf dem Waggon niedergingen.

Das Warten begann. Solange die Arbeitskommandos rund um die Gleise tätig waren und die Geschäftigkeit des Tages herrschte, konnten wir uns halbwegs frei bewegen. Aber irgendwann spürten wir zunehmend Arme, Beine und die plötzlich zahlreichen Gliedmaßen, dauernd waren sie sich im Weg und stießen unablässig gegeneinander. Stunde um Stunde verging. Wir bemühten uns, die Zeit hinzubringen, gerieten aber immer wieder aneinander und quälten uns mit ertaubten Gliedern in der Enge ab. In möglichst breitgesponnenen Erzählungen sprachen wir unterdrückt über Kindheitserlebnisse, erinnerten uns der Eltern, der Lehrer oder Freunde, und ich kam auf meine Bewunderung für Rapid sowie Admira Wien mit den Sindelar, Pesser und Hahnemann. Einmal versuchte ich sogar, den «Schatz im Silbersee» und «Durch die Wüste» nachzuerzählen und Wilhelm-Busch-Verse herzusagen, während Münkel wieder und wieder auf die schöne Archivolde kam, die er als Soldat in Holland kennengelernt hatte und die seine große Liebe geworden war, wobei der erbitterte Widerstand ihrer Familie die gegenseitige Zuneigung eher noch verstärkt hatte. Einmal versuchten wir, aus dem Wort «Sardellenbüchse» Ableitungen zu bilden, kamen aber nicht weit. Das Herumgeschubse in unserer Holzkiste nahm kein Ende. Der Gliederschmerz auch nicht.

Am Abend und zur Nacht endete das alles. In den Wochen zuvor hatten wir nach Einbruch der Dunkelheit verschiedentlich das Schienengelände überprüft und dabei den starken Hall wahrgenommen, den der betonierte Bahnhofsgrund erzeugte. Der Eindruck nötigte uns, bei nächtlicher Stille auf äußerstes Schweigen zu achten, und nur wenn etwa alle vierzig Minuten ein Reisezug vorbeidonnerte, konnten wir uns ein paar Worte, zuweilen auch ein Räuspern erlauben oder den Körper von der linken auf die rechte Seite verlagern. Erst mit dem Einsetzen der Tagesgeräusche fühlten wir uns wieder halbwegs sicher. Meist wurde der Zug dann auf ein anderes Gleis geschoben. Das war die beste Gelegenheit zur

Morgentoilette. Sie bestand aus wenigen Tropfen Wasser auf einem Handtuch, mit dem wir Gesicht, Hals und Hände reinigten. Bislang hatte jeder Güterzug am dritten Tag nach Aufnahme der Ladung das Depot verlassen, doch diesmal schien ihn eine Störung aufzuhalten. Jedenfalls begannen wir, uns um unseren Vorrat an Lebensmitteln zu sorgen. Sollten wir auch am nächsten Tag keine Anstalten zur Abfahrt bemerken, äußerte ich überraschend für mich selbst, würde ich ins Lager hinübergehen, um wenigstens ein paar Büchsen Corned beef zu beschaffen. Wir könnten mit dem verbliebenen Proviant ja bereits jetzt nur hungrig nach Deutschland gelangen, brauchten aber für den anschließenden Teil der Flucht nach wohin auch immer unsere ganze Kraft.

Münkel hielt meine Absicht für den reinen Aberwitz und brachte ungezählte, zumeist stichhaltige Einwände vor. Aber ich entgegnete ihm, daß eine Prise «Aberwitz» so etwas wie das Salz in der Lebenssuppe sei. Einige Male gerieten wir in so heftige Erregung, daß wir uns gegenseitig baten, die Ausbrüche auf die Minuten der vorbeifahrenden Züge zu beschränken. Dann wieder lachten wir los, und als ich ihn zur Stille mahnte, meinte er nur: « Schon wieder ein Witz! Was ist denn los?» – «Nur die Krise», erwiderte ich, «die jedes riskante Unternehmen begleitet.» Am folgenden Abend, bei Einbruch der Dunkelheit, löste ich ohne weitere Worte die Halterungen der Kistenöffnung, zwängte mich durch den Fluchtweg zur Waggontreppe und ließ mich nach einem prüfenden Blick über das hellerleuchtete Bahnhofsgelände von den Stufen hinab.

An der Lagerwache kam ich mühelos vorbei. Den Posten stellte einer der kürzlich eingetroffenen polnischen Wachsoldaten, der im Schilderhäuschen saß und mit zergrübelten Zügen einen Comicstrip buchstabierte. Auch von den Gefangenen gingen die meisten achtlos an mir vorüber, offenbar hatte sich unsere Flucht noch nicht herumgesprochen. Das größte Risiko bildete das erste Zelt links vom Eingang, in dem ich selbst mit sieben Kameraden untergebracht gewesen war. Erich Kahnt im nächsten Zelt aufzusuchen war ebenfalls gefährlich, da einer der Zeltinsassen mich unschwer erkennen und, ohne es zu wollen, verraten konnte. Infolgedessen ging ich die längere Strecke zu Sternmann hinauf, stellte fest, daß er allein war, und gab mich mit ein paar geflüsterten Worten zu erkennen. Natürlich wußte er längst von meinem Verschwinden, zumal ich ihm in den Tagen, als mein Entschluß festere Formen annahm, in Andeutungen davon gesprochen hatte.

Die geplante Übergabe an die Franzosen hatte auch ihn empört, doch folgerte er, als wir darauf zu sprechen kamen, er werde dann eben französische Frauen malen und statt der leeren Schönheiten aus Kansas die belebteren Mienen aus Paris oder Nizza. Er liebe, wie ich wisse, die verworfenen Züge mehr als die ebenmäßigen und habe die Porträts Goyas immer reizvoller gefunden als die von Ingres. Dann gab er mir seinen Vorrat an Fleischdosen, außerdem ein paar gesüßte Kekse in Zellophan. Beim Abschied versprachen wir einander, gleich nach der Rückkehr die Freundschaft wiederaufzunehmen.

Da ich meinen Sonderausweis noch besaß, ließ mich der polnische Posten mit einem kurzen Winken passieren, und Münkel war, als ich gegen Mitternacht in unsere Kiste zurückkehrte, unendlich erleichtert. Er habe schon daran gedacht, gestand er, die ganze Unternehmung abzubrechen. Doch jetzt war er über den gelungenen Ausflug und die Menge des aufgebesserten Proviants so glücklich, daß er sich, nachdem er meinen Bericht über die Mühelosigkeit der Unternehmung gehört hatte, am Abend darauf selbst ins Lager wagen wollte. «Aber daraus wird nichts werden», meinte er, «denn morgen geht's bestimmt los! Immerhin bleiben uns für Deutschland ein paar Fleischbüchsen und die zwei Stangen der wertvollsten Währung, die es dort gibt.» Unwillkürlich mußte ich an meinen Großvater und die Geschichte mit der Schlackwurst denken. Um Münkel den Mut nicht zu nehmen, entschloß ich mich aber zu schweigen. Dann kamen wieder die Nacht und die Enge.

Natürlich fuhr der Zug auch an diesem Tag nicht los. Zwar wur-

den die Waggons wieder mehrfach auf den Depotgleisen umran-
giert, aber am Ende hörten wir die vertrauten Stimmen: die Befehle
von Feldwebel Stracker, die Anweisungen des Gefreiten Weiland
mit der unverkennbaren Fistelstimme, das Gebrüll des Unteroffiziers Bauer. Am späten Nachmittag ruckte der Zug an, und wir
schlugen uns, soweit wir dazu in der Lage waren, vor Freude auf
die Schultern. «Jetzt geht's los!» sagten wir, als ein paar schrille
Pfiffe ertönten. Wir vernahmen das rasch näher kommende, trok-
kene Aufeinanderschlagen der Puffer, bis sich die Lokomotive
aufs neue entfernte. Wir hatten keine Erklärung für diese Vorgänge, hörten die allmählich abziehenden Arbeitsgruppen, dann ein
letztes Mal die weithin hallenden Befehle von Unteroffizier Bauer.
Endlich herrschte Stille.

Bei Einbruch der Dunkelheit ging Münkel ins Lager. Da er
vor der Flucht beim katholischen Lagergeistlichen eine Art Kü-
sterdienst versehen hatte, schlich er sich zwischen den Zelten zur
Pfarrunterkunft, dann in die Küche und brachte von dort einen
Beutel mit Lebensmitteln ins Versteck. Bei der Rückkehr hatte er
erhebliche Schwierigkeiten gehabt, an den gerade aufgezogenen
polnischen Wachen vorbeizukommen. Aber jetzt waren wir froh
über den durch seinen Beitrag vermehrten Proviant. Mit diesem
Vorrat würden wir es weitere fünf Tage aushalten, meinte er, doch
nach einigen Überlegungen beschlossen wir, das Unternehmen
endgültig abzubrechen, falls wir morgen nicht losführen.

Die Stunden vergingen mit verzweifeltem Warten. Bei jedem
von uns lagen die Nerven bloß. Als wir uns gegen Abend ver-
gewissern wollten, ob wir unser Versteck ungefährdet verlassen
könnten, rückten gerade die Wachen an. Bis dahin hatten die drei
Doppelposten stets am Anfang, in der Mitte und am Ende des Zu-
ges Aufstellung genommen, und unser Waggon war jedesmal etwa
fünfzig Meter vom Endposten entfernt gewesen. An diesem Abend
aber stellten sich die beiden Wachleute vor ebenjenen Wagen hin,
auf dem sich unsere Kiste befand. Die ganze Nacht über hörten

wir dicht neben uns ihr unverständliches Reden, ihre Scherze, ihr unterdrücktes Lachen sowie das Herumgepaffe an den Zigaretten. Die Umstände geboten uns vollkommene Stille, und wir versagten uns jedes Husten, die geringste Bewegung, selbst ein paar getuschelte Worte. Allenfalls konnten wir die kleine Minute nutzen, wenn im Abstand von einer knappen Stunde der Personenzug vorüberfuhr; aber dessen Fahrten endeten kurz nach Mitternacht. Auch der Schlaf, in den wir dann und wann fielen, war nur abwechselnd möglich.

Entnervt von der Mühsal der Nacht und mit fast gelähmten Gliedern, überlegten wir am Morgen, wie und wann wir unser Vorhaben aufgeben sollten. Immerhin hatten wir inzwischen fast sechs Tage in der Holzkiste verbracht, und ein Ende des Abenteuers war nicht abzusehen. Schließlich einigten wir uns, einen weiteren Tag dranzugeben, als wieder das Herumgeschiebe der Waggons einsetzte. Erstmals fuhr der Zug auch nicht nur die leidigen achtzig Meter wie an den voraufgegangenen Tagen, um erneut stehenzubleiben. Vielmehr legte er diesmal an die dreihundert Meter zurück, und als er nach lautem Gepolter zum Halt kam, erkannten wir an dem hallenden Geräusch, daß wir uns in einem der beiden geschlossenen Depots am Ende der Ladestrecke befanden.

Wir standen ungefähr eine Stunde, in der Befehle ertönten und Schiebetüren aufeinanderschlugen. Nach einer anhaltenden Stille näherten sich Schritte. Unvermittelt waren amerikanische Stimmen über uns. Mehrere Männer machten sich an irgendwelchen Geräten zu schaffen, einer klagte, daß die Waggons keine Dachabdeckung hätten, während sein Nebenmann meinte, das Gas könne auf diese Weise nur die halbe Wirkung entfalten und den «German bastards» die Flucht erleichtern.

Den Äußerungen der beiden Soldaten entnahmen wir, daß die Abreise unmittelbar bevorstand: Aus früheren Hinweisen wußten wir, daß die Eingasungsstelle die letzte Kontrollstation war. Minuten später war ein allmählich herankommendes Klicken zu vernehmen, dem ein Zischen folgte; es rührte offenkundig von der Gaspatrone her, die von den Dächern Waggon für Waggon zwischen die Ladungskisten geworfen worden war. Nach ungefähr vier Minuten verstummte das Geräusch, und wir verbrachten eine weitere Stunde reglos in unserer Kiste. Dann kamen, laut redend, Mitglieder der Spezialeinheit heran und lauschten offenbar mit Instrumenten die Außenwände ab, ob ein Husten oder unterdrücktes Ächzen zu bemerken sei. Münkel hatte die Gasmaske aufgesetzt, ich hielt ein angefeuchtetes Tuch vor Nase und Mund gepreßt. Schließlich hörten wir, wie die Mitglieder des Kommandos zusammengerufen wurden und die nahezu zehn Meter breiten Rolltore kreischend auseinanderfuhren. Kaum war der Lärm verstummt, schrie einer der Offiziere einen Befehl. Es folgte eiliges Getrappel, und wenig später verließ der Zug die Halle.

Wir müssen gerade erst draußen am Verladeplatz des Depots gewesen sein, als er zu unserem Erschrecken noch einmal zum Stehen kam. Zu hören war, wie eine andere Zugmaschine vorgespannt wurde; in dem Moment jedoch, als sich das fast kilometerlange Gefährt endlich in Bewegung setzte, wußten wir, daß die Zeit des qualvollen Wartens vorüber war. Überglücklich stießen wir uns an und bemerkten schon im nächsten Augenblick, daß wir erstmals wieder in der üblichen Lautstärke sprachen. Es sei, meinten wir gleichzeitig, wohin wir uns jetzt aufmachten, endlich die Freiheit. Wir hatten eine Flasche Cognac oder was immer dabei; damit prosteten wir uns zu.

Im selben Augenblick tat die Kiste einen Satz, schlug nieder, machte noch einen Satz und noch einen, bis das Springen in ein polterndes Gerumpel überging. Unmittelbar darauf rissen an zwei oder drei Stellen breite Spalte durch die Längsseiten der daumendicken Bretter unseres Gehäuses, ganz aus der Nähe erscholl das gellende Pfeifen der Lokomotive, und während der Kasten unter der Last des Asbests schon zu brechen begann, neigte sich der Waggon zur Seite, stolperte über ein paar Bahnschwellen und kippte den flachen Abhang hinunter. In der Kiste stürzte alles drunter und drüber. Der schwere Wasserkanister fiel auf mein rechtes Knie, und als ich noch an der schmerzenden Partie herumrieb, trat gänzliche Stille ein.

Es muß an die zehn Minuten gedauert haben, bis wir aus unserer Benommenheit zurückfanden. Mein erster Gedanke war, die illegal beschafften Entlassungspapiere zu beseitigen, da deren Entdeckung die mißlichsten Folgen nicht nur für uns, sondern auch für unsren hilfsbereiten französischen Beschaffer haben konnte. Nach kurzer Verständigung rissen wir die auf schwerem und steifem Papier gedruckten Dokumente in kleine Stücke, um die Schnipsel mit Hilfe von Wasser herunterzuschlucken.

Wir hatten die zähe Schluckerei gerade begonnen, als draußen Helfer und Schaulustige heranlärmten und sich an unserer Kiste zu schaffen machten. Der Zug war keine sechshundert Meter vom Lagerzugang entfernt durch verschüttete Schottersteine aus den Gleisen geraten. Wir würgten die Papiere herunter und kauten gerade auf den letzten Fetzen herum, als die Kiste mit einem Brecheisen geöffnet wurde. Kaum waren wir hochgekommen, erkannten wir dicht vor uns die mächtige Gestalt von First Sergeant Driffel, der sich die Fäuste rieb und mit dicken Backen rief, er habe sich selten so über ein Wiedersehen gefreut wie dieses Mal. Dann streckte er uns mit einer ermunternden Geste die Hände hin, und als wir, immer noch benommen, einschlagen wollten, hieb er mit großer Kraft zu und sagte: «No kidding, boys! Ab in den Käfig!» Anschließend übergab er uns den Wachen.

Der «Käfig» war ein nach allen Seiten geschlossenes, etwa dreißig Bodenmeter umfassendes Gatter aus schwerem Draht. Es befand sich außerhalb des Lagers dicht neben dem Zugangstor. Als wir dort eintrafen, wurden wir von zwei Gefangenen begrüßt, die wegen eines Diebstahls längere Zeit einsaßen; wenig später wurden zwei weitere Flüchtlinge gebracht, die im selben Zug wie wir aufgegriffen worden waren. Als es zu dunkeln begann, kam Leutnant Dillon vorbei und erklärte, wir würden vom Kriegsgericht in Reims abgeurteilt. Auf meine Frage, ob es nach der Haager Landkriegsordnung einem Gefangenen nicht erlaubt sei zu fliehen, sah er mich ungnädig an und erwiderte kurz: «No!» Dann machte er auf dem Absatz kehrt.

Am Morgen wurden wir zum Barber's Room geführt, der diensthabende Gefreite fragte uns, ob wir die Haare in ganzer Länge behalten oder, wie in der Armee üblich, auf einen Zentimeter gestutzt haben wollten. Als ich mich für die gewohnte Länge entschied, bemerkte er mit falscher Liebenswürdigkeit: «Aye, aye, Sir!», doch müsse er, wie es die Vorschrift verlange, einen schmalen Streifen durch den Schopf legen. Auf mein achselzuckendes «Na bitte! Go ahead!» nahm er den Haarschneider vom Bord und schnitt mir eine annähernd vier Zentimeter breite, äffisch wirkende Schneise mitten durch das Haar. Um ihm keinen Grund zur Schadenfreude zu geben, antwortete ich auf seine Frage, ob es so recht sei: «It's all right!» Aber tags darauf, als ein anderer Friseur den Dienst versah, ließ ich mir den Zentimeterhaarschnitt machen. Die Mithäftlinge, Münkel eingeschlossen, hielten es ebenso.

Vom Barber wurden wir ins Lager der polnischen Aufseher geführt, und jedem wurden zwei Wachsoldaten mit dem Auftrag zugeteilt, uns zu beschäftigen. Beide waren ebenso unermüdlich wie einfallsreich im Erdenken ständig neuer Schikanen. Mit dem Spaten ließen sie mich ein Loch von zwei mal zwei Metern graben und nahmen, als die Arbeit verrichtet war, mit dem Zollstock eine «Inspektion» vor. Einer verlangte mehrere Begradigungen und sagte schließlich: «Nicht gut! Deutsch und schlecht! Aber gut für mich!» Dann warf er einen der ausgetretenen, neben ihm auf dem Boden liegenden Zigarettenstummel in die Grube und befahl: «Zugraben. Aber schneller!» und setzte hinzu, er habe hier noch mindestens zehn Zigaretten in die Erde zu werfen. «Lager soll sauber sein, sagt Captain Donaldson immer!»

So ging es Tag um Tag. Das Klima war zu dieser Jahreszeit erträglich; mehr zu schaffen machte uns bei dem offenen Gitterdach der Regen. Manchmal schlug eine Wetterfront oder eine Sturmböe ein und drängte uns naß und frierend in einer Ecke zusammen. Noch ärgerlicher waren die Quälereien der Wachleute. Ich hatte damals keine Vorstellung davon, welche Demütigungen sich mit einer Schubkarre, ein paar Wassereimern oder einem Spaten zufügen lassen. Doch abends, wenn wir in den «Käfig» zurückkehrten, versprachen wir einander, keine Klage zu äußern oder uns gar zu beschweren.

Gleich an einem der ersten Hafttage war Captain Donaldson vor dem Drahtgitter erschienen und hatte, sichtlich zu mir gewandt, vorwurfsvoll gefragt: «Warum haben Sie das getan?» Anders als ich einen Augenblick lang erwog, streckte ich ihm nicht die blutigen, stellenweise vereiterten Hände mit der Antwort hin: «Und warum tun Sie das hier?» Statt dessen erwiderte ich nur, er kenne meine Gründe. Wir hätten oft darüber gesprochen. Es sei ihm nicht erlaubt, uns den Franzosen zu übergeben, außerdem bestehe ein verbrieftes Recht zur Flucht für jeden Kriegsgefangenen. Daraufhin drehte der Captain verständnislos an einer seiner Bartspitzen und ging mit steifen Schritten davon.

Der Vorwurf in meinen Worten ließ ihm offenbar keine Ruhe. Wenigstens tauchte am nächsten Tag First Sergeant Driffel auf und richtete mir im Auftrag des Captains aus, Kriegsgefangene hätten, den internationalen Abmachungen zufolge, tatsächlich ein Recht zur Flucht. Die Anklage werfe uns allerdings nicht allein die Flucht, sondern eine «conspiracy of escape» vor, das heiße einen Akt der Verschwörung, weil wir zu zweit gewesen seien. Und der sei strafbar! Zudem werde man uns des Kleiderdiebstahls anklagen, schließlich trügen wir amerikanische Armeejacken. Er selbst, meinte Driffel, wolle hinzufügen, die Strafe werde gewiß nicht der Flucht wegen verhängt, sondern dafür, daß wir uns hätten «erwischen» lassen. Als ich den Sergeant fragte, ob der Captain den Unfug mit der «conspiracy» tatsächlich behauptet habe, herrschte er mich an, er sage immer die Wahrheit. Ich erwiderte, er solle mir dann auf sein Wort versichern, daß er meine Manuskripte, die gewiß in der Kiste gefunden worden seien, sichergestellt habe. Die befänden sich zur Prüfung bei Gericht und würden mir am Ende der Haftzeit zurückgegeben, bekam ich zur Antwort. «Vielleicht!» setzte Driffel hinzu.

So gingen nahezu sechs Wochen mit täglich den gleichen Widerwärtigkeiten dahin. Eines Abends kam ein polnischer Unteroffizier im Streit mit einem Gefangenen auf den Käfig zu, wo er ihn nach ständigem Prügeln mit Fußtritten niederschlug. Dann wurde der am Boden liegende Häftling, der sich nicht zur Wehr zu setzen wagte, mit dem Gewehrkolben weitertraktiert. Wir forderten den Unteroffizier auf, den Wehrlosen nicht länger zu mißhandeln, doch der ließ von der Schinderei nicht ab, sondern schlug, fast schon besinnungslos vor Wut, noch stärker auf den Liegenden ein. Als die Abwehrbewegungen schwächer wurden und der Körper des Gefangenen bloß noch ein lebloser Haufen war, kam zufällig Captain Grey vorbei. Augenblicklich machte er der Prügelei ein Ende und sandte den Unteroffizier in seine Baracke zurück. Schon am nächsten Tag ließ er den Käfig öffnen und schickte uns sowie die beiden anderen Häftlinge ins Lager zurück.

Die Kriegsgerichtsverhandlung in Reims, von der so häufig die Rede gewesen war, fand niemals statt. Nach der Intervention Captain Greys und der Auflösung des «Käfigs» wurde ich zum Dienst in der Kleiderkammer des Polenlagers kommandiert. Als ich auf einer der Lagerstraßen Captain Donaldson begegnete, der mich streng und doch mit der Andeutung eines Lächelns grüßte, konnte ich nicht umhin, ihm unter Hinweis auf meine kaum vernarbten Innenhände zu sagen: «Sie haben uns ohne ein förmliches Urteil bestraft. Das steht noch offen zwischen uns.»

Donaldson schien fassungslos über den in meinen Worten durchklingenden Vorwurf und hatte sichtlich keine Antwort darauf. Da ich wartend stehenblieb, entgegnete er schließlich dem Sinne nach:

Zu Beginn, damals auf der Lagerstraße, habe er mich für einen jungen Deutschen nach dem bekannten Bild gehalten: romantisch, offen, ernsthaft. Er habe sich dieses Bild womöglich etwas zurechtgemacht. Über die Deutschen seien verrückte Vorstellungen verbreitet, er habe sie für Propaganda gehalten. Jetzt wisse er, daß er im Irrtum war. Ich sei auch nur ein Deutscher wie alle anderen. Er habe mir ja bereits gesagt, wie tief seine Enttäuschung sei. Dann fügte er widersprüchlicherweise hinzu: «Sorry not to have you in the headquarters anymore!» Ich wußte ihm nichts zu antworten und habe mich noch lange gefragt, was ich hätte erwidern sollen. Dann kam Donaldson mir nach einigem Vor-sich-hin-Starren zuvor: «All the best for you, Joachim!» Es war das erste Mal, daß er mich mit Vornamen anredete. Kopfschüttelnd ließ er mich stehen.

An einem Septembertag schaute First Sergeant Walker, der mich zu Headquarter-Zeiten in leeren Abendstunden gern zu einer Plauderei besucht hatte, in der Kleiderkammer des Polenlagers vorbei. Er war mehrere Monate versetzt gewesen, und ich begrüßte ihn nicht ohne Ironie mit der Frage, ob er die Anklage gegen mich in Reims vorbereitet habe; das würde mir begreiflich machen, warum der Prozeß nicht zustande gekommen sei. Er lachte nur und meinte, die hätten da wohl wirklich Schwierigkeiten gehabt. Dann fügte er hinzu, daß er nichts mit dieser Anklage zu tun habe, sondern die längste Zeit mit Aufträgen in Le Havre beschäftigt gewesen und nun froh sei, bald nach Chicago heimkehren zu können. Ich sagte, daß ich ihn beneidete, zumal ich unlängst von der wohlbehaltenen, wenn auch in elendem Zustand erfolgten Heimkehr meines Vaters aus russischer Kriegsgefangenschaft erfahren hätte.

«Vielleicht siehst du deinen Vater bald wieder», meinte Walker. Als ich in leicht gereiztem Ton wissen wollte, was er dafür getan habe, antwortete er: «Ich bin gerade dabei, my friend.» Er habe in diesen Tagen Papiere eingesehen, die den im dienstlichen Schriftwechsel verwandten Vermerk «Top secret!» trügen. Er weihe mich jetzt ein, sagte er und kündigte, als rede er von der selbstverständlichsten Sache der Welt, an: «Der Fall ist entschieden. Ihr jedenfalls werdet nicht den Franzosen übergeben. Ihr kommt nach Hause.» Als ich ihn einigermaßen verblüfft ansah, ergänzte er: «Noch etwas Vertrauliches: Ich bin sehr glücklich darüber!» Und «das Allervertraulichste», meinte er zuletzt: «Kein Wort zu den anderen!»

Es dauerte allerdings fünf Monate, ehe der Zug nach Deutschland auf dem Rangierbahnhof des Depots einlief. Wir hatten keine Ahnung, wohin die Reise ging. Manches sprach dafür, daß es ein Ort in der amerikanischen Besatzungszone sein würde. Ich hatte Freiburg als Heimatstadt angegeben, weil ich Freunde in der Stadt hatte und Berlin mir allzu unsicher erschien, und tatsächlich hielt der Zug, der uns nach Deutschland brachte, zwei Tage darauf in einem Lager bei Heilbronn. Für Augenblicke war die von übermütigen Launen und dem Gesinge über all die Rosemaries, die Erikas und Heidis erfüllte Stimmung wie verflogen, weil jeder annahm, unser Lager sei von Laon lediglich nach Heilbronn verlegt worden. Dann aber sprach sich rasch herum, daß Heilbronn ein Durchgangslager zur Entlassung sei.

Ich stand schon über zwei Stunden in der Warteschlange, als die Reihe an mich kam. Ein dickbäuchiger, bebrillter Sergeant verlangte, während er meine Unterlagen prüfte, Haltung anzunehmen, und ich fragte ihn im Hochgefühl der bevorstehenden Freiheit: «Strammstehen?» Er wies mich mit ein paar Worten im schnarrendsten Hamburgisch zurecht. Also auch am Ende der Gefangenschaft ein ehedem Deutscher, sagte ich mir, während er sich über meine Habseligkeiten hermachte. Zum Glück ließ er mir die drei Bücher, die ich durch alle Fährnisse der Gefangenschaft gerettet hatte. Angelegentlich las er, sich am Kopf kratzend, in meinen Tagebüchern, lachte über einige Stellen in meinem Text über die Renaissance und bemerkte zu der Castruccio-Erzählung: «Was soll denn das?!» Ich versuchte es mit einer kurzen Erklärung, aber der Dicke winkte ab: «Laß man!» Dann warf er alles Geschriebene auf den Müllhaufen hinter sich und meinte: «Das brauchst du jetzt nicht mehr!» Ich machte einen Anlauf, ihn mit ein paar freundlichen Bemerkungen umzustimmen, doch er fiel mir verärgert ins Wort: «Schluß! Hier sind die Papiere! Und dann weg!»

Zunächst konnte ich nichts erwidern. Ich stand einfach reglos da, während der Sergeant seine fortscheuchenden Gesten machte. Schließlich sagte ich, was mir als eine schlagfertige Antwort erschien: «Ich werde in rund zehn Minuten da vorn durch das Lagertor gehen. Von da an wird es mein ganzes Glück sein, daß Leute Ihrer Art endlich wieder ‹Sie› zu mir sagen müssen!»

Er stutzte. Dann warf er mir den ledergebundenen Band mit meinen Lieblingsgedichten, der sich ebenfalls unter den Büchern befunden hatte, erzürnt vor die Brust; ich hielt das Buch fest und achtete nicht auf das Geschrei. Es war ein erster Geschmack von Freiheit, daß ich tat, als hörte ich ihn nicht. Beim letzten Blick zurück, schon etwas weiter weg, sah er noch immer mit offenem Mund hinter mir her, während er bereits den nächsten Gefangenen herbeiwinkte. Einen Augenblick schien es mir, ich hätte ihm ein Licht aufgesteckt. Erst geraume Zeit später kam mir der Gedanke, er habe überhaupt nicht begriffen, was ich ihm sagen wollte.

Nach weiteren zehn Minuten war ich aus dem Tor.

10. KAPITEL

Noch nicht zu Hause

Von Heilbronn fuhr ich, wie schon manches Mal, wieder das Rheintal entlang nach Freiburg, im Feldsack etwas Wäsche, das Toilettenzeug, die drei in Unkel mir überlassenen Bücher und die in Leder gebundenen Gedichte, die ich teils aus dem Gedächtnis notiert, teils den im Lager zugänglichen Schriften entnommen hatte. Absichtslos in dem Band herumblätternd, las ich noch einmal die Verse der mir bis unlängst fremden Namen wie Blake und Keats, auch Mallarmé und Baudelaire sowie das eine oder andere meiner Lieblingsgedichte wie Audens «Time will say nothing» und Shelleys «Ozymandias». Ich hatte sie an den beschäftigungslosen Abenden im Headquarter abgeschrieben und als Blattsammlung dem Buchbinder Franz Scheuer gegeben. Von dem war das Zettelwerk in so prachtvolles, aus Baseballhandschuhen und feinsten Offiziersstiefeln herausgeschnittenem Leder gebunden worden, daß der Band es sogar dem dicken Sergeant im Entlassungslager angetan hatte.

Als ich in Freiburg den Zug verließ, war ich nach all den zerstörten Plätzen der europäischen Trümmerlandschaft, durch die ich im Lauf der letzten drei Jahre gekommen war, glücklich, eine nur wenig beschädigte Stadt zu sehen. Der eine schwere Luftangriff war, abgesehen von einer Ruinenschneise zwischen Münster und Hauptbahnhof, einigermaßen glimpflich abgelaufen. Jedenfalls stieß man nirgendwo auf die schmutzigen Farben, die in den verwüsteten Stadtgebieten bis Berlin hinauf vorherrschten, und fast schon heimatlich mutete mich der Aquatintaton der Stadt an, das sanfte Sandsteinrot und die unaufdringlichen Graufarben, dahinter das Grün des Schloßbergs. In einem Brief an meine Eltern, in dem ich mich nach Jahren erstmals wieder halbwegs offen äußern konnte und vor allem begründete, warum ich nicht die Entlassung nach Berlin beantragt hatte, schrieb ich: «Alles in allem war ich aus der Welt. Jetzt bin ich zurück. Noch nicht zu Hause. Aber wenigstens in Freiburg, das fast ein bißchen mein Zuhause geworden ist. Wer hätte das gedacht!»

Die Mutter meines Freundes Helmut nahm mich in ihr Haus in Herdern auf. Ihr Mann war dem Bombenangriff auf die Stadt zum Opfer gefallen, der Sohn in Frankreich begraben. Doch die attraktive Tochter war noch da, und Winfried wohnte bereits dort. Nach ein paar Stunden überschwenglichen Redens unternahm ich mit meinem Bruder, wie an den folgenden Tagen auch, ausgedehnte Spaziergänge über die Sonnhalde oder auf den Schloßberg hinauf. Er erzählte von den Eltern und unseren beiden Schwestern, die im Jahr 1944 nach der dritten Aufforderung dem Bund Deutscher Mädchen (BDM) beigetreten waren, die Mitgliedschaft aber vor meinem Vater verheimlicht hatten. Dann berichtete er von der Ausweisung aus Karlshorst, der kleinen Wohnung in Neukölln, die der Familie zugeteilt worden war, dem Schicksal der Großeltern und von meiner Freiburger Schulklasse. Fast die Hälfte der einstigen Klassenkameraden war, den Worten Winfrieds zufolge, in den letzten Kriegstagen von einem Kommando des Generals Lattre de Tessigny nicht weit entfernt an einem Berghang im Elsaß erschossen worden, weil man keine Gefangenen machen wollte.

Winfried fragte mich, wie ich Krieg und Gefangenschaft überstanden hätte, und ich erzählte von den sechs Tagen ohne Verpflegung, dem Fluchtversuch, dem Heidelberger Leutnant in Unkel und von Captain Donaldson. Während unseres Spaziergangs kam mir der Einfall, statt eines Buches über die italienische Renaissance die großen Untergänge der Geschichte zum Thema der folgenden Jahre zu machen. Denn die historischen Katastrophen seien der Gegenstand nicht nur der zurückliegenden Epoche, sondern unseres Lebens überhaupt. Winfried lachte nur und meinte, ich solle möglichst schnell auf den Boden zurückkommen. Erst mal müsse ich das Abitur machen und etwas Brauchbares studieren. «Die Rosinen sind für die mittlere Lebenszeit», fügte er hinzu. «Außerdem ist das Thema, anders als du annimmst, gar nicht so interessant.» Die Leute wollten über das Unglück, das sie erduldet hätten, erst hören, wenn sie aus dem Schlimmsten heraus seien; das seien sie aber noch lange nicht. Nicht mal er selber sei es.

In unserer Auseinandersetzung stießen zwei Temperamente aufeinander. Winfried hatte damals mehr Wirklichkeitssinn, und er besaß Witz. Auf unserem zweiten oder dritten Spaziergang antwortete er auf die Frage nach seinen Erlebnissen in seiner ungemein bescheidenen Art: «Ach, nichts Besonderes.» Als ich weiterbohrte, was er denn hinter dem «nichts Besonderes» an Besonderem verstecken wolle, meinte er bloß: «Na, eine kleine Flucht.» Ich mußte drängen, ehe er mit der Geschichte herausrückte und von seinem Ende des Krieges erzählte. Noch in den letzten Märztagen 1945 hatten die französischen Truppen die andere Seite des Rheins bei Breisach erreicht. Als Winfried daraufhin die Einberufung erhielt, beschloß er, die «vermeintlich nächsten paar Stunden» in einem Versteck am Rande Freiburgs zu verbringen. Die Weidners ließ er aus Rücksicht glauben, er folge der Einberufung. Tatsächlich aber hatte er mit dem am Ende der Straße wohnenden Bäcker Welle vereinbart, in dessen naher Schreberhütte die Ankunft der Franzosen abzuwarten.

Doch dann dauerte das Warten und dauerte. Die französischen Truppen ließen Tage vergehen, ohne auch nur Anstalten zum Rheinübergang zu treffen. Nachdem Winfried knapp zwei Wochen hinter Kohlebergen, Kartoffelhaufen und Gerümpel zugebracht hatte, machte er sich eines Abends, «um sich die Beine

299

zu vertreten», zu einem kurzen Spaziergang auf, geriet aber schon nach wenigen Schritten in eine Gestapostreife. Man schaffte ihn in dasselbe Polizeirevier, in dem ich Monate zuvor verhört worden war. Umsichtigerweise nannte er weder Aufenthaltsort noch Helfershelfer. Am dritten Tag wurde er in die Standortkaserne gebracht. In der Gemeinschaftszelle stieß er auf elf Personen, die desertiert oder, wie er selbst, ihrer Dienstpflicht nicht nachgekommen waren, keiner wußte zu sagen, was ihnen bevorstünde. Einige meinten, sie würden allesamt erschossen, andere hielten dagegen, ohne Verfahren gebe es selbst jetzt keine Exekutionen, eine Minderheit sprach von Informationen, wonach sie innerhalb von achtundvierzig Stunden freigelassen würden. Der Führer sei schließlich «kein Ungeheuer».

Tage darauf wurden die zwölf Gefangenen auf den Kasernenhof geführt. Dort erwartete sie ein Leutnant mit kleinem Stab sowie eine Gruppe von vier älteren, reichlich abgekämpft wirkenden Soldaten. Ein Feldwebel kündigte an, sie würden nun nach St. Peter marschieren, weil der Wehrmachtsführung das Risiko zu groß sei, so viele «unzuverlässige Elemente» beim bevorstehenden Kampf mit den Franzosen in den eigenen Reihen zu haben, es gehe schließlich um den Endsieg. Nach einigen disziplinarischen Anordnungen kam der Befehl zum Abmarsch.

Eskortiert von dem Feldwebel und den vier Soldaten, zogen sie am Nachmittag das Dreisamtal hinauf. Winfried versicherte, er habe nie den geringsten Zweifel gehabt, daß sie in St. Peter vors Peloton müßten. Als sie, um kein Aufsehen zu erregen, auf halber Strecke einen Waldweg einschlugen und nach zwei oder drei Kilometern eine kurze Rast einlegten, entschloß er sich, in einer plötzlichen Eingebung, zu einer «äußersten Verrücktheit», wie er später sagte. Unvermutet warf er sich zur Seite, sprang an einer offenen, nur von ein paar Sträuchern bewachsenen Stelle den Hang hinunter und hörte nach einem Augenblick verblüffter Stille hinter sich aufgeregte Befehle und Schreie.

Mitten hinein fielen die ersten Schüsse. Doch schlugen sie im umstehenden Gehölz ein und pfiffen ihm als Querschläger um die Ohren. Als er in einer Erdvertiefung kauerte, waren rund zwanzig Meter hinter ihm zwei suchende Stimmen zu hören. Dann wurden die beiden Soldaten von dem Feldwebel, der aus Sorge vor weiteren Fluchtversuchen oben bei der Marschgruppe verblieben war, zurückbefohlen. Winfried wartete, bis sich die Geräusche des abziehenden Haufens verloren, und machte sich auf den Weg zurück nach Herdern. Nahe dem Friedrich-Gymnasium sah er eine Feldstreife die Straße heraufkommen, aber es gelang ihm, ungesehen in einem Hauseingang zu verschwinden. «Das wäre wirklich das Ende gewesen», dachte er, als er die beiden Männer, laut redend, an der Haustür vorbeikommen hörte. Beim Bäcker war man entsetzt, zögerte aber nicht, ihm das Versteck aufs neue zu überlassen.

Diesmal war er vorsichtiger. Fast die gesamten folgenden Tage verbrachte er unter einem Holzhaufen, den er nach jedem Ausgang, wenn er nachts für eine Viertelstunde an die frische Luft ging, bedachtsam zurückließ und bei der Wiederkehr als dekoratives Chaos sorgfältig über sich ordnete. Einige Male vernahm er Stimmen unmittelbar neben sich. Nach mehr als zwei Wochen, am 20. April, rückten die Franzosen endlich in Freiburg ein. «Ich war», schloß Winfried seinen Bericht, «nicht frei. Aber ich konnte wenigstens die steifen Glieder wieder bewegen. Das war schon viel. Es dauerte Tage, bis ich mit den Knochen zurechtkam.» Später habe es geheißen, die Mitgefangenen seien in St. Peter alle erschossen worden, doch wisse er nicht, ob die Nachricht mehr als ein Gerücht gewesen sei. Wahrscheinlich treffe sie zu, aber er habe sie nicht überprüft. Er hat aus seiner Flucht nie etwas hermachen wollen.

Wenige Tage nach meiner Rückkehr, kurz vor Weihnachten 1946, suchte ich den Direktor meiner Schule auf. Dr. Breithaupt war mein Klassenlehrer gewesen und inzwischen durch die Wechselfälle der Zeit zum Leiter des Friedrich-Gymnasiums geworden. Schon beim Betreten des Direktionszimmers bemerkte ich, daß er der strenge, steife Mann geblieben war, der uns ins Griechische eingeführt und die Odyssee lesen gelehrt hatte. Da ich von ihm einige Male zu privaten Hilfsdiensten herangezogen worden war, erwartete ich von ihm ein gewisses Verständnis. Statt dessen blieb er überraschend kühl, hörte sich meine auf ein paar Sätze zusammengefaßten Erfahrungen von oben herab an, ehe er auf die nicht unwichtige Frage nach der empfehlenswerten Klasse kurz angebunden einwarf: «Sie können in die Oberprima eintreten, dann bleibt Ihnen bis zum Abitur ein knappes halbes Jahr. Oder in die Klasse darunter, da verlieren Sie mehr als ein ganzes Jahr, siebzehneinhalb Monate, wenn man genau ist. Aber Sie haben bessere Aussichten für das Reifezeugnis. Die Wahl ist frei. Als Direktor des Friedrich-Gymnasiums bleibt mir nur zu sagen: Rücksicht wird nicht genommen!» Dr. Breithaupt schien einigermaßen konsterniert, als ich lediglich ein enttäuschtes «Danke» murmelte und auf dem Absatz kehrtmachte. Noch am selben Tag entschied ich mich, um keine Zeit zu verlieren und die Schule rasch loszuwerden, für den Eintritt in die Oberprima.

Zu Weihnachten kam meine Mutter nach Freiburg und fand ebenfalls bei den Weidners Quartier. Sie hatte sich schon seit dem Spätsommer um die erforderliche Genehmigung der amerikanischen Behörden bemüht, bis ihr die Reise in die französische Besatzungszone endlich gestattet worden war. Mit Erschrecken nahmen wir das ausgemergelte, auffallend knochige Bild wahr, das sie bot, und wie leer ihre Augen in die Welt sahen. Jetzt erfuhren wir erstmals Einzelheiten über die Evakuierung Karlshorsts Anfang Mai 1945, die in den noch immer kontrollierten Briefen besser verschwiegen geblieben waren: von dem einen Koffer, den jeder mitnehmen durfte und in den meine Mutter, angesichts der befohlenen Eile, das Notwendigste hineingestopft hatte: einige Wäschestücke, Brot, einen Anzug und eine Jacke für meinen Vater, Persil und ein paar eilig zusammengeraffte Dokumente. Ihre geliebte, im Garten vergrabene «Schatulle» mußte sie verlorengeben.

Ein eigenes Kapitel bildeten die zahlreichen Gewaltakte insonderheit gegen die Frauen der väterlichen Verwandtschaft. Onkel Berthold auf den Walken hatte die Barbareien der Eroberer anfangs in ohnmächtigem Zorn ertragen, doch als die Brutalitäten gegen seine Frau und die Töchter jedes Maß überstiegen, hatte er einen der Soldaten um etwas menschliche Rücksicht gebeten. Statt ihn auch nur anzuhören, hatte der seine Pistole gezogen und dicht vor der Stirn des Onkels abgedrückt. Noch erschütternder war das Schicksal der kindergelähmten «anderen» Tante Franziska: Aus dem Rollstuhl gezerrt und mehrfach vergewaltigt, wurde sie wieder auf ihr Fahrgerät geworfen und die Kellertreppe hinuntergestoßen, wo sie in mehr als zwei Stunden wimmernd verendete. Es war eine lange Folge von Greueln, die meine Mutter widerwillig und nur unter Zureden preisgab.

Es verhielt sich so, daß damals fast jede Geschichte in irgendwelche Gewalttätigkeiten auslief. Meine Schwestern hatten bei Annäherung der Roten Armee die höhere Schule in der Neumark verlassen und waren nach Berlin zurückgekehrt; jetzt erfuhren sie, daß ihre Mitschülerinnen, alle im Alter zwischen zwölf und fünfzehn Jahren, vergewaltigt, dann verschleppt und schließlich in den Weiten Rußlands verschwunden waren. Der so überheblich vom Zaun gebrochene und mit Endsiegphantasien immer neu hochgeredete Krieg war auf grauenhafte Weise nach Deutschland zurückgekehrt.

Erst geraume Zeit nach ihrer Ankunft kam unsere Mutter auf den Tod ihrer Eltern zu sprechen, und Winfried teilte meinen Eindruck, daß sie überaus ungern darauf einging. Danach war die Großmutter im Frühjahr 1945, etwa zur Zeit meiner Gefangennahme, gestorben. Sie hatte schon nach der Zerstörung ihres Hauses durch den Bombenkrieg und dem Tod ihrer gelähmten Tochter, die den Strapazen so vieler grimmiger Tage erlegen war, zunehmend geringere Lebenslust gezeigt. Noch bei meinem Besuch in der Riastraße war das erkennbar anders gewesen, und als ich sie beim

Abschied umarmte, hatte sie mit einem schüchternen Lächeln gesagt: «Du mußt jetzt erwachsen werden! In deinem Alter hat man Besseres zur Umarmung. Nicht die Großmutter!» Dann umarmte sie mich. Später hatte sie oft geklagt, sie sei dreißig Jahre allein für ihre Familie dagewesen. Aber nun? Was fange sie mit einem Leben ohne Sinn an? Zum Ende hatte sie viele Stunden in der Kirche verbracht und war dabei «immer weniger» geworden. Eines ihrer letzten Worte lautete, sie habe Gott und der armen Tochter «zeitlebens mit Herz und mit Hand» gedient. Deshalb mache ihr das Ende keine Sorge. Am nächsten Tag stellten die Ärzte ihren Tod fest. Der Befund vermerkte eine fortgeschrittene Immunschwäche. Aber einer der Ärzte sagte trocken, sie sei einfach am Leben gestorben.

Etwas mehr als ein Jahr später folgte ihr mein Großvater nach. Die Wirrnisse der Evakuierung hatten dazu geführt, daß das Karlshorster Krankenhaus, das er mitgegründet hatte, nach Friedrichshagen in ein ehemaliges Hotel verlegt werden mußte; dort lag er. Wie meine Großmutter auch fragte er jeden Tag ins Leere hinein nach dem Sinn von alledem. Stets war er von Ehrerbietung umgeben gewesen; jetzt fand er sich nach wochenlangem Hin und Her in einem Krankensaal mit sechzig Betten wieder, auf denen stöhnende Patienten ihr Ende erwarteten. Mehrfach fragte er meine Mutter, was das Leben noch mit ihm vorhabe, und als sie ratlos erwiderte: «Na, keine Vorhaben, keine Pflichten mehr! Einfach leben!», sprach er von einem Betrug, der ihm angetan worden sei. Allezeit habe er geglaubt, in nahezu achtzig Jahren ein paar Aufschlüsse darüber zu erlangen, wozu man eigentlich auf der Welt sei. Aber nun wisse er, daß einen das Leben nur zum Narren halte.

Als er in dem vertrauten Krankenhaus Zuflucht gesucht hatte, besaß er nichts mehr. Russische Soldaten hatten ihm im Verlauf der Evakuierung erst Aktentasche und Taschenuhr, dann Jacke und Weste weggenommen, so daß er, der Chévalier à la mode, in Hemd und Hosenträgern bei den Ordensschwestern eintraf. Die paar

Der Vater, Johannes Fest, auf einem Paßfoto,
ungefähr sechs Monate nach der Rückkehr aus der
russischen Kriegsgefangenschaft

Wertsachen, die ihm verblieben waren, hatte man ihm mitsamt der Brieftasche eines Tages unter dem Kopfkissen weggestohlen und wenig später auch die letzten Kleidungsstücke geraubt, so daß er buchstäblich nichts mehr als das Nachthemd besaß, das er am Körper trug. Als er auf die Frage nach seinem Befinden bemerkte, er schäme sich für seine Armut, betteten ihn die Krankenschwestern hinter eine spanische Wand, damit er mehr für sich sei. «Ja, beim Sterben ist man besser allein!» meinte er. Zur Ermahnung der Schwestern, nicht so lästerlich daherzureden, sagte er nur, die Worte seien sein voller Ernst. Jahrelang habe alle Welt behauptet, seine Frau sei ihm unterwürfig wie eine Magd gefolgt. Jetzt folge er ihr. Ohne sie wisse er nicht mehr, weshalb er da sei. Er gehe «mit langen Schritten» aus dem Leben.

Dann fragte er nach dem Datum. Als er hörte, daß es der 14. Juli sei, äußerte er, er habe nichts mehr zu tun, nichts mehr zu sagen und schon gar nichts mehr zu feiern. Als Todesursache solle man angeben: keine Lust mehr. Er dankte allen, streckte den Schwestern, die um das Bett herumstanden, die gefalteten Hände hin und empfahl sich Gott. Es sei ein sündhaft gewollter Tod, gestand er zuletzt. Aber Gott werde ein Einsehen haben; der liebe die Sünder, die zu ihrer Schuld stehen. Die Ärzte stellten als Todesursache eine Typhuserkrankung fest. Zwei Tage später wurde er in einer Holzkiste zum Friedhof geschafft und in einer Papiertüte in die Erde getan.

Weitere Einzelheiten über die Vorgänge in Berlin gegen Ende des Krieges, den Mut von Hannih und Christa oder die Tragödien in der Nachbarschaft erfuhren wir auf den nahezu täglichen Spaziergängen mit unserer Mutter. Sie liebte die Bänke auf dem Schloßberg, aber oft gingen wir auch den Hügel über Herdern hinauf zur Sonnhalde, dann weiter zu den «Professorenhütten» am Rötebuckweg, wo Martin Heidegger wohnte. Von unserem Vater sagte sie, daß er nach seiner Entlassung aus der russischen Gefangenschaft im Herbst 1945 plötzlich wie ein Schatten in der Tür gestanden habe, nach wenigen taumelnden Schritten, mit einer Hand gegen die Wand gestützt, zusammengebrochen und dann über viele Wochen von einer Krankenschwester «ins Leben zurückgepflegt» worden sei. Inzwischen habe er von den beinahe fünfzig Kilo, die er verloren hatte, die Hälfte zurückgewonnen und damit «den halben Weg geschafft». Kaum konnte er sich wieder auf den Beinen halten, besuchte er bereits politische Veranstaltungen und saß in einem der zwei geretteten, viel zu weiten Anzüge an CDU-Vorstandstischen.

Vom Sommer 1946 an trat er, matt, aber gesammelt, wieder als Redner auf. Er sprach über die Themen, die sein Leben bestimmt hatten: über den fortschreitenden Zerfall der Republik von Weimar, über das Reichsbanner und die Entschlußlosigkeit der republikanischen Kräfte, die «Rechtsverluderung» während der Machtergreifung oder die Pflicht zur politischen Verantwortung – und jede seiner Ansprachen in meist verrauchten Bierzimmern endete mit den Sätzen, in die auch die meisten seiner Briefe an uns ausklangen: Ein zweites Mal dürfe dem Lande, was damals geschehen sei, nicht passieren. Einmal sei Schande genug.

Anfang Januar 1947 fand ich mich in Freiburg auf der Schulbank wieder. Es waren die einstigen Räume, die einstigen Lehrer, die Stoffe und die Namen von ehedem: Cicero und Homer und Lessing und Goethe. Und obwohl mir selbst die Gesichter der ein Jahr jüngeren Mitschüler merkwürdig vertraut vorkamen, hatte ich das Empfinden, in eine fremde Welt geraten zu sein. Ich hockte gleichsam immer noch in einem Einmannloch, von dem die anderen bislang nicht einmal gehört hatten. Ihre Probleme, ihre Streitfragen oder Einverständnisse und selbst ihre Scherze kamen wie von weit her. Ich war, anders als ich in meinem ersten Brief nach Hause geschrieben hatte, noch immer aus der Welt.

Im April sagte sich Roger Reveille in Freiburg an. Er hatte im nahen Colmar zu tun und war, wie ich ihn aus Berliner Tagen in Erinnerung hatte, laut, liebenswürdig und phantasievoll. Er wurde verlegen, als wir durch eine Zufallsbemerkung auf das Benehmen der Franzosen als Besatzer kamen, und wußte dem einen Beispiel für den aggressiven Hochmut seiner Landsleute ein Dutzend andere hinzuzusetzen. Am Mittag lud er mich zu einem Menü in ein Kasino, das hochgestellten Franzosen vorbehalten war, und brachte mich anschließend zum Kaffee in meine Wohnung zurück. Dort zeigte ich ihm den aus der Gefangenschaft mitgebrachten, ledergebundenen Band mit den handgeschriebenen Gedichten. Roger bemerkte, den würde er gern haben, aber ich sagte, er existiere begreiflicherweise nur in einem Exemplar. Das störe ihn nicht, erwiderte Roger lachend, doch ich beharrte: «Leider nichts zu machen! Mein wichtigstes Andenken!»

Als er aufbrach, steckte er den Band wie selbstverständlich in seine Tasche. «He! He, Roger!» rief ich, so gehe das nicht. Wir hätten doch gerade über zivilisierte Umgangsformen gesprochen. Er solle sich nicht wie ein Besatzungsoffizier aufführen; ich könne das Buch nicht hergeben, weil mein Herz und meine Erinnerung daran hingen. Aber er tat, als hörte er mich nicht, und ging weiter zu seinem Wagen. «Roger!» wiederholte ich laut. «Bitte, lassen Sie mir das Buch! Es ist auch eine Trophäe! Ich kann es Ihnen erklären!» Aber Roger tat überaus beschäftigt. «Pardon!» ließ er von der Autotür her hören und klopfte mit der flachen Hand auf seine Tasche. «Ich wollte es von Anfang an haben! Und jetzt noch immer! Mach dir nichts draus! Kleine Wiedergutmachung!» Noch bevor er den Motor anließ, ging ich verärgert ins Haus zurück. Später schrieb mir Roger einen Dankesbrief für das Willkommen, dessen freundschaftlichen Ton er nicht vergessen werde. Auch auf einen weiteren Brief, den er ein paar Wochen später folgen ließ, habe ich nie geantwortet.

Bald fand ich wieder die Zeit für meine lange entbehrten Vorlieben. In dem ersten Konzert, für das ich eine Karte erhielt, spielte Wilhelm Backhaus das Fünfte Klavierkonzert von Beethoven, und ich kam mit einem Besucher ins Gespräch, der das Pathos des Komponisten als zutiefst französisch empfand, worauf ich erwiderte, Beethovens Metaphysik dagegen sei unverbesserlich deutsch. Der Nachbar meinte, so «national» rede man nicht mehr, eine Generation lang mindestens verbiete sich das. Danach entwickelte sich eine längere Auseinandersetzung, in der sich mein Gegenüber als Dozent aus Tübingen zu erkennen gab. Der Wortwechsel endete mit meiner Frage, ob man unterdessen nicht einmal mehr Beethoven als Deutschen bezeichnen dürfe. Er meinte, die Behauptung sei zwar unbestreitbar, doch unterlasse man sie besser. «Unser Land», schloß er, «ist derzeit nicht à la mode.» Er frage sich, ob ich das noch nicht bemerkt hätte.

Eine länger anhaltende, freundschaftliche Verbindung ergab sich zu Fritz Werner, dem Leiter der Universitätsbuchhandlung am Augustinermuseum. Die stille, bebrillte Erscheinung verriet mit keinem Zug den Mann, der die Literatur leidenschaftlich liebte und selbst wie eine Figur aus dem humorisken Kabinett Thomas Manns aussah, auch wenn ein Freund später meinte, noch eher stamme er aus der Galerie des Carl Spitzweg. Er war schmächtig und trug die Haare in sorgsam gelegten Streifen auf dem kahlen Kopf, der von einem Kranz widerspenstiger Locken umgeben war. Seine große Liebe gehörte Gottfried Benn, und schon bei meinem dritten oder vierten Besuch bat er mich in sein rückwärts gelegenes Büro, wo er mich zwischen hochgetürmten Bücherhaufen mit Gedichten wie dem von der «Negerbraut», mit «Jena vor uns im lieblichen Tale» oder dem «Dunkler kann es nicht werden …» bekannt machte und mich auf den unverkennbar «Berliner Ton» des Dichters einstimmte. Gottfried Benn lehrte mich einen nie gehörten Hochmut in Versform, ferner Wendungen wie «Blutgedränge», «Ginsterbrand», «Honigländer» oder «Levkojenwelle». Es war eine gänzlich neue, lyrische Provinz, die sich vor mir öffnete, und Werner richtete mir, als er mein Bewegtsein von Benn bemerkte, sogar eine Ecke zur Lektüre der problematischen, allzuoft von der eigenen Brillanz fortgerissenen Essays des Dichters ein.

Aber entleihen ließ er sich nichts: Zu wertvoll, beschied er mich, für ihn gehöre Benn ins oberste Fach, weil überall sonst der Verlust drohe. Statt dessen bot er mir einige Titel aus seiner «Geheimtruhe» an, Werner Bergengruens «Großtyrann» müßte ich ebenso kennen wie alles von Stefan Andres. Auch einen Knut Hamsun kramte er hervor, der vor vier Jahren noch gefeiert worden war, wie er hohnlachend bemerkte, und dafür heute verboten sei. Aber er werde an mich denken, setzte er hinzu, und von Ernst Rowohlts ersten Zeitungsdrucken bekam ich Hemingways «In einem anderen Land» sowie, als «Freundschaftsgabe», Kurt Tucholskys «Schloß Gripsholm». «Keiner kriegt mehr als einen Druck», sagte er, ich sei die Ausnahme. Dennoch lag ich ihm seither, wie er mir Jahre später noch vorwarf, mit der Bitte um ein großes, in Leinen gebundenes amerikanisches oder französisches Werk in den Ohren. Werner nahm es seufzend zur Kenntnis und führte mich zunächst in einen von Claus Bremer und Rainer Maria Gerhardt gegründeten Zirkel junger Dichter ein, der in monatlichen Abständen im Kaufhaus am Münsterplatz zusammenkam.

Einmal trug ich vor den wenigen Leuten, die sich an den Kaufhausabenden versammelten, zwei Gedichte vor. Sie sind verlorengegangen, doch erinnere ich mich bei dem einen der beiden der ironischen Schlußzeile mit dem Vers, wonach ein Jungverliebter sich vor der ersten Umarmung an einem Blumenstrauß das Genick gebrochen habe.

Um die gleiche Zeit bestand ich das Abitur und hatte, dank der Berliner Paukschule, in Latein und Griechisch gute Noten, desgleichen in Deutsch und Geschichte, so daß ich den Ergebnisdurchschnitt, der zu jener Zeit für die Zulassung zur Universität erforderlich war, unschwer erreichte. Zehn Tage darauf machten Winfried und ich, ausgestattet mit einer amerikanischen Sondergenehmigung für politisch Verfolgte, zu denen auch die Angehörigen rechneten, uns auf den Weg zur Familie nach Berlin.

Ich unterbrach die Fahrt in Mannheim, um meinen Mitflüchtling Wolfgang Münkel wiederzusehen, während Winfried zunächst nach Frankfurt weiterfuhr. Als ich mit dem Freund noch
lange nach Mitternacht inmitten der Trümmerstadt Erinnerungen
austauschte, hörten wir plötzlich, wie jemand kleine Steine gegen
das Fenster warf und irgend etwas rief. Es war eine weibliche Stimme, ein Deutsch mit gutturalem Akzent: «Mach auf! Ich bin's!»
Dann kam ein unverständlicher Name. Wolfgang sah mich ratlos
an. «Soll man öffnen?» fragte er. «Bei Nacht?» Ich erwiderte, wir
seien zu zweit und hätten kaum etwas zu befürchten. Er ging die
Treppe vorsichtig nach unten, ich folgte in einigem Abstand. Dann
hörte ich einen Aufschrei, darauf war lange Stille. Als ich, nicht
ohne Besorgnis, weiter nach unten ging, stand in der Haustür ein
Paar, das sich leidenschaftlich umarmte. Wenig später stellte Wolfgang mir Archivolde vor, die junge Holländerin, von der er in der
Fluchtkiste unablässig geredet hatte. Es war das erste Wiedersehen
nach annähernd zwei Jahren, und Wolfgang meinte, er deute den
Zufall, der ihn am Tag unseres Wiedersehens mit seiner großen
Liebe zusammengeführt habe, als glückliches Zeichen. Nun würden alle Widerstände überwunden werden.

In Frankfurt traf ich Winfried wieder. Wir bestiegen eine Trans-
portmaschine, in der ein paar Sitze aufgestellt waren, und erstmals
nahm das Bild, von dem ich in der Gefangenschaft bloß Andeutungen erhalten hatte, genauere Konturen an: Es war die auf den
vollendeten Auftritt getrimmte Neue Welt, die sich uns darbot. Die
Stewards, die uns zur Maschine geleiteten, zeigten die gebügelte
Eleganz amerikanischer Soldaten, und die makellos zurechtge-
machten Stewardessen, die uns den Platz zuwiesen und die Getränke servierten, machten deutlich, daß sich nicht nur die Höflichkeit erwerben ließ, sondern jede Einzelheit, von den gewellten
blonden Haaren bis zu dem gewinnendsten Lächeln, eine Sache
der Kunstfertigkeit war.

Es war ein «großer Bahnhof», der uns am Flugplatz Tempelhof

Tante Dolly mit dem Autor
in den fünfziger Jahren

erwartete. Die ganze Familie hatte sich eingefunden, und es gab eine überschwengliche Begrüßung mit vielen «Hallos!», Umarmungen und Tränen. Neben meinen Eltern und den Schwestern standen etwa zehn Freunde: Hausdorf und die Familie Ernst, Wigbert Gans und seine Mutter, Paul Mielitz sowie einige Freunde Winfrieds, aber auch Tante Dolly in Kleidern von eher abgetragenem Glanz. Ich schlug einen Besuch in einem nahen Aschingerlokal vor, ich würde, sagte ich, so gern ein Begrüßungswürstchen essen, wenn genügend Fleischmarken vorhanden seien. Zwei der Abholer waren mit dem Auto gekommen, Wigbert Gans, seine Mutter und vor allem Winfrieds Freunde hatten Fahrräder dabei, und ich mußte noch nach Jahren, sooft ich mich an das belustigte Hin und Her bei Aschinger erinnerte, an die Geschichte denken, die Fritz Kortner bei Walther Hirsch erzählt hatte: Wie ihn ein Taxifahrer in Tempelhof schon beim ersten Berlinbesuch nach dem Kriege wiedererkannt und mit Namen sowie tief heruntergezogener Mütze begrüßt hatte. Auf die Frage, wie es denn in den vergangenen Jahren gewesen sei, habe der Fahrer mit einer Geste auf die Ruinenfelder ringsum geantwortet: «Ach, wissen Se, verehrter Mann, viel versäumt ham Se eigentlich nich!» Kortner fügte hinzu, dieser eine, nur in Berlin denkbare Satz, habe die ekelhafte Nazizeit für einen Moment vergessen lassen und ihm die Wiederkehr leichtgemacht.

Berlin sah atembenehmend aus. Ich war durch Frankfurt, Köln, Düsseldorf und mehrere Städte des Ruhrgebiets gekommen, aber keine war wie Berlin. Schon als das Flugzeug über der Stadt zum Tempelhofer Feld einschwenkte, war nichts als eine graubraune Trümmerwüste zu sehen, die sich bis an den Horizont erstreckte. Die Ost-West-Achse mit dem Tiergarten, die ich ausmachen konnte, war eine langgestreckte Brache. Ich erkannte die Gegend um den Nollendorfplatz und die Viertel der Innenstadt, doch überall türmten sich Ruinenhaufen vor gespenstisch leeren Fassaden. Auf das Quartier, das man als Ortskundiger stets an Kirchen, Läden oder öffentlichen Gebäuden erkannt hatte, wiesen lediglich stehengebliebene Straßenschilder hin; oft irrte man minutenlang über haushohe Schuttberge und fragte sich, wie in dieser Wüstenei Menschen leben konnten. Dennoch herrschte reges Getriebe, jeder war in dringenden Geschäften unterwegs, die meisten mit lappig am Körper hängenden Kleidern, und seltsamerweise kamen mir die vom Hunger ausgehöhlten Passanten vielfach rußverschmiert vor, mit einer Art schmutziger Gespensterblässe in den Gesichtern.

Zu den Merkwürdigkeiten der ersten Eindrücke gehörte auch die fremdartige Musik, die von vielen Seiten ertönte: Boogie-Woogie, Glenn Miller, dazwischen gedehnt jaulende Klarinettentöne. In der Hasenheide, auf der Schloßstraße nahe dem Innsbrucker Platz und an zahlreichen weiteren Orten gab es Tanzlokale, aus denen amerikanische Unterhaltungsbands über die Fahrbahn dröhnten. «Don't fence me in», «Sentimental journey» oder «I'm beginning to see the light»: es waren Melodien, die mir bald nicht mehr aus dem Kopf gingen. Aber auch AFN und die deutschen Stationen übernahmen die rasch beliebt werdende, in Bussen und Straßenbahnen unablässig nachgepfiffene Musik. In jeder Kneipe gab es Jukeboxen, Coca-Cola, Nescafé und Hershey-Schokoriegel. Es war der Anprall einer ungemein jungen, saloppen, liebenswürdigen Welt, einer Kultur der Milchgesichter und der glattgeschorenen Köpfe. Ein größerer Gegensatz zu Freiburg war kaum denkbar, und manchmal fühlte ich mich in diesem Berlin, das noch immer meine Heimat war, wie auf einem anderen Stern.

Als sich die Freunde verabschiedet hatten, stiegen wir in den dritten Stock der Neuköllner Wohnung; meine Mutter war stolz, wie weit die Zimmer schon wieder eingerichtet waren. Ich aber war entgeistert. Denn da standen ein verschossenes Sofa, ein stark beschädigtes Vertiko, ein Tisch und sechs auf dem Schwarzmarkt zusammengesuchte Stühle. Daneben gab es ein Ehebett. Die Küche war heruntergekommen, aber von meiner Mutter halbwegs wieder zum Glänzen gebracht, und nebenan sah ich zwei eiserne

Betten für meine Schwestern. «Katlewski war besser eingerichtet», sagte ich, und mein Vater erwiderte: «Bei Arbeitern ist alles immer picobello. Aber sieh dir SO 36 oder Lichtenberg heute an. Ein Trümmerhaufen.»

Dann ging ein wildes Durcheinandergerede los, in dem sich der Zwang zum Verschweigen, der so viele Jahre lang auf allen gelastet hatte, endlich löste. Meine Schwestern kamen auf die Einnahme Karlshorsts, das Mädchenversteck im Kirchturm und die anschließende Vertreibung, wobei Hannih erzählte, wie die jüngere Schwester Christa, trotz ihrer damals gerade dreizehn Jahre, keinen Augenblick gezögert hatte, die beiden überlebenden Hühner und ihr gehätscheltes Lieblingskaninchen «Lippenfromm», wenn auch mit Tränen in den Augen, vor den andrängenden Russen zu schlachten.

Vermutlich um von sich abzulenken, berichtete Christa von den schikanösen Einzelheiten der Austreibung, fügte aber hinzu, daß unsere zarte Mutter sich in den anderthalb Jahren, die mein Vater abwesend war, als eine robuste Person erwiesen und die Liebenthaler Sanftheit ganz und gar abgelegt habe. Ohne viel Federlesens hatte sie das Regiment über die Bewohner des Hauses geführt, Anordnungen erteilt, auf dem Schwarzmarkt zäh verhandelt und war auf den Dächern der Vorortzüge in die Umgebung gefahren, um eine Handvoll Kartoffeln, einen Kohlkopf oder eine Tüte faltiger Winteräpfel zu ergattern. Christa nannte sie einmal «die starke Frau aus der Bibel», doch wies unsere Mutter das ungehalten ab, die Bezeichnung passe nicht zu ihr: «Und bitte vor allem nicht in meiner Gegenwart», sagte sie, wobei sie etwas später hinzufügte: «Ich würde mich noch immer, ungelenk wie ich im Alter nun mal bin, lieber vors Klavier setzen.»

Doch als kurz darauf, unvermeidlicherweise, der Name meines älteren Bruders fiel, hatte sie wieder das Zucken um die Mundpartie. Als wir noch nach einem unverfänglichen Thema suchten, verließ sie, nach einigem Herumrücken auf dem Stuhl, wortlos das

Zimmer. Später kehrte sie mit der beiläufigen Frage zurück, ob wir uns nach dem Besuch bei Aschinger noch eine zweite Mahlzeit leisten wollten.

Weit beunruhigender wirkte mein Vater. Er war kaum wiederzuerkennen: ein unversehens klein gewordener, schmaler, grauhaariger Mann. Die meiste Zeit saß er mit tiefliegenden Augen nur dabei, wo er früher den Ton angegeben hatte. Nach mehrfachem Befragen sprach er, als müsse er in seiner Erinnerung kramen, von dem Granatregen, der in den letzten Tagen über Königsberg niedergegangen war, den Flammenwerfern und dem fürchterlichen Leichengeruch in den Ruinen, der ihm bis heute den Geruchssinn verderbe. Am 8. oder 9. April, kurz vor Beendigung der Kämpfe, traten der kleinen Gruppe von Verteidigern, der er angehörte, ein paar Zivilisten mit weißen Fahnen und aufgelesenem Waffenzeug in den Weg und versuchten, sie zur Aufgabe zu bewegen. Aber der Übertritt zu den Kapitulierern war so tödlich wie der Kampf mit den Russen. Nach einigem Zureden hatte die Gruppe mit der weißen Fahne ein Einsehen, und gemeinsam waren sie schließlich in einem Versteck untergekrochen. «Na, und dann eben Gefangenschaft», schloß er und fiel in sein Schweigen zurück.

Als der Abend zu Ende gegangen war und mein Vater sich zurückgezogen hatte, fragten wir uns, ob die Pointen, die er früher so sicher zu setzen verstand, wirklich so matt waren, wie wir sie wahrgenommen hatten, oder ob nur die seltsam tonlose Stimme, die wie abgerückt weit hinten von der Lehne des Sessels kam, den Eindruck leeren Heruntererzählens vermittelte. Einmal hatte er im Verlauf des Abends über seine verlorene Bibliothek geklagt, die Goetheausgabe vor allem, die er von seinem ersten Gehalt gekauft hatte, den Shakespeare und einiges Weitere wie den Hintze, den Kugler mit den unvergeßlichen Menzelzeichnungen, die dicke Görresausgabe. Diese Verluste, meinte er, machten ihm mehr zu schaffen als das aufgegebene Haus mit allem, was darin gewesen war, der Garten und die hier und da verstreuten Freunde von ehedem. Aber auch das brachte er mit unbeteiligt klingender Stimme vor. Meine Mutter meinte, der Vater habe das letzte Drittel seines Gewichts und seiner Kraft noch immer nicht zurückgewonnen; wir müßten uns gedulden.

In den nächsten Tagen kam manches zur Sprache, was in dem lebhaften Wiedersehensgerede untergegangen war. Streckenweise ließ mein Vater sogar etwas von seinem einstigen Temperament spüren, und manchmal kam auch der böse Witz wieder durch. «Sie haben uns das Karlshorster Haus weggenommen», äußerte er einmal, «obwohl wir keine Leichen im Keller hatten.» Und nach kurzer Pause setzte er hinzu: «Die werden jetzt von den Russen hergestellt und uns auf die Rechnung geschrieben.» Das Thema wechselnd, meinte er, das Land sei mit einemmal voll von Leuten, die immer schon «dagegen» gewesen seien. Doch zu denen wolle er nicht gehören. Mit einer Frau und fünf Kindern reiche der Mut nicht weit. Jedenfalls habe er, außer ein paar geringfügigen Hilfs- reichungen, nichts unternehmen können, für ihn sei es nur darum gegangen, die totalitäre Infektion von der Familie und dem ein oder anderen Freund fernzuhalten. Es sei wie mit gewissen Krank- heiten, fuhr er fort, in die man sich erst ergeben müsse, um daran zugrunde zu gehen. Bei den Nazis habe, wie ihm oft aufgefallen sei, schon der flüchtige Gedanke an Selbstaufgabe gereicht, und man sei verloren gewesen.

Ein andermal sprach er von dem Hauptirrtum, dem er und seine Freunde erlegen seien, weil sie allzu vorbehaltlos an die Vernunft geglaubt hatten, an Goethe, Kant, Mozart und die ganze Tradition, die von daher kam. Er habe sich bis 1932 jederzeit den Nachweis zugetraut, daß ein primitiver Bandenführer wie Hitler niemals die Macht in Deutschland erringen werde. Aber er habe keine Ahnung gehabt. Zu seinen erschütterndsten Erfahrungen zähle, daß es ganz unvorhersehbar war, wie ein Nachbar, Kollege oder sogar Freund sich in moralischen Entscheidungen verhalten werde. Darauf sei er ohne Antwort bis heute.

Er war auch Mitglied einer Spruchkammer, von deren Verhandlungen er jeweils niedergeschlagen zurückkam. Bald sprach er bloß noch von der «Sprücheklopferkammer»; die ganze «Tribunalisierung» der Hitlerzeit erschien ihm äußerst fragwürdig, für wie tausendmal gerechtfertigt er die Nürnberger Kriegsverbrecherprozesse auch hielt. Und die ersten, noch einigermaßen schalen Scherze, die wir von ihm hörten, galten den 131 verlangten Auskünften des amerikanischen Fragebogens. Aus diesem Grund hielt er sich, wie einer der verhandelten Fälle der letzten Tage verlangte, nicht für befugt, einen Familienvater mit drei Kindern, der Ende der dreißiger Jahre zum Ortsgruppenleiter ernannt worden war, als «Belasteten» abzuurteilen. «Schrecklich!» sagte er. Als Winfried ihm entgegenhielt, er habe sogar mit fünf Kindern nicht mitgemacht, erwiderte er: «Trotzdem schrecklich!» Von der ausgedehnten Unterredung, deren Einzelheiten ich vergessen habe, ist mir nur der Satz in Erinnerung geblieben, daß das Leben Gründe habe, die kein Gericht der Welt begreife.

Ich redete ihm zu, einige episodische Erlebnisse aufzuschreiben, aber er lehnte den Vorschlag mit nahezu ungehaltener Entschiedenheit ab. Er gehöre nicht aufs Postament, auf dem sich die Memoirenverfasser ausstellten. Was er zu berichten habe, sollte man wissen, beharrte ich, selbst die Familie habe bestenfalls Bruchstücke mitbekommen, und die meisten hielten den Mund; sie hätten gewiß ihre Gründe dafür. «Wenn du nicht redest», unterstützte mich Winfried, «bleibt zuviel im Dunkeln.»

Nachdem mein Vater eine Weile nachgedacht hatte, sagte er schließlich, es sei schon richtig: «Wir schweigen alle. Aus Scham, Angst und Beklommenheit. Ich schweige auch. Es gehört sich nicht, zu reden!» Wenn er andere von der Zeit und ihren Erlebnissen sprechen höre, denke er oft, die Nazis hätten auch das Gefühl für Peinlichkeiten beseitigt. «Vielleicht braucht ihr Zeit, das zu begreifen», setzte er hinzu. Jedenfalls würde er auf einem erhöhten Platz, den er sich durch die Darstellung seines Lebens unweiger-

lich verschaffte, eine falsche Figur machen: «Ich gehöre da nicht
hin. Haltet ihr es, wie ihr wollt!»

Und so noch einiges mehr. Stockend, mit Pausen, aber ohne
die geringste Unsicherheit. Gegen Ende des Aufenthalts fragte ich
ihn nach mehreren vergeblichen Anläufen nach seinem wüsten
Zornausbruch beim Besuch meiner Schulfreunde; auf einem Gang
durch die Wuhlheide habe er damals Andeutungen über Untaten
gemacht, deren Kenntnis mich unnötig gefährden würde. Ob er da,
fragte ich, erstmals von den Massenverbrechen im Osten erfahren
hatte, die er kurze Zeit zuvor noch nicht einmal Hitler und seinen
Spießgesellen zugetraut habe. Daß ich durch Wittenbrink und andere seit dem Frühjahr 1944 eingeweiht war, sagte ich nicht. Mein
Vater sah eine Weile stumm vor sich hin: «Nicht erstmals!» meinte
er dann. «Gerüchte und eine BBC-Sendung gab es schon. Durch
diese Hinweise aufgeschreckt, habe ich Anfang 1943 fast drei Monate lang nach unwiderleglichen Beweisen gesucht. Dann hatte ich
Gewißheit: Sie mordeten wie besessen drauflos!» Und nach einer
weiteren Pause: «Ich wollte damals und will jetzt nicht darüber
reden! Es erinnert mich immer wieder daran, daß ich mit meinem
Wissen nicht das geringste anfangen konnte. Nicht mal darüber
reden! Du verstehst das.» Und am Ende: «Im Haus von ganzen
Henkerbataillonen schweigt man besser! Auch vor Massengräbern
redet man nicht!»

Am Tag vor Winfrieds und meiner Abreise sagte er in einen Moment der Stille hinein, er wolle zu den Nazijahren und was immer
da passiert sei, nie mehr befragt werden. Auch nicht zu seinen Erinnerungen. Denn wohl oder übel spiele man sich damit auf. Das
sei nicht seine Art. Am Ende löste Winfried die aufsteigende Spannung auf seine manchmal unverblümte Weise mit den Worten, daß
man auf so erhöhtem Platz unvermeidlicherweise «entweder als
Held oder als Arschloch» aufträte. In dem Bestreben, sein Tun und
Verhalten herabzustufen, fügte der Vater hinzu, er habe in den Hitlerjahren oft gedacht, lediglich die preußische Grundsituation zu

durchleben: allein, von lauter Feinden umgeben, und kein Helfer weit und breit. So hätte er von früh auf die Welt gesehen, und man ließe von diesem Blick doch nicht ab, weil just diese Umstände sich einstellten.

In die im ganzen herabstimmenden Gespräche platzte bisweilen Herr Gravenholt von nebenan, der ebenso wie seine nicht minder gewaltige Person von Frau eine unverwüstliche Vitalität ausstrahlte, sich ungefragt in den Sessel warf und mitten hinein belferte: «Na, wieder beim Weltuntergang?!» Die Ruinen von gestern belasteten ihn nicht sonderlich. «Wir sind doch allesamt Sonntagskinder!» versuchte er uns aufzurichten. «Und stehen vor einem märchenhaften Aufstieg. Die Trümmer sind unser schönstes Versprechen. Da gibt's nur eins: Raus aus dem Dreck, mit allem, was man hat!» Ich dachte an Reinhold Buck, Helmut Weidner und die vielen anderen. Zu Sonntagskindern hatte uns erst der überstandene Krieg gemacht. Doch Gravenholt meinte, wer wie wir solche Zeiten überlebt habe, lasse sich durch nichts aufhalten, von nun an seien die guten Geister mit uns. Er lehnte sich, aufseufzend, im Sessel zurück, wischte sich mit seinem Taschentuch übers Gesicht und prustete hervor: «Sie glauben's nicht! Aber der Schwarzmarkt fordert den ganzen Mann!» Er holte eine Dauerwurst aus der Aktentasche und verlangte nach Messer und Bierglas. «Nicht die feine Art», befand er selbst. «Fein wird's erst ab übermorgen! Bin schon ein bißchen auf dem Wege. Prost!»

In den Tagen meines Berlinaufenthalts traf mein Vater in einer Straße nahe dem Tempelhofer Damm Herrn Fengler, jenen Blockwart, der in der Hentigstraße den «Eintopfinspektor» gemacht und meine Mutter gleich zwei Todsünden, wie sie sich damals ausdrückte, gekostet hatte. Mein Vater zog den Mann, der auf dem menschenleeren Trottoir nicht ausweichen konnte, ins Gespräch und sagte ihm schließlich auf den Kopf zu, kein anderer als er habe ihn vor den Gestapobesuchen gewarnt und seinen Zornausbruch gegen die «HJ-Bengels» kleingeredet. Auch die Weigerung, sich

322

am Panzersperrenbau zu beteiligen, habe doch kein anderer als er, Fengler, zum Wehrkreiskommando umgeleitet, weil jeder wußte, daß die Partei «kurzen Prozeß» mit einem Dienstverweigerer machen würde. Er sei ihm dankbar dafür.

Fengler stritt alles ab: Er sei kein «Verräter», denn er habe dem Führer die Treue geschworen. So etwas werfe ein aufrechter Mann wie er nicht einfach hin. Für jeden, der Augen im Kopf habe, genüge ja ein Blick, um zu erkennen, daß das vom Führer aufgebaute und zur Achtung der gesamten Welt gebrachte Land nur noch ein Trümmerhaufen sei. Und nun versuche mein Vater, ausgerechnet ihm eine Mitschuld an diesem Zusammenbruch aufzuladen? «Kein Gedanke!»

Er habe die Absicht Fenglers durchschaut, sagte mein Vater, ihn in eine politische Auseinandersetzung zu zerren, aber sei darauf nicht eingegangen. Er wolle sich nicht aufs Uferlose einlassen, habe er Fengler entgegengehalten, sondern lediglich eine Antwort auf eine einfache, ihm überdies zur Ehre gereichende Frage bekommen. Nach langem Für und Wider gab Fengler zu, daß er der Anrufer gewesen sei, und als mein Vater wissen wollte, warum er sich dazu bereit gefunden habe, lautete die Entgegnung: «Vielleicht, weil es sich so gehört.» Auf die weitere Frage, warum ihm dieses Eingeständnis dann so unbegreiflich schwerfalle, erwiderte der andere, er sei kein Schurke. Und auf den Hinweis, er sei doch nicht nur für eine Sache gewesen, sondern angeblich auch für die Menschen, meinte Fengler, möglicherweise sei es das gewesen, was ihn schwach gemacht habe. Aber unverzeihlich sei ihm sein Verhalten bis heute, und er werde noch viele Jahre an seinem Treubruch tragen müssen. «Wenigstens hat er sich nicht als Hitlergegner ausgegeben», schloß mein Vater, «oder gar einen Unbedenklichkeitsschein von mir verlangt.»

Zu den Berliner Erinnerungen gehört auch eine Begegnung mit Jean-Paul Sartre, der sich bei der Begrüßung schulbubenhaft darüber freute, ganz ohne Aufsehen in die Stadt gelangt zu sein.

Es war ein sogenannter kleiner Abend mit rund dreißig Personen in einer Charlottenburger Wohnung, ein Französischlehrer hatte mich eingeladen und gesagt, der Dichter sei gekommen, um für seinen im nächsten Jahr geplanten Besuch zur Aufführung der «Fliegen» die Bedingungen zu erkunden. Als einer der ersten hatte Sartre zur deutschen Frage Stellung genommen: das Problem von Völkerschuld und Kinderschicksal, wo die einen wie die anderen gleichsam nackt vor den Mächtigen stünden, bildete dabei den Ausgangspunkt. Doch als «Großwesir», wie ich ihn damals nannte, redete er zugleich über Deutschland, Frankreich, Europa und die Morgendämmerung der Freiheit. Alles, was er ausführte, kam mir auffallend kennerisch und doch ungeordnet, zu Teilen auch verdreht vor, aber durchweg unser Lebensgefühl berührend. Jedermann war beeindruckt.

Wenn ich meine Empfindungen zusammenfasse, lernte ich durch Sartre, daß eine gewisse Wirrköpfigkeit durchaus faszinieren kann, eine Auffassung, die ich später korrigierte, als ich ihn ernster und zeitgeistabhängiger zugleich zu sehen begann. Das setzte schon während seines polemischen Streits mit Camus ein und folglich lange vor der Zeit, zu der er Andreas Baader in Stammheim besuchte. Damals hatte er zu seiner Umgebung geäußert: «Was für ein Arschloch!» Dann aber war er vor der Öffentlichkeit in die bewußt irreführende Jammerei über die Haftbedingungen ausgebrochen. Als an dem Charlottenburger Abend einer der Gäste eine Frage nach der Zukunft der Freiheit stellte, sprach Sartre über das Spiel der neuen Kunstformen, den amerikanischen Roman, Dos Passos, den Jazz und das Gegenwartskino. Einer der Geladenen gab unseren Eindruck in den Worten wieder: Der Dichter komme ihm vor wie ein südamerikanischer Bauer, der sich mit der Machete im Dickicht der verwirrenden Zeiterscheinungen vorarbeite. Was herunterfalle, ergänzte ich, sei aber ganz zufällig. «Ja, ja», meinte der andere, und die Papageien auf den Zweigen zeigten beim Wegfliegen die schönsten Flügelfarben. «Nur sieht sich Sartre», warf ein Dritter ein, «nicht als Papagei, sondern als Propheten.»

In diesen Tagen kam Tante Dolly zu Besuch. Ihre Eleganz war nach all den Jahren abgenutzt, und als wolle sie ihrer Aufmachung nicht nachstehen, war auch ihre Laune nicht die beste. Auf meine Frage nach einem Opernbesuch wie früher meinte sie: «Wenn du was findest?!» und verstrickte mich in eine Meinungsverschiedenheit über die heruntergekommenen Berliner Opern. Ich schloß daraus, daß es ihr weder um die Opern, die Kleidung oder sonstwas ging. Sondern daß sie über die Enttäuschung ihres Lebens nicht hinweggekommen sei. Später erzählten mir Hannih und Christa, sie sei überhaupt bitter geworden und habe unlängst wie nebenher bemerkt, sie könne dem Leben nie und nimmer verzeihen, was es ihr angetan habe.

Tante Dolly nippte lustlos an ihrer Teetasse, als es an der Tür klopfte. Ein Unbekannter stellte sich vor und übergab nach umständlichem Einführungsgerede meiner Mutter ein dürftig eingewickeltes Paket. «Das ist für Sie, gnädige Frau», sagte er, «oder richtiger für Ihren Herrn Gemahl, der, wie ich höre, ja noch leben soll.» Er habe, fuhr der Gast fort, diese Sachen auf einem Abfallberg in der Wuhlheide entdeckt, und da, zumindest bei den Büchern, verschiedentlich ein lesbarer Besitzername eingetragen war, über verschiedene Verbindungen unsere Adresse ausfindig gemacht. Als meine Mutter ihn Platz zu nehmen bat und vor aller Augen das Paket öffnete, stieß sie als erstes auf den Registerband der großen Goetheausgabe, dann auf ein Werk von Jean Paul sowie eines von Emil Julius Gumbel, wonach Verräter der Feme verfielen. Und in kleinerem Format lag da noch das Buch einer Italienreise mit dem unvergessenen Titel: «Arkadien liegt am Arno – eine Reise nach Florenz».

In die Freude des ersten Augenblicks mischte sich jedoch tiefe Enttäuschung. Jeder Band war durchnäßt und die Bünde aufgelöst, so daß ganze Bogen fehlten. Selbst die besser erhaltenen Teile waren von Wind und Wetter beschädigt, die Seiten verklebt und weitgehend unlesbar geworden. Mein Vater, der inzwischen hinzugekommen war, hatte Tränen in den Augen, wie wir später fast erschrocken feststellten, und fuhr am nächsten Tag selbst zu der Fundstelle in der Wuhlheide, fand aber nichts außer einer Masse Papierbrei. Irgendwann waren dann auch die vier zurückgebrachten Stücke verschwunden. Mein Vater bemerkte, er werde nichts zu ihrem Wiederauffinden tun, denn sie erinnerten ihn an zu vieles, was durch die verdammte Hitlerzeit verlorengegangen sei. Uns beschlich der Verdacht, er habe die Bücher selbst weggeschafft.

An einem Nachmittag war, wie des öfteren, Paul Mielitz zum Tee vorbeigekommen, der sich seit vielen, noch in die Reichsbannerzeit zurückreichenden Jahren als unverbrüchlicher Freund bewährt hatte. Wir erörterten gerade das etwas unscheinbar geratene Italienbuch aus den Fundstücken, und mein Vater drückte sein Bedauern darüber aus, daß er nur dreimal in dem Land gewesen sei: behindert natürlich durch die ewigen Geldnöte, sagte er; aber vielleicht auch, weil die Neigung zu dem «Zitronenland» für ihn stets etwas mit «Flucht und Verspieltheit» zu tun gehabt habe, nichts Ernstes wie England, wo ihm demnächst in Wilton Park die philosophischen und praktischen Gründe für die demokratische Verfassung erläutert würden. Italien sei ihm nur wie eine Laune erschienen, die liebenswerteste Laune der Welt, aber wie alle Launen für den Preußen, der er nun mal sei, ans Unerlaubte grenzend; manchmal sogar darüber hinaus. «Ein einziger Zauber», wandte er sich an den Gast, «aber was versteht ein Gewerkschaftskopp schon davon! Ich weiß nicht mal, ob die in Italien heute, nach Mussolini, wieder Gewerkschaften haben.»

Mielitz war anzumerken, daß er die allenfalls fünf Minuten, die mein Vater auf seine Italienkaprice verwendete, nur mit Ungeduld ertrug. Dann stieß er hervor: «Große Neuigkeit! Unerhört! Ihr glaubt's nicht!» und so noch mehrmals: «Sensation! Mir ist ein Haus in Lichterfelde zuerkannt worden. Ach was! Eine wahrhaftige Villa für mein verlorenes Häuschen! Stellt euch vor: eine Villa im feinen Lichterfelde. Wo Mutti immer gesagt hat: Der Paul, der bringt's nie zu was! Als Sozi – daß ich nicht lache! Jetzt kann sie's nicht mehr erleben!» Mein Vater drückte dem Freund die Hand und sagte irgend etwas von «Glück auf! Der Aufsteiger kommt!». Wir stimmten ein. Der Rest der Teestunde verging mit ein paar Sätzen über den Vorbesitzer, der die Leiter zu einem höheren Funktionärsrang der NSDAP mit bemerkenswerter Bedenkenlosigkeit hinaufgeklettert war. Aber mehr Zeit verging mit den Plänen für eine Einweihungsfeier, für die Gästeliste, den geeigneten Termin, die Möbel, die Getränke und daß unpassenderweise nur «schäbige Berliner Brezeln und Schrippen» gereicht werden könnten. Dann machte sich Mielitz auf den Rückweg in seine enge Kreuzberger Wohnung.

Kaum war er zur Tür hinaus, setzte das Palaver ein. Wir sprachen von legitimen Erstattungen, von der Gerechtigkeit, malten uns bereits ganze Zimmerfluchten aus und den Garten, den auch wir demnächst wieder besitzen würden. «Aber, bitte, ohne Obststräucher. Die zerreißen ja Kleider und Oberarme!» ereiferte sich Hannih, und Christa wußte, daß in Lichterfelde ohnehin nur Ziergärten zugelassen seien und sie überdies ein Schwimmbassin bevorzuge. Mein Vater saß während des angeregten Stimmengewirrs, aus dem sich meine Mutter ahnungsvoll heraushielt, mit verschlossener Miene dabei und sagte kein Wort. Als eine kurze Pause entstand, entdeckte ich tiefe Unmutsfalten auf seiner Stirn.

«Bin ich in einen Haufen Verrückter geraten?» fuhr es aus ihm heraus. «Seid ihr bei Sinnen? Ihr wollt tatsächlich, daß ich mir meine politischen Entscheidungen bezahlen lasse? Dann hätte ich besser gleich in die Partei eintreten und Karriere machen sollen. Eine Villa im ‹feinen Lichterfelde›, meint Paul. Dabei gibt's in Zehlendorf und im Grunewald viel feinere. Aber da geht ein Klassenkämpfer nicht hin. Und Gästelisten mit Schrippen! Du lieber Himmel! Und keine Obststräucher! Ich habe mich vorhin gefragt, ob ich unter Verrückte geraten bin. Jetzt ist mir klar: Ich bin mittendrin!» Er räusperte sich ein paarmal, während wir betreten schwiegen. «Und damit kein Wort mehr darüber – in meinem Beisein jedenfalls.» Er stieß den Stuhl weg und verließ den Raum.

Wir blieben ratlos zurück. Ich fand vieles zutreffend an seinem zornigen Einwurf, aber es war der besonnene Winfried, der zu reden begann: «Er hat völlig recht!» meinte er. «Wir haben ihm sein Leben nehmen wollen. Alles, was wir gesagt haben, muß sich für ihn wie eine Beleidigung angehört haben. Wie Gauner haben wir uns aufgeführt. Und es wird nicht lange dauern, dann werden uns andere folgen und aus der Hitlerzeit einen Reibach machen. Ich sehe sie schon anrücken ...» Und fortfahrend redete er so überzeugend, daß alle ihm zustimmten. Das abschließende Wort, bald nach dem Fortgang des Vaters, fand meine Mutter: «Nach diesem Auftritt wißt ihr, daß er sein Temperament noch hat. Die Bedrückungen werden wiederkommen. Ich bin sicher. Aber sein Temperament auch! Wir müssen warten!» Von einer Villa in Lichterfelde oder sonstwo war nie mehr die Rede.

Von meiner Mutter erfuhr ich, daß der Vater, nachdem er bereits 1946 zum Schulrat ernannt worden war, sich mit dem Gedanken herumquälte, ob er das ihm von vielen Seiten angetragene Abgeordnetenmandat annehmen solle. Am Ende entschloß er sich zu einem «Probelauf», wie er gern sagte, in der Neuköllner Bezirksverordnetenversammlung und, sollte er den gesundheitlich bestehen, zu einer Kandidatur für das Abgeordnetenhaus im kommenden Jahr. Gleichzeitig übernahm er einen Vorsitz in der Gesellschaft für Christlich-Jüdische Zusammenarbeit – «in Erinnerung an meine guten Freunde Dr. Meyer, Dr. Goldschmidt und die Rosenthals. Man soll auch», fügte er einmal hinzu, «den ‹armen› Sally Jallowitz nicht vergessen.» Bei seinem letzten Besuch in Karlshorst, Anfang 1943, habe Jallowitz die Aufforderung meines Vaters zu einem Leben im Versteck mit den Worten abgelehnt:

«Ich bin, Verehrtester, nicht umzubringen!» Später fand mein Vater seinen Namen auf einer Gedenktafel in Israel mit Freude und großer Trauer wieder.

Die Charaktere, die mir der Zufall in den wenigen Wochen meines Berliner Aufenthalts über den Weg schickte, ließen sich beliebig erweitern. Doch nicht fehlen darf dabei Peter Schulz, der als juristisches Frühsemester die Humboldt-Universität besuchte und zur Untermiete im Stockwerk über uns wohnte. Er war scharfsinnig, nach Juristenart kühl und zugleich zynisch. Als wir, wie es die Umstände nahelegten, wieder einmal einen Systemvergleich anstellten, sprach er offen von seiner Bereitschaft, «in den Osten» zu gehen.

Peter Schulz setzte große Erwartungen in den Kommunismus und vertrat die Ansicht, daß vom kapitalistischen Westen nur ein schönes Lügenbild verfertigt werde. «Die haben ihre Fachleute dafür!» wiederholte er oft. Die Zukunft jedenfalls gehöre dem Osten: «Da geht die Sonne auf!» Spätestens in sechs oder acht Jahren sei der Sozialismus in allem vorn. «Und die Freiheit?» fragte ich. «Die kommt danach», meinte er. Freiheit sei nur eine Folge des Wohlstands, nicht dessen Voraussetzung. Das sei «eine der Latrinenparolen der Kapitalisten».

Mit solchen Fragen brachten wir oft ganze Abende hin, und mit Peter Schulz habe ich erstmals die Erfahrung gemacht, daß starrköpfige, konventionelle Leute zwar im Blick auf das Leben häufig nichts als Gemeinplätze von sich geben, aber sobald das Gespräch auf politische Fragen kommt, äußern sie nicht selten phantastische Dummheiten. Gerade die ödesten Spießer waren, auch im Westen, politisch für fast jede abseitige Verrücktheit zu gewinnen.

Auf die Frage, wie er sich verhalten werde, falls seine Rechnung nicht aufgehe, hatte Peter Schulz nur eine wegwerfende Geste. Ganz einfach, erwiderte er. Wenn er in Westberlin bleibe und die Russen übernähmen die Stadt, schickten die ihn in ein Bergwerk: «Ende! Lampe aus!» Mache er aber in den Osten rüber und werde vom Westen übernommen, müsse er höchstens einen «Reeducation-Kurs» besuchen, vielleicht auch zwei. Da komme er dann als Patentdemokrat wieder raus. Und nach kurzem Nachdenken: «Ist schließlich keine Sauerei, die ich mir da leiste. Obwohl ich's bei der HJ gelernt habe. Vaschtehste?»

«Na», fragte er mich kurz danach bei meinem Abschiedsbesuch, «habe ich meine Idiotenlektion gelernt?!» Ich schüttelte den Kopf. «Immer nur das Falsche!» erwiderte ich. Peter Schulz hat sich gewiß erfolgreich hochgearbeitet. Aber weder einer aus der Familie noch irgendein Freund hat seit Ende 1948, als er in die neugegründete DDR verzog, trotz mancher Bemühungen je wieder von ihm gehört.

Als Miniatur gehört in die Galerie der Berliner Kurzbekanntschaften auch Otto Zarek, der zu ebendieser Zeit «bloß zum Umgucken», wie er sagte, «ins einst geliebte Berlin» gekommen war. Er hatte in den zwanziger Jahren den Kleist-Preis erhalten und wollte jetzt einen jungen Deutschen kennenlernen. Durch Vermittlung eines Vorstands der Christlich-Jüdischen Gesellschaft geriet er an mich. Wir trafen uns im Restaurant eines französischen Offiziersclubs, dem der Ruf vorausging, eine Gastronomie von internationalem Rang zu führen. Zarek hatte einen vielversprechenden Autor mitgebracht, William Golding, der später mit dem «Herrn der Fliegen» einen Welterfolg erzielt und den Nobelpreis erhalten hat.

Beide waren amüsant, geistreich und unermüdlich in ihrer englischen Kollegenbosheit, ob sie nun von Shaw, T. S. Eliot oder Christopher Fry redeten. Aber am ausgefallensten tat sich Otto Zarek hervor, der offenkundig die britische Exzentrik allzu wörtlich nahm. Selbst die abgefeimtesten Anekdoten unterbrach er mit umständlichen Ausführungen über die besten Restaurants der Welt, was bekanntlich zu den langweiligsten Gesprächsgegenständen überhaupt gehört. Nach Flucht und Schrecken, erklärte Zarek ein ums andere Mal, suche er nur noch «erlesene Betriebe» auf und trinke heute ausnahmslos renommierte italienische Weißweine oder einen klassischen Bordeaux. Dennoch wurde ich im Verlauf des Abends den Eindruck nicht los, daß weder die Gerichte noch der jahrelang gereifte Bordeaux Otto Zarek irgend etwas bedeuteten. Zu meiner Verblüffung schaufelte er die Menügänge, wie sie auch kamen, hastig herunter und schüttete den Wein nach einem rituellen Kennerblick glasweise in sich hinein. Ich dachte bei dem völlerischen Schaustück, das auch William Golding erstaunt zur Kenntnis nahm, daß Zarek nichts mehr genießen konnte. Vielmehr schien er sich nur noch beweisen zu wollen, daß die Jahre des Schreckens vorüber waren. Wir sind einige Zeit später, nachdem er als Dramaturg zu Boleslaw Barlog ans Schillertheater gekommen war, engere Freunde geworden. Mit William Golding traf ich in den folgenden Jahren zwei oder drei Verabredungen. Aber keine kam zustande.

Zum Abschluß der Berliner Wochen, als ich schon auf gepackten Koffern saß, tauchte Walter Kühne aus seiner Lüneburger Abgeschiedenheit auf. Er hatte einst das Kriegsgerichtsverfahren gegen mich durch einen ziemlich durchsichtigen Winkelzug verhindert und wollte meine Eltern kennenlernen, von denen er einen Bericht über Wolfgangs Sterben erhalten und an mich weitergegeben hatte. Jetzt brachte er mir Thomas Manns «Tod in Venedig» und bemerkte mit einem verständnissuchenden Blick zu meinem Vater: «Ist nun wohl auch für Sie überstanden und vergeben!» Mein Vater antwortete mit etwas mühsamem Lächeln: «Überstanden ja, doch mit dem Vergeben tue ich mich noch schwer.» Das Buch öffnete mir, über seine eigenen Grenzen hinaus, weite Tore zur Literatur der Jahrhunderthälfte. Ich fand in der Folgezeit zu Gide, Borchardt, Henry James und bis hin zu Oswald Spengler, an dem mich allerdings der Ton störte, mit dem er gleichsam von der Brüstung des Universums herab nie ganz ohne Untergangsverliebtheit sprach. Wir fuhren dann, wie in unendlich fernen Tagen, nach Potsdam hinaus, stießen dort auf weite Sperrbezirke, redeten, tranken, mehr aus Erinnerungsgründen, wäßrige Faßbrause und liefen am Kleistgrab vorbei zum Bahnhof. Damals streifte mich erstmals wieder die Ahnung, das Leben finde allmählich in seine gewohnten Bahnen zurück.

Am Bahnhof in Freiburg traf ich Dr. Kiefer, den Deutschlehrer aus der Friedrichshafener Zeit, beim Studium des Abfahrtsplans. Er war noch immer korpulent, liebenswürdig und sprühend. Jeden Mittwoch, sagte er, veranstalte er in seiner Wohnung in der Jacobystraße einen Jour fixe für ausgewählte Freunde, und da ich einer seiner Vorzugsschüler gewesen sei, lade er mich gern dazu ein. Alles Nähere könne ich von Willibald Knecht erfahren, dem er ebenfalls eine Einladungskarte geschickt habe, wie er mich mit ein paar vertraulichen Klopfern vor die Brust wissen ließ, dem Sohn des Verlegers, ich wüßte schon, meinte er. Willibald Knecht sei gefallen, unterbrach ich Dr. Kiefer, aber der ließ sich nicht aufhalten und sprach von den Professoren, Journalisten und Schriftstellern, die er benachrichtigt habe, sogar einige Künstler seien dabei. «Na, Sie werden sich schon ein Bild machen! Also bis Mittwoch!» Übrigens habe er unlängst den großen Martin Held eingeladen, rief er noch von der Bahnhofstür für jedermann vernehmlich herüber; denn der werde demnächst in Freiburg in einer Hauptrolle zu sehen sein. «Des Teufels General». Ob ich davon gehört hätte?

So gelangte ich aufs neue zu Dr. Kiefer, der tatsächlich eine bemerkenswerte Runde zusammengebracht hatte. Man sprach mit ungewohnt sachlichem und persönlichem Freimut: über den im ganzen ungeschmälerten Ruf der Freiburger Universität, die Musikszene der Stadt mit Carl Seemann, Edith Picht oder Marga Höffgen, das Besatzungsgehabe der Franzosen und was immer der Tag brachte. Aber der unübertroffene Anziehungspunkt der Abende war die Tochter Juliane, um die sich zumal die Dozenten und mehr noch die ältlichen Professoren drängten. Sie machte den Eindruck, als sei sie soeben einem Bild von Raffael entstiegen, und ich habe weder die neidischen noch die zurechtweisenden Blicke vergessen, wenn mich die schöne Juliane, wie es das eine und andere Mal geschah, an ihre Seite bat.

Auch diese Abende verfestigten den Eindruck der Normalität. Im Grunde hatte ich die zwanzig Jahre meines vergangenen Lebens nur außerhalb des Üblichen verbracht: unter dem Druck, der beständig über dem Elternhaus gelegen hatte, auf der Schule, im Internat, beim Militär und in der Gefangenschaft. Zwar haben wir Geschwister nie über die Schwierigkeiten geklagt, die uns die Jahre zugemutet hatten; viel eher empfanden wir sie, unter dem Schutz unserer Eltern, als ein glückliches und nie gefährdetes Abenteuer. Aber waren sie das Leben?

Ich neigte zu einem Jurastudium, womöglich auch, um einen Ausgleich für meine amateurische Renaissancevorliebe zu schaffen. Wenigstens schien mir mitunter, der Berlinbesuch und die Gespräche mit meinem Vater hätten mich gelehrt, näher an die Wirklichkeit heranzurücken. «Weimar ist nicht zuletzt an den weltflüchtigen Träumern zugrunde gegangen», hatte er einmal gesagt, «bleib bei Italien! Da lernst du die Gegenwart verstehen. Aber vergiß Berlin nicht.» Und später noch: «Je näher du der politischen Realität rückst, desto mehr mußt du zurücklassen. Leider auch von dem, was Wolfgang einmal, wie ich nie vergessen habe, deine romantische Marotte genannt hat! Die Wirklichkeit wird dich nie ganz glücklich machen! Aber es gibt keine Wahl, wenn wir nicht noch einmal Schiffbruch erleiden wollen.»

Auf meine Frage, warum sich das eine nicht mit dem anderen verbinden lasse, die Renaissance mit dem politischen Hier und Heute, meinte er nachsichtig: Er lasse mal die selbstverständliche Verpflichtung jedes Bürgers weg. Er glaube ja nicht, daß ich zur Politik im engeren Sinne berufen sei; ich sei intellektuell zu neugierig und auf Unbekanntes aus. Die Demokratie dagegen sei, verantwortungsbewußt erfaßt, eine ziemlich langweilige Veranstaltung. Denn die großen Entwürfe seien formuliert, niemand habe noch eine Chance, originell zu sein. Dazu müsse man bestimmt sein.

Oder man lasse es besser bleiben. Dann schloß er: «Du kannst dir einen Weg offenhalten. Der lautet, daß du nicht mittlere Geschichte, sondern Rechtswissenschaft studierst. Bei diesem Studium bleibt alles möglich.»

So kam ich auf den Rat meines Vaters und aus halber Einsicht zum Jurastudium. Freunde bestärkten mich in meinem Entschluß. In den vielen juristischen Lehrpausen hörte ich bei Gerhard Ritter Neue Geschichte, bei Tellenbach über das Mittelalter, bei Hugo Friedrich über Montaigne und, einzigartig, bei dem Germanisten Walther Rehm eine Vorlesung über europäische Menschenbilder von Don Quichotte über Hamlet und Faust bis zu Don Giovanni. Er war unstreitig der bewunderungswürdigste Universitätslehrer, dem ich begegnet bin. Insgesamt machte die Universität das Bild eines Arkadien, wenn auch diesmal an der Dreisam. Hinzu kamen neue Verbindungen, Theater- und Konzertbesuche, die Verabredungen mit Marcienne, einer bezaubernden Austauschstudentin aus Paris, und die Radtouren in den Schwarzwald.

Es waren, eines wie das andere, durchweg Facetten der ersehnten Normalität. Aber je länger die neue Erfahrung anhielt, desto mehr verdichtete sie sich zu einem Schock. Ich fand das normale Leben unendlich spannungsarm und suchte Ablenkungen, gewann aber keine besondere Genugtuung daraus. Erst als ich eines Tages, schon gegen Ende meines Freiburger Aufenthalts, im Konzert die «Metamorphosen» von Richard Strauss hörte, fühlte ich mich beim verschlüsselten Zitat des Eroica-Motivs verstanden und konnte den alten, zauseligen Mann auf dem Nebenplatz begreifen. Mit nassen Augen wandte er sich unvermittelt mir zu und sagte: Er werde ab heute kein Konzert mehr besuchen. Für den Rest des Lebens nicht mehr! Zum Weinen müsse er nicht in den Musiksaal. Da reiche das zu Hause! In seinem Alter jedenfalls. Und er komme um die Tränen nicht länger herum; bei einem Adagio habe es angefangen. Und inzwischen sei es alle vollendete Musik, die ihn aus der Fassung bringe. Er bitte um Entschuldigung! Doch ich würde diese Tränen mit zunehmenden Jahren noch kennenlernen.

Am folgenden Tag besuchte ich Fritz Werner. Er kam mir hinter seinen dicken Brillengläsern strahlend entgegen: «Na endlich!» rief er. «Schöne Nachricht für Sie! Zwei Bücher gleich. Und erst die Titel: Thomas Wolfes ‹Schau heimwärts, Engel› das eine. Und dazu von Hemingway der frühe Roman ‹Fiesta›. Beides in Leinen! Und nun machen Sie mal ein glückliches Gesicht!»

Ich bedankte mich und ging alsbald die Salzstraße zur ehemaligen Adolf-Hitler-Straße hinunter, die inzwischen wieder Kaiser-Joseph-Straße hieß. Als ich an die Kreuzung gelangte, überfiel mich der Gedanke: Jetzt ist es, wie es sein soll. Erstmals bist du frei in deinem Leben. Du gehst zum Buchhändler und erwirbst ohne Anfrage oder Sondererlaubnis, einfach für einige zwanzig Mark, die dergleichen kostet, zwei Werke der amerikanischen Literatur. Aber schon die nächste Überlegung lautete: Bist du wirklich frei? Es war nur ein Buchkauf. Vielleicht ist die Normalität die schwerere Aufgabe. Die beginnt jetzt. Wirst du damit zurechtkommen? Und wie?

11. KAPITEL

Rückblick und wenige Vorgriffe

Mit der Normalität hatte ich noch lange nach der Rückkehr aus Krieg und Gefangenschaft erhebliche Mühe. Schon die Vorstellung bereitete mir Schwierigkeiten. Zwar sprach alle Welt davon, daß man zu normalen Verhältnissen zurückfinden müsse. Doch sobald ich fragte, was darunter zu verstehen sei, wurden die alten Gemeinplätze beschworen. Dabei hatte es eine Diktatur mitsamt einem beispiellosen Zusammenbruch gegeben und Land wie Menschen in Trümmern hinterlassen. Niemand wußte denn auch zu sagen, inwieweit die einstigen Regeln und Formen noch galten und welcher Sinn in ihrer Wiederherstellung lag. Für jeden, der sehen konnte, hatten die zurückliegenden Jahre das meiste weggeräumt. Woran sollte man anknüpfen?

Hinzu kam, daß die Zweifel an den Daseinsgrundsätzen, die sich aufgetan hatten, für mich mit dem Ablösungsprozeß vom Elternhaus zusammenfielen, der längst überfällig war. Wohl empfanden wir Geschwister nach wie vor großen Respekt vor der Lebensleistung von Vater wie Mutter und wiesen uns in den gelegentlichen Auseinandersetzungen gegenseitig darauf hin, ihre integre Haltung während der Nazijahre nicht außer acht zu lassen. Das setzte allen Konflikten, so unvermeidbar sie waren, gewisse Grenzen. Ein anderer Umstand aber machte uns, wie auch Winfried bekannte, weit mehr zu schaffen. Im Unterschied zur überwiegenden Mehrheit hatten wir keine Konversion zu bieten, mit der sich zahlreiche Zeitgenossen, sooft die Rede auf die dreißiger oder vierziger Jahre kam, etwas Seelendramatik verliehen und womöglich einigen Reueglanz. Wir hatten den fragwürdigen Vorzug, zu bleiben, die wir waren, und wiederum außerhalb der Reihe zu stehen.

Bei alledem habe ich, wie es den Wirrnissen der Zeit entsprach, zwei Väter erlebt. Der eine war der von den Hitlerjahren geschaffene, zu Zorn und bitterem Witz neigende Mann der dreißiger Jahre, der andere die von der russischen Gefangenschaft körperlich mitgenommene, in seinem geistreichen Wesen verengte Persönlichkeit. Sein Sarkasmus, der das Vergnügen und zum Teil wohl auch eine Art Lehre unserer Jugend war, kam erst allmählich und dann auch nur augenblicksweise wieder zum Vorschein. Mein Vater hatte seit je die aphoristisch verkürzten Sätze geliebt. Ich erinnere mich an das Wort, mit dem er schon in der Hitlerzeit nicht selten die ein oder andere Willkürentscheidung von plötzlich groß gewordenen kleinen Leuten begleitet hatte. Es lautete: «Ertrage die Clowns!» und wurde bald zu einer Lebensmaxime, die in der Familie redensartliche Bedeutung erlangte. Jedenfalls empfahl er uns das Wort, wie es seiner Neigung zu wegweisenden Formeln entsprach, als Leitsatz für die bevorstehenden Jahre und womöglich für die Dauer unseres Lebens. Eine Episode über die NS-Zeit hörte ich ihn einmal mit der Devise abschließen: «Man muß in Verhältnissen wie diesen manchmal den Kopf einziehen. Aber klein machen darf man sich deshalb nie!»

Es war ein entbehrungsreiches Leben, das er nach vielversprechendem Beginn im vollen Bewußtsein der Folgen gewählt hatte, ja es war sogar der Verzicht auf jegliche Zukunft. Ich habe mich oft gefragt, wer von den vielen Heldenrhetoren der Gegenwart, die sich auf den Tribünen der Gedenkveranstaltungen tummeln, wohl wie er entschieden hätte. Als Ausgleich hatte mein Vater lediglich seine rigorosen Grundsätze und das Bewußtsein, vor deren Richtstuhl zu bestehen. Und wenn diese Überlegung nicht für alles aufkam und insbesondere meine Mutter zeitweilig zur Verzweiflung trieb, lag für ihn doch ein gehöriges Maß an Genugtuung darin.

Meine Mutter dagegen, die in politischen Fragen nicht anders dachte als mein Vater, hatte es in dem Leben, das von Tag zu Tag geführt wird, ungleich schwerer. Die Familie stand für sie über den Grundsätzen; die jahrelang unmerklich schwelende, wohl nur einmal offen zum Ausbruch gelangte Meinungsverschiedenheit zeugt davon. Sie hatte nichts als die Last, die Spültöpfe, Waschbretter und Kachelöfen. Und dazu die Hoffnung, jeden von uns lebend und zugleich «mit Anstand» durch die Zeit zu bringen. Lange nach dem Krieg hörten wir sie einmal nicht ganz ohne Bitterkeit sagen: «Er hatte seine Freundesrunden, Hans Hausdorf, Dr. Gans, Dr. Meyer und noch viele. Ich hatte nur die Last von fünf Kindern. Nicht daß ich mich beklage. Aber es war eine schiefe Ordnung. Ich glaube, daß ich für diese Art von Leben nicht gemacht war. Aber wer ist das schon? Wir haben ziemlich viel bezahlt.»

Der Normalität stand Ende der vierziger Jahre noch anderes im Wege. Wir waren jung, unternehmend und zumal nach den Beengungen der NS-Zeit für mancherlei intellektuelle Launen zu haben. Gleichzeitig verlangte man von uns Einsicht, Unterscheidungsvermögen und Vernünftigkeit. Das rieb und stieß sich unvermeidlich aneinander. Dabei konnte keiner eine einleuchtende Antwort auf die im engeren Sinne historischen Fragen geben, wie es zu Hitler und allem, was von ihm angerichtet worden war, hatte kommen können. Sicher war, daß nur eine Minderheit den Krieg gewollt oder in Weißrußland bis hin zum Ural hatte siedeln wollen, und keiner war darauf ausgewesen, die Höhen des Kaukasus gegen muslimische Bergvölker zu verteidigen. Auch der Köhlerglauben von der nordischen Rasse hatte verschwindend wenige Befürworter gehabt.

Es waren überhaupt weniger die ausgreifenden Gründe, die Hitler an die Macht gebracht hatten; bestimmend waren viel eher die selbsterlebten Motive. Dazu zählten die Inflation und die Welt-

Der Autor 1946 in amerikanischer Kriegsgefangenschaft,
gezeichnet von Alfred Sternmann

wirtschaftskrise mitsamt dem Zusammenbruch des traditionellerweise staatstragenden Mittelstands. Auch fürchtete seither jeder, der von solchen Bedrängnissen betroffen war, noch tiefer ins Leere zu fallen. Hinzu kam die ideologische Zerrissenheit des Staatswesens und daß die Tendenz der Epoche auf die totalitären oder zumindest diktatorischen Systeme ging – zumal wenn ein solcher Stimmungsregisseur und Demagoge wie Hitler sie groß und schön redete. Breite, wenn auch wankelmütige Schichten, die durchaus der Republik zuneigten, glaubten daher, nicht allein von den Radikalen der Rechten oder der Linken bedroht zu sein, und ergaben sich mehr und mehr der Auffassung, daß niemand anders als der sogenannte Geist der Zeiten dabei sei, sich gegen sie zu wenden. Mit Hegel im Gepäck lag der Gedanke noch näher.

Dennoch fragt man sich bis heute, wie die genannten Gründe es vermochten, ein altes Kulturvolk wie die Deutschen um den politischen Verstand zu bringen? Wie alle rechtsstaatlichen Sicherungen von den Führern der nationalsozialistischen Bewegung so widerstandslos mißachtet werden konnten? Wie überhaupt soviel Rechtsbeliebigkeit in einer ordnungsliebenden Nation möglich war? Einmal hörte ich meinen Vater sagen, die Deutschen seien nicht mehr deutsch: «Sie haben ihre grüblerische Leidenschaft verloren und ihre Vorliebe fürs Primitive entdeckt. Nicht der nachdenkliche Gelehrtentyp des 19. Jahrhunderts ist, wie es gewesen war, ihr Vorbild. Der war es die längste Zeit. Heute ist es eher der Stammeskrieger, der um einen Pfahl tanzt und dem Häuptling die bemalte Grimasse entgegenstreckt. Das Volk Goethes!»

Die naheliegendste Erklärung für den Aufstieg des Nationalsozialismus war, daß er wie alle gewaltbereiten und lukrativen Gruppen die Opportunisten anzog. Das bezeugt sowohl das stürmische Überlaufen der sogenannten, nach Hunderttausenden zählenden Märzgefallenen des Frühjahrs 1933 als auch das nahezu spurenlose Verschwinden der Partei 1945. Einer erfolglosen Sache wollte niemand angehört haben. Jahrelang hatte man über die Untaten des

Regimes hinweggesehen und den Mächtigen zum Munde geredet: hohe Ministerialbeamte, Unternehmer, Generale und sonst noch wer. Jeder machte sich einen beschwichtigenden Vers darauf. Da wird für immer ein Auftritt der Schauspielerin Adele Sandrock die Ausnahme bilden. Als Hitler sich beim «Damentee» in der Reichskanzlei zu einem Ausbruch gegen die Juden hinreißen ließ, fiel sie ihm ins Wort: «Mein Führer! In meiner Gegenwart kein Wort gegen die Juden, bitte! Sie waren zeitlebens meine besten Liebhaber!» Aber das war nur eine Anekdote, die hinter der vorgehaltenen Hand herumerzählt wurde. Dann steckte man sich das Parteiabzeichen ins Knopfloch. Dann ging man zum Mitjubeln. Dann folgte, nach 1945, das große Verleugnen.

Die Einstellung während der ersten Nachkriegsjahre ist später als «kommunikatives Beschweigen» bezeichnet worden, das nicht einfach eine Form der Verdrängung war. Vielmehr mischten sich darin Ernüchterung, Scham und Trotz zu einem schwer durchdringlichen Komplex der Schuldabwehr. Dazu die Neigung zu nachträglich konstruierten Heldenrollen. Manche erfanden Widerstandshandlungen, die sie nie erbracht hatten, andere begaben sich im Zerknirschungsspiel auf die Suche nach einem gut sichtbaren Platz auf der Selbstanklagebank. In allem Gejammere schienen sie aber bereit, jeden, der es ihnen nicht gleichtat und ständig die sündige Brust abklopfte, zu verleumden. Wenn Günter Grass oder einer der ungezählten Selbstbezichtiger auf ihr Schamgefühl deuteten, wollten sie keineswegs auf irgendeine eigene Schuld verweisen, sondern auf die vielen Gründe, die alle anderen hatten, sich zu schämen. Zu ihrer und unser aller Schande, so meinten sie, fände sich die Masse dazu aber nicht bereit. Sie selbst fühlten sich bereits durch das Bekenntnis ihrer Scham von jeglichem Vorwurf frei.

In der Tat hat es ungezählte Wege sowie Nebenpfade der Ausflucht gegeben. Einer wird von einem der führenden Köpfe des Landes berichtet. Der war in den Zeiten des ausgehenden Hitlerreiches HJ-Führer und dem Regime mit allen Fasern seiner

Existenz verbunden gewesen. Auf einer Geburtstagsfeier in den achtziger Jahren habe ein ehedem Untergebener ihm, als seinem früheren HJ-Vorgesetzten, ein von diesem im Frühjahr 1945 verfaßtes Schreiben über den Tisch gereicht, das ein leidenschaftliches Bekenntnis zum Führer und die unerschütterliche Erwartung des Endsiegs enthielt. Ohne einen genaueren Blick auf das Schriftstück zu werfen, so geht die Geschichte nach dem Zeugnis mehrerer Teilnehmer und Eingeweihter weiter, habe der Angesprochene das Papier zerknüllt, in den Mund gesteckt und nicht ohne einiges Herauf- und Herunterwürgen geschluckt. Man mag darin eine Art Schadensabwicklung sehen, die Belastungen der Vergangenheit für sich persönlich loszuwerden.

Aufs Ganze war, was ich erlebt habe, der Einsturz der bürgerlichen Welt. Ihr Ende war schon absehbar, bevor Hitler die Szene betrat. Was die Jahre seiner Herrschaft integer bestand, waren lediglich einzelne Charaktere, keine Klassen, Gruppen oder Ideologien. Zu viele gesellschaftliche Mächte hatten an der Zerstörung dieser Welt mitgewirkt, die politische Rechte ebenso wie die Linke, die Kunst, die Literatur, die Jugendbewegung und andere. Hitler hat im Grunde nur weggeräumt, was an Resten noch herumgestanden hatte. Er war ein Revolutionär. Aber indem er sich ein bürgerliches Aussehen zu geben verstand, hat er die hohlen Fassaden des Bürgertums mit Hilfe der Bürger selbst zugrunde gerichtet: Das Verlangen, ihm ein Ende zu machen, war übermächtig. So wurde es nicht nur zur Ursache aller Abweichungen vom zukunftsvertrauenden Weg der Geschichte, sondern in den Nachkriegsjahren auch, weil das Bedürfnis nach Sündenböcken stets übergroß ist, zum Stichwortgeber und teilweise Exekutor der ungezählten Verbrechen des Regimes.

Von den zwölf Parteien in der Hentigstraße 13 gehörte, wie erwähnt, nur ein einziger Mieter der NSDAP an, und in den Nachbarhäusern verhielt es sich nach meiner Kenntnis nicht viel anders. Jeder der in diesem Haus Wohnenden hätte sich auf Befragen überzeugungsvoll zum Bürgertum und seinen Werten bekannt. Doch im Inneren war diese Schicht lange morsch; insofern bin ich nach den Grundsätzen einer abgelebten Ordnung erzogen worden. Sie hat mir ihre Regeln und ihre Traditionen bis hin zu ihrem Gedichtekanon vermacht. Das hat mich etwas von der Zeit entfernt; zugleich hat diese Ordnung mir ein Stück festen Grundes verschafft, der mir in den folgenden Jahren manchen Halt vermittelte.

Wie im Rückblick offenbar wird, hatte jeder Angehörige unserer Familie seine persönliche Art, mit den Zumutungen der Zeit zurechtzukommen, und alle zusammen gaben wir geradezu ein Spiegelbild der verschiedenen Ausweichmöglichkeiten vor dem Regime. Mein Vater besaß den Starrsinn, gepaart mit einer nie verminderten Mißachtung, die keine Nachgiebigkeit zuließ. Das Widerstreben meiner Mutter kam aus ihrer gänzlich anderen, mit oft verblüffendem Geschick ins Spiel gebrachten, religiös imprägnierten Wertfolge. Wolfgang vermochte alle Schwierigkeiten durch seinen gewitzten Charme mattzusetzen, ich machte durch manche, von meinen Eltern auch politisch nicht ohne Sorge betrachtete Dreistigkeit von mir reden, Winfried durch seine besonnene Introvertiertheit. Meine Schwestern waren auf jeweils eigene, teils stille, teils herausfordernde Weise dem Leben zugewandt und hatten weder mit der Welt noch mit deren ironischer Anschauung irgendwelche Mühen. Nach diesem familiären Typenkatalog haben wir manchmal die Verhaltensweisen von Freunden oder Nachbarn bestimmt: Jeder, der zum engen Bekanntenkreis gehörte, hatte seine eigene Art, die Zeit halbwegs unbeschadet zu bestehen.

Zu den Beständen, die das Nazireich, wiewohl unter schweren Verlusten, überdauert haben, gehörte einige Jahre lang auch die Verbindung zwischen Deutschen und Juden. Ich habe im Berlin der ersten Nachkriegszeit noch geistreiche, gebildete und durchweg gewinnende Zeugen dieser Vergangenheit getroffen, und als einen der Glücksfälle meines Lebens sehe ich es an, daß ich im Laufe der fünfziger Jahre im Hause des angesehenen Arztes Walther

Hirsch ein kurzes Wiederauferstehen dieser Welt erlebte. In seiner Villa im Grunewald versuchte er, der um die Jahrhundertwende geboren war, den Glanz der zwanziger Jahre wieder hervorzurufen und die Erinnerung an entschwundene Jugendtage aufleben zu lassen. Auf den Gesellschaften, die er alle paar Wochen ausrichtete, konnte man Fritz Kortner und Joachim Prinz, Wolfgang Lukschy, Hans Scholz und Sebastian Haffner kennenlernen, auch den Maler Heinrich Heuser, Jean-Pierre Ponnelle, Melvin Lasky und viele andere. Ich habe ein ums andere Mal Ausschau nach Dr. Meyer und den Rosenthals gehalten, die irgendein Zufall hergeführt haben mochte, doch tauchten sie niemals auf; auch Walther Hirsch hatte nie von ihnen gehört.

Lange nach Mitternacht, wenn die Mehrzahl der meist annähernd sechzig Gäste sich verabschiedet hatte, blieb eine Runde von etwa einem Dutzend Geladenen zusammen, und drei von ihnen wurden jeweils zu einer Art Wettbewerb um die beste Geschichte aufgefordert. Wer je zugegen war, wird sich der oft meisterlich entwickelten und glanzvoll vorgetragenen Erzählungen erinnern, die nicht selten den Gastgeber selbst oder den noch vor seinem großen Erfolg stehenden Schriftsteller Hans Scholz als Gewinner sahen. Bis heute bedauere ich, daß diese Texte niemals aufgezeichnet und gesammelt wurden. Sie sind vergangen und für immer verloren wie die deutsch-jüdische Gemeinsamkeit, die sie erzeugt und zur Welt gebracht hat.

Zahlreiche Stimmen, angeführt von Gershom Scholem, haben behauptet, daß es die vielberedete deutsch-jüdische Symbiose nie gegeben habe. Das ist als Antwort auf generationenlanges Unrecht und zumal auf die Schrecknisse der Hitlerjahre durchaus verständlich. Aber zutreffend ist die Annahme deshalb nicht. Die Verbindung zwischen Juden und Deutschen war stets tiefer und in Verwandtschaftsgefühlen begründeter als etwa die Beziehung zwischen Juden und Franzosen, Juden und Engländern oder Skandinaviern.

Die Empfindung der Zusammengehörigkeit besaß drei tragende Pfeiler. Da war zunächst die Lust an der spekulativen, eine Überlegung auf die Spitze und sogar in gänzlich neue Denkräume treibenden Vorstellungskraft, weil alle Radikalität dem Gedanken erst die notwendige Unmißverständlichkeit und bisweilen sogar eine besondere Weihe verleiht. Weiter wäre die Neigung zu komplizierten Ideengebäuden zu nennen, die womöglich eine theologische Appretur besitzen und zuletzt auf ein utopisches Ziel hinauslaufen, weil Welt und Mensch unablässig nach Erlösung suchend unterwegs sind. Und zu erwähnen wäre schließlich die obsessive Liebe zur Musik, auch die wiederum, sofern sie einen metaphysischen Hintergrund besitzt, wie vor allem die deutsche Musik von Beethoven bis Richard Wagner. Am Ende finden sich solche Gemeinsamkeiten in den Verbindungen von Richard Strauss zu Hugo von Hofmannsthal oder Bertolt Brecht zu Kurt Weill sowie in der Unzahl herausragender, von Otto Klemperer bis Leonard Bernstein reichender Dirigenten. Nicht ganz ohne Grund kann man daher den Judenhaß der Deutschen und sein Vernichtungswerk als eine Art Brudermord deuten, auch wenn man sich bewußt ist, wie unendlich vieles dagegen spricht.

Die meisten dieser und zahlreicher weiterer Verwandtheiten sind mit ihm denn auch zugrunde gegangen, und Walther Hirschs bewegender Versuch, sie in seinem Haus wieder erstehen zu lassen, konnte nicht länger als die Lebenszeit der Beteiligten dauern. Heute ist das Verhältnis zwischen Deutschen und Juden verkümmert und weitgehend trivialisiert. Es gibt keine großen Gemeinsamkeiten, keine vorzeigbaren Ergebnisse mehr. Unter meinen Zetteln fand ich einige, noch in den vierziger Jahren aufgezeichnete Notizen aus den Gesprächen mit Dr. Meyer, unmittelbar bevor ich nach Freiburg ging, sie klingen wie ein vorweggenommener Abgesang: «Wir haben keine Zukunft», erwiderte er einmal auf eine Bemerkung von mir, wie es wohl weitergehen werde. «Mit uns geht die Welt unter. Wir alle hier treten in einer Tragödie auf.

Sie hat aber keinen fünften Akt. Es gibt keine Fortsetzung. Der Schluß unseres Lebensbuchs bricht plötzlich ab. Die letzte Seite hat irgendwer einfach rausgerissen.» Walther Hirsch hat sie, wenn man im Bild bleiben will, noch einmal einzufügen versucht. Für kurze Zeit.

Das zertrümmerte Land, in das ich 1947 zurückkehrte, war nicht so sehr, wie man es heute häufig sieht, eine Welt der Enge und der Bewegungsnöte. Vielmehr bot es auch Freiräume und bestimmungslose Leerflächen. Die restaurativen Mühen, die den gesellschaftlichen Wortführern bis hin zu den Regierungen noch heute angekreidet werden, waren ohnmächtige Versuche, zu gewissen Regeln zurückzufinden, die ein gesellschaftliches Zusammenleben erst ermöglichen.

Auch intellektuell waren es regellose Jahre. Wie selbstverständlich nahm man sich die Freiheiten, die sich boten. Es war nicht zuletzt diese Verlockung, die mich veranlaßte, nicht sofort nach Berlin zurückzukehren und mit dem Studium an der Humboldt-Universität zu beginnen, denn ich konnte mir nicht vorstellen, daß es Unter den Linden, im Ostsektor der Stadt, je die Freiheit geben werde, die in Freiburg herrschte. Neben dem Studium dort setzte ich die Lektüre über die italienische Renaissance fort und erweiterte meine Kenntnisse über den Untergang des Römischen Reiches; ich las, was immer von Thomas Mann aufzutreiben war, griff nach aller erreichbaren amerikanischen Literatur zwischen John Steinbeck und William Faulkner, nach den neueren Franzosen von Raymond Aron bis Emmanuel Mounier und ging, wenn möglich, ins Theater. Zu den bewahrten Vorführungen gehört Sartres «Die Fliegen», Christopher Frys «Die Dame ist nicht fürs Feuer» sowie Thornton Wilders «Wir sind noch einmal davongekommen». Dann geriet ich, tief beeindruckt, an Hugh Trevor-Ropers «The Last Days of Hitler» und an Malapartes «Kaputt».

Gegen Ende des Studiums lernte ich Eckart Peterich kennen, der sich sehr darüber belustigte, daß er einst die Vorstellung meiner

347

Berufswahl beeinflußt hatte. Bei ihm war seine Tochter, die mit dem gewinnenden Namen «Coccolo» gerufen wurde, und beide luden mich in ihr herrschaftliches Haus hoch über Florenz, auf der «anderen Seite» des Arno, ein. Die zwei Wochen, die ich lesend und schreibend im obersten Turmzimmer der Villa verbrachte, machten mir den Beruf des «Privatgelehrten» aufs neue verlockend, zumal wir anschließend auf den weiträumigen, von einem Pinienwald umgebenen Landsitz der Peterichs im damals noch dörflichen Forte dei Marmi fuhren. Dort lernte ich erstmals den Tagesablauf eines Gelehrten in geistvollen und wohlhabenden Umständen kennen: in mittelmeerischer Landschaft, mit Studien bei Tag und Freunden am Abend, mit denen man bis tief in die Nacht vor überfüllten Tischen zusammensaß.

Die Villa stand für Gäste aus aller Welt offen. Auf dem Anwesen begegnete ich Ernst Jünger und Aldous Huxley, traf Hilde Spiel und Peter de Mendelssohn, Luigi Barzini, Indro Montanelli und Elio Vittorini. Arthur Koestler kam eines Tages mit einer aufregend hübschen Frau vorbei, und zu den Monatsgästen gehörte ein pensionierter englischer General, der von Indien und anderen abenteuerreichen Gegenden zu erzählen wußte, die langen Abende jedoch am liebsten schweigend vor dem Kamin verbrachte. Auffallend war, daß man in dieser weltläufigen Umgebung von niemandem als Angehöriger einer in Verruf geratenen Nation behandelt wurde. Alle Anwesenden empfanden sich als Europäer oder doch als Mitglieder des europäisch-amerikanischen Kulturzusammenhangs.

Auch der französische Erfolgsschriftsteller André Germain, der einen Palazzo in Florenz bewohnte, ließ sich mehrfach sehen; ihm war gerade sein junger homosexueller Sekretär entlaufen, und daß dieser ausgerechnet die Frau des britischen Generalkonsuls von Florenz überredet hatte, gemeinsam mit ihm das Weite zu suchen, empörte Monsieur Germain in besonderem Maße. Er beschäftigte sich damals in bizarrem Nebeneinander mit einer Biographie Lucrezia Borgias und einer weiteren über Benito Mussolini, die ich Jahre später, als ich selber zu den Autoren des Verlags gehörte, in der Bibliothek von Gaston Gallimard wiederfand. Ich selber half André Germain einige Zeit als Sekretär und schrieb währenddessen rund zwei Dutzend Kurzgeschichten, die eine Agentur für mich an eine Anzahl kleiner Zeitungen verkaufte und für die ich jeweils rund zehn Mark erhielt. Daneben legte ich ein umfangreiches Zettelwerk über die Zeit der Borgias an.

Italien besaß, zumindest in dem Ausschnitt, den ich kennenlernte, nahezu alles, was mir an Deutschland fehlte: Wärme, Schwerelosigkeit, naive Animalität und Theaterglanz. Und wie mein Vater empfand ich das Land als überwältigende Gegenwelt. Es fehlte ihm alles Vergilbte, jene feine Patina der Vorgestrigkeit, die mir so oft auf den Reisen aufgefallen war, die ich, schon von Freiburg aus, nach Frankreich unternommen hatte. Nach zwei Monaten in Forte dei Marmi fühlte ich mich wie zu Hause und zugleich weit aus der Welt. Wie lange, fragte ich mich, ließ sich beides vereinen? Als ich nicht weiterkam, drängte es mich mehr und mehr nach Deutschland zurück.

Zu Beginn des Jahres 1950, bald nach meiner Rückkehr, begann ich, strengere Themen zu behandeln. Der erste Kurzessay, den ich auch in Erinnerung an den «Romantiker» Reinhold Buck dem Nordwestdeutschen Rundfunk anbot, trug die für die Gewichtigkeit des Stücks zu hochtrabende Überschrift «Die deutsche Romantik im Zwielicht zeitgenössischer Erfahrungen». Schon die Themen und Titel der folgenden Betrachtungen habe ich vergessen, weiß aber noch, daß die Hitlererfahrung sich gegen allen Widerwillen in nahezu jedes Manuskript eindrängte. Allmählich bildete sich der amerikanische Sender RIAS als Festpunkt meiner journalistischen Gehversuche heraus. Meine Zukunft sah ich vorzugsweise als Verleger oder als Verfasser von Betrachtungen zum Wechselgeschehen zwischen den Tagesereignissen und dem «Geist der Epoche».

Gleichzeitig schrieb ich an der gerade entstehenden Freien Universität die Doktorarbeit. Sie befaßte sich mit einem juristischen Thema, das den Einfluß der Anzeigenkunden auf die Tagespresse untersuchte. Das Stück war fast fertiggestellt und ein wenn auch angesichts der drangvollen Enge reichlich entfernter Termin für das Rigorosum in Aussicht genommen, als ich ein Angebot des RIAS erhielt. Nach einem längeren Gespräch mit meinem Vater, der mir riet, zunächst die Doktorarbeit abzuschließen, lehnte ich ab, erhielt aber kurze Zeit darauf ein verbessertes Anerbieten. Dieses Mal nahm ich an. Bald nach meinem Dienstantritt bat mich der stellvertretende Intendant, Mr. Bloomfield, dem ich das ein oder andere Mal schon privat begegnet war, in sein Büro und schlug mir unter anderem die Redaktion oder besser noch Verfertigung einer Sendereihe zur deutschen Geschichte vor. Gedacht sei daran, die Zeit von der Entlassung Bismarcks bis zum Jahre 1945 in einer Anzahl sich allmählich verdichtender, die Gründe des Desasters zunehmend herausarbeitender Einzeldarstellungen zu behandeln. Zu berücksichtigen sei, daß die Hörer in der Sowjetischen Besatzungszone ein gänzlich verzeichnetes Bild der deutschen Vergangenheit vermittelt bekämen.

Es ergab sich eine längere Auseinandersetzung, in deren Verlauf ich dem Vorschlag nach Kräften widersprach. Dergleichen sei besser in den Händen eines Fachredakteurs aufgehoben, hielt ich Mr. Bloomfield entgegen. Zwar hätte ich mehrere Vorlesungen bei Gerhard Ritter, Hans Herzfeld, Gerd Tallenbach und anderen bekannten Historikern besucht, die Zeitgeschichte jedoch nach Möglichkeit vermieden. Sie habe mich nie hinreichend interessiert. Zur Redaktion einer mehrteiligen Sendereihe über den vorgeschlagenen Zeitraum fühlte ich mich daher aus fachlichen wie persönlichen Gründen außerstande.

Mr. Bloomfield blieb unnachgiebig, und eine Zeitlang hatte ich den Eindruck, gerade mein Widerspruch bestärke ihn in seiner Beharrlichkeit. Mir selber aber ging, zu allem anderen, die Unterredung durch den Kopf, die ich unlängst mit meinem Vater über einen Kommentar zur Reichspräsidentenwahl 1932 geführt hatte. Er lobte das Stück formal, wandte aber ein, daß man mit dem «großen Stil», zu dem ich nun mal neigte, hinsichtlich der «Nazibande» auf eine falsche Seite geriete. Dann fiel das Wort, das mich zeitlebens begleitet hat. Hitler und seine Herrschaft seien kein Gegenstand für einen ernst zu nehmenden Historiker, sagte er, sondern schlechterdings ein «Gossenthema». Da kämen seine Anhänger her, da gehörten sie hin. Durch meine Darstellung indessen erhielten sie zwangsläufig eine historische Würde, die ihnen nicht zustehe.

Ich machte meinem Vater gegenüber zwar geltend, hinter seiner Auffassung stehe ein altmodischer und allzu pathetischer Geschichtsbegriff. Die historischen Bücher hielten nur Geschehensabläufe fest, auf ihren Seiten seien Gewalttäter, Schmierenschauspieler und Mörder ebenso vermerkt wie Heilige, und niemand werde geadelt, nur weil sein Name darin eingeschrieben sei. Zudem sei alles, was er sage, verständlich für einen Menschen, der die Hitlerzeit erlebt und erlitten habe. Doch die Jüngeren wollten wissen, wie es dazu habe kommen können.

Mein Vater hingegen blieb unbeeindruckt, und ich habe selten so deutlich wie in diesem Gespräch aus den frühen fünfziger Jahren empfunden, wie dauerhaft die Kränkung nachwirkte, durch die ihm die beste Zeit seines Lebens genommen worden war. Ich hätte mich, meinte er, mit Colleoni, den Gonzagas sowie Lorenzo dem Prächtigen beschäftigen wollen und sei nun dabei, das minderwertige Pack der Ley, Streicher oder Sauckel dafür einzutauschen. Die verdienten jedoch keine «literarische Aufbettung», äußerte er gegen Ende unseres Gesprächs. Er sähe durchaus die Spannung, die aus seiner Auffassung folge. Man könne dem Widerspruch aber nicht entkommen. Infolgedessen sollte ich zu meinem alten Vorzugsthema, der italienischen Renaissance, zurückkehren. Ich hätte Mr. Bloomfield von dieser Vorliebe berichtet, entgegnete ich, doch der habe mich wissen lassen, daß Sendetermine für derart entlegene

Themen nach der Hitlerkatastrophe allenfalls in zehn Jahren zur Verfügung stünden.

Mr. Bloomfield war, als ich ihn nochmals aufsuchte, so unnachgiebig wie mein Vater, den er nach meinem Bericht kennenlernen wollte. Zum Schluß bat er mich, mit der Arbeit an der Reihe «einfach mal zu beginnen». Wenn sie mir auf Dauer nicht zusage, werde man neben den anderen Vorhaben, die mir aufgetragen seien, unschwer eine neue Aufgabe für mich finden. Um dem ausweglosen Streit ein Ende zu machen, sagte ich beim Abschied, schon nahezu an der Tür: «Also von mir aus! Das Dutzend Manuskripte über die deutsche Geschichte werde ich schon hinkriegen.» Mr. Bloomfield hielt überrascht inne. «Ich fürchte», sagte er dann, indem er mich noch einmal an seinen Schreibtisch holte, «wir haben uns mißverstanden. Ich dachte nicht an zwölf, sondern an etwa achtzig Sendungen: Jedenfalls denke ich an ein Programm von langer Dauer.» Wir kamen aufs neue nicht zusammen, und einmal hielt ich ihm entgegen: «Sie machen mir ja aus der abscheulichen Zeitgeschichte eine Lebensaufgabe!» Doch am Ende erklärte ich mich bereit, einen Versuch zu wagen. Mr. Bloomfield war vorausschauender als ich. «Es wird nicht bei dem Versuch bleiben», sagte er an der Tür seines Dienstzimmers. So geriet ich an die Zeitgeschichte.

Ich bin dann über viele Jahre dabeigeblieben, aber immer mit einem Anflug schlechten Gewissens, da ich die Formel vom «Gossenthema» niemals aus dem Kopf verlor. Daneben hielt ich an der italienischen Renaissance als Thema meiner Neigung allzeit fest. Ich las, schon um die erworbenen Kenntnisse nicht zu verlieren, in der verbleibenden Zeit, was mir darüber in die Hände kam, bis hin zu den «Vertraulichen Briefen» des Präsidenten de Brosses, Landuccis Florentinischem Tagebuch, auch den Erinnerungen der Margarete von Valois. Manches davon fiel schließlich ins Vergessen. Doch blieb die italienische Renaissance im Grunde bis heute der Gegenstand meiner Wahl.

Anfang der sechziger Jahre starb mein Vater. Am Tag vor seinem

Tod verbrachte ich mehrere Stunden an seinem Bett in der Klinik, und wir ließen die Zeit und sein Leben in flüchtigen Strichen vorüberziehen. Manches davon ist in diese Erinnerungen eingegangen, wie beispielsweise die Begründung für seinen Entschluß, 1933 mit Wolfgang und mir zum ausgebrannten Reichstag zu fahren. Dann sprach er lächelnd über seine gelegentlichen Unbeherrschtheiten, den Hinauswurf der HJ-Führer oder den Brief gegen seine Dienstverpflichtung zum Panzersperrenbau. Die Jahre überblickend und zuzeiten völlig klar, gelang ihm noch einmal eines dieser Wortspiele, die Wolfgang als «Silbenstechereien» bezeichnet hatte: «Ich habe», sagte er, «im Leben viele Fehler gemacht. Aber nichts falsch.»

Einen Teil der Zeit brachten wir damit zu, den Verbleib der Freunde von einst zu erörtern und wer alles uns in den Kriegswirren verlorengegangen war. «Que sont devenus mes amis?» zitierte er ein französisches Volkslied, das er von den Straeters gelernt hatte. Von da kamen wir auf Karlshorst, und ich sagte, daß er unsere Jugend mit Mutters Hilfe trotz aller Malheurs zu glücklichen Jahren gemacht habe. Dann meinte er, indem er langsam in einen Dämmerzustand versank: «Bitte, erzähl mir was! Irgendwas!» Und mir fiel eine aus Angelesenem und Selbsterfundenem konstruierte Lebensparabel ein. Vielleicht war es unsinnig, sie an die Odyssee anzulehnen, aber ich dachte, ihm, dem preußischen Bildungsbürger, damit einen Gefallen zu tun.

Stark verkürzt lautete die Geschichte: Erst müsse der Mensch, wenn er diese Welt betrete, den Garten, die Tiere und das Gesträuch kennenlernen, wie wir damals in der Hentigstraße. Komme er darin einigermaßen zurecht, tue er gut daran, die Stadt im Nahen und im Fernen zu durchstreifen, wie wir zu den «Linden» fuhren, nach Potsdam und zum Stechlinsee. Irgendwann sollte er eine Frau finden, eine Familie gründen und hinaus in die Welt, wo zahlreiche Herausforderungen warteten, womöglich sogar ein Krieg, wenn auch nicht einer, wie Hitler ihn vom Zaun gebrochen habe. In allen solchen und anderen Wechselfällen müsse er sich auf viel Unnützes einlassen oder auch Irrwege gehen. Und immer mehr zur Odyssee hinüberwechselnd, fuhr ich fort, irgendwann habe jeder mit einem Polyphem in moderner Gestalt fertig zu werden, die Welt sei noch immer voll von Ungeheuern, wenn auch unterdessen in technischer oder hierarchischer Aufmachung. Später ginge es darum, der zauberischen Circe nicht zu erliegen, zwischendurch noch Scylla und Charybdis zu überwinden und was einem sonst so widerfahre, die anmutige und kaum widerstehliche Nausikaa mit ihren Tränen nicht zu vergessen. Selbst bei der Heimkehr stoße man auf irgendwelche Eindringlinge, die sich anmaßend aufführten, und wenn sie endlich aus dem Haus seien – ja, was dann? Was solle man schon sagen? Dann warte die Langeweile. Die Mühen endeten nicht, soviel jedenfalls hätte ich begriffen. Mir schien, als bewege mein Vater in seinem Kissen unter mir den Kopf zu einem Nicken; es kam mir sogar vor, als lächle er ein weiteres Mal.

Das Berufsleben nahm anschließend seinen Fortgang. Zunächst beim RIAS, hauptsächlich als Redakteur für Zeitgeschichte; eine kurze, glückliche Zeit auch als eine Art Impresario des RIAS-Jugendorchesters unter Willy Hannuschke bei der Brüsseler Weltausstellung 1955; ab 1961 dann beim Fernsehspiel sowie wenig später als Chefredakteur des Norddeutschen Rundfunks. Damals erschien mein erstes Buch, das einige zwanzig Porträts aus den zeitgeschichtlichen Rundfunksendungen vereinte, zu denen mich Mr. Bloomfield vor Jahren überredet hatte. Die Veröffentlichung war nicht nur ein vielübersetzter Erfolg, sondern zog auch mehrere Anfragen nach sich, ob ich mich zu einer Hitlerbiographie entschließen könne. Natürlich kam mir das Wort meines Vaters vom «Gossenthema» neuerlich in den Sinn; dagegen jedoch stand seine Lebensmaxime, daß man sich niemals der Meinung anderer fügen dürfe. Als der Druck der Parteien auf die Rundfunkanstalten zunahm und mir nahezu unerträglich wurde, schied ich aus der Arbeit im Sender aus, um die Hitlerbiographie zu schreiben. Überredend war dabei auch, daß ich mir einmal den Traum des Vier-zehnjährigen erfüllen und, wie ich im November 1941 nach Hause geschrieben hatte, als Privatgelehrter leben und arbeiten wollte.

Meine Mutter betrachtete meinen Abgang vom Norddeutschen Rundfunk mit großer Sorge. «Ich mag keine Wiederholungen», sagte sie und sah bereits ihr eigenes Schicksal an die Wand gemalt, oder richtiger, ergänzte sie ihre Auffassung, liebe sie Wiederholun-gen nur in der Musik, auch in der Lyrik und manchmal auf Kin-dergesichtern. Überall sonst seien sie ein Zeichen, daß eine Sache schiefgeht: «Und bei dem Thema Hitler ist es fast unvermeidlich. Irgendeine Seite bringst du damit immer gegen dich auf.» Auch sämtliche Freunde, die ich befragte, warnten mich vor dem ver-heerenden Risiko, das ich einginge, und nannten mich leichtsinnig. Ich ließ mich aber nicht umstimmen und fuhr zum Ausgleich für das damit endgültig aufgegebene Renaissancebuch, wie von diesem Zeitpunkt an fast alle Jahre, nach Italien.

Es war wie bei jedem Besuch des Landes, zumal wenn man aus dem an seiner Enge nahezu erstickenden Deutschland kam, als ob viele Türen aufgingen. Mitunter kam es mir vor, als begegnete ich der Welt und den Menschen der Renaissance in der Gegen-wart, wenn auch in geschrumpften Verhältnissen, und ich hatte auf Schritt und Tritt den Eindruck, daß mir überall jenseits des Gar-dasees das verlorene «Paradies» meiner Kinderjahre begegnete, die überwältigende Verbindung von naturhafter und baulicher Schön-heit. Zugleich war es ein Land voller scharfgezeichneter Profile so-wie unterhaltsamer Geschichten, und ich kann nicht umhin, von einer dieser Begegnungen zu berichten. Zu den ersten Bekannten, die ich in Italien gewann, gehörte der Conte F. aus einem von der Zeit vergessenen Nest bei Florenz. Die Erzählstücke, mit denen er seine Umgebung unterhalten konnte, boten einen lebhaften Ab-glanz seiner in aller Weltvergessenheit noch immer vielfarbigen Welt.

Der Conte war ein untersetzter, bei jedem Wiedersehen sichtbar ins Graue hineinwachsender Mann, voll von der stämmigen Energie zahlreicher italienischer Landedelleute. Zugleich besaß er eine bestimmende Liebenswürdigkeit: ein gleichsam, wie ich ihn einmal bezeichnete, in der Geschlechterfolge zivilistisch gewordener Condottiere. Aber er hatte dafür nur ein kurzes, bellendes Lachen übrig und meinte, mit Rheuma, dicken Brillen und ansetzendem Bauch springe man nicht mehr auf Schlachtrösser: «Reden Sie mit meinen Söhnen!»

Das waren Fabrizio und Camillo. Fabrizio war überkorrekt, pedantisch und zur Strenge gegen sich selbst neigend, während Camillo nur dem Nichtstun lebte und allenfalls den exzentrischen Engländer spielte. Als ich dem Conte das erste Mal begegnete, war in seinem Umkreis die Rede vom neuesten Skandal Camillos, der zwei Honoratioren der Stadt im Separée eines Clubs empfangen und als den mehrfach angekündigten Überraschungsgast eine ausgestreckt hingelagerte, splitternackte Frau auf dem Sofa neben sich hatte. Wie kaum anders zu erwarten, nahm es mit ihm wenige Jahre später ein mißliches Ende, während Fabrizio zum Vorstand einer angesehenen Bank aufstieg. Als beider Namen noch einmal ins Gespräch kamen, mußte ich an Eichendorffs Gedicht von den zwei «kecken Gesellen» denken und an Evelyn Waughs «Brideshead revisited» mit den Freunden Charles und Sebastian. Auch die beiden Söhne Buddenbrook fielen mir ein, von denen der eine, Thomas, aus seinen im Ausland verbrachten Lehrjahren eine kaufmännische Ausbildung sowie seine zukünftige Frau mitbrachte, während der «Suitier» Christian von nichts anderem als von Johnny Thunderstorm zu erzählen wußte und «That's Maria!» singen konnte.

Tief in meinen italienischen Vorstellungen befangen, dachte ich damals, die Florentiner Episode aus der Familie des Conte F. erzähle von der weiterlebenden Renaissance, während der englische Roman sowie die beiden deutschen Geschichten nichts als Literatur seien und ihren ausgedachten Ton in jeder Zeile hörbar machten. Eine ganze geistesgeschichtliche Untersuchung, schien mir, ließe sich auf diese Beobachtung bauen, und einmal mehr bedauerte ich, daß ich mich gerade mit der Münchener Boheme und dem Marsch zur Feldherrnhalle zu beschäftigen hatte. Denn damals, als der Conte mir von seinen Söhnen erzählte, hatte es mit meinen intellektuellen «Spielsachen» längst ein Ende. Die Entscheidung war schon vor geraumer Zeit gefallen.

Etwa um die gleiche Zeit bat meine Mutter mich, das Erinnerte aus den Nazijahren aufzuschreiben, sie sei zur Gedächtnishilfe immer bereit, und als ich entgegnete, Vater habe nichts darüber festgehalten sehen wollen, meinte sie, nur er selbst habe sich geweigert, seine Erfahrungen aufzuzeichnen. Die Unterredung dauerte den ganzen Abend, einige Male schien mir, daß sie ihr Leben als Fehlschlag ansah. Ich fragte sie, ob sie nicht den größeren Teil der Last zu tragen gehabt habe, doch verneinte sie mit Entschiedenheit. «Es war sein Entschluß», sagte sie, «seine Verantwortung», sie habe nichts als die äußeren Lasten tragen müssen, während ihm das Leben zerstört worden sei. Leide man mehr am Herd, fragte sie, oder an der schlimmsten, über das ganze Leben verhängten Aussichtslosigkeit? Ich erwiderte, das komme auf die Betrachtungsweise an, auch ihr Leben sei ruiniert worden. Sie entgegnete, so habe sie das nie betrachtet und wollte es so auch nicht sehen. «Ruiniert» sei außerdem das falsche Wort. Nur ihre Mädchenträume seien zu Bruch gegangen. Aber wo gingen die schon in Erfüllung? Wie sehr sie auch ihre Verdienste klein redete, dachte ich, sei doch aus jedem ihrer Sätze herauszuhören, daß sie mit den Hitlerjahren, so weit sie inzwischen zurücklagen, noch lange nicht fertig war.

Als Winfried sich ebenfalls weigerte, ein Erinnerungsbuch zu schreiben, sagte sie über jene Jahre nichts mehr. Es war, als habe sie, als letztes Opfer, die Hitlerzeit aus ihrem Gedächtnis gestrichen. Wenn eines meiner Geschwister darauf kam, saß sie schweigend dabei und ließ sich, so lebhaft sie sonst sein konnte, nicht einmal einen Widerspruch anmerken. Selbst als Christa bei Gelegenheit einwarf, wenn sie ihre Jugend nach Gewinn und Verlust

357

bewerte, empfände sie den Gewinn als ungleich größer, verharrte sie in ihrem Schweigen. Nur als sie ein Kapitel des noch im Entstehen begriffenen Hitlerbuchs las, meinte sie, aus der Entfernung nähmen sich die Vorgänge in der Welt meist groß aus; blicke man aber auf die Einzelschicksale, entdecke man viel Schäbigkeit, Ohnmacht und Jammer. Doch über ihre eigenen Empfindungen sagte sie wiederum kein Wort.

Einige Zeit später erkrankte sie. Als ich sie, ein oder zwei Tage vor ihrem Tod, zum letzten Mal in der Klinik besuchte, lag sie schon in einem schubweise wiederkehrenden Koma. Sie redete unaufhörlich und in zunehmender Hast. Mit jedem Wort, das zu verstehen war, brach das Unglück ihres Lebens aus ihr heraus. Erstmals hörte ich sie mit ihrem Schicksal hadern: über die immerwährenden Ängste, die rechnende Notdurft, die Aufpasser überall und insbesondere über das Leiden um den für Hitlers Krieg verlorenen Sohn. Dann und wann kehrte sie aus ihrer Verwirrung in die Welt zurück, nahm mich wahr und brachte mit der von der Bettdecke hochkommenden Hand ein Erkennungszeichen zustande. Danach fiel sie in den Dämmerzustand zurück und verdammte in nie vernommenen Wendungen die Welt und ihr verpfuschtes Leben. Ich hatte sie nie fluchen gehört, aber jetzt, so schien mir, holte sie alle lebenslang unterdrückten Verwünschungen nach. Ich nahm ihre Hand, doch bemerkte sie meine Geste kaum und setzte ihre Verwünschungen fort. Das dauerte stundenlang. Als es schon dunkel geworden war, fand sie zu einigen verständlichen Gedanken. Einmal sagte sie mit langen Unterbrechungen: «Die Tage sind nicht mehr verloren. – Weiß Gott nicht! – Sie zählen wieder. – Jeder einzelne ist vierundzwanzig Stunden weniger! – Das sage ich mir immer wieder! – Das ist mein Trost.»

Knapp zwei Tage darauf schlief sie hinüber, und von dem Aufbegehren, das sie in ihren halbbewußten Zuständen bis wenige Stunden zuvor gepeinigt hatte, war zuletzt nichts mehr zu spüren. Sie hatte nach ihren Mädchentagen, die bis in das Glück der frühen Ehejahre anhielten, zunehmend erkannt, daß es das Böse gibt. Es war in den einfachen Bildern, aus denen sich die Welt für sie zusammensetzte, unschwer faßbar. Verkörpert war es in Trunkenbolden, Betrügern, Mördern und Nazis. Noch lange nach den Hitlerjahren meinte sie, man müsse vor dem Bösen immer auf der Hut sein. Denn es sei ungemein phantasievoll. Das habe sie das Leben gelehrt. Mit Vorliebe trete es in menschenfreundlicher Verkleidung auf, als Liebschaft, Wohltäter, Schönredner und bis zu einer Art Gott. Die Menschen fielen in Scharen darauf herein.

In einem Gespräch, das wir wenige Monate vor ihrem Tod darüber hatten, meinte sie, die Vorzugskostüme des Bösen seien zu ihrer Zeit die Parolen, Aufmärsche oder Volksfeste der Nazis und Kommunisten gewesen. Sie habe, wie ich wüßte, meinem Vater stets in seinen Schwarzmalereien widersprochen, und ihre Aufforderung «Denk nicht so apokalyptisch!» sei in der Familie fast sprichwörtlich gewesen. Aber im nachhinein müsse sie ihm recht geben. Bis heute verstehe sie nicht, warum so wenige die Nacktheit um sie herum wahrgenommen hätten; keine braune oder sonstwie gefärbte «Kleidage» habe das verdecken können. Die Obszönität der politischen Uniformen. Der Ekel. Sie glaube nicht, wie Dr. Gans immer gesagt habe, daß am Ende der Zeiten die Vernunft herrschen werde. Vielmehr sei sie sicher, daß dann das Böse triumphiere. Es verzichte auf alle Begründungen. Es könne das, weil die Menschen verrückt nach ihm seien. Jedenfalls heute. Sie habe zur falschen Generation gehört und hoffe, daß wir es besser träfen. Das sei ungefähr alles, was das Leben ihr beigebracht habe. Als ich mit Winfried, der an diesem Gespräch teilgenommen hatte, aus ihrer Zehlendorfer Wohnung den Rückweg antrat, meinte er, ihre Worte seien ein einfaches und eigentlich abschließendes Urteil über die Welt der politischen Träumerei gewesen.

Es war, wenn ich mich zutreffend erinnere, im Anschluß an diesen Besuch und später manchesmal wieder, daß wir auf den prägenden Einfluß unseres Elternhauses zurückkamen. Ich sprach von den vielfältigen Angriffen, denen ich als Verweigerer der linken Zeitstimmung ausgesetzt sei, und wir zitierten lachend die Dummheiten, die über mich im Umlauf waren. In Wirklichkeit sei uns, ergänzte Winfried, was keiner dieser «groß gewordenen Pimpfe» ahnte und keiner von ihnen je kennengelernt hatte, in jungen Jahren eine Art Stolz auf die Abweichung beigebracht worden. Ich sagte, sooft ich nach den Prinzipien gefragt würde, die mich seit je leiteten, hätte ich auf meine skeptische Einstellung und sogar meinen Widerwillen gegen den Zeitgeist und seine Mitläufer verwiesen. Das «Ego non!» jenes nie vergessenen Tages, an dem unser Vater den zweiten Abendtisch eingeführt hatte, sei mir nie zweifelhaft gewesen. Die Lehre der NS-Jahre laute für mich, dem Meinungsstrom zu widerstehen und nicht einmal anfällig dafür zu sein. So sei die Versuchung durch den Kommunismus nie ernsthaft an mich herangetreten, wie viele geachtete, im einen oder anderen Falle sogar fast befreundete Zeitgenossen ihr mindestens zeitweilig auch erlagen. Im Lauf der folgenden Jahre hat mich das Beispiel mancher im Osten verbliebenen Jugendfreunde auch gelehrt, daß das kommunistische Regime der DDR im Alltag oft schikanöser und undurchlässiger war als die braune Herrschaft und ein halbwegs glückliches familiäres Überdauern, wie es uns möglich gewesen war, nicht erlaubt hätte. Jedenfalls hatten wir nie das Gefühl, in die Zukunftslosigkeit hineinzuwachsen, wie es manche unserer im Osten verbliebenen Schulfreunde zunehmend heimsuchte. Nie vergessen darf man bei alledem, daß es dem Kommunismus gelungen ist, jede Gleichsetzung mit dem Nationalsozialismus auf lange Dauer zu verhindern. Es war und ist sein größter Propagandaerfolg.

Blicke ich auf die entscheidenden Erfahrungen meiner frühen Jahre zurück, haben mich sowohl die Umstände meiner Herkunft als auch meine Erziehung das politische Mißtrauen gelehrt. Es richtete sich hauptsächlich gegen die ideologischen Vorgaben der Zeit. An den Achtundsechzigern und manchen verwandten Zu-

Der Freiburger Universitätsbuchhändler Fritz Werner
bei einem Wiedersehen mit dem Verfasser 1988

sammenschlüssen hat mir nie die Sehnsucht eingeleuchtet, mit der eine politisch wirre und moralisch großtuerische Jugend die Welt aus einem Punkt zu erklären unternahm. Zu deutlich waren die Blindheiten und Schrecknisse dieser Auffassung soeben erst im eigenen Land offenbar geworden. Und was die Älteren betrifft, die plötzlich Jeans anzogen, sich die Haare bis auf die Schultern wachsen ließen und in einem Zustand gepflegter Verwahrlosung auftraten, habe ich dafür nie Worte gehabt oder finden wollen.

Für jeden, der die Signale der Zeit zu lesen verstand, waren die Irrwege allen Zeitgeistgetues stets sichtbar. Schon in den dreißiger Jahren hätten der Kommunismus und in seinem Gefolge der Nationalsozialismus jeden unvoreingenommenen Beobachter zur grundsätzlichen Gegnerschaft anleiten müssen. Denn die Unmenschlichkeiten, die sich aus den Welterklärungsformeln der einen wie der anderen ergaben, waren zu deutlich. Allzu viele indessen konnten der Verlockung einer nur erträumten, von der Wirklichkeit weit entfernten Vorstellung nicht widerstehen. Noch heute gibt es nicht wenige Schönredner, die einem ideologisierten, längst erbärmlich gescheiterten Ismus der einen oder anderen Richtung eine sentimentale Anhänglichkeit bewahren. Dagegen stand das mir tief eingeprägte und schon zu R I A S-Zeiten zitierte, so viel klügere Wort von Henry David Thoreau, wonach er vor einem Besucher, der erklärte, ihm Gutes tun zu wollen, das Weite suchen und um sein Leben laufen würde.

Solche Beobachtungen wurden später zu den Themen mancher meiner Abhandlungen und gehören bereits zu den weiten Vorgriffen. Weil sie mir wichtig waren und sind, erwähne ich sie hier. Ein anderer Vorgriff betrifft eines der bedeutendsten Ereignisse unserer Lebenszeit. Mitunter erinnere ich mich der immer wieder durchbrechenden pessimistischen Stimmungen meines Vaters sowie der meisten seiner Freunde. Einer am Gartentisch hatte einmal das Verhältnis von Vernunft und Widervernunft im historischen Prozeß auf die Formel von zehn zu zehntausend gebracht. Das düstere Bild von Mensch und Geschichte, von dem die Vätergeneration nicht wegkam, spiegelte die Zeit. Mit meiner Bemerkung, das befreiende Trompetensignal im «Fidelio» sei in aller Geschichte kaum je gehört worden und nur ein «Operneinfall», hatte ich an dieser Stimmung teil. Ebenso ging es mit meiner Behauptung, der Weltgeist, falls es ihn denn gebe, halte immer zu den Pizarros.

Um so glücklicher ist mir jedesmal zumute, wenn ich die lange Chaussee zur Glienicker Brücke hinunterfahre, wo die temperamentvolle Sophie mir einst um den Hals gefallen war und wo seit 1961 alle Wege endeten. Denn ich zähle zu den Miterlebenden eines geschichtlichen Ereignisses, in dem sich die Vernunft ausnahmsweise gegen alle Verblendung und Greuellaune durchgesetzt hat. Da war, einmal wenigstens und jeder Erfahrung zuwiderlaufend, die Trompete hörbar geworden. Sie hatte Mauern durchbrochen und die herrschenden Gewalthaber veranlaßt, die Macht aus den Händen zu geben.

Ich befand mich an jenem 9. November 1989 in Palermo auf Sizilien, war spät nach Hause gekommen und hatte am Morgen des folgenden Tages ein Interview mit dem Korrespondenten der kommunistischen Zeitung «Unità». Verabredet war ein Gespräch über die jüngsten politischen Entwicklungen und das deutsche Zeitungswesen, und ich wollte ihm etwas über jene «République de lettres» sagen, die damals in dem von mir verantworteten Teil der «Frankfurter Allgemeinen Zeitung» unser Ehrgeiz und unsere Inspiration war. Aber noch bevor ich ein Wort herausbrachte, sprang er hinter seinem Schreibtisch auf, breitete die Arme aus und rief: «Il muro della vergogna è caduto!» – Die Mauer der Schande ist gefallen! Ich dachte zunächst, er berichte von den schon seit Wochen erleichterten Reisebedingungen, und erwiderte: «Ja, ja! Es ist besser.» Doch mein Interviewer, ein junger Mann mit widerspenstig hochstehendem Kraushaar, schrie geradezu: «Nein, nicht besser! Sie ist eingestürzt! Weg! Aus!» Dann erst erfuhr ich die Einzelheiten und gab ein langes Interview. Ich äußerte mein Bedauern, daß ich vom Einsturz der Mauer im fernen Palermo erfahre, doch er meinte, für ihn sei meine Anwesenheit an diesem Tag das reine Reporterglück. Zu meinem Ärger konnte ich nicht einmal, einer ersten Regung folgend, umgehend nach Berlin aufbrechen, weil ich zwei Tage später einen unaufschiebbaren Termin in Rom hatte. Den ganzen 10. und 11. November 1989 verbrachte ich vor dem Fernseher und dachte mehrfach an das Wort Henri IV.: «Pends-toi, brave Crillon; nous avons combattu à Arques et tu n'y étais pas!»

Am 12. November flog ich in aller Frühe nach Berlin.

NACHBEMERKUNG

Ich will diese Erinnerungen damit abschließen. Mir ist keineswegs verborgen, wie lückenhaft sie sind. Die Jahre, von denen sie handeln, liegen schließlich ein Menschenalter zurück und stützen sich, was zumindest die eine oder andere Einzelheit der Kindheit angeht, nicht selten auf familiäre Überlieferungen oder Ausgefragtes. Bewußt ist mir auch, wie manche Erlebnisse schon im Aufschreiben eine Folgerichtigkeit und mitunter ein Pathos erhielten, das ich gern vermieden hätte. «Das trifft es nicht!» sagte eine innere Stimme und bekam zur Antwort: «Aber fast sämtliche Einzelheiten sind überprüft und haben dem Urteil Beteiligter standgehalten.» Unmittelbar darauf verflossen die Bilder wieder und wurden im neuerlichen Zusammensetzen unentwirrbar.

Dies war nicht die einzige Mühe. Anderes blieb ungesagt, weil die zwangsläufig bruchstückhafte Erinnerung vergebens gegraben und nicht mehr als ein paar unzusammenhängende Trümmer zutage gefördert hat. Oder weil die eigentümliche Stimmung einer Zeit, ihr Ton oder die Farbe eines Erlebnisses in Worten nicht mehr faßbar zu machen waren. Denn was das Gedächtnis bewahrt, ist strenggenommen nie, was sich einmal ereignet hat. Die Vergangenheit ist stets ein imaginäres Museum. Man zeichnet im nachhinein nicht etwa auf, was man erlebt hat, sondern was die Zeit, die wachsende perspektivische Verschiebung sowie der eigene Formwille im Chaos halbverschütteter Erlebnisse daraus gemacht haben. Im ganzen hält man weniger fest, wie es eigentlich gewesen, sondern wie man wurde, wer man ist. Das ist nicht nur

die Schwäche, sondern auch die Rechtfertigung von Erinnerungs-
büchern.

Die Fragen, die daraus erwuchsen, tauchten immer wieder auf.
«Was ist Wahrheit?» wollte ich dann wissen und stieß am Ende ein
ums andere Mal auf eine Einsicht Sigmund Freuds. Die ungetrübte
biographische Wahrheit, schrieb er an Arnold Zweig, sei, bei allem
Abmühen, «nicht zu haben». Keine andere Überlegung, dachte ich
oft, sollte den Anfang und das Ende von «Erinnerungen» bilden.
Deshalb steht sie hier.